# 中学数学教材核心内容分析
## ——经验型面向教学的数学知识

徐章韬　著

科学出版社

北京

## 内 容 简 介

本书对中学数学的传统核心内容进行了解读,内容覆盖函数、数列、不等式、复数、平面向量、立体几何、解析几何等传统成熟内容,且对概率、统计等部分内容进行了解读,使之与传统成熟内容进行有机的关联。

本书可作为中学数学教师的教学参考用书,也可作为高等院校师范生、数学教育方向研究生中学数学教材解读的参考教材,还可供中学生阅读。

图书在版编目(CIP)数据

中学数学教材核心内容分析:经验型面向教学的数学知识/徐章韬著.—北京:科学出版社,2021.1
ISBN 978-7-03-067938-3

Ⅰ. ①中⋯ Ⅱ. ①徐⋯ Ⅲ. ①中学数学课-教材-研究-高中 Ⅳ. ①G633.602

中国版本图书馆 CIP 数据核字(2021)第 007304 号

责任编辑:胡海霞 李香叶/责任校对:杨 然
责任印制:赵 博/封面设计:蓝正设计

科 学 出 版 社 出版
北京东黄城根北街 16 号
邮政编码:100717
http://www.sciencep.com

北京天宇星印刷厂印刷
科学出版社发行 各地新华书店经销

\*

2021 年 1 月第 一 版 开本:720×1000 1/16
2024 年 11 月第十次印刷 印张:16 1/4
字数:327 000
**定价:79.00 元**
(如有印装质量问题,我社负责调换)

# 序　　一

徐章韬博士是近年来数学教育领域的多产作者。我已经不止一次为他的书写序了。这次他的新作问世，再次邀我作序。我非常赞赏他孜孜不倦的探索精神和学术热情，乐于写下一些作为该书第一批读者之一的感受。

浏览书稿时感到，该书的内容非常丰富，涉及了中学数学教材内容的许多方面，特别是高中数学教材中的若干关键内容，是对中学数学教师和数学教育研究者很有参考价值的读物。

应当说，全书从头到尾实实在在，没有空洞的讨论，讨论的都是中学数学教学中教师和学生关心的问题，或者是应当关心的问题。这些问题都涉及了具体的数学内容，清楚具体；把这些问题弄明白了，对于教数学和学数学大有好处。

和常见的题解参考书不同，作者十分关注数学概念的理解及其对形成数学核心素养的积极作用。我在目录上数了数，直接以"微言要义"冠名的小节就有10个之多，其中不少看法是作者的创见，是作者深入思考的结果。

作者在书中表现出了实事求是的科学风格。对于教材的某些具体处理，认为好的就肯定，认为不足的就指出。讲事实，讲逻辑，以理服人。

当然，涉及这样丰富内容的书，必然会有不少可供商榷之处。例如，第1章函数部分的1.1节谈到集合，所用的例1，虽然可以用集合的语言如"基数"来表达，但并非必须，用普通生活语言也可以清楚地表达问题和解法。这个例题是不完全数学归纳法的好例子，当成说明集合论基本概念的题目，仅仅是过得去而已。作为全书第一个例题，似乎不够精彩，不能起到让读者耳目一新的效果。

接着在1.2节里，作者用5页的篇幅，详细地分析了新的教材在函数的定义中把"对应法则"改为"对应关系"的道理。这些论述丝丝入扣，对数学教师很有启发性。说明了数学中的每个词语的使用，都是含义深远，且有多方面的道理的。但是有一个关键之处应当说明："关系"这个词是具有严格定义的数学概念。只要在互联网上输入"关系在集合论中的定义"，就能查到有关的资料。原来，两个集合 $A$ 和 $B$ 的一个"关系"，就是笛卡儿积 $A \times B$ 的一个子集。在这个定义的基础上，可以分别再引入序关系、等价关系以及函数关系等多种多样的关系。由此可知，把函数看成一种关系，是在现代数学的基础概念体系中确定了的。至于"法则"，它不是具有严格定义的数学概念。

此外，使用"法则"来刻画函数，还隐含了一个深层次的矛盾。通常理解，所谓一个法则，是可以用有穷个字符明确表达的规则。因此，法则组成的集合是可数无穷集。而函数的集合，当定义域是无穷集合且值域包含至少两个元素时，是不可数无穷集。这就表明，必然有无穷多的函数，它们不能被某些"法则"来刻画。

可能作者认为这些知识超出了教材的范围，担心读者不易理解，就略去了。但是，"要给学生一碗水，老师要有一桶水"。作为数学教师，多知道一些总是好的。既然已经用了几页篇幅来讨论了，而且已经提到了"关系的数学定义"，读者自然会想"关系的数学定义是什么"。因此，涉及的这个关键问题还是提一下为好，这有助于推动读者进一步思考和求索。

很多具体数学问题的求解，构成该书的重要内容。该书的特色之一，是通过解个别问题体现通法，体现数学思想。所选择的题目常有再三玩味的余地。当然，解题方法的千变万化是数学趣味的一大源泉，读者理应进一步挖掘更精彩的思路。例如，书中 5.3 节平面向量部分，提到一个颇为流行的题目：设点 $O$ 在 $\triangle ABC$ 内部，且有 $\overrightarrow{OA}+2\overrightarrow{OB}+3\overrightarrow{OC}=\mathbf{0}$，求 $\triangle ABC$ 和 $\triangle AOC$ 的面积比。书中认为有关文献的解答中要添加辅助线，需要一定的巧思，故而提供了用坐标法计算面积的直接方法。很明显，用坐标法直接计算，工作量大得多。有没有不用巧思而又直截了当的路子呢？就在同一部分的 5.1 节，讲了定比分点公式，而这个题目，恰为定比分点公式的基本应用。思路是这样的：如图 0.1，延长 $BO$ 交 $AC$ 于 $D$，则根据小学知识就知道，$\triangle ABC$ 和 $\triangle AOC$ 的面积比等于线段 $BD$ 与 $OD$ 的长度之比。

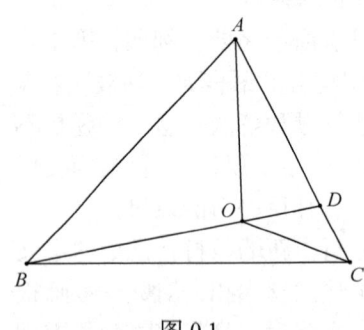

图 0.1

有了这个基本想法，就容易写出下面简洁的解答：设 $4\overrightarrow{OD}=\overrightarrow{OA}+3\overrightarrow{OC}=-2\overrightarrow{OB}$，由定比分点公式可知 $D$ 在线段 $AC$ 上，又由 $4\overrightarrow{OD}=-2\overrightarrow{OB}$ 可知 $O$ 在线段 $BD$ 上且 $BO$ 长度是 $OD$ 的 2 倍，即 $BD$ 长度是 $OD$ 的 3 倍，故 $\triangle ABC$ 和 $\triangle AOC$ 的面积比等于 3。

对于一般的 $m\overrightarrow{OA}+n\overrightarrow{OB}+p\overrightarrow{OC}=\mathbf{0}$，用这个方法立刻得知 $\triangle ABC$ 和 $\triangle AOC$ 的面积比等于 $m+n+p$ 与 $n$ 之比。

将此题的结论与定比分点公式类比一下，就更发人深思了：

若 $m\overrightarrow{OA}+n\overrightarrow{OB}=\mathbf{0}$，则 $O$ 是线段 $AB$ 的定比分点，分线段 $AB$ 为 $BO$ 和 $OA$ 两部分，其长度之比为 $m:n$；

若 $m\overrightarrow{OA}+n\overrightarrow{OB}+p\overrightarrow{OC}=\mathbf{0}$，则 $O$ 可看成 $\triangle ABC$ 的定比分点，分 $\triangle ABC$ 为 $\triangle OBC$、$\triangle AOC$ 和 $\triangle ABO$ 三部分，其面积之比为 $m:n:p$。

进一步自然会想，如果空间有 $m\overrightarrow{OA}+n\overrightarrow{OB}+p\overrightarrow{OC}+q\overrightarrow{OD}=\mathbf{0}$，会有什么样的

现象呢？这留给读者思考。

尽管有些问题值得商榷，但是瑕不掩瑜。该书真实地再现了作者在学术成长过程中火热的思考，书中涉及的问题会吸引读者讨论探索，共同推进基础数学教育领域的繁荣和提升。

2018 年 9 月 30 日

# 序　二

　　该书是徐章韬博士在为大学数学教育类课程中学数学教材分析所撰写的讲稿的基础上修订完善而成的，类似于以往的中学数学教材教法，但其涉及面更广，对某些中学数学教材内容的分析也更深入，而且是从数学本体、内容的育人价值、学生学习心理、数学教师专业发展、课堂教学问题以及考试评价等与中学数学教学全面相关的角度做出的分析，因此，无论是对数学师范生的培养还是在广大中学数学教师的专业能力提升上，该书都是非常好的参考用书。

　　对于数学教师的专业化发展和教学能力的提升，可以从不同层面、不同侧面展开研究并提出要求，但我始终坚持"理解数学、理解学生、理解教学、理解技术"的水平是教师专业水平和育人能力的集中体现，是提高数学教学质量和效益的决定性因素，也是有效提升学生数学核心素养的关键点。教师的专业水平首先体现在对数学的学科本质和育人功能的理解水平上，教学能力是以坚实的数学功底为保障的。一般而言，教师的数学功底好，教学水平就不会低，教学质量也一定不会差。

　　对中学数学教师而言，理解数学，就是要把握中学数学课程的整体架构，理解中学数学内容的本质，特别是对内容所蕴含的数学思想和数学方法要有深刻认识。要对一些具有统摄性的"一般观念"有深入理解，例如，数学对象的定义方式，几何图形的性质指什么，代数性质指什么，函数性质指什么，概率性质指什么，等等。用傅种孙先生的话说，就是要做到"不在知其然，而在知其所以然；不在知其所以然，而在何由以知其所以然"。由此才能实现"启发学者，示以思维之道"的教学。

　　反观当前数学教师队伍现状，离上述要求差距较远。正如"人民教育家"于漪老师指出的：现在的教师缺乏两样东西，一是独立思考，二是学科知识，本领不扎实，都是'一课一练'培养出来的。基础教育与科学研究不是一回事，基础教育是整体的，不是分支的，它更重要的是'基础'，基础是要整体构架的，我们的教师最缺少对自己所教学科知识的整体构架，这样他们就兜不转。数学教师的问题是一样的，他们缺乏对中学数学结构体系的认识，特别是对中学数学核心概念的整体架构的认识水平不高，对每一个核心概念的解析能力较差，许多教师甚至不知道该如何进行教学内容解析。由此导致教学的站位不高，思想性不强，常常纠缠于细枝末节，有的老师甚至把内容讲清楚、讲准确都做不到。可以非常肯定地说，如果老师自己在数学上都"兜不转"，那么挖掘内容的育人价值、将核心素养融入具体内容的教学之中就根本不可能了。

如何改变现状呢？我认为承担未来数学教师培养任务的师范院校应该真正负起责任来。一方面，担任数学课的老师"不仅要向高深研究，还要重视初等数学"，要利用自己所教的高等数学课引导师范生学会用高观点理解中学数学内容。这一点上，徐博士已经进行了自己的实践，例如他在教授概率、统计、线性代数等课程的过程中，就注重运用MKT(mathematics knowledge for teaching)、教育数学的理论，化解课程教材的难点，给学生以如何将数学教得简单、优美的示范，让学生切实感受到，作为一名教师，要使教学做到深入浅出，就必须在自己头脑中形成一幅清晰的知识图谱画面。另一方面，师范大学对师范生的培养必须十分重视中学数学教材教法研究这门课程。在这一点上，徐博士同样做出了自己的努力，他以这本中学数学教材核心内容分析为载体，引导学生将中学数学的传统核心内容与大学数学衔接起来，用大学数学的一些方法解析中学数学内容，希望师范生能把大学数学和中学数学"一线串通"起来。在这门课的教学中，徐博士对概率与统计的教材研究尤为重视，用大量的笔墨讨论了概率与统计的教材内容，这正是当前中学数学教师的知识结构中最欠缺的。因为大学的概率统计课程与中学概率统计的教学需求非常不匹配，一线中学教师在概率统计上的素养普遍不能满足现行课程标准的要求，因此我国中学的概率统计教学质量有待提升。徐博士非常了解中学数学教学的现状，在课程中强调要打通随机性数学与确定性数学之间的内在关系，寻找随机性数学在确定性数学上的认知固着点，这是非常适合中学概率统计教学需要的，同时也会使师范生的概率与统计学习变得容易，可以有效提升他们的概率统计素养。总之，徐博士从教材的深度分析出发，把教学见解用于大学数学的课堂教学上，使得高等数学的教学和数学教育教学理论与方法的示范和渗透有机结合，取得非常满意的教学效果。这说明，对中学数学课程教材的研究对提高教师的教学能力也有着重要且基础的支撑作用。

顺便提及，傅种孙先生是钱学森的中学数学老师，钱学森先生曾说：听傅老师讲几何课，使我第一次懂得了什么是严谨科学。就数学教育思想与实践而言，傅先生是具有世界级水平的数学教育大家，他的数学教育教学观点应当是永不过时的数学育人至理名言。当前，落实他对数学教学的要求，使教学过程实现从知其然到知其所以然再到何由以知其所以然的跨越，就是落实数学学科核心素养。傅先生与波利亚是同时代的人，非常令人遗憾的是，现在存在一些教育的极端功利化诉求，似乎追求教育"GDP"(中高考分数)成为一切，致使某些地方解题成为数学教学的主题，于是，在广大中学数学教师中，波利亚广为人知，他的《怎样解题》也被某些教师奉若神明，而对傅种孙先生及其中学数学教材却鲜有人知。这是我国数学教育界的悲哀。另外，在师范大学的数学教育上，傅先生认为一个典型的师范性数学系教师，不仅要向高深研究，还要重视初等数学。他将"初等数学复习及研究"纳入北京师范大学数学系的课程计划,并且还在北京师范大学数学系设立初等数学教研室,其教学内容和训练方式堪称全国师范院校数学系的楷模。同样有些令人遗憾的是,现在的师范大学数学教育有些已经抛弃"初等数学复习及研究"(可能是因为它带有"初等"二字),取而代之的是一些缺乏数学学科特点的大而化之的数学教育理论乃至是"玩花活"的一般教育理论课程,这可能是导致中小学数学教师整体质量有所下降的一个主要原因。

笔者认为,与有些花架子较多的教育、心理类的课程比较,初等数学复习及研究课程是使师范生形成数学教学真本领的奠基课程,而该书就可以作为这一课程的一本教材。

愿该书能在数学师范生培养中发挥更大作用。

是为序!

章建跃

于 2019 年春节

# 前　言

承蒙几位恩师作序推介,章建跃编审、特级教师裴光亚拨冗撰写书评,《面向教学的数学知识——基于数学发生发展的视角》(2013 年在科学出版社出版)受到一线教师及数学教育理论界的欢迎。笔者以 MKT 理论为基础进行了卓越教师的培养实践,获得了湖北省教学成果奖一等奖(第二完成人)。本书是《面向教学的数学知识——基于数学发生发展的视角》的下篇。

数学教师需要哪些知识,这是一个需要严肃探讨的话题。理想的课堂是"学术""技术""艺术"三"术"交织的课堂,作为教师,其修为要能"上通数学、下达课堂",能做"顶天立地"之事。然三"术"的发展具有序列性,首先要解决一些"技术"问题,表现在教师能深刻研读教材,能看到教材背后的"微言要义",要能"理解数学",然后眼中要有学生,手中要有法,才能做好"传道、授业、解惑"之工作。课堂教学是一个极具工程性质的活动,讲究的是先进理念的课堂落实。故而,先进的理念不能取代教师的实践。教师不是听先进理念听会的,而是在一招一式的实践拼搏中成长的。这正如科学理论不能取代工程实践一样。故做理论的不能说做实践的没有学术性,做实践的不能说做理论的没有可操作性。作为"技术",它的表现形式是具体的,是可操作的,是基于理论而生成的。这正是 MKT 理论的精神所在。本书试图为丰富 MKT 理论而提供一些具体的、可操作的"技术",使 MKT 理论深入到课堂中去。

MKT 理论正在深入发展。通过系列研究,笔者发现教育数学的理论与 MKT 理论具有某种相通性。教师若能"上通数学",会做教育数学的研究就是一块试金石。教育数学更需要教师能深入解读教材,重组课程,能"一线串通"数学。课堂教学的数学学术性就体现出来了。如果教师还能够把这些用教育的语言表达出来,写成理论性的作品,课堂教学的教育学术性就体现出来了。本书试图为走向教育数学提供一些基础性的铺垫。

课堂教学又是艺术品位的表现场所。艺术是具象的,不是抽象的,这要求教师能把抽象的东西表达成具象的,具有画面感,能用艺术手法处理抽象内容。本书试图在这方面做些初步尝试,使学生能看到抽象中的画面。然而,艺术是唯美的、博大精深的,本书显然是不能完成这样的重大任务的。

"传不习乎",说的是做教育的人要使他人相信自己的理论,必须首先自己信自己,自己践行自己的理论。笔者自研究教师知识以来,特别是研究教育数学以来,深感实践之于理论的"反动性"。要把美妙的理论化作课堂教学行为背后的灵魂,必须有技术的支持。在教授概率、统计、线性代数、微积分等课程的过程中,正是用 MKT 理论、教育数学的理论首先化解了课程教材的难点,才觉得数学的教学具有简易之美,如果教复杂了,学复杂了,就是教师还没有在头脑中形成一幅画面,其知识图谱还不甚清晰。

故而,从经验走向理论,从技术走向学术,走向艺术,不仅仅是一种认识论,更是一种实践论。

本书与一般教材分析不同,以提高学生的实战能力为突破口,让学生在实践中明白"练拳不练功,到头一场空"的道理,让学生深切体会那种抛开教材搞应试的做法实不足取,应试所需的各种技能均可在课程内容的深度解读中习得。书中所列的各种实例,无非是用来说明这个观点。习得本书所言之观点和方法,区区几道考题根本不在话下。因此,具体的例子并不重要,重要的是例子背后的观点和见解。习得这些观点和见解,正是课程教材分析目的之所在。有了观点和见解之后,再进行课堂教学,将会轻松而有效。笔者正是坚持这样的技术路线进行大学数学的教学,成效明显;若要再进行教育研究,那是后续课程或著作中要完成的事情了。数学教育的课程体系是有层次的、系统的,学习者要能拾级而上、融为一体,本书是一种导引、一种奠基。

数学教育的研究者首先应教会自己学习数学、研究数学。本书主要立足于解读已有的文本,但要通过这种方式学会做数学研究,本书则显得不足。

非常感谢张景中院士、章建跃编审为拙著作序。两位先生对基础教育都饱含深情,又极有见地,引领了基础教育事业的发展。

科学出版社胡海霞编辑、李香叶编辑打造精品的专业精神使本书减少了许多纰漏,特此致谢。

感谢湖北省教学研究项目的资助,感谢参与写作及校稿的学生。

徐章韬

2019 年 3 月

# 目　　录

序一
序二
前言

## 第1章　函数 ............................................................. 1
1.1　如何才是学会了集合的概念 ........................................... 1
1.2　微言要义之对应法则与对应关系 ....................................... 4
1.3　微言要义之三角比与三角函数 ......................................... 8
1.4　对称性与单调性 .................................................... 13
1.5　从思想到技巧的单调性 .............................................. 16
1.6　最值与极端原理 .................................................... 19
1.7　方程的根与函数的零点 .............................................. 22
1.8　化无形思想为有形技巧 .............................................. 28
1.9　常数变易法的初等化应用 ............................................ 32
1.10　凸函数背景与信息熵 ............................................... 34

## 第2章　数列 ............................................................ 37
2.1　等差数列求和公式发现的新视角 ...................................... 37
2.2　结构观点下等差、等比数列通项公式及其求和 .......................... 39
2.3　数列求和之自相似法 ................................................ 42
2.4　数列求和之构造常数列 .............................................. 44
2.5　差分思想在数列中的应用 ............................................ 46
2.6　用矩阵推导等差、等比数列的通项公式 ................................ 48
2.7　递推迭代数列思想之精华 ............................................ 51
2.8　等差、等比数列之交融 .............................................. 53
2.9　数列与分形 ........................................................ 57
2.10　斐波那契数列文化 ................................................. 60

## 第3章　不等式 .......................................................... 64
3.1　微言要义之基本不等式 .............................................. 64
3.2　图解均值不等式 .................................................... 68
3.3　情境与公式之用 .................................................... 69
3.4　相等与不等 ........................................................ 71

3.5　柯西不等式 …… 73
3.6　排序不等式 …… 76
3.7　比较判断法 …… 80
3.8　拉格朗日中值定理的初等化应用 …… 82
3.9　拉格朗日乘数法的初等化应用 …… 85
3.10　微分法和积分法 …… 87

## 第 4 章　复数 …… 91
4.1　微言要义之计数与记数 …… 91
4.2　复数课程改革的理据 …… 95
4.3　作为虚实沟通桥梁的虚数单位 …… 99
4.4　问题之解何处来 …… 101

## 第 5 章　平面向量 …… 106
5.1　定比分点公式在教科书中的编排 …… 106
5.2　三角形五心的向量表示 …… 110
5.3　三角形面积公式的变式运用 …… 113
5.4　微言要义之平面向量基本定理 …… 115

## 第 6 章　立体几何 …… 121
6.1　教科书中立体几何概念变式素材的特点 …… 121
6.2　圆锥的体积公式 …… 128
6.3　正弦定理在空间的推广 …… 134

## 第 7 章　解析几何 …… 136
7.1　以简识繁的直线 …… 136
7.2　点到直线距离公式的些许教学改进 …… 139
7.3　圆的基础性 …… 143
7.4　微言要义之标准方程 …… 149
7.5　微言要义之离心率 …… 155
7.6　微言要义之焦点与准线 …… 159
7.7　作为认知工具的曲线系 …… 162
7.8　极点与极线 …… 165
7.9　斜角坐标系 …… 168
7.10　从微分看解析几何 …… 173

## 第 8 章　概率 …… 179
8.1　作为中小学教育任务的概率 …… 179
8.2　微言要义之随机现象与随机事件 …… 185
8.3　随机事件的概率 …… 189

| | | |
|---|---|---|
| 8.4 | 概率概念技能化 | 191 |
| 8.5 | 分解法求数学期望 | 194 |
| 8.6 | 从最小二乘法看方差的定义 | 196 |
| 8.7 | 从和方差公式到平方和公式 | 199 |
| 8.8 | 从多种角度看线性相关系数 | 203 |
| 8.9 | 从测量的角度认识线性相关系数 | 207 |
| 8.10 | 用生活事例理解概率统计的一些原理 | 209 |

## 第9章 统计 214

| | | |
|---|---|---|
| 9.1 | 作为中小学教育任务的统计 | 214 |
| 9.2 | 微言要义之抽样方法 | 222 |
| 9.3 | 从三种角度比较简单随机抽样 | 227 |
| 9.4 | 线性回归方程的多角度推导 | 232 |
| 9.5 | 用期望推导线性回归方程 | 236 |
| 9.6 | 以向量为载体促进对统计概念的理解 | 239 |

## 参考文献 243

# 第1章 函　　数

## 1.1 如何才是学会了集合的概念

为了提高中学数学的"现代性",自20世纪80年代起,集合就进入了教材之中,虽然集合论已成为现代数学的重要基础之一,但不难发现,教材只是借用了集合的外在形式,还没有从根本上用集合的语言、观点来描述数学对象。人们总是在情境中习得一种语言,脱离了具体的语境和情境,很难学好语言。学习集合的目的是学会用集合的语言来描述数学现象,解决一些数学问题。虽然这是比较高的要求,但按维果茨基的"教学必须走在发展的前面,促进学生的发展,这样的教学才是好的教学"的著名观点,可以尝试按较高要求来进行教学,有时"取法于上,仅得其中",所以当目标定位太低时,有时就达不到教育的目的了。

### 1.1.1 几个例子

**例1**　某足球邀请赛有16个城市参加,每个城市派甲、乙两个队,根据比赛规则每两队之间至多赛一场,并且同一城市的两个队之间不进行比赛。比赛若干天后进行统计,发现除A市的甲队外,其他各队已比赛过的场次各不相同,问A市乙队已比赛过多少场?

**分析与解**　用集合的语言描述这场赛事。不妨将第$i$个队的选手参加的比赛记为$(a_{ij}, b_{ij})$,并记$S_i = \{(a_{ij}, b_{ij}) | i=1, 2, \cdots, 16, j$ 在甲、乙中取值$\}$为所有第$i$个队的选手参加的比赛组成的集合。显然第$i$队参加比赛的次数$\text{Card}(S_i)$只能在$\{0, 1, 2, \cdots, 30\}$中取值。把A市甲队除外,还有31个队,它们参加比赛的次数各不相同,即$\text{Card}(S_i)$各不相同,故其余31个队参加的比赛场次恰好只能在$\{0, 1, 2, \cdots, 30\}$中取值。这样,基数为0的集合和基数为30的集合中的$a_{ij}$为同市的两个队;去掉这两个队参加的所有比赛后,再讨论其余队的比赛所组成的集合,其余队的比赛场次各减少一次,从而基数为1的集合与基数为29的集合中的$a_{ij}$为同市的两个队,依次类推,可得基数为$i$的集合与基数为$(30-i)$的集合中的$a_{ij}$为同市的两个队,从而与基数为15的集合中的$a_{ij}$为同市的队只能是A市的甲队了,故A市乙队的比赛场次是15。

就知识的角度而言,上述问题只是用到了基数(集合中元素的个数)的概念,但从思想方法上来说是用集合的语言描述现象,然后再用集合工具解决问题。

**例 2** 从 1，2，3，…，100 这 100 个自然数中任意取出 51 个，求证：其中一定有两个数，它们中的一个是另一个的整数倍。

**分析与解** 因为自然数不是奇数就是偶数，二者必居其一。而任何偶数又必定能表示成：奇数 $\times 2^n (n=1,2,\cdots)$。例如，$16=1\times 2^4, 24=3\times 2^3, 100=25\times 2^2$，因此，把从 1～100 的全部自然数按奇数 $\times 2^n$ 分成下面 50 个组，每组的代号为 $M_i(i=1,2,3,\cdots,50)$，即

$$M_1=\{1,1\times 2^1,1\times 2^2,1\times 2^3,1\times 2^4,1\times 2^5,1\times 2^6\},$$
$$M_2=\{3,3\times 2^1,3\times 2^2,3\times 2^3,3\times 2^4,3\times 2^5\},$$
$$M_3=\{5,5\times 2^1,5\times 2^2,5\times 2^3,5\times 2^4\},\quad M_4=\{7,7\times 2^1,7\times 2^2,7\times 2^3\},\cdots,$$
$$M_{49}=\{97\},\quad M_{50}=\{99\}。$$

这样分类，很明显可以把 $1,2,\cdots,100$ 这 100 个自然数既无遗漏又不重复地放在 50 个组 $M_i(i=1,2,3,\cdots,50)$ 中，因此，不论用何种方式从中取出 51 个数时，必有两个数来自同一组，而在同一组中的任何两个数，其中的一个必然是另一个的整数倍。

组合之基础在于分类，分类之后形成集合，集合之间有对应，对应之后是函数，函数又是方程，这样，对于函数、数列、方程的各种处理手段就进入组合数学之中。

**例 3** 某地区网球俱乐部的 20 名成员进行 14 场单打比赛，每人至少上场一次。求证：必有 6 场比赛，其 12 名参赛者各不相同。

**分析与解** 每一场比赛总有两名参赛者，可以用一对"坐标"来描述，这里不必强调数对的有序性。这样，所有这样的"坐标"组成的集合，就描述了参赛者的情况。不妨记参加第 $i$ 场比赛的参赛者为 $(a_i,b_i)$，并记 $S=\{(a_i,b_i)|i=1,2,\cdots,14\}$。设 $M$ 为 $S$ 的一个子集，如果 $M$ 中所含参赛者对中出现的所有参赛者各不相同，则称 $M$ 为 $S$ 的一个"好"子集。显然，这样的"好"子集存在有限多个。设其中元素个数最多的一个为 $M_0$，它的元素个数为 $r$，于是归结为证明 $r\geq 6$。

用反证法。假设 $r\leq 5$，由于 $M_0$ 是最大"好"子集，故在 $M_0$ 中没有出现过的 $20-2r$ 名参赛者之间没有相互比赛，否则与 $M_0$ 是元素个数最多的矛盾。这意味着，这 $20-2r$ 名参赛者所参加的每场比赛一定是同前 $2r$ 名参赛者进行的。但由于已知每名参赛者至少参加了一场比赛，所以除了 $M_0$ 中的 $r$ 场比赛之外，至少还要进行 $20-2r$ 场比赛，即总比赛场数至少为 $r+20-2r=20-r\geq 15$，与比赛总场次为 14 相矛盾。于是 $r\geq 6$，即必有 6 场比赛的参赛者互不相同。

注：用图论的方法也能解决此题。

张景中院士给出了另一种对应观点下的解法。每场比赛给第一次出场参赛者

一枚纪念章，14场共发出20枚纪念章，则至少有6场是发了2枚的。又因为这6场的参赛者都是首次出场，所以必然各不相同。

### 1.1.2 理解、迁移和创新

学科核心素养现在是一个热词，喻平教授给出了学科核心素养的一个评价框架，分别是知识理解、知识迁移和知识创新。上面所举的几个例子要求学生能用集合的观点解释事物的现象或特征，属于知识创新水平，是"奥数"水平的例子。这说明，从学科核心素养的角度看，常规教学和"奥数"对学生核心素养的要求是不同的，不是所有的学生都能达到知识创新的层面。教育所要做的是促进学生的成长，而不是拔苗式助长。"学会用集合(数学)眼光观察世界，用集合(数学)思维分析世界，用集合(数学)语言表述世界"属于较高层次的目标定位，要针对不同的学生对象，分时段地长期渗透完成。

要促进学生对集合的深刻理解，看到概念的源头及应用。历史上，集合论的主要贡献是关于无穷集的比较。作为中小学数学教育的集合，却是为了让学生学会类、属的观念。

在科学研究中，首先要对研究对象进行分类，形成集合，然后采取"分而治之"的方法。如在数学研究中，对二次曲线进行分类，然后分别讨论它们的性质；算术与代数的最大区别是，算术讨论的是一个个的具体对象，代数处理的是一类对象；在数学教育研究中，对数学核心素养进行聚类分析，形成一个个子类，然后再讨论它们的内涵，这也是分类形成集合的做法。形成集合的观念和概念不仅是生活的需要，更是科学的需要。既能从生活概念中提炼科学概念，又能把科学概念应用到生活、学习和研究，这才算是对概念有了一个较为深刻的理解。

要能灵活地迁移运用集合的概念，转变思维方式。知识是在迁移运用的过程中逐步被加深理解的，在数学史上有很多这样的例子。如，人们从代数、几何的角度解决了一元二次方程的问题，后来，随着解析几何的兴起，人们又把一元二次方程的求解问题视为曲线的交点问题。观点的变更带来了理解、运用上的变化，使方程这一代数主题与解析几何的方法产生了关联。在历史上，数学家正是从此出发，逐步进入微积分的殿堂。对于学生学习而言，要有意识地把貌似无关的问题转化为集合问题，把孤立地处理单个问题的思维方式转化为处理一类问题的整体思维方式。

知识创新是对创新能力的极大挑战，要学会联系、前后贯通，对已有的结论进行推广与引申，对已有的思维模式、认知模式进行质疑、批判，推陈出新。在数学发展史上，概率论源于赌场，但自从柯尔莫哥洛夫以集合论为基础建立公理体系的概率论之后，一门新的学科诞生了，把数直线上的微积分推广到任意集合上之后，点集拓扑产生了。对教育而言，最能体现知识创新精神的，当属教育数学了。从平均速度与瞬时速度的关系出发，从微积分不过是求高出发，分别形成了第三代微积分，就是知识创新的典型例子。在教学中，我们不再仅仅强调知识的传承，还强调知识创新，这对于发展学生的创新能力和精神具有重要意义。

## 1.2 微言要义之对应法则与对应关系

教材是实现教学目标、实施教学的重要资源。教师应当学会欣赏教材，从句子品读，体微言大义；从结构品读，获教学智慧。人教 A 版把函数三要素中的"对应法则"改为了"对应关系"，这并非是数学语言偶然的微变表述，而是深有意蕴。这样的例子还有一些。如教材把"正切函数的图象与性质"改为"正切函数性质与图象"，这种表述上的变化体现了教材编写者的良苦用心。教材先讨论正弦函数的图象与性质，后讨论正切函数的性质与图象，体现了思维的互逆性，并且在由形到数和由数到形的过程中，给学生提供了一个完整的认识函数的机会。这种表述和处理方法还具有扩展性。高等数学中，经常是先利用导数讨论性质，再根据性质画图象。这正是"正切函数的性质与图象"这节内容中所蕴含的思想的延伸：用数来驱形，这就是解析、分析的思想。可见，教材在某些数学语言表述上的变化，不是简单地换个说法，而是有深刻的道理。对于函数三要素中的核心要素为何描述为"对应关系"而非"对应法则"，很多教师认为两个提法不过是同一内容的不同表述罢了，没有研究的必要，但我们认为挖掘这些语言微变背后隐含的道理，可以加深对数学及其教学的理解。

如果说对应关系与对应法则没有任何区别，那么从语义上考虑，必定疑惑："洛必达法则"为何不称为"洛必达关系"，"包含关系"为何不称为"包含法则"？如果在语义上有区别，那我们又必会疑惑：在函数三要素中"对应关系"与"对应法则"到底哪个提法更好？下面从三个角度研究"对应关系"与"对应法则"有何异同。

### 1.2.1 从语义上理解

从字面上看，新旧提法只有"法则"和"关系"的区别。先从语义上弄清"法则"与"关系"。查阅《新编现代汉语大词典》(雅图辞书编委会编，2013 年出版，以下简称《词典》)，二者的名词解释大致如下。**法则**：① 规律(事物间的必然的联系)，如自然法则；② 同规则(规定后，大家共同遵守的制度和章程)。**关系**：① 事实之间相互作用、互相影响的状态；② 人与人或人和事物之间的某种性质的联系；③ 对有关事物有影响；④ 泛指原因(如由于时间关系)；⑤ 表明某种组织关联的证件(如组织关系)。由以上释义可知，法则或为事物间的必然的联系，或人们制定的规则、章程等；而关系主要为事物间的联系与相互作用。

**1. 法则更明晰，而关系却不一定**

法则是事物间非常明晰的联系，一般是人们总结出来的规则或者方法等。如"四则运算法则"是清晰明确地指导加、减、乘、除运算的规则，具有可操作性。

而关系是事物间的联系，有的明晰，有的模糊，明晰的关系可以转变成为法则，而模糊的关系则不能成为法则。例如，两事物之间存在逆变关系，如果这种关系可明确表述为 $y=\dfrac{1}{x}$ 这样的反比例函数关系，我们就说两个事物之间具有 $y=\dfrac{1}{x}$ 这样的对应法则。又如"二八法则"一般是用来描述社会现象中某种微妙关系的，这种关系在数学上呈现出一种稳定的关系，描述了部分与整体在财富分配等方面明晰的规律。又如，不能将"部分与整体关系"改为"部分与整体法则"，这会导致以偏概全的错误，因为部分与整体之间的关系并不都表现为明晰的规律，所以"部分与整体法则"的提法就不具有科学性和实际意义。

**2. 关系更具概括性，法则更具针对性**

任何事物之间都存在联系，关系无处不在，关系所涵盖的事物范围可大可小；同时，关系越基本，事物间的联系越有普遍性，关系所囊括的对象越广泛。例如，"等价关系"指出事物本质属性是等同的，它所涉及的对象可以是具有同构关系的两个结构，也可以是可以互推的数学命题。而法则呈现的是一种方法和规则，揭示的是事物在某一方面的具体定律。如洛必达法则揭示的是 $\dfrac{f(x)}{g(x)}$ 与 $\dfrac{f'(x)}{g'(x)}$ 之间的联系，函数 $f(x)$ 与 $g(x)$ 必须满足三个条件才可以得到运算规则：$\lim\limits_{x\to x_0}\dfrac{f(x)}{g(x)}=\lim\limits_{x\to x_0}\dfrac{f'(x)}{g'(x)}$。可见，洛必达法则是针对特定的两个函数，揭示了存在于函数之比与导数之比之间的极限运算规则。又如，卡尔达诺的黄金法则，揭示了方程的根与系数之间的规律，呈现了由方程的系数求最接近真实根的规则方法。卡尔达诺的黄金法则只是方程根与系数关系的一种具体表达；韦达定理等则是其另外的表达。

**3. 法则可以人为制定，关系不可强加**

法则可以是人们制定的规则、章程，以解决实际生活中遇到的各种各样的问题。如学生守则是学校规定的学生必须遵守的法则，以约束学生的行为，维护学校正常的教学秩序。又如数的运算法则，实际上是人为规定的，只是这种规定通常是根据数域本身的性质而制定，具有合理性。事实上，在抽象代数中，人们可以构造不同的数域，从而制定不同的运算法则。

关系没有法则的主观意味，关系是存在于事物之间的客观联系，是不可强加的。如中学生守则集中体现了学校对中学生思想品德和行为规范的基本要求，但中学生表现出的思想品德和行为规范并非都如守则要求的那样，可见守则并非就是客观存在的关系，不可将其改称为"中学生关系"。对于两个"风马牛不相及"的事物，我们可以制定一些法则约束它们的行为，但不能使它们强行产生联系。例如，性质是概念的构成要素之间稳定的关系，不可说成是稳定的法则，虽然我们可以在概念的构成要素之间建立一些法则，但那不是"确定的关系""稳定的联系"。

4. 法则的命名与关系的命名有所不同

法则常以人名或者以形象揭示规律的特征来命名，如洛必达法则、丛林法则、刺猬法则及关系—映射—反演法则等。而关系则不一定，可以以联系的对象、联系的模糊性特征或者联系的本质特征等命名，却很少以人名命名。表述关系时前面一般有主语对象，如集合 $A$ 与集合 $B$ 的关系、$C$ 与 $D$ 相似及 $E$ 与 $F$ 等价等。

例如，"包含关系"是两集合之间客观存在的一种关系，这种关系不一定是一种明晰的法则，不可说成"包含法则"。"洛必达法则"从语义上就可体现出它是与洛必达有关的一个明晰的方法规则，使用范围很明确，所以比"洛必达关系"的提法好。

### 1.2.2 从数学上理解

从语义上理解，"法则"与"关系"不是等价的说法，那么再从数学上理解，"对应法则"与"对应关系"有何异同。

1. 函数的本质是一种关系，是变量间的一种对应关系

函数概念的发展经历了"变量说"、"对应说"和"关系说"。"变量说"突出函数是两个变量间的依赖关系，"对应说"进一步明确这种依赖关系是一种"对应关系"，而"关系说"避开未经定义的"对应"，直接用集合论的语言定义函数为一种特殊的关系。由关系的数学定义可知，对应是集合间的一种关系，故函数的本质就是变量间的一种对应关系。随着函数概念定义方式抽象化程度的加深，函数概念的本质越来越明晰，函数本质上就是一种特殊的"关系"。所以，函数三要素中的核心要素称为"对应法则"不如改称为"对应关系"，这样才能更好地揭示函数的本质。

2. 对应法则是对应关系的特殊形式

已经讨论过"法则"与"关系"在语义理解上的区别，法则是明晰的，而关

系则不一定。在函数概念的定义中，从数集 $A$ 到数集 $B$ 的对应关系 $f$ 是指在 $A$ 中的任一元素 $x$，在 $B$ 中都有唯一确定的 $y$ 与之对应。这种"唯一确定的对应"即是我们要找的"对应关系"。这种关系往往是明晰的，因为大多数情况下可用明确的解析式、表格或图象来表示。也就是说，对应关系表现出来的就是一种对应规则、对应手段。故将"对应关系"称为"对应法则"也不无道理，但有时对应关系往往表达不出来，如隐函数的存在就说明了这点。另外，对应法则给人的感觉是要呈现出一种结果，是对应关系的特殊形式。对于初次接触"对应"的学生来说，容易误将"对应法则"理解为规则、方法或数学解析式，不利于函数本质的理解，故函数三要素中的核心要素用"对应关系"表述更佳。

3. 对应关系 $f$ 可表示任意函数，也可表示具体函数

从语义上理解，"关系"更具囊括性，"规则"更具针对性。对于具体数集之间的对应可用确定的对应法则表示，如图象、表格或数学解析式；但对于任意函数，虽然每一个函数都有其确定的对应法则，但每一个函数的对应关系并不一样，用"对应关系"更能体现出所有函数的共同本质是"对应"这种关系。所以针对具体的函数，"对应法则"和"对应关系"是等价的提法；在定义抽象函数时，由于是针对任意函数而言的，故"对应关系"的提法比"对应法则"更合适。

### 1.2.3 从教学上理解

新教材将旧提法"对应法则"改为"对应关系"，不仅更能揭示函数概念的本质，而且更有利于学生的学习。

1. 贴近学生的数学现实，有利于函数概念的建构

实际上，函数概念在初中时就以"变量说"的定义形式给出，在高中用"对应说"定义函数时，学生的认知结构中对函数的认知表象是"变量间的依存关系"。高中教材中，函数概念这节教学内容安排了三个具体实例，学生很自然地看到具体实例中两个变量之间存在的依赖关系，通过已有的经验和教师的引导会进一步认识到两个变量之间的依存关系其实是一种对应关系，进而沿着关系这个关键词进入"对应说"的函数概念的建构之中。如果用"对应法则"的提法，学生会觉得很唐突，而且极可能会陷入函数就是一种数学解析式的误区，有研究已经证明了这点。

2. 更有利于体现结构化教学的思想

结构化教学要保持思想方法的前后一致性。概念保持不变的属性才是它的本质属性。函数概念中，变量可以是数，也可以是函数，如泛函数；函数可以是单值对应，也可以是多值对应，如复变函数。故函数概念的本质属性是元素间的"对

应"关系。用"关系说"定义函数是最严谨的。而人教 A 版新教材考虑到学生的认知水平、接受能力，只考虑实数集上的单值函数。教材用"对应说"将函数定义为"数集间的单值对应"，也能揭示函数的本质属性是变量间的"对应"。高中教材中将函数的核心要素描述为"对应关系"，而不是"对应法则"，更加突出函数是两个数集之间的一种关系。对应关系这种提法暗示学生，函数是在研究两个集合之间的关系，和教材中研究两集合的包含关系具有一脉相承性。在函数之后，教材还安排了映射，实际上函数是特殊的映射，映射也是特殊的"关系"。这样，从作为特殊映射的函数到映射以及后继学习中的"关系"，形成一个相互联系的知识脉络，有利于学生更加完整地感受数学知识结构之间的联系。

## 1.3　微言要义之三角比与三角函数

教材不再采用终边定义法定义三角函数，而是采用单位圆法定义任意角三角函数。其理据何在，采用哪种定义更有利于三角函数的教与学呢？

### 1.3.1　辨析

从字面上看，三角比与三角函数只有"比"与"函数"的区别，而"比"是"三角比"的上位概念，"函数"是"三角函数"的上位概念，因此，先辨析"比"与"函数"的概念。

#### 1. 上位概念的辨析

小学数学教材中，比的定义是：两个数相除，又称为这两个数的比；"比"是通过两个数相比较得到的，其作用对象的具体数量关系有两种情况：① 两个同类量的比，表示其中一个数是另一个数的几倍或几分之几。在这种情况下，比和分数在形式上有很大的相似性，如 $\frac{5}{6}$，可以说成是"六分之五"，同时也可以表达为"五比六"，但是其所要表达的意义却存在不同。"六分之五"就是将一个整体等分为六个部分，表达"五个部分"和"整体"之间的关系。而"五比六"所要表达的是两个事物之间的数量关系，例如可以是某校男生、女生数量之比；② 两个不同类量的比，可以表示一个新的量。在物理学中，有很多概念是采用"相比"的方式来定义的，比如速度是路程与时间之比，弧度是弧长与半径之比等，像这样用比值的形式下定义的方式，即为比值定义法。

函数是从数学的角度研究一个事物随另一个事物的变化而变化的关系和规律。如一次函数是描述两个变量之间呈直线型依存关系的数学模型、指数函数是研究"递增率问题"的数学模型、三角函数是描述匀速圆周运动等周期现象的重要数学模型等。

结合以上分析，比是在常量范围内对两个事物进行比较，而函数是用动态的对应关系体现变化规律，二者属于不同的范畴。

2. 内涵上的辨析

1) 研究动机不同

根据奥苏伯尔(Ausubel)提出的"先行组织者"的观点，研究动机是先于具体内容而向学生介绍的引导性材料。它的主要功能是为具体地展开详细内容而提供一些起固定作用的框架，以利于学习者领会和保持。张景中院士也指出，对知识体系宏观结构的研究很重要。对三角比和三角函数研究动机的理解，有助于教师从整体上认识三角学科的发展，也会对三角部分的教学起战略定向作用；三角比与三角函数的研究动机体现在三角学发展的历史进程中。

三角函数概念的发展经历了数千年，古希腊天文学家们采用日晷仪指针(一种通过垂直杆的影长显示时间的简单装置，实质上是一种类似计算余切函数的装置)计算和测量天体的距离和角度，这种投影和计算被称为三角学比例的先驱，后来被成功地运用于测量地球的大小以及行星之间的距离。三角学兴起的标志性人物是古希腊天文学家、数学家喜帕恰斯(Hipparchus，公元前 2 世纪)，他为了定量地解决天体的位置问题，将球面三角方法应用于天文计算，并制作了世界上最早的三角函数表，在此表中，正弦是圆弧所对弦的弦长；在此基础上，托勒密(Ptolemy，公元 2 世纪)制定了更完整的弦表，指出弦是当圆的半径为 60 时弦所具有的长度，而不是比值；公元 6 世纪，印度数学家阿耶波多 I(Aryabhata I)默认曲线和直线可用同一单位度量，这是弧度制的精髓，并得出正弦是圆弧的半弦；三角学脱离天文学成为数学的一个独立分支，归功于雷乔蒙塔努斯(Regiomontanus)的论著《论各种三角形》，书中明确使用正弦函数的概念，把正弦定义为二倍弧的半弦；奥地利天文学家雷蒂库斯(Rheticus)首次将弧与弦的关系改进为角的三角函数关系，用直角三角形的边长之比定义三角函数；从此，平面三角学脱离球面三角学，成为真正的三角学；法国数学家韦达，首次将代数变换的方法引入三角学，关注三角形中的函数关系，成为第一个关注解析三角学的数学家，被称为"三角学的分析方法之父"。总之，16 世纪，三角学从天文学中分离出来，成为数学的一个独立分支，值得注意的是，这时所讨论的"三角函数"仅限于锐角三角函数，而且研究锐角三角函数的目的在于解三角形和进行三角计算。17 世纪，法国数学家笛卡儿创立的解析几何，建立了平面直角坐标系，使三角学的研究实现了质的飞跃；瑞士数学家欧拉创建了三角函数的近代理论，他率先在直角坐标系中定义单位圆，使三角学从静态的研究方法中解放出来，成为反映现实世界中某些运动变化的一门具有现代数学特征的学科。从此，三角函数的严格解析理论建立了，正弦变成了数值，成为单位圆上点的纵坐标。

整体来看，三角函数概念(以正弦为例)的发展历史大致是这样的：圆弧所对的弦的弦长→圆弧所对的弦的半弦长→比值→单位圆上点的纵坐标，也就是说经历了几何、代数及解析视角的嬗变。依据历史，可以很清楚地看出，三角函数的比值定义是雷蒂库斯的观点的反映，强调的是角所对应的直角三角形三边或者所对应的坐标量之间的比值；单位圆坐标定义法是从函数的角度出发，是韦达、欧拉等的观点的反映，更具有现代眼光，也正好体现了克莱因的思想，即中小学课程应该围绕着函数展开；从研究动机来看，对三角比的研究来源于测量学的需要，而三角函数的研究源于力学问题，振动和波动现象往往都是具有周期性的，需要一个具有周期性的函数来进行刻画和描述，例如，对于复杂的机械波，其在任意时刻的波形都可以用一些简单的三角函数来进行描述。更重要的是，坐标定义法更符合也更真实地反映了三角函数的历史和发展进程，从数学文化的角度来看，坐标定义法似乎也是更胜一筹。

2) 研究视角不同

研究视角是问题研究的出发点与方向标。三角比的研究是在几何背景中，主要是从几何的视角进行研究。但是这种视角不能从本质上体现任意角的三角函数的周期性，更不能作为刻画现实世界中周期现象的模型。在单位圆的坐标定义法中，对三角函数的研究视角不再局限于几何背景，而是从解析的视角动态地表达圆的几何性质，也更好地体现了数形结合的数学思想，"数"是在自变量和因变量之间建立明确、简洁的对应关系，突出了三角函数是函数的子概念，即三角函数具有函数的特征，从而有利于学生利用头脑中已有的函数知识来理解三角函数的概念；"形"是通过有向线段来表示函数值，用有向线段的长度来表示函数值的绝对值，其符号由三角函数线的方向决定。当角度发生变化时，三角函数线的变化特征直观地体现了三角函数的性质，比如单调性、周期性等。

三角函数的坐标定义充分利用了单位圆的几何性质，特别是对称性和周期性，形象直观地表达了三角函数的图象及性质，从而更好地反映了三角函数的本质。

3) 定义方式不同

三角比与三角函数在本质上是相同的，二者都是角的集合到比值集合的映射；二者的区别主要表现在定义方式的不同。在直角坐标系中，三角比是这样定义的：将角置于直角坐标系中，使其顶点与坐标原点重合，始边与 $x$ 轴的非负半轴重合，从其终边上任取点 $P(a,b)$，过点 $P$ 作出直角三角形，此时 $a,b$ 可以表示直角三角形的边长，这是强调几何意义；也可以表示点 $P$ 的坐标，这是强调代数意义。当强调几何意义时，直角三角形的边长是初中锐角三角比定义的基础；当强调代数意义时，它是推广到任意三角比的基础。这种定义方式与初中数学教材中的锐角三角函数的定义方式类似，是从几何的视角直观地给任意角的三角函数下定义。

三角函数以单位圆为载体,在直角坐标系中,使其顶点与坐标原点重合,始边与 $x$ 轴的非负半轴重合,通过角的终边与单位圆交点的坐标来定义正弦、余弦和正切函数;在单位圆的坐标定义法中,自变量与函数值的意义非常直观而具体,单位圆中的三角函数线与三角函数的定义有了直接联系,从而能方便地把单位圆的性质解析化而得到三角函数的有关性质。

3. 从教学的角度辨析

1) 从教材编写的角度来看

教材是众多数学教育工作者心血的结晶,好的教材是科学知识的序和学习心理的序的有机统一。从教材编写的角度辨析三角比与三角函数,将有助于从宏观上理解数学课程的纵横联系。

从纵向来看,知识在教材中的顺序是这样的:比→函数→三角比;根据以上对历史进程、研究动机和研究视角的分析,可知三角比虽为"比"的下位概念,却属于几何范畴;初中数学的函数概念是"变量说"、高中数学的函数概念是"对应说"均反映了函数是两个变量间的依赖关系;任意角的三角函数作为一种特殊的函数,本质上也是一个动态的概念,研究因变量随自变量的变化而变化;而三角比却作为一个静态的概念,以比值定义的形式给出,不仅无法突出三角函数呈周期性变化的这一本质特征,而且会使学生对先前学习函数的概念产生困惑,进而产生认知新概念方面的困难,这正是心理学上所谓的"倒摄抑制"。

因此,从课程发展的角度理解,三角比不与小学数学教材中的"比"相衔接,又脱离中学数学教材中函数概念的本质,是一个孤立的观点;相比之下,坐标法定义下的三角函数不仅与初中的"变量说"相衔接,且弧度制的引入,将角度与实数的对应转变为实数与实数之间的对应,又有利于学生理解高中教材函数概念中的"对应关系";三角函数还与平面向量、复数、微积分内容有机地联系在一起,体现知识之间的连贯性,可谓是一举多得。

从横向来看,三角部分的知识主要是与物理联系的知识。许多物理现象,如简谐振动中位移与时间的关系、正弦电流与时间的关系、电压与时间的关系、各种无线电波、地震波等,都可以从数学的角度用坐标定义下的三角函数来刻画,并用式子 $y = A\sin(\omega x + \varphi)$ 来表示。因此,从课程联系的角度,三角比不能作为数学模型刻画物理课程中机械振动、机械波现象,与物理学科联系甚远。而三角函数的观点与物理学科的观点"杂糅相处",学生既可以通过三角函数描述物理中的周期现象,又可以通过从物理背景中抽象数学模型来理解三角函数的概念。学科之间不仅建立了密切联系,而且不同学科相互作用促进学习者理解。

总之,坐标定义下的三角函数既体现了初中、高中教材之间知识的连续性与完整性，又实现了数学学科同物理学科之间的联系；既有利于任意角的三角函数的概念建构，又有利于体现结构化教学的思想。

2) 从认知发展方面来看

从认知发展方面来说，数学教学的中心任务之一就是塑造学生良好的数学认知结构，使之具有不断吸收新数学知识的能力和知识的自我生成能力。而数学认知结构在不断建构的过程中，由知识结构转化而来，通过在教学活动中新旧知识的相互作用，逐渐由低水平向高水平进化。因此，良好的数学知识结构十分关键。

如前面所分析，三角比是一个孤立的观点，不利于学生从客观上构建良好的知识结构，从主观上也难以在认知结构中与已有观念建立联系，因而不利于学生的认知发展；相比之下，三角函数既可以在数学学科内建立纵向的知识结构，又可以在学科间建立横向的知识结构。因此，三角函数更有利于学生发展良好的数学认知结构。

### 1.3.2 建议

基于以上分析，为使三角函数的教学取得最优效果，可以在以下几个方面加以改进。

1. 将三角学的发展史融会贯通于教学之中

人的认识过程与教学认识的发展过程是基本一致的，所以我们需要研究数学史，了解数学的发生和发展。数学发展的历程也会在个人身上重现，使我们懂得应该怎样安排学习顺序，应该选择哪些有生命力的内容。数学史的视角便于人们了解三角函数产生的过程，将三角学的发展史融会贯通于教学之中，意义重大。首先，可以拓展学生的知识面，激发学生学习数学的兴趣；通过了解三角学发展的历史进程，学生明白三角比与三角函数并非无源之水，其与测量学、天文学、物理学等都有广泛联系；从宏观上把握知识脉络，有利于学生构建三角函数的概念，形成知识结构图；其次，三角学的发展史表明，数学概念和理论是经过问题、猜想、论证、检验、完善逐步成熟起来的；知识并非永恒不变的，三角函数在特定的历史时期被创造，又随着历史的变迁不断发展和完善。总之，了解三角函数的发展史，有利于培养学生正确的数学思维方式和数学观念，也体现了数学三维目标体系中的"情感、态度与价值观目标"。

2. 将圆的几何性质和三角函数的性质结合起来

从研究方法的角度来看，单位圆是研究三角函数的载体；首先，高中的角是"转"出来的，是用单位圆中的半径来度量的；其次，三角函数是圆的几何性质的解析表达。应充分利用单位圆这个载体，充分利用数形结合的思想和圆的几何性质，对三角函数进行研究。将几何的直观性与解析几何的抽象性联系起来，使学生理解"三角函数的性质本质上是圆的几何性质"的解析表达，从根本上改变了学生学习三角部分内容时"死记公式"的现象。

3. 将函数的教学思路灵活应用于三角函数的教学

学生对概念的理解是一个循序渐进的过程，受个人经验、认知发展水平等多因素的影响。相对于三角函数，函数是学生认知结构中已有的概念。三角函数是学生首次接触的具有周期性的函数，它丰富了学生对于函数概念的理解：三角函数既具有函数的共性，又具有自身的特殊性。因此，在实际教学中可以将"函数"作为三角函数学习的"先行组织者"，将函数的教学思路灵活应用于三角函数的教学之中，教师"教"的迁移与学生"学"的迁移同时进行，这种方式下的"教"与"学"超越了知识水平，上升到方法论水平，实现"授之以渔"，而非"授之以鱼"。

## 1.4 对称性与单调性

"偶函数"和"奇函数"这两个名词最初源于幂函数的指数的奇偶性，为欧拉所创立。但随着函数外延的扩大，如超越函数等与"奇""偶"之间并没有直接的关联，名称与内涵实际上已经发生了分离。这是名词解释"历史上的为什么"。"逻辑上的为什么"则是顺承平面几何的轴对称、中心对称而来。图象是图形的一种特例，研究对称性可以减少一半的工作量，从经济的角度而言，需要研究图象的对称性。研究图象的对称性在代数上的表现就是函数的奇偶性与周期性。

### 1.4.1 奇偶性与对称性

首先，函数的定义域是关于原点对称的。这构成了奇函数、偶函数的一个必要条件，少一个点都破坏了函数在对称区间上的对称性。对奇函数，按定义有 $f(-x) = -f(x)$，或变形为 $f(-x) + f(x) = 0$；对偶函数，按定义有 $f(-x) = f(x)$，或变形为 $f(-x) - f(x) = 0$，最常见的记法即 $f(-x) = f(x) = f(|x|)$。

这个概念还可稍加推广。对函数 $y = f(x)$，若 $f(x) = f(2a-x)$，则函数图象关于直线 $x = a$ 对称，偶函数的图象关于直线 $x = 0$ 对称，是其特例。对函数 $y = f(x)$，若 $f(x) + f(2a-x) = 2b$，则函数图象关于点 $(a, b)$ 对称，奇函数的图象关于原点 $O(0, 0)$ 对称，是其特例。

若函数还是可导的，则奇函数的导函数是偶函数，偶函数的导函数是奇函数。如，正弦函数的导函数是余弦函数，余弦函数的导函数是正弦函数。若奇函数在原点处有定义，则有 $f(0) = 0$；若偶函数在原点处有定义，则 $f'(0) = 0$。这体现了奇偶互变性。

定义在对称区间的函数总可以表示成一个奇函数和一个偶函数之和，形如 $f(x)=\dfrac{1}{2}[f(x)-f(-x)]+\dfrac{1}{2}[f(x)+f(-x)]$，这体现了奇、偶函数的生成性。与此类似的结论还有，任意一个矩阵总可表示成一个对称矩阵与一个反对称矩阵之和。

有了奇偶性的概念，对于函数性质，只要在半个区间内研究就可以了。

### 1.4.2 周期性与对称性

观察正弦函数、余弦函数的图象，不难发现它们的图象不仅是中心对称的，而且还是轴对称的。最近的两个中心点之间的距离、中心对称点与其最近的对称轴之间的距离、最近的两条对称轴之间的距离都与最小正周期有明确的数量关系。把这种现象归纳一下，就有下面的几个结论。

(1) 若函数 $y=f(x)$ 的图象分别关于点 $(a,c)$ 和 $(b,c)(a\neq b)$ 成中心对称，则 $y=f(x)$ 是周期函数，且最小正周期 $T=2|b-a|$。

(2) 若函数 $y=f(x)$ 的图象关于点 $(a,c)$ 成中心对称，关于直线 $x=b$ 成轴对称，则 $y=f(x)$ 是周期函数，且最小正周期 $T=4|b-a|$。

(3) 若函数 $y=f(x)$ 的图象分别关于直线 $x=a$ 和 $x=b$ 成轴对称，则 $y=f(x)$ 是周期函数，且最小正周期 $T=2|b-a|$。

这里三个性质渐次变化，稍稍呈现一点数学推广的"套路"。

有了周期性，对函数性质的研究就可以在一个周期内进行了，把一个无穷区间上的问题化成了有限区间上的问题。

数列是特殊的函数，把周期性的概念用到数列上，就有周期数列的概念。

### 1.4.3 对称性的经济性

有了函数奇偶性、周期性的概念，运用起来，就可以减少很多工作量，体现数学的求简精神。

三角函数的诱导公式是对称性、周期性的反映，体现了数学的求简精神。

设函数 $f(x)$ 在区间 $[-a,a]$ 上连续，若函数是偶函数，则 $\int_{-a}^{a}f(x)\mathrm{d}x=2\int_{0}^{a}f(x)\mathrm{d}x$；若函数是奇函数，则 $\int_{-a}^{a}f(x)\mathrm{d}x=0$；若函数 $f(x)$ 是周期为 $T$ 的连续函数，则 $\int_{a}^{a+T}f(x)\mathrm{d}x=\int_{0}^{T}f(x)\mathrm{d}x$。

**例 1** 求 $I = \int_0^\pi \dfrac{x\sin x}{1+\cos^2 x}\mathrm{d}x$。

**分析与解** 应充分利用对称性求解。由奇偶函数定义的启发，不妨先把区间变成对称的。故令 $x = \dfrac{\pi}{2} - t$，则定积分变成 $I = -\int_{\frac{\pi}{2}}^{-\frac{\pi}{2}} \dfrac{\left(\dfrac{\pi}{2}-t\right)\sin\left(\dfrac{\pi}{2}-t\right)}{1+\cos^2\left(\dfrac{\pi}{2}-t\right)}\mathrm{d}t$，化简成

$$I = \int_{-\frac{\pi}{2}}^{\frac{\pi}{2}} \dfrac{\left(\dfrac{\pi}{2}-t\right)\cos t}{1+\sin^2 t}\mathrm{d}t = \dfrac{\pi}{2}\int_{-\frac{\pi}{2}}^{\frac{\pi}{2}} \dfrac{\cos t}{1+\sin^2 t}\mathrm{d}t - \int_{-\frac{\pi}{2}}^{\frac{\pi}{2}} \dfrac{t\cos t}{1+\sin^2 t}\mathrm{d}t。$$

上式后一个积分，被积函数是奇函数，故积分值为 0。对前一个积分，

$$\dfrac{\pi}{2}\int_{-\frac{\pi}{2}}^{\frac{\pi}{2}} \dfrac{\cos t}{1+\sin^2 t}\mathrm{d}t = \dfrac{\pi}{2}\arctan(\sin t)\Big|_{-\frac{\pi}{2}}^{\frac{\pi}{2}} = \dfrac{\pi^2}{4}。$$

通过具体的实例，能切实感受到奇、偶函数定义的数学价值及其教育学价值。

### 1.4.4 对称性与单调性

对称性和单调性之间有内在联系。如对称轴往往经过函数的极值点，在对称中心处，函数的凹凸性会发生改变，即对称中心往往会经过导函数的极值点。

用单调性刻画轴对称性。设 $g(x) = f(x) - f(2a-x)$，$x \in \mathbf{R}$，那么

(1) 如果直线 $x = a$ 是函数 $f(x)$ 的对称轴，那么有 $g(x) \equiv 0$；

(2) 如果 $g(x)$ 严格单调递增，那么到直线 $x = a$ 距离相同的点，图象中右边部分高于左边部分，对称轴发生了偏移；

(3) 如果 $g(x)$ 严格单调递减，那么到直线 $x = a$ 距离相同的点，图象中右边部分低于左边部分，对称轴发生了偏移。

用自变量来说明就是，$a - x_1 < x_2 - a$，即 $x_1 + x_2 > 2a$，对称轴向左偏；$x_1 + x_2 < 2a$，对称轴向右偏。

类似地，用单调性刻画中心对称。设 $g(x) = f(x) + f(2a-x) - 2b$，$x \in \mathbf{R}$，那么

(1) 如果 $(a,b)$ 是函数 $f(x)$ 的中心对称点，那么有 $g(x) \equiv 0$；

(2) 如果 $g(x)$ 严格单调递增，那么到点 $(a,b)$ 距离相同的点，图象中右边部分增速高于左边部分，对称中心发生了偏移；

(3) 如果 $g(x)$ 严格单调递减，那么到点 $(a,b)$ 距离相同的点，图象中右边部分下降速度低于左边部分，对称中心发生了偏移。

用自变量来说明，就是 $a-x_1 < x_2-a$，即 $x_1+x_2 > 2a$，对称中心向左偏；$x_1+x_2 < 2a$，对称中心向右偏。

这样，函数的几大性质之间的内在关联就联系起来了。

## 1.5　从思想到技巧的单调性

核心思想(big ideas)既包括重要的概念，又包括重要的原理、技能、思想、方法乃至能力等。核心概念(core concepts)与核心思想紧密相关。核心概念具有基础性、本质性、联系性和应用性等特点。概念是人脑对事物本质特征的反映，人类对事物的认识方式、认识过程及认识成果积淀在概念中。数学的本质就是借助于关系术语把逻辑应用于对象概念，这样就产生了数学的结果。隐喻之，概念相当于思维网络中的节点，命题(数学结果)相当于思维网络中的通路。概念所连的通路越多，则其越重要，乃至成为整个网络的核心，影响着整个网络的运行。因此，掌握概念特别是核心概念及其中核心思想就显得尤为重要了。

单调性的概念和定义是刻画函数性态的重要工具，无疑是一个核心概念。高中数学是用初等代数的语言定义单调性，微积分中则是用导数来刻画单调性。语言的刻画不过是一种表象，其中蕴含的核心思想是：总可以把不规范的事物转化为规范的事物，用规范的简单的事物控制复杂的事物。如，方程和不等式可以看作函数的特定状态，用函数的观点处理方程、不等式的有关问题，自然是情理之中的事。比如欲证 $f(a) < f(b)$，同时，又已知 $a,b$ 间的大小关系，这时只要说明 $f(x)$ 的单调性即可。应当说，这是一种简单的、规范的证明不等式的方法。采用这一思想可以使得不等式的处理有一定规律可循，从而开辟了不等式证明的一条新路。

### 1.5.1　单调性证不等式是一种基本方法

重要不等式之所以冠名为"重要"，是因为这个不等式用途广泛，可以证明许多不等式。单调性比重要不等式更基本，因为可以用单调性证明重要不等式。令 $f(x) = x^2 - 2bx + b^2$，则 $f'(x) = 2x - 2b$，解得唯一驻点 $x=b$。当 $x>b$ 时，$f'(x)>0$，$f(x)$ 是增函数，所以当 $a \geq b$ 时，有 $f(a) \geq f(b)$，即 $a^2 - 2ab + b^2 \geq 0$；当 $x<b$ 时，$f'(x)<0$，$f(x)$ 是减函数，所以当 $a<b$ 时，有 $f(a)>f(b)$，即 $a^2 - 2ab + b^2 \geq 0$。故不论 $a,b$ 的大小关系如何，总有 $a^2+b^2 \geq 2ab$。仿此，也可用单调性证明柯西不等式。

函数的凹凸性其实是利用单调性来定义的。如凹性是这样定义的，不妨认为 $x_1<x_2$，恒有 $f\left(\dfrac{x_1+x_2}{2}\right) < \dfrac{f(x_1)+f(x_2)}{2}$，则称 $f(x)$ 是凹性的。令 $x_0 = \dfrac{x_1+x_2}{2}$，对

上式变形有 $f(x_0)-f(x_1)<f(x_2)-f(x_0)$，又 $x_0-x_1=x_2-x_0>0$，因此有

$$\frac{f(x_1)-f(x_0)}{x_1-x_0}<\frac{f(x_2)-f(x_0)}{x_2-x_0},$$

让 $x_1,x_2$ 动起来，则这个式子表明斜率函数是单调的。

用重要不等式、柯西不等式和函数的凹凸性证明不等式是很广泛的做法，上述说明则指出，单调性比它们更基本。因此，可以得到一个见解：凡是可以用重要不等式、柯西不等式或函数的凹凸性来证明的不等式，都可以用单调性来证明，尽管这不一定是最简捷的。这样，从思想到技巧的转化就有了技术上的支持。

### 1.5.2 典型样例分析

**例 1** 已知函数 $g(x)=x\ln x$，设 $0<a<b$，证明：

$$0<g(a)+g(b)-2g\left(\frac{a+b}{2}\right)<(b-a)\ln 2。$$

**分析与证明** 由于知道 $g(x)$ 的具体表达式，直接运算也是可以比较大小的。但正是由于思路的直白，才导致运算量大，几乎不能进行。要避免大运算量，得用巧思。若把不等式两边看作是某个函数在某两点的取值，就可利用函数的单调性来处理了。

设 $F(x)=g(a)+g(x)-2g\left(\frac{a+x}{2}\right)$，则

$$F'(x)=g'(x)-2\left[g\left(\frac{a+x}{2}\right)\right]'=\ln x-\ln\frac{a+x}{2},$$

当 $0<x<a$ 时，$F'(x)<0$，$F(x)$ 在 $(0,a)$ 上单调递减；当 $x>a$ 时，$F'(x)>0$，$F(x)$ 在 $(a,+\infty)$ 上单调递增。而 $b>a$，则 $F(b)>0$，即 $g(a)+g(b)-2g\left(\frac{a+b}{2}\right)>0$。设 $G(x)=F(x)-(x-a)\ln 2$，则

$$G'(x)=F'(x)-\ln 2=\ln x-\ln\frac{a+x}{2}-\ln 2=\ln x-\ln(x+a),$$

当 $x>0$ 时，$G'(x)<0$，故 $G(x)$ 在 $(0,+\infty)$ 上为减函数。又 $G(a)=0$，$b>a$，所以 $G(b)<G(a)=0$，即 $g(a)+g(b)-2g\left(\frac{a+b}{2}\right)<(b-a)\ln 2$。

**例 2** 已知 $a,b,c\in\mathbf{R}_+$，且 $abc=1$，求证：$\dfrac{1}{a^3(b+c)}+\dfrac{1}{b^3(a+c)}+\dfrac{1}{c^3(b+a)}\geqslant\dfrac{3}{2}$。

**分析与证明** 单调性的定义也可变式地使用：若 $f(x)$ 是增函数，则有 $\dfrac{f(x_1)-f(x_2)}{x_1-x_2}>0$，变形有 $[f(x_1)-f(x_2)](x_1-x_2)>0$。此不等式对称性不强，由此

作变换

$$\frac{1}{a^3(b+c)} = \frac{a^2b^2c^2}{a^3(b+c)} = \frac{b^2c^2}{ab+ac} = \frac{b^2c^2}{(ab+ac+bc)-bc}。$$

令 $s = ab+ac+bc$，$f(x) = \dfrac{x^2}{s-x}$，因等号在 $x = \dfrac{s}{3}$ 处成立，所以有下式，

$$\left(x - \frac{s}{3}\right) \cdot \left(f(x) - f\left(\frac{s}{3}\right)\right) \geqslant 0,$$

展开得 $xf(x) \geqslant xf\left(\dfrac{s}{3}\right) + \dfrac{s}{3}f(x) - \dfrac{s}{3}f\left(\dfrac{s}{3}\right)$，即

$$\frac{x^2}{s-x} \geqslant \frac{x}{2} + \frac{sx}{3(s-x)} - \frac{s}{6}。$$

令 $x = ab$，得

$$\frac{(ab)^2}{ac+bc} \geqslant \frac{ab}{2} + \frac{sab}{3(ac+bc)} - \frac{s}{6},$$

同理，有

$$\frac{(ac)^2}{ab+bc} \geqslant \frac{ac}{2} + \frac{sac}{3(ab+bc)} - \frac{s}{6}, \quad \frac{(bc)^2}{ab+ac} \geqslant \frac{bc}{2} + \frac{sbc}{3(ab+ac)} - \frac{s}{6}。$$

以上三式相加，有

$$\frac{1}{a^3(b+c)} + \frac{1}{b^3(a+c)} + \frac{1}{c^3(b+a)} \geqslant \frac{s}{3}\left(\frac{ab}{bc+ac} + \frac{ac}{bc+ab} + \frac{bc}{ab+ac}\right)$$

$$= \frac{1}{6}[(\sqrt{bc+ac})^2 + (\sqrt{bc+ab})^2 + (\sqrt{ab+ac})^2]$$

$$\cdot \left[\left(\sqrt{\frac{ab}{bc+ac}}\right)^2 + \left(\sqrt{\frac{ac}{bc+ab}}\right)^2 + \left(\sqrt{\frac{bc}{ab+ac}}\right)^2\right]$$

$$\geqslant \frac{1}{6}(ab+bc+ac)^2 \geqslant \frac{1}{6}(3\sqrt[3]{a^2b^2c^2})^2 = \frac{3}{2}。$$

用基本不等式或排序不等式也可以轻松地处理。

### 1.5.3 彩线串珠

以通性求通解是方程求解的目标，笛卡儿主张将任何问题转化为数学问题，再转化为代数问题，进而转化为方程问题，其目的是寻找一种"普遍的方法"。寻找一种普适的、统一的或尽可能适用面广的方法和模式一直是数学的目标。证明不等式的方法五花八门，方法多既是好事又是坏事。多了，能开阔眼界，但易于沦于技巧而没有思想。用单调性证明不等式可以说得上是一种较普遍的做法。

教学是一种劝说行为，难题也好简单题也罢，要关注的是其中的**核心数学思想**而不是技巧。章建跃极力倡导核心概念的教学，是非常有见地的。概念是形成了的、成形了的观念，是人们认识的结晶，而核心概念更具有认知凝聚作用，以此为线索可以贯穿诸多教学内容。以核心概念为中心进行教学，可以充分体现教学的简约性功能，在尽可能短的时间内传播尽可能多的数学思想，对题海战术也是一种"反动"。

数学知识发轫于问题，活用于问题解决。问题解决实质上是运用已有的知识去探索新情境中的问题的初始状态并达到问题的目标状态的过程。数学有别于其他学科的一个特点是，它可以形式运算，对符号进行运算操作。在问题解决中，要防止没有思想的技巧，或者说揭示不出技巧背后的思想的做法是不可取的，违背了数学教育的育人之道，把数学变成了形式化的技巧。作为教师，不能让学生记题型，游题海，一定要把技巧后面的思想挖掘出来。概括是一切科学研究的起点，是掌握规律的基础，任何科学研究的结论均来自概括。"一题多法""一题多变""多题一法"是我国习题课教学的宝贵经验。在"多题一法"中，"存储"类化、减缩化、密集化了知识系统，一方面压缩了信息，另一方面培养了学生的概括能力。概括能力是科学研究的关键机制，在习课题中也能得到培养。

近年来，一些理念式的口号一方面在更新人们的观念，另一方面又使教学有些观念化了，人们往往时髦地谈"合作""交流""探究"，于有意无意中淡化了我国优良的教育传统。面向教学的数学知识意指深厚的学科知识也能产生教育上的见解。这是学科知识的作用，是大学专业课程积淀作用的慢慢发挥。认识论不同于教学论，要在知识联结中，在变式练习中，在注重数学思想方法中，在这些坚实的基础上谋求发展。显然这些都离不开深厚的学科知识，离不开对核心数学思想和核心数学概念的掌握，这样才可能从思想到技巧，具体的数学教学毕竟有点"工程"色彩，要把理念观念实践化。

## 1.6 最值与极端原理

极端原理是解决数学问题的一个重要方法，它往往从极端情形(例如数的最大值、最小值，问题的最有利、最不利情形，图形的边缘位置、极限位置等)出发分析，找出极端元素，进而使复杂问题简单化，抽象问题具体化，从而让问题得到解决。极端原理虽广泛应用于竞赛数学之中，然而它的基本精神却是深深地扎根于教材中的，通过深入挖掘，就可以抽丝剥茧般地将竞赛数学的内容和教材内容知识紧紧地联系在一起，那么竞赛数学也就不会显得艰涩难懂了。

### 1.6.1 起源

早在 17 世纪，法国数学家费马在研究曲线性质时，就得到了一种相当于微分法的法则。按照这种方法,当函数经过极值点时,在极值点附近,自变量的一个微小变量,不至于引起函数值太大的变化,即 $f(A+E)-f(A)\approx 0$。费马把这个设想的等式称为"准等式",消除公共项之后,用 $E$ 去除这个等式,再令 $E$ 消失,即 $\left[\dfrac{f(A+E)-f(A)}{E}\right]_{E=0}=0$,由此求出 $A$ 就是 $f(x)$ 的极值点。这种方法相当于现代微积分中函数取极值的必要条件。而极值就是一种极端元素,因而利用这种思想,费马也给出了求极值的方法,里面就体现了极端化思想。

费马首先给出了一条长为 $a$ 的线段,然后在这条线段上截去 $x$ 的长度,要求 $A=x(a-x)$ 最大时的 $x$。费马引进了一个增量 $E$,用 $x+E$ 来代替 $x$,这样便有 $(x+E)(a-x-E)=x(a-x)$,解得 $x=\dfrac{a-E}{2}$。既然 $x+E=x$,则 $E=0$,所以 $x=\dfrac{a}{2}$。

费马实际上就是引入了一个增量 $E$,再让增量 $E=0$,等式两边同时取极限,求出了极值。也正是由于思考极值、最值等问题,逐渐形成了极限思想,微积分蓬勃发展起来了,数学脱胎换骨,面目一新。求最速降线问题、等周问题直接导致了变分法的产生。从极端情形出发考虑问题,不能仅看作一种解题技巧,而是有着丰富思想内涵的思考问题的方式。在高中教材中有多处内容渗透了极限的思想和方法,如圆的面积、曲边梯形的面积、球的体积和表面积公式推导、双曲线的渐近线定义均体现了无限逼近思想。极端原理的根深扎于数学教材中,并有旺盛的生命力。

### 1.6.2 教材中的极端原理

极端是一种特殊情况,一般性寓于特殊性中,故从特殊到一般是一种重要的思考方式。代数、几何中均有极端原理的表现形式。

作为数学归纳法基础之一的最小数原理也是极端原理的表现。最小数原理简单明了,自然数集的非空子集(不论有限或无限)必有最小数。在函数的学习中,考虑函数的最大值与最小值,把整个函数值控制在一个范围内,便实现了对函数的整体把控,这就是要求函数的最值的道理之所在,如果把求最值看作一种技巧训练,数学就成了一种数字游戏。

这种思想在解析几何中也有体现,如用一个矩形把椭圆"框住",就能用直线型几何图形来把握曲线,虽然不能用矩形把双曲线"框住",但同样可以用矩形来把握双曲线的分布范围。

极端原理还是优化的表现。如光总是走最短路程,故两点之间线段最短(三角形不等式是用不等式表达了这个原理,在微积分中广为使用);在球面上,大圆所对的劣弧最短,飞机总是尽可能沿劣弧飞行;体积一定的物体,以球的表面积最小,故夏天狗总是四仰八叉地躺着,而冬天总是蜷缩成一团。线性规划的目标就是寻找最优解。

从极端出发定义概念也是一种常见手法。点到直线的距离,是点与直线上点之间距离的最小值;直线与平面所成的角,是直线与平面内的直线所夹角中的最小者;平面上的一组点,求一个包含所有点的最小凸多边形,这就是凸包问题。可以形象地思考:在地上放置一些不可移动的木桩,用一根绳子把它们尽量紧地圈起来,并且为凸边形,这就是凸包了。

极端原理还可以看作一种认知视角。如,把点看作是半径为零的圆,把直线看作是半径无穷大的圆;一次函数可看作是二次函数的二次项系数无限趋近于零的情形,一元一次方程可看作是一元二次方程二次项系数趋近于零的情形,对一元二次方程求根公式取极限可得到一元一次方程的根。秉持这种视角,就会发现数学的内在和谐美。

### 1.6.3 一些应用

**例1** 设 $R$ 为平面上以 $A(4,1), B(-1,-6), C(-3,2)$ 三点为顶点的三角形区域(包括三角形内部及周界),试求当 $(x,y)$ 在 $R$ 上变动时,函数 $4x-3y$ 的极大值和极小值。

**分析与解** 令 $t=4x-3y$,则 $y=\dfrac{4}{3}x-\dfrac{t}{3}$。当 $t$ 变动时,实际上就是一组斜率为 $\dfrac{4}{3}$ 的平行的直线。要求 $t$ 的极值,就是求直线 $y=\dfrac{4}{3}x-\dfrac{t}{3}$ 与区域 $R$ 相交时在 $y$ 轴上截距的极值。

由图 1.1 可知,当直线 $y=\dfrac{4}{3}x-\dfrac{t}{3}$ 经过点 $C(-3,2)$ 时,$\left(-\dfrac{t}{3}\right)_{\min}=6$ 即 $t_{\min}=-18$;当直线 $y=\dfrac{4}{3}x-\dfrac{t}{3}$ 经过 $B(-1,-6)$ 时,$t_{\max}=14$。所以所求极大值与极小值分别是 14 和 -18。

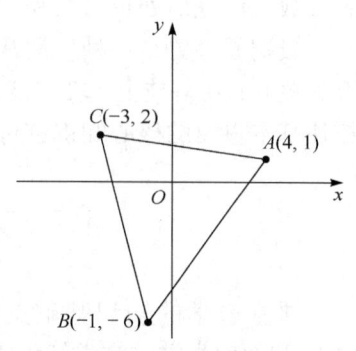

图1.1 三角形区域

对于像这样寻找变量范围的题目,运用极端原理来解决是十分简便的,通过找到变量变化的临界状态,从而使所求范围一目了然。

**例2** 圆与直线 $l:4x-3y+6=0$ 相切于点 $A(3,6)$,且过点 $B(5,2)$,求此圆的方程。

**分析与解** 把点 $A$ 看成半径为零的圆,设其方程为 $(x-3)^2+(y-6)^2=0$,过此圆与直线 $4x-3y+6=0$ 交点的圆系方程为

$$(x-3)^2 + (y-6)^2 + \lambda(4x-3y+6) = 0,$$

将点 $B(5,2)$ 代入并化简,求得 $\lambda = -1$。故所求圆的方程为

$$x^2 + y^2 - 10x - 9y + 39 = 0 \text{。}$$

### 1.6.4 体会

极端原理并不是什么高深的技法,其出色运用在于对极端元素的深刻理解。对于求未知数范围的问题,往往涉及数的极值或图形的极端位置,这就要求学生对函数有深入的理解,对几何图形的边界位置很熟悉;对于解一些不等式的问题,往往要先求出范围的上界、下界,才可以将不等问题转化为相等问题,将无限问题转化为有限问题,这可能就会涉及排序情况,只有理清了顺序,才有可能将问题变得更有针对性,才可以运用极端元素;有时还会涉及逼近的思想来使范围更明确化,而无限逼近的思想往往就是极限的思想,现在极限思想已经进入了教材。这就要求教师应该站得更高,看得更远,将观点和思想方法润物细无声般地渗透在课堂中。

极端原理的根就在课堂教学中。再如求恒成立问题,常常是竞赛中或是高考题中的热点,可往往只知道其边界情形,若问题只要对边界情形成立,就对一般情形也成立,因此,此类问题也很适合用极端原理来解决。在解决此类问题时,往往会用到这样的事实:$M \geq F(x)$ 恒成立 $\Leftrightarrow M \geq F_{\max}(x)$;$M \leq F(x)$ 恒成立 $\Leftrightarrow M \leq F_{\min}(x)$。其表现形式可以是突出参数,消去主元,也可以是突出主元,消去参数,辩证地处理参数和主元的关系。

极端原理更是一种生活常识。在战场上,抢占制高点,居高临下,一夫当关,万夫莫开;在科技上,攻克核心科技,增强核心竞争力,是治国之道;在教学上,抓住基本重要的核心知识进行教学,教得轻松,教得简洁,是教师的首选。

## 1.7 方程的根与函数的零点

课堂教学的知识基础主要有学科教学知识(pedagogical content knowledge, PCK)和面向教学的数学知识(MKT)两种。MKT 与 PCK 的最大不同之处在于,在 MKT 框架中内容知识(CK)与 PCK 知识融为一体,内容知识对 PCK 知识有辐射、奠基作用。从 MKT 来看,如果真正地把内容知识吃透了,是能够产生教育上的见解,并能用于课堂教学中的。这个看法得到了教育数学的支持,教育数学在重构数学体系的过程中,得到了许多有益的教育见解。MKT 研究既具有西方视角,又与我国本土的教育经验相贯通,基于此,从 MKT 来看,课堂教学应如何组织架构是一个常话常新的主题。

### 1.7.1 做好教学设计的前端工作

1. 专门内容知识：在教育价值取向层面理解学科本质

专门内容知识(specialized content knowledge, SCK)是指教师为了教学而必须具备的一种独特的数学知识，能对教学的目标走向起到战略定向的作用，具体地，是指推动某一主题发展的研究问题及研究动机的知识，解决这一问题的研究方法和研究手段的知识，得到的研究结果又如何解释、如何运用的知识。面向教学的知识远比教给学生的知识丰富、深刻。

SCK 要求教师首先要明确推动某一主题发展的研究问题，有问题才有学习的动机，问题、问题解决是数学的核心。教师要寻找真正体现某一主题的好问题，最好是一些推动学科发展的本源性问题，它的教育性呈现不仅能够抓住和把握数学的本质，还能激发学生的兴趣，启发学生的认识能力。如方程是好的数学问题，方程的求解历来是一个好的研究主题。在"方程的根与函数的零点"的前端教学设计中，教师要力图弄清楚：方程与函数是两个重要的数学主题，为什么要把方程与函数并列，为什么要把根与零点并举；在方程知识体系中，研究求解行不行；在函数知识体系中，研究求解行不行。通过数学史的学习，问题与动机就一目了然了。在方程知识体系中研究解方程，大多是为了求解精确，更多的是一种理论研究。在函数知识体系中研究方程，大多是为了寻求近似解，更多的是一种应用研究，诸如牛顿迭代法等各种数值求解法就是其中的典型代表。明白了研究问题和动机，就知道本节课的教学中蕴含着研究视角的巨大变化。不了解这些，课堂教学的目标定位就不清晰，极有可能会引发学生的诸多认知困惑。

教师知晓了研究问题和研究动机的知识后，还要对解决这些问题的方法和手段的知识有深切的认识。既然是从函数的角度研究解方程，而不一定是要寻得精确解(如果能找到精确解当然更好)，那么就要充分发挥函数的优势。与方程相比，函数有哪些优势？方程可以看作函数的特例，从函数的观点看方程，就把方程置于一个大背景中了；函数有图象，直观，可以从图象的连续变化中寻求方程的近似解；函数有解析式，具体，可以从函数值的连续变化中寻求方程的近似解，这样，零点存在定理呼之欲出。通过对研究方法与手段的深入认识，将"压缩"的、静态的数学文本进行了深入的解读，复杂的知识变得简单、容易了，抽象的知识变得具体、直观了。

教师还需要能深入解读作为研究结果的知识。换个角度看问题，把方程的根视作零点，且不拘泥于零点本身，而是在其邻域范围内进行微分析，这其实就是微积分的精髓之所在。零点存在定理很好地提供了一种寻找零点(方程的根)的方法，具有方法论的导向意义，在区间中寻找零点，颇有点"只在此山中，云深不知处"，于无穷之中觅其踪的意味，这也是二分法产生的源头。数学问题解决之后往往作为凝固的知识形态而存在,如果把它们视作是可以搬运的知识点、知识链,却不能欣赏,教学的价值就不能得到彰显。

教师具备 SCK,才能真正了解教学目标的走位及定向,形成自己的教育见解,拥有自己的教育理念。

2. 内容和学生的知识:了解学情,以学定教

内容和学生的知识(knowledge of content and students, KCS)是指教师知道如何预测学生的认识困难或诊断学生的认识表现。KCS 关注如何理解学生对特定内容的学习。教师不但要理解具体的教学内容,还要能清楚学生对此内容是如何理解的,学生视角下的数学内容是什么样子的,会遇到哪些认知障碍,会出现哪些错误等。具有 KCS,教师才能更有针对性地进行教学。

首先,KCS 要求教师探明学习者已经知道了什么,不知道什么,即学生已有的认知基础。针对本节课而言,学生已经了解一些基本初等函数的模型,掌握了函数图象的一般画法及一定的从图象中获取信息的能力。这为本节课利用函数图象判断方程根的存在性提供了一定的知识基础。学生还知道一些方程求解的具体方法,如一元二次方程的求根公式。但学生往往无法把这两方面的知识有机地结合起来。

其次,KCS 要求教师能准确地预测学生可能遭遇到的困难,从而采取适当的应对措施解开学生心中的困惑。对于函数零点的本质理解,学生缺乏的是函数的观点,或函数应用的意识,对函数与方程之间的联系缺乏认识。如何理解方程的根与函数零点的关系,为何要从函数的角度研究方程;如何探究函数零点的存在条件,本来是考察一个特殊点,为何要在一个范围内考察。这些问题是学生普遍存在的认识困惑。作为函数观点的一种应用,要让学生认识到函数与其他知识的联系,树立函数观念的应用意识,并由此出发,通过环环相扣的问题设置,引导学生思考。在问题解决过程中,进行观念的更新与方法的选择。

KCS 还要求教师准确地诊断学生错误的本质,以便有针对性地开出"处方"。学生在遇到求零点的问题时,误认为零点是一个点,方程根的多元外在表征、丰富的内蕴思想使学生在理解零点时,整体把握不够,不能形成灵活的联系和转化。学生对零点存在定理理解不够,就无法准确判断函数零点的存在性。这归根结底是他们不清楚函数在某闭区间存在零点的充分条件和必要条件之间的关联与区别。作为教师,不仅要准确诊断学生所犯错误的本质,更要深层次挖掘学生犯错误的真正原因,从而有针对性地提出相应的措施,纠正学生的错误。

只有对学生在学习数学过程中的思维活动及学习态度有着较深入的理解,课堂教学才能更加顺利地进行。除了关注学生学习具体数学主题的认知特点、思维方式以及常见误区外,教师还要了解学生作为"人"的一般心理特点。学生已有

的认知基础、学习难点、认识误区、学习困惑、学习错误，还有学生的思维方式及学习态度等都是影响学生认知的重要因素，为此，教师还必须具备一些心理学的知识，如普通心理学和认知心理学的知识。

教师具备 KSC，对教学效果的影响是十分明显的。只有高度重视学情的把握，才能真正做到以生为本、以学定教。

3. 内容和课程的知识：理解知识的教育形态在文本中的呈现

内容和课程的知识(knowledge of content and curriculum, KCC)是指对课程的理解，即对特定主题知识的原型和演化的知识及其在教科书概念体系、逻辑结构中的位置定位、来龙去脉的知识以及横向联系的知识的理解。KCC 要求教师在进行教学时，要对课程标准进行深入地理解，知道教材是如何编排的，要清楚本节课在教材中的结构、地位和作用，不仅要求教师理解在特定时段教授的课程内容，还要理解那些还没有走进课程内容的学科知识。

KCC 要求教师能深度挖掘教材，能吃透教材的意图。方程是初中代数课程的一条主线，在初中数学课程中处于十分重要的地位，而函数是高中代数课程的一条主线，方程与曲线是解析几何的重要主题。不同学段、不同知识构架中的方程应如何解读和挖掘是进行教学前端设计时应考虑的事情。初中教材中涉及方程次数不超过二次，一元二次方程是其典型代表，并和一元二次函数有着千丝万缕的联系；这一题材进入高中教材，不仅仅是为了和初中数学有效衔接，还在于一元二次函数不是超越函数，其图象已知，其数值可算，不仅可求精确解，还能不解方程而判断解的存在性。如果面对的是一个超越函数，其图象未知，但其数值可算，如何首先判断解的存在性问题，显然是教材中的例题所要揭示的问题。做数学要注意经验的有效迁移，故要把出现在高中教材中的初中数学的主题意图吃透。解析几何中的方程揭示了点的横、纵坐标之间的二元依存、对应关系，是曲线的方程。可以是函数形式的方程，如直线方程就是一次函数，还可以是非函数形式的方程，如圆的方程、二次曲线的方程。如果特殊化，当考虑纵坐标为零时横坐标的情况，这就是零点问题。一些教辅资料，常构造曲线解方程，充分利用曲线的范围求解零点，原因就在于此。二次函数也可以视为抛物线，标准位置的抛物线可以利用曲线的范围求解，把非标准位置的抛物线平移到标准位置，也可以求得零点。把方程视作函数或曲线，其精要在于打破了一元关系的封闭性，在动态的二元关系中考察特殊的位置关系。只有明白了这些，教师才能明白难点究竟有哪些因素，在教学时，才知道如何有针对性地设计过渡。教师需要对教材进行创造性的加工，帮助学生以核心知识为联系点，构建知识网络，建立知识的多元表征联系。

KCC 还要求教师要清楚特定课题与相关学科的联系。不同的学科可以有交集，在处理教材时,一定要基于学科,同时又要超越学科,要透过表面差异认识各学科的本质,从而探寻提高教学的新突破口。"数理不分家",进入中学数学教材里的内容,大部分都有着丰富的物理意义,这些物理意义一方面是理解形式化、符号化数学的直观背景,另一方面也是数学模型的原型。物理现象需要函数或方程来描述,用数学手段处理物理现象是物理学科发展的必然诉求。寻找方程的近似解正是这种诉求的具体体现。对于物理现象而言,有时寻找精确解不太可能或没有这种必要,只要求得满足一定精度的近似解即可。误差、精度、迭代、数值计算这样一些与实际物理问题求解紧密相关的概念自然地进入了数学之中,了解这些,有助于学生对上述概念的理解。这样的学科联系,为教师处理教材提供了新的视角,能为不同学段、不同学龄的学生提供适宜的表征。

教师具备 KCC,就能清楚特定主题在教科书中概念体系、逻辑结构中的位置定位和来龙去脉的知识以及横向联系的知识。这样教学,才能做到心中有数。

### 1.7.2 演绎精彩课堂

如果说医生的真功夫体现在临床上,教师的真功夫则体现在课堂上。教师的真功夫体现在其能够有效地转化教学内容以便适合学生学习,从而演绎精彩的课堂。内容和教学的知识(knowledge of content and teaching, KCT)是指综合了教学设计和针对教学内容教学这两方面的知识。在设计教学时,教师需要考虑选择哪个例子引入课题比较合适,需要判断所教概念的不同表征及不同方法程序在教学上的优缺点。在关于特定内容的课堂讨论中,教师需要决定何时暂停讨论,何时指出关键点,何时提出新问题促使学生进一步思考,这些知识都属于 KCT 范畴。

首先在设计教学思路时,教师需要考虑选择哪个例子引入课题可以使学生更深入地思考内容,或创设问题情境,或提出逻辑脉络上的问题,形成认知冲突,激发学生的求知欲,激发学生的思维,激发"火热的思考"。数学课堂中要以问题驱动产生求知热情,课堂讲究导入,但是创设情境却不能天天搞,因此导入的方式和价值都是需要深入思考的问题。教师要能以问题作为出发点,能够深入挖掘反映一节课教学目标的本质问题来驱动教学,采取学生思维最近发展区的任务,用"导而弗牵"的方式,激发学生的学习热情。例如,本节课可以从一个有趣的历史问题进行导入。首先简介历史上的各种方程求解法及最后遇到的困难。既然五次及五次以上的高次方程以及指数方程、对数方程等超越方程没有求根公式,那怎样才能求出方程的根呢?如果仍然从方程角度入手研究方程求解问题已经很困难,那么这个时候该怎么办呢?以这些问题为导向,激活学生的学习热情。趁热打铁,继续提出问题:方程 $\ln x + 2x - 6 = 0$ 有无根?这时教师就要充分发挥导引作用,引导学生将方程与函数联系起来。目的是让学生明白"为什么要学",只有学生明白了"为什么要学",才能激发出他们的求知欲,进一步设计"学什么"和

"怎样学"。教师要明确本节课的目标，遵循循序渐进的原则，把主要教学力量放在关键点上，突出重点，突破难点，尽量使新知识与学生头脑里已有的适当知识、经验建立实质性的联系，按照学科内容的逻辑顺序贯穿教学的始终。

本节课的教学重点是"方程的根与函数零点的关系，零点存在定理"。关于函数零点这一概念的教学，从已熟知的具体问题入手，突出方程的根与函数零点的等价关系。在给出具体可解的方程之后，可以提出问题：如何求方程的根。学生会有各种不同的回答，教师可针对课堂实际情况，引导学生在一个大背景中认识方程的根，帮助学生去认识方程的实数根与大背景中函数值的变化依存关系，进而可将认识并求方程根的问题转化为求函数零点的问题去解决。先要形象地用函数图象展示函数的零点，这也是加深对数形结合思想的理解。通过方程、函数图象之间的联系，进一步理清三个等价关系，"方程有实数根"等价于"函数的图象与横轴有交点"等价于"函数有零点"。本节课的难点是函数零点存在性的判定问题，要让学生明白为何用符号判断的方法来研究零点存在性问题。先从几何直观入手，引导学生进行有目的地观察——观察函数图象与 $x$ 轴有交点时函数图象的走势和区间端点函数值的特征。帮助学生通过比较、分析去发现连续、异号与函数零点的联系。通过正例或反例让学生明白连续、异号这两个条件是函数在闭区间内有零点的充分条件，而不是必要条件。然后，再过渡到函数的图象不可知时该如何判断零点存在的问题，这时符号判断法的作用就凸显了。用不等说明相等，欲擒故纵式地在一个范围内求解一点，是多么精妙的数学思想。

为了达到教学目的和实现教学目标的要求，教师还要根据学情知识，采取合适的表征内容的教学手段和策略，设计学生活动和安排教学活动顺序。在提出问题、分析问题、解决问题的过程中，探明知识内容的最佳结构以及各结构之间的最佳顺序，让学生清楚了解知识的产生过程、知识间的相互联系以及整个知识体系的框架。在这里，方程、函数、图象及不等式的知识相互交织，彼此衔接，构成学生认知观点变迁演化的内在线索。

然而决定一堂课教学效果的因素远不止这些。例如，还要讲究语言艺术。语言精练，具有音韵节奏美，则易于倾听；文字考究，则易于理解和记诵；举例生动，富有画面感、视觉感，才能吸引人。语言、板书和学生的思维彼此留白，互相配合。教师个人形象符合职业特征的内在要求，能充分展示教师独有的人格魅力，使学生受到感染、激励和教育，从而培养学生对本门课程的兴趣。如此，这些都是做好教学的必要条件之一，也是教师教学知识体系中的组成部分。

教师具备 KCT，就能演绎精彩课堂。课堂成了展示教师自编、自导和自演艺术才能的平台。

MKT 框架是对 PCK 框架的精细化和进一步确证。MKT 既可以用于指导教师如何上好课，也可以作为评课的一种框架，简便易行，是一种操作性强、实践先行、基于教师最近发展区、参与式的教师教育方式。从 MKT 出发进行学科教育或学科教学的研究，具有理论和实践上的双重意义。

## 1.8 化无形思想为有形技巧

很多教师认为，如果真正理解了数学内容，怎么就不会教书呢?1.7 节选取的课例是"函数的根与方程的零点"，之所以选择这则课例，是因为这则课例内涵丰富，能很好地体现 MKT 的主张。十分有趣的是，在 2016 年的全国高考试题中，出现一道与 MKT 的主张对应的试题。根据前面阐述的思想观点，解起来行云流水，化无形思想为有形技巧。MKT 思想对教学、对考试有明显的解释力和指导性。

### 1.8.1 试题解析

已知函数 $f(x)=(x-2)e^x+a(x-1)^2$ 有两个零点，(1)求 $a$ 的取值范围；(2)设 $x_1, x_2$ 是函数的两个零点，证明：$x_1+x_2<2$。

**分析与解** 此题题面简洁，待证结论优美，不失为一道优美试题。对(1)，采用分离变量法，有 $a=a(x)=\dfrac{(2-x)e^x}{(x-1)^2}$，显然，$x\neq 1$，即 $x=1$ 不可能是函数的零点。

若要原函数有两个零点，就是直线 $y=a$ 与函数 $a(x)=\dfrac{(2-x)e^x}{(x-1)^2}$ 有两个交点。当 $x<1$ 时，$a>0$，此时函数 $a(x)$ 从零单调递增到正无穷大；当 $1<x<2$ 时，$a>0$，此时函数 $a(x)$ 从正无穷大单调递减到零；当 $x=2$ 时，$a=0$；当 $x>2$ 时，$a<0$，此时函数 $a(x)$ 从零单调递减到负无穷大。故显然应有 $a>0$。

此法较简洁，是因为其揭示了直线 $x=1$ 的重要性。

对(2)，因为

$$\dfrac{(2-x_1)e^{x_1}}{(x_1-1)^2}=\dfrac{(2-x_2)e^{x_2}}{(x_2-1)^2}, \tag{1.1}$$

由于 $x_1<1<x_2<2$，$x_1, x_2$ 不在同一单调区间内，为了利用单调性解不等式，就要把它们调在一个区间内，由待证结论、(1) 中的单调性及(1.1)式，变出表达式 $2-x_2$ 的理由很充分，$2-x_2<1$，此时，$x_1, 2-x_2$ 在同一单调区间内，能利用函数 $a(x)$ 来比较大小了(类似地，$x_2, 2-x_1$ 也在同一单调区间内，也能利用函数 $a(x)$ 来比较大小)。

$$a(x_1)=a(x_2), \quad a(2-x_2)=\dfrac{x_2 e^{2-x_2}}{(1-x_2)^2},$$

比较 $a(2-x_2)$ 与 $a(x_2)$ 的大小，有

$$a(2-x_2)-a(x_2) = \frac{x_2 e^{2-x_2}}{(1-x_2)^2} - \frac{(2-x_2)e^{x_2}}{(1-x_2)^2},$$

只要判断 $h(x) = xe^{2-x} - (2-x)e^x (x>1)$ 的正负性即可。不难判断其是个增函数,又 $h(1) = 0$,$x_2 > 1$,故 $h(x_2) > 0$,因而 $a(2-x_2) > a(x_2) = a(x_1)$,又 $a(x)$ 是增函数,故 $x_1 + x_2 < 2$。

事实上,因有

$$a(2-x)-a(x) = [f(x)-f(2-x)] \cdot \frac{1}{(x-1)^2},$$

所以由上面解法知 $a(2-x_2) - a(x_2) > 0$,即有 $f(x_2) - f(2-x_2) > 0$,因此 $f(2-x_2) < 0$,这正是标准答案的解法。

### 1.8.2 分析与讨论

对考试而言,最关心的是解题技法从何而来。高中数学由于有了导数,新增了方程的根与函数的零点,在逻辑上这两者等价。然而等价的东西,实际的功用并不等效。现在,反过来想一想,如果不引入函数的零点,仅用方程的观点能不能解这道题,从而体会观念的变更。

1. 设而不求

不妨设 $x_1, x_2 (x_1 < 1 < x_2)$ 是 $f(x) = 0$ 的两根,用"设而不求"法,就有

$$(x_2-2)e^{x_2} + a(x_2-1)^2 = 0, \quad (x_1-2)e^{x_1} + a(x_1-1)^2 = 0,$$

两式相减,有

$$[(x_2-x_1)(x_1+x_2-2)]a + e^{x_2}(x_2-2) - e^{x_1}(x_1-2) = 0, \quad (1.2)$$

使用微分中值定理,有 $(x_1+x_2-2)a = e^\xi(1-\xi)$,这里 $x_1 < \xi < x_2$,由于无法判断 $1-\xi$ 的符号,故上式的符号也无法判断,这是十分可惜的。$x_1, x_2$ 是 $a$ 的函数,当 $a$ 趋于无穷大时,两根趋向于 1,能得到结论;当 $a$ 趋于零时,其与趋于无穷大没有本质的区别,也能得到结论;但对中间状态则不好判断了。这里介绍一种技巧性稍强一点的方法,以开阔眼界。

令 $g(x) = (x-2)e^x$,则(1.2)式可变形为

$$[(x_2-x_1)(x_1+x_2-2)]a = -e^{x_2}(x_2-2) + e^{x_1}(x_1-2) = -g(x_2) + g(x_1), \quad (1.3)$$

再令 $H(x) = g(2-x) - g(x) = -xe^{2-x} - (x-2)e^x$,有 $H'(x) = (x-1)(-e^x + e^{2-x}) < 0$,$x \neq 1$,$H(x) = g(2-x) - g(x)$ 是单调递减函数,$H(x_1) > H(1) = 0$,又 $H(x) = f(2-x) - f(x)$,如果由此法也能得到 $f(2-x_1) < 0$,这正是标准答案的解法。上面 $H(x_1) > H(1) = 0$,即 $g(2-x_1) > g(x_1)$。

下面要使用反证法。假设 $x_1+x_2 \geq 2$，则 $x_2 \geq 2-x_1 > 1$，由 $g(x)$ 的单调性，有 $g(x_2) \geq g(2-x_1)$，从而 $g(x_2) \geq g(2-x_1) > g(x_1)$，又由(1.3)式知，$x_1+x_2-2<0$，于是矛盾。故结论得证。

这里之所以使用反证法，也能得到解释。上面的解法及标准答案的解法，是从函数值入手，而这里是从自变量着眼，方向正好是相反的。故一个使用正向证明法，一个使用逆向证明法。

2．"设而不求"受阻分析

从图形直观上寻求启示。用超级画板在同一直角坐标系中分别作出函数(图1.2)：

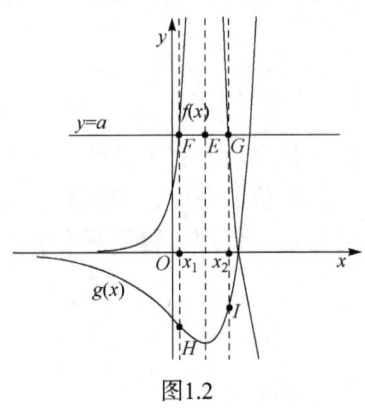

图1.2

$f(x) = \dfrac{(2-x)e^x}{(x-1)^2}$，$g(x) = e^x(x-2)$ 及直线 $y=a$，直线与 $y=f(x)$ 分别相交于 $(x_1,a),(x_2,a)$，从图象上很容易看出 $g(x_1) < g(x_2)$。这样一个明显的事实，为何用中值定理得不到证明？原因有三点：

(1) 虽然函数 $g(x)$ 是连续的，但是 $f(x)$ 是不连续的，且 $x_1,x_2$ 分别位于数值 1 的两旁；

(2) 这里的 $x_1,x_2$ 并不是任意取的，而是有关联的，是受 $f(x_1) = f(x_2) = a$ 限制的；

(3) 待证的结论其实是与 $a$ 无关的，即只要 $a>0$，就有这个结论。

3．用单调性刻画对称性

温故知新。待证的结论与韦达定理的表现形式很相似，题面也是以二次函数为基础与其他函数叠加而成的，应该说从方程的观点入手，"设而不求"也是一种很好的思想。但在这里却有点受挫了，原因何在？重温一下韦达定理。对方程 $ax^2+bx+c=0$ 的两根 $x_1,x_2$，有 $x_1+x_2 = -\dfrac{b}{a}$，这相当于 $y=0$ 与 $y=ax^2+bx+c$ 有两个交点，这两个交点关于函数的对称轴对称；眼界稍开阔一点，$y=k$ 与 $y=ax^2+bx+c$ 有两个交点 $x_1,x_2$，这两个交点也关于函数的对称轴对称，也有同样的结论。由此可见，韦达定理固然揭示了根与系数的关系，从根本上而言，它揭示的是对称性。而对本题而言，函数 $f(x) = \dfrac{(2-x)e^x}{(x-1)^2}$ 的对称性被破坏了，有人称之为极值点偏移，这就意味着从方程根的对称性角度出发解决问题的路子，几乎是断了。但当采用函数的观点之后，就把局限于关于一条直线($x$轴)的对称性扩展到关于任意直线，视野变开阔了。如果假定 $x=1$ 是函数 $f(x) = \dfrac{(2-x)\mathrm{e}^x}{(x-1)^2}$ 的对称轴，就应当有 $f(x_1) = f(2-x_1)$，而现在没有对称性了，$f(x_1)$ 与 $f(2-x_1)$ 应有大小高低上的区别。这样，从函数对称性到函数单调性的路子就打通了。

这就回答了上面的问题，把方程的根称为函数的零点，不仅是名称的变化，还意味着可以从函数的角度来研究方程，方法更多。具体到本题，单调性是其重要的性质，因此用单调性解题自然是应有之义。此题推陈出新，考察的是如何用单调性研究非对称性的"偏态"，本例还通过函数构造达到这个目的。把两个"偏态"函数作减法，使之成为整个实数域上的单调函数。这是一种非常好的想法，也就是通过调节，把任何函数变成单调函数，以体现单调性的重要性。至于单调性的重要性，见前面的论述。

4. 大胆猜想

上面提到由待证结论的表达式特点容易想到从方程的角度出发解决问题。我们知道，提出问题与解决问题是两回事，提出问题的思维往往是跳跃式的，不大合常规的，而解决问题应"小心求证"。这里从方程的角度出发，对结论作一番猜测。函数
$$f(x) = (x-2)\mathrm{e}^x + a(x-1)^2$$
有两个零点，可以看作关于 $(x-1)$ 的二次函数
$$a(x-1)^2 + \mathrm{e}^x(x-1) - \mathrm{e}^x = 0$$
有两个根，形式地用一下韦达定理有
$$x_1 - 1 + x_2 - 1 = -\dfrac{\mathrm{e}^x}{a},$$
当 $a$ 趋向无穷时，可以看出 $x_1 + x_2 < 2$。使用求根公式，则是
$$x_1 - 1 + x_2 - 1 = \dfrac{\sqrt{\mathrm{e}^{2x_2} + 4\mathrm{e}^{x_2}a} - \sqrt{\mathrm{e}^{2x_1} + 4\mathrm{e}^{x_1}a}}{2a} - \dfrac{\mathrm{e}^{x_2} + \mathrm{e}^{x_1}}{2a} \approx -\dfrac{\mathrm{e}^2}{3a^2},$$
当 $a$ 趋向无穷，$x_1, x_2$ 分别趋近于 1 时，$x_1 - 1 + x_2 - 1$ 趋近于零，由此也可以猜到结论。这是因为一元二次方程根的对称性其实可以看作一元二次函数对称性的一种特例。

### 1.8.3 结语

如何讲好课，使学生能做好题，一直是 MKT 关注的重要课题。MKT 受教育数学的影响，认为首先应吃透数学内容，然后据此阐发教育上的见解，想的是教育，做的是数学，即目标——教育；手段——数学。MKT 及教育数学均反对去数

学化的数学教育。基于教育数学而做数学教育，应是一条前景光明的学术路线。以本题为例，如果能把从方程的根到函数的零点的观念变更过程中的挣扎、斗争的痛苦过程艺术地展示出来，"穷理以致其知，反躬以践其实"[①]，既看到各自的优点，也看到它们的不足，让学生充分领会观念、眼界、胸怀、气魄等情感因素在其中的定向作用，然后把这些情感因素具象化为看似平常的一招一式，实现从无形思想到有形技法的转化，那么教学研究或教育研究对教学实践的解释力或指导性就彰显出来了。情感教育一直是教育的难题，如果能采用有效的措施，让学生充分体会到情感到认知走向的决定作用，那么情感教育也就落到了实处。

## 1.9 常数变易法的初等化应用

在解常微分方程 $\dfrac{dy}{dx}+p(y)y=Q(x)$ 时，从对应的齐次线性方程的通解结构出发，把常数 $C$ 变易为一个待求函数 $C(x)$，由此得到非齐次线性方程的通解，称之为常数变易法。这一方法的确是一种美妙的变量代换法。据史料记载，欧拉和约翰·伯努利在 1740 年已应用过这一方法，而详细研究常数变易法，则是拉格朗日在 1766~1777 年进行的。拉格朗日是如何找到这种方法的，现在从史料中无法得知了，但可以从各种角度品味它，从而得到一些有益的启示。

常量是在某一运动过程中保持不变的量，即说常量在某一过程中不是不运动的，只是不论其怎样运动，其值总是一个定值。这样，常量便有了两种特性：一是运动性，二是不变性。变量虽然时时刻刻都在变化，但也有相对固定性，如极限"$\varepsilon\text{-}\delta$"中的 $\varepsilon$。对常量和变量这两种量，仅考虑其数量特征，即是常数和变数。如果淡化变数的运动性，强调变数相对静止的一面，从而突出常数的运动性，认为静中有动，就可以静制动，得到常数变易法的初等化应用。参数也是一种常数，只不过是变化的常数。那么这就有两种变易法了，即常数变易法和参数变易法。人们通常认为常数比变数容易把握，其实不然。$\lim\limits_{n\to\infty}a_n=a$ 可以认为是为了认识常数 $a$，要在一个动态的过程中，用一系列变化的数、变化的量来认识它。如何把握并认识常数和变数之间的辩证关系，成为理解常数变易法的关键。

### 1.9.1 初等化应用

1. 淡化变数的运动性，突出常数的运动性，以静制动：常数变易法

**例1** 解方程 $x=(x^2-2)^2-2$。

**分析与解** 显然这是一个关于 $x$ 的四次方程，不太容易求解(不是不能求解)。

---

[①] 出自宋代朱熹的《四书章句集注》。

但方程中仅有 $x$ 与常数 2 这两个数。不妨让 2 运动起来,将变元 $x$ 视为常数,认为其是静止的,则原方程可变形为 $2^2 - (2x^2+1) \cdot 2 + (x^4 - x) = 0$,由求根公式有

$$2 = \frac{(2x^2+1) \pm \sqrt{(2x^2+1)^2 - 4(x^4-x)}}{2},$$

即解 $x^2 - x - 2 = 0$ 或 $x^2 + x - 1 = 0$,解得 $x_1 = \frac{-1+\sqrt{5}}{2}$,$x_2 = \frac{-1-\sqrt{5}}{2}$,$x_3 = -1$,$x_4 = 2$。

2. 淡化变数的运动性,突出参数的运动性,以动制动:参数变易法

**例 2** 已知 $5\tan(\beta-\alpha) + 3\tan\alpha = 0, \beta-\alpha \neq k\pi, \alpha \neq k\pi + \frac{\pi}{2}, k \in \mathbf{Z}$,求证:

$$\sin 2\alpha + \sin(2\alpha - \beta) = 4\sin\beta。$$

**分析与证明** 条件式、求证式是关于字母与常数的混合式。把条件和结论分别变形一下,得

$$\frac{\tan\alpha}{\tan(\beta-\alpha)} = \frac{5}{-3}, \tag{1.4}$$

$$\frac{\sin 2\alpha + \sin(2\alpha - \beta)}{\sin\beta} = 4, \tag{1.5}$$

可以看到(1.4)、(1.5)两式的左边都是变化的,右边都是静止的。比较(1.4)、(1.5)两式的右边便知如何对已知条件进行变形了,因为 $\frac{5-(-3)}{5+(-3)} = 4$,所以应对式(1.4)用有关比例的性质。我们通过对常数的变形达到了控制字母变形的目的。

常见的分离变量(或参数)法,也可以说是此法的一种推广。从本质上讲,参数也是常数,把参数与变量分离,便可达到以动制动的目的。

3. 思想还在不断发展中:常数变易成常数

这种常数变易成变数、参数变易成变数的思想,一直在发展之中。如,脍炙人口的"一尺之锤"的故事,可以看成是常数变易成了常数:$1 = \frac{1}{2} + \frac{1}{4} + \cdots + \frac{1}{2^n} + \cdots$。从多元表征的观点来看,就是说常数可以有多种表征方式,可以用变数来表达,也可以用一系列常数的组合来表达。看一个竞赛数学的例子。如,2010 年全国高中数学联赛试题:证明方程 $2x^3 + 5x - 2 = 0$ 恰有一个实数根 $r$,且存在唯一的严格递增正整数数列 $\{a_n\}$,使得 $\frac{2}{5} = r^{a_1} + r^{a_2} + \cdots + r^{a_i} + \cdots$。

常数变易法和参数变易法在中学数学中的应用，其本质就是常量和变量的相互转换与表征，常量和变量之间没有绝对的界限。在进行教学时，就要求淡化技巧，着眼于方法，着眼于从多种角度看待事物，观念、思想不要固化。

## 1.10  凸函数背景与信息熵

学数学，不做一定数量的习题显然是行不通的。高考试题，特别是压轴题，凝聚了命题专家的智慧，是命题专家的得意之作，富含数学的精神、思想和方法。剖析压轴题的命题立意、命题背景，探究多样化的解法以及沟通各种解法之间的内在联系，是发展解题水平、达到解题目的的一条值得尝试的路径，也是体味数学源头的一种方法。

### 1.10.1  内在解法联系

2005 年全国卷（Ⅰ）高考理科数学题：
(1) 设函数 $f(x)=x\log_2 x+(1-x)\log_2(1-x), 0<x<1$，求 $f(x)$ 的最小值；
(2) 设正数 $P_1, P_2, \cdots, P_{2^n}$，满足 $P_1+P_2+\cdots+P_{2^n}=1$，证明：
$$P_1\log_2 P_1+P_2\log_2 P_2+\cdots+P_{2^n}\log_2 P_{2^n} \geq -n。$$

2011 年湖北高考理科数学题：
（Ⅰ）已知函数 $f(x)=\ln x-x+1, x\in(0,\infty)$，求函数 $f(x)$ 的最大值；
（Ⅱ）设 $a_k, b_k(k=1,2,\cdots,n)$ 均是正数。
(1) 若 $a_1b_1+a_2b_2+\cdots+a_nb_n \leq b_1+b_2+\cdots+b_n$，则 $a_1^{b_1}a_2^{b_2}\cdots a_n^{b_n} \leq 1$；
(2) $\dfrac{1}{n} \leq b_1^{b_1}b_2^{b_2}\cdots b_n^{b_n} \leq b_1^2+b_2^2+\cdots+b_n^2$。

这两道理科题貌似不同，实则在解题方法、命题背景等方面有内在的联系。大家熟知，$f''(x)\geq 0$ 的函数谓之为凸函数，并且有性质 $\lambda_1 f(x_1)+\lambda_2 f(x_2) \geq f(\lambda_1 x_1+\lambda_2 x_2)$，其中 $\lambda_1+\lambda_2=1$。利用这个概念及性质可以简解前述第一题。

前述第二题（Ⅱ）之(1)的证明：令 $S=b_1+b_2+\cdots+b_n$，$f(x)=\log_2 x$，由于 $f''(x)<0$，由函数凹性有，$\dfrac{b_1}{S}\log_2 a_1+\dfrac{b_2}{S}\log_2 a_2+\cdots+\dfrac{b_n}{S}\log_2 a_n \leq \log_2\left(\dfrac{a_1b_1}{S}+\dfrac{a_2b_2}{S}+\cdots+\dfrac{a_nb_n}{S}\right) \leq \log_2 1=0$，化简即得 $a_1^{b_1}a_2^{b_2}\cdots a_n^{b_n} \leq 1$。

前述第二题（Ⅱ）之(2)的证明：$f(x)=\log_2 x$，由于 $f''(x)<0$，由函数的凹性有 $b_1\log_2 b_1+b_2\log_2 b_2+\cdots+b_{2^n}\log_2 b_{2^n} \leq \log_2(b_1\cdot b_1+b_2\cdot b_2+\cdots+b_n\cdot b_n)$，

化简即得
$$b_1^{b_1} b_2^{b_2} \cdots b_n^{b_n} \leqslant b_1^2 + b_2^2 + \cdots + b_n^2。$$

令 $g(x) = x \log_2 x$，由 $g''(x) < 0$，由函数的凸性有
$$\frac{b_1 + b_2 + \cdots + b_n}{n} \log_2 \frac{b_1 + b_2 + \cdots + b_n}{n} \leqslant \frac{1}{n}(b_1 \log_2 b_1 + b_2 \log_2 b_2 + \cdots + b_n \log_2 b_n),$$

化简即得 $\frac{1}{n} \leqslant b_1^{b_1} b_2^{b_2} \cdots b_n^{b_n}$。

可见，两道题的本质是一样的，都利用了 $f(x) = \log_2 x$ 的凹性和 $g(x) = x \log_2 x$ 的凸性。命题教师对函数的凸凹性谙熟于心，又能巧妙地转化为初等数学的解法。

在上述解答中，函数取为 $\log_2 x$ 或 $\ln x$，并没有什么本质的区别。为了更清楚地看出标准解答中初等解法的来龙去脉，不妨把函数取为 $f(x) = \ln x$。微积分的核心思想之一，就是在局部范围内，以直线近似代替曲线，用直线逼近曲线，用凸凹性证明不等式，其实就是比较曲线与直线上横坐标相同点的位置高低。由"执果索因"的证明方法，知
$$a_1^{b_1} a_2^{b_2} \cdots a_n^{b_n} \leqslant 1 \Leftrightarrow \sum_{k=1}^{n} b_k \ln a_k \leqslant 0,$$

由逐项比较法知，若 $b_k \ln a_k \leqslant c_k \leqslant 0$，问题就解决了。

在超级画板中作图，可知 $\ln x \leqslant x - 1$。在初等解法中，寻找 $\ln x \leqslant x - 1$ 的过程其实就是寻找直线(切线)近似逼近曲线的过程，其中蕴含了微积分的思想。高等解法和初等解法并无实质上的区别。

## 1.10.2 相同的背景

此题还具有信息熵的背景。看一个实例。现有 $A,B,C,D,E$ 五人作为候选人，需从中选出一人作为代表。这是一个"五选一"的系统，设每个人被选中的概率都是 $\frac{1}{5}$。在选拔结果公布之前，我们对这种"五选一"系统所知道的是每个人被选中的概率都是一样的，究竟"花落谁家"并不清楚。这是对"五选一"系统的一种不完全的认识，也是一种不确定的认识。对一个"$n$ 选一"系统，显然，$n$ 越大，选拔前的不确定性就越大，选拔结果公布后，它给予人们的知识量就越多，即人们从公布结果中所得到的信息量就越大，这种信息量的多少与 $n$ 的大小成比例地增加。为此，信息论的创始人香农以 $H = \log_2 n$ 来定义信息量，以此来"消除不确定性的东西"。设一个概率系统中有 $n$ 个事件，每一事件产生的概率为 $p_i(i = 1,2,3,\cdots,n)$，当事件 $i$ 产生后，给我们的信息量为 $H_i = -\log_2 p_i$，对 $n$ 个事件

构成的概率系统,整个系统的平均信息量为 $H_i = -\sum_{i=1}^{n} P_i \log_2 p_i$。这个平均信息量就是信息熵,和描述热力学熵的玻耳兹曼公式形式一样,所以也称为"熵"。系统的熵值直接反映了它所处状态的均匀程度:系统的熵值越小,它所处的状态越是有序,越不均匀;系统的熵值越大,它所处的状态越是无序,越均匀。当且仅当 $p_1 = p_2 = \cdots = p_n = \dfrac{1}{n}$ 时,系统的熵值最大,系统的熵值最小为 0。系统总是力图自发地从熵值较小的状态向熵值较大(即从有序走向无序)的状态转变,从概率较小的状态趋于概率较大的状态。这就是隔离系统"熵值增大原理"的微观物理意义。古时用烽火来传递战争信息,可谓是信息熵的最早应用了。

  数学虽然是形式演绎科学,却并不是脱离内容的纯形式。形式对内容有"反动"作用,所以为了物理学的科学化,"近代科学之父"伽利略主张在物理学中引入数学,许多物理学的结论是通过数学"外推"出来的,如在直线上运动的物体当没有受到外力作用时,将沿直线永远运动下去。在 1.10.1 小节一开始提到的 2011 年湖北理科数学题中,从熵的物理意义或信息论背景来看,只能得到 $b_1^{b_1} b_2^{b_2} \cdots b_n^{b_n} \leqslant 1$,但借助数学工具却能得到更精确的上界。这样的故事在《数学物理方程》教材中有很多。在教学中,如何借助物理背景、几何直观为数学的抽象性添加一些具体的元素,又借助数学的抽象性化实为虚,让人看得更远,看得更深,提高数学的应用意识,发展数学的眼光,其实也是数学教育的任务之一。

  把函数和其背景应用联系起来,突出了函数是联系现实世界和理论数学的一座桥梁,是数学建模的一种重要工具。如指数函数是描述增长现象的重要模型,对数函数是描述衰变现象的重要模型,三角函数是描述周期现象的重要模型等。

  函数的学习不能只局限于数学内部的研究,还要把它作为研究因果关系的一种重要建模工具来学习。

# 第 2 章 数　　列

## 2.1 等差数列求和公式发现的新视角

一则故事说，被誉为"数学王子"的德国著名数学家高斯在上小学时，老师出了一道算术题，要孩子们计算 $1+2+\cdots+99+100$ 的和，正当其他孩子苦苦逐个相加的时候，小高斯却迅速地写出了答案：5050。这则故事广为流传，在讲授等差数列的求和公式时，常作为介绍推导等差数列求和公式的方法——倒序相加法的引子，并借以激发学生的兴趣。这则故事只能说明小高斯智力不同凡响，用这种方式讲授等差数列的求和公式只是介绍了一种特殊的技巧，不能阐明其中蕴含的思想方法。高斯的思想方法远在常人之上，但等差数列的求和公式不是这样发现的。要阐明这则故事的教育意义，必须用新的视角。

### 2.1.1 新视角

著名数学家阿贝尔说，一个人想要在数学上有所进步，就必须向大师学习。拉普拉斯也说，认识一位天才的研究方法，对于科学的进步并不比发现本身的作用更少。科学研究的方法经常是极富兴趣的部分。兰达(Lev. N. Landa)的算启教学法指出：应该用系统的、可靠的方式教给学生有关专家水平的心理过程和学习与思维的一般方法。下面我们将剖析上述故事中小高斯的思考过程，因为破解技巧后的深刻思想对于认识的提高大有裨益。

从算法的角度看，1+2 与 $1+2+\cdots+100$ 的算法别无二致，按此算法，后者的运算要作 99 步加法，在短时间内完不成，而不是不可行。其他孩子的想法是自然的想法，只不过由于条件的局限而达不到目的。小高斯很可能也尝试过这种算法，发现了它的局限性后又及时调整了思考方向。在利用这则故事时，不应把其他孩子看作反衬小高斯聪明的对象，而要努力挖掘其他孩子及小高斯想法中的合理因素以及小高斯的计算能力，更主要的是小高斯独到的数学方法、非同一般的创造力。小高斯极有可能已产生了朴素的统计思想并利用统计的方法得到了求和结果。几乎可以这样说，一部统计学的发展史就是算术平均的发展史。小高斯之所以采用首末两项相加，第二项与倒数第二项相加……很可能是受了算术平均数方法的影响。

## 2.1.2 算术平均数

算术平均数是作为一种数据处理方法出现的，和估算有密切关系。看一则例子。在古印度，有人想估计一棵大树的所有枝丫上的叶子和果子的数目。他先估计一根枝丫上叶子和果子的数目，然后乘以枝丫的数目(估算的)，得到一个数目。经过一夜的清点，这个数目和实际数目很接近。他很可能是选取了一根典型的枝丫，这很可能是直觉上的算术平均数的先驱，这实际上是一个很恰当的估计。虽然这根枝丫上的数目多一点，那棵枝丫上的数目少一点，但是在计算总数目时，可以选取一棵典型枝丫上的数目代表所有枝丫上的数目，然后乘以总的枝丫数。这样的例子还很多。在这些例子中，算术平均数是当作被乘数用的，是用来发现总数的。用现在的眼光看，运用算术平均数要处理补偿、平衡和典型性问题。但在实际教学中，虽然学生们知道"平均"意味着"典型性"，但在实际运用的技术层面，他们还不能把"平均"看作典型性的代表。这和教学有关，在介绍算术平均数的概念时，总是通过求平均数来介绍平均数，全然不顾平均数产生的历史渊源及作用。学生对算术平均数易受极端数据影响，总是不能理解。从算术平均数最初的求和功能来看，去掉极端数据实在是很自然的举措。

统计学是"数据的科学"，其目的是探索数据内在的数量规律性。小高斯看到 1，2，…，100 这组数据时，首先会分析这组数据的特点，他可能会想到从这组数据中找一个"典型数"代替这组数，由于这组数分布太广，不集中，他的这种努力失败了。于是，他可能想到既然不可能找到一个"典型数"，那么能否用"两个数组成典型数"呢？至此，思路豁然开朗，他成功了。

## 2.1.3 其他例证及教学启示

早在南北朝时，我国的《张丘建算经》已有计算等差数列前 $n$ 项和的公式。书中给出的公式是总数等于首项与末项的和除以 2 乘以项数，即 $S_n = \frac{a_1 + a_n}{2} \cdot n$，而不是 $S_n = \frac{n(a_1 + a_n)}{2}$。这说明古人是用算术平均数的观点求和的。由认知的历史相似性原理，有理由推断小高斯是这样得到求和公式的。而现在的倒序相加法对初学者来说是一种不太容易想到的技巧，不构造出相应的三角垛，就不容易看到这种方法的实质。

从高斯个人的经历来看，也能得到这个结论。高斯在 3 岁时就发现过父亲算账时的计算错误；高斯成年后还常对人说，他在学会说话前就会计算了。这足以说明小高斯对数字很敏感。高斯在上大学前研究了算术-几何平均，在研究测量误差的分布理论时发现了最小二乘法；高斯即使在晚年也热衷于从报纸、书本和日常生活中收集各种统计资料；等等。所有的科学都是时间的函数，对于数学尤其如此。高斯统计思想的形成也是时间的函数，不可能一蹴而就。从这些事实中可以认为高斯很小时就有统计思想的萌芽，用统计方法求 1+2+…+99+100 乃是"妙手偶得之"。

从这个角度看等差数列数求和公式，并将代数学与统计学联系起来。数学史上还有其他这样的例子。有统计学家认为最小二乘法之于数理统计学，犹如微积分之于数学。然而最初时，最小二乘法是作为处理测量数据的代数方法来讨论的，不过是如同插值法之类的一种计算方法，看上去与统计学无关。在建立了测量误差分布的概率理论后，这个方法才可视为一个统计方法，并因此而发挥了重大的作用。确定性方法与随机性方法之间并不存在不可逾越的鸿沟。这启发我们在教学时要用多种观点看问题，有时观念一变，眼界为之一新，说不定就打开了一扇门。如勒让德从考虑误差在整体上平衡这个全新角度看实用性数据处理问题，使许多大学者努力几十年也无功而返的问题迎刃而解。这说明观念的革新多么不易，多么重要。从统计的角度讲授等差数列前 $n$ 项和公式值得尝试。

## 2.2　结构观点下等差、等比数列通项公式及其求和

在数学教学技能课上，笔者听了很多师范生讲授等差数列、等比数列的求和公式，但总感觉到他们的授课思路不自然，不能给学生以启迪，虽然他们忠实地执行了教科书的要求。在前面，笔者曾从数据处理的角度对等差数列的求和公式提出自己的看法，也曾指出，裂项求和法才是各类数列求和的较为本质的方法。听了众多本科生的讲课，观念渐渐地发生了一些改变，既然将倒序相加法、错位相减法写进了教材，必然有其合理性以及教育价值，那么其合理性、教育价值在何处呢？如何挖掘教材的教育价值？

### 2.2.1　分析与推导

数列、级数的柯西收敛准则，其精要在于不需要借助数列以外的任何数，只需根据数列各项之间的相互关系就能判别该数列的敛散性。基于此，分析等差数列、等比数列自身的结构，进而依据其结构找到求其前 $n$ 项和公式的推导方法，应当是一种较为自然的思路。

1. 结构分析

有鉴于分形几何学的基本思想——客观事物具有自相似的层次结构，局部与整体在形态、功能、信息、时间、空间等方面具有统计意义上的相似性，从"自相似"这个角度认识等差数列、等比数列通项公式的结构，用它们自身所具有的

特征尺度来刻画它们，或许能对倒序相加法、错位相减法有深一层次的认识，然后，把这种认识以符合学生心理的方式表征出来。这种做法或许能提高教师深度挖掘教材、领会教材的能力。

有了通项公式，我们就可以把握数列中的每一项，进而把整个数列表示出来，这就是研究数列通项公式的价值所在。等差数列的通项公式是 $a_n = a_1 + (n-1)d$，$n \in \mathbf{N}^*$，对于任意两项 $a_i = a_1 + (i-1)d$ 和 $a_j = a_1 + (j-1)d$ 而言，其结构是相似的，进而，可以说等差数列通项公式的结构是自相似的。类似地，也可以说等比数列通项公式的结构是自相似的。若把等差数列、等差数列的前 $n$ 项和看作一个整体，研究其结构的"自相似性"，会得到什么样的结果呢？

2. 公式推导

先从"自相似"的角度推导等差数列的求和公式。

令

$$A_n = a_1 + a_2 + a_3 + \cdots + a_n = a_1 + (a_1 + d) + (a_1 + 2d) + \cdots + [a_1 + (n-1)d] \text{。} \quad (2.1)$$

现在构造一个"自相似"的结构。

$$A_n = a_1 + \{a_1 + (a_1 + d) + (a_1 + 2d) + \cdots + [a_1 + (n-2)d]\} + (n-1)d \text{，}$$

即

$$A_n = a_1 + A_{n-1} + (n-1)d \quad (\text{注：此处 } A_n \text{ 与 } A_{n-1} \text{ 的结构是}\textbf{自相似的})\text{，}$$

即

$$A_n - A_{n-1} = a_1 + (n-1)d \quad (n \geq 2)\text{，}$$

由累加法，有

$$A_n - A_1 = a_1(n-1) + [1 + 2 + 3 + \cdots + (n-1)]d \text{，}$$

即 $A_n = a_1 n + [1 + 2 + 3 + \cdots + (n-1)]d$。

这样只要研究自然数列的前 $n$ 项和就可以了。这样做也凸显了自然数列的重要性和基础性，正如章建跃所说，最简单、最本质的等差数列就是 $1, 2, 3, \cdots, n, \cdots$，这就是等差数列的意象。其他的都是它的"变式"——$a_1$ 代表不同的"起点"，$d$ 代表不同的"步长"。也可以说，任何一个等差数列与自然数列是"自相似"的，故而研究清楚了自然数列，一般等差数列的性质自然就清楚了。

再从"自相似"的角度推导等比数列的求和公式。

令

$$B_n = b_1 + b_2 + b_3 + \cdots + b_n = b_1 + b_1 q + b_1 q^2 + \cdots + b_1 q^{n-1} \text{。} \quad (2.2)$$

现在构造一个"自相似"的结构。

$$B_n = b_1 + q(b_1 + b_1 q + b_1 q^2 + \cdots + b_1 q^{n-2}) \text{，}$$

即
$$B_n = b_1 + qB_{n-1} \quad (\text{注：此处 } B_n \text{ 与 } B_{n-1} \text{ 是\textbf{自相似}的}), \tag{2.3}$$
由待定系数法可以简捷地得到前 $n$ 项和的表达式。

另外，构造"自相似"结构的方法不唯一。

例如，欧几里得曾给出了下面的做法。

由 $\dfrac{b_{n+1}}{b_n} = \dfrac{b_n}{b_{n-1}} = \cdots = \dfrac{b_2}{b_1} = q$，得 $\dfrac{b_{n+1} - b_n}{b_n} = \dfrac{b_n - b_{n-1}}{b_{n-1}} = \cdots = \dfrac{b_2 - b_1}{b_1}$；由合比定律，有

$$\frac{b_{n+1} - b_1}{b_n + b_{n-1} + \cdots + b_1} = \frac{b_{n+1} - b_1}{B_n} = \frac{b_2 - b_1}{b_1} = q - 1,$$

即 $B_n = \dfrac{b_1(1-q^n)}{1-q}(q \neq 1)$。但要注意到，处于分母位置的 $b_n + b_{n-1} + \cdots + b_1 \neq 1$。

由这种构造"自相似"结构的方法，对等差数列 $\{a_n\}$，有，
$$a_n - a_{n-1} = d, \quad a_{n-1} - a_{n-2} = d, \quad \cdots, \quad a_2 - a_1 = d,$$
由累加法有
$$(A_n - a_1) - A_{n-1} = (n-1)d,$$
即 $A_n - A_{n-1} = a_1 + (n-1)d$，这就转化成前面的情况了。

### 2.2.2 分析与讨论

"随机进入教学"是指，在教学中要注意对同一教学内容，在不同的时间、不同的情境下，为不同的教学目的，用不同的方式加以呈现。换言之，学习者要通过不同途径、不同方式进入同样教学内容的学习，从而获得对同一事物或同一问题的多方面的认识与理解。根据这种教学法，从多种角度深度认识教材内容，就显得十分必要和重要了。

结构本是数学的最基本概念之一。如集合论是数学的基础，但是如果单有集合而没有结构，就像一群毫无关联的人聚集在一起，没有规章，没有制度，没有礼仪等行为规范，成了乌合之众，不称其为社会了。但在我们常见的教学中，结构的观念与方法却沦为了各式各样的技巧。结构是数学的特点，抓住等差数列、等比数列"自相似"的结构特点，就能开辟新的"视界"。

而这种教学研究上的认识成果，如何转化为教学实践呢？诚如章建跃所说，推导等差数列前 $n$ 项和公式的核心思想是：用等差数列的性质"当 $m+n = p+q$ 时，$a_m + a_n = a_p + a_q$"，将不同数的求和化归为相同数求和，数量关系上看是利用了"平均数"的概念。这其实是利用了等差数列的结构特点，倒序相加法不过是切合其结构特点的一种特殊方法，并不是一种普适的或重要的方法。这就要求教师应

把"等差数列前 $n$ 项和公式"看成等差数列概念、性质的应用课。这一课的教学，重要的是要培养学生从基本概念、基本原理出发思考问题的习惯。具体教学时，应在明确任务——重复用基本量表示非基本量的基础上，引导学生从基本性质、通项公式入手，寻找化归的方法，在不断"求简"的追求中得到"倒序求和"，进而掌握倒序相加法本身。

在等比数列的前 $n$ 项求和中，要求教师能类比等差数列的求和过程，能进行适当的选择。在等比数列的性质中，与等差数列的性质"当 $m+n=p+q$ 时，$a_m+a_n=a_p+a_q$"对应的是"当 $m+n=p+q$ 时，$a_m a_n = a_p a_q$"，就没有那么好用了。于是，退到关心前一项与后一项之间的关系(这正是等差数列、等比数列定义的着眼点)，并把要求和的前 $n$ 项看作一个整体，寻求整体间的自相似性，这样错位相减法的思路就自然生成了。

上述自相似证法在深度理解教材的意义上并转化为教学实践的做法，详见章建跃的《在领悟数学知识蕴含的思想方法上下功夫》一文。

引导学生用基本性质、基本结构刻画派生的、复杂的事物，就是教科书的价值所在!

## 2.3 数列求和之自相似法

张奠宙先生指出，数学欣赏是一片等待开发的肥沃土地，要从欣赏外部形状的美观，进而领略内涵智慧的美妙；欣赏数学精品，重在展示数学智慧之美妙；从具体解法走向系统价值的欣赏。对数学欣赏而言，要学会欣赏，乃至鉴赏，不仅要看到表象之美，更要看到理性精神之花的美妙。数学内部有很强的竞争性，各种方法、各种思想在对比、欣赏中才有利于掌握其实质。例如，高中教科书对数列求和公式的推导，采用了错位相减的方法。错位相减法虽然基本，但方法本身对求和公式的推导有一定的技巧要求，进行错位相减运算需要适当的变形，并且计算量较大，所以学生在用错位相减法对数列求和时容易出错。基于对"结构自相似法"的认识，给出相应的处理方法。

### 2.3.1 等差数列与等比数列之积的前 $n$ 项和的推导

设数列 $\{a_n\}$ 为等差数列，首项为 $a_1$，公差为 $d$，数列 $\{b_n\}$ 为等比数列，首项为 $b_1$，公比为 $q(q\neq 1)$，$c_n = a_n b_n$，求数列 $\{c_n\}$ 的前 $n$ 项和 $S_n$。

$$S_n = a_1 b_1 + a_2 b_2 + a_3 b_3 + a_4 b_4 + \cdots + a_n b_n,$$

根据等差数列和等比数列的通项公式可得

$$S_n = a_1 b_1 + (a_1+d)b_1 q + (a_1+2d)b_1 q^2 + \cdots + [a_1+(n-1)d]b_1 q^{n-1},$$

则
$$S_n = a_1b_1 + qS_{n-1} + qd(b_1 + b_1q^1 + b_1q^2 + \cdots + b_1q^{n-2})。$$
令
$$Q_{n-1} = b_1 + b_1q^1 + b_1q^2 + \cdots + b_1q^{n-2},$$
再次运用自相似的方法，得 $Q_{n-1} = b_1 + qQ_{n-2}$，进而可得
$$Q_{n-1} = b_1 + q(Q_{n-1} - b_{n-1}) \Rightarrow Q_{n-1} = \frac{b_1 - b_1b_{n-1}}{1-q},$$
代入可得
$$S_n = \frac{a_1b_1 - qa_nb_n}{1-q} + qd \cdot \frac{b_1 - b_1b_{n-1}}{(1-q)^2}。$$

### 2.3.2 高阶等差数列与等比数列之积的和的求导

设数列 $\{a_n\}$ 为 $k$ 阶等差数列，首项分别为 $a_1, \Delta a_1, \Delta^2 a_1, \cdots, \Delta^k a_1$，公差为 $d$，数列 $\{b_n\}$ 为等比数列，首项为 $b_1$，公比为 $q(q \neq 1)$，$c_n = a_nb_n$，求数列 $\{c_n\}$ 的前 $n$ 项和 $S_n$。

高中对数列求通项公式时，有时会求得高阶等差数列的通项公式，所以此处考虑高阶等差数列与等比数列之积的前 $n$ 项和。仅以二阶等差数列与等比数列之积的前 $n$ 项和为例，对于 $k(k \geq 2)$ 阶等差数列与等比数列的积的前 $n$ 项和，只需反复使用自相似的方法即可较为简便地求得。

根据二阶等差数列与等比数列的通项公式有
$$S_n = \sum_{i=1}^{n} a_ib_i, \quad a_n = \sum_{i=1}^{k} C_{n-1}^i \Delta^i a_1,$$
$$S_n = a_1b_1 + (a_1 + \Delta a_1)b_1q + \cdots + a_nb_1q^{n-1},$$
可以转化为
$$S_n = a_1b_1 + q[(a_1 + \Delta a_1)b_1 + \cdots + (C_{n-1}^0 a_1 + C_{n-1}^1 \Delta a_1 + C_{n-1}^2 \Delta^2 a_1)b_1q^{n-2}],$$
即
$$S_n = a_1b_1 + q\left[\sum_{i=1}^{n-1} a_ib_i + \Delta a_1 b_1 + \cdots + \left(C_{n-2}^0 \Delta a_1 + C_{n-2}^1 \Delta^2 a_1\right)b_{n-1}\right],$$
令 $Q_{n-1} = \Delta a_1 b_1 + \cdots + \left(C_{n-2}^0 \Delta a_1 + C_{n-2}^1 \Delta^2 a_1\right)b_{n-1}$，继续用自相似法，有
$$Q_{n-1} = \Delta a_1 b_1 + qQ_{n-2} + q\Delta^2 a_1 \left(b_1 + b_1q + \cdots + b_1q^{n-3}\right),$$
求得

$$Q_{n-1} = \frac{\Delta a_1 b_1 - q\Delta a_{n-1} b_{n-1}}{1-q} + \frac{q\Delta^2 a_1 b_1 (1-q^{n-2})}{(1-q)^2},$$

故可以求出

$$S_n = \frac{a_1 b_1 - q a_n b_n}{1-q} + q \cdot \frac{\Delta a_1 b_1 - q\Delta a_{n-1} b_{n-1}}{(1-q)^2} + \frac{q^2 \Delta^2 a_1 b_1 (1-q^{n-2})}{(1-q)^3} \circ$$

通过上述数列求和，我们可发现运用自相似的方法去解决上述问题，显得更有层次性，计算更为简捷，特别是在高阶等差数列与等比数列的求和中，自相似避免了像错位相减一样的复杂运算，其优势更为明显。对于数列中求和能够使用错位相减的，基本上都可以利用自相似的方法来求解，从而降低学生对于类似求和出错的概率，同时也让学生解题思路更自然。这种自相似方法其实是突出了数列自身的结构特点，故而显得更简捷。

MKT 指出，要使学生达到方法-探究水平的理解，就要"能够对推理、证明或问题解决的方法作出评价，知道知识的来源，知识怎样经受检验和随时间而变化，好的解释的本质，内在的竞争性观点，数学本身的逻辑结构及在其他领域中的有关探究，能正确判断什么是有学习价值的问题"。总而言之，对于某一种具体的技法，可能不同的人有不同的偏好，这是一种很正常的现象，但若把这种偏好放大，不能在一种更大的范围中学会对比、学会欣赏，那就有失偏颇了，不利于方法论和价值观的形成。

## 2.4 数列求和之构造常数列

世间万物都在变化之中，但只说事物在变，不说明什么。科学的任务是要找出"变化中不变的规律"。自然科学中，物理学有能量守恒、动量守恒；化学反应中有方程式的平衡，分子量的总值不能变。在数学中，常量是在某一运动过程中保持不变的量，即常量在某一运动过程中不是不运动的，只是不论其怎么运动，其值总是一个定值。这样，常量有两种特性：运动性和不变性。如果淡化变数的运动性，强调变数相对静止的一面，从而突出常数的运动性，用常数来控制变数，可达到以静制动之效。

高中数学教材中，数列的求和方法主要有倒序相加法、错位相减法、裂项相消法。下面从"常数在变化中保持不变"的视角出发，利用常数控制变数的思想构造常数列来求解数列的求和问题。

### 2.4.1 等差数列求和——构造常数列

高中数学教材受高斯算法的启示,利用倒序相加法推导等差数列的前 $n$ 项和公式。现构造常数列来推导等差数列一般形式的前 $n$ 项和公式。

**例 1** 设 $\{a_n\}(n\in \mathbf{N}^*)$ 为等差数列且 $a_n=dn+r$,求数列 $\{a_n\}$ 的前 $n$ 项和 $S_n$。

**分析与解** 在等差数列 $a_n=dn+r$ 中,$d,r$ 是常数,不妨让 $d$ 和 $r$ 运动起来,即
$$d=\frac{d}{2}\cdot 2=\frac{d}{2}[(n+1)-(n-1)], \quad r=(n+1)r-nr,$$
故 $dn=\frac{d}{2}[(n+1)n-n(n-1)]$,所以
$$a_n=\frac{d}{2}(n+1)n+(n+1)r-\frac{d}{2}n(n-1)-nr,$$
因此当 $n\geqslant 2$ 时,由 $S_n=S_{n-1}+a_n$ 得
$$S_n-\frac{d}{2}(n+1)n-(n+1)r=S_{n-1}-\frac{d}{2}n(n-1)-nr,$$
即 $\left\{S_n-\frac{d}{2}(n+1)n-(n+1)r\right\}$ 是常数列,且首项为 $S_1-d-2r=-r$,因此 $S_n-\frac{d}{2}(n+1)n-(n+1)r=-r$,即 $S_n=\frac{d}{2}n^2+\left(\frac{d}{2}+r\right)n$。

### 2.4.2 等比数列——构造常数列

高中数学教材是利用错位相减法来推导等比数列的前 $n$ 项和公式的。现构造常数列来推导等比数列的前 $n$ 项和公式。

**例 2** 设 $\{a_n\}(n\in \mathbf{N}^*)$ 为等比数列且 $a_n=a_1q^{n-1}(q\neq 1)$,求数列 $\{a_n\}$ 的前 $n$ 项和 $S_n$。

**分析与解** 由 $q^n-q^{n-1}=q^{n-1}(q-1) \Rightarrow q^{n-1}=\frac{q^n}{q-1}-\frac{q^{n-1}}{q-1}(q\neq 1)$,故
$$a_n=\frac{a_1q^n}{q-1}-\frac{a_1q^{n-1}}{q-1}。$$
因此当 $n\geqslant 2$ 时,由 $S_n=S_{n-1}+a_n$ 得 $S_n-\frac{a_1q^n}{q-1}=S_{n-1}-\frac{a_1q^{n-1}}{q-1}$,即 $\left\{S_n-\frac{a_1q^n}{q-1}\right\}$ 是常数列,且首项为 $S_1-\frac{a_1q}{q-1}=\frac{-a_1}{q-1}$,故 $S_n-\frac{a_1q^n}{q-1}=\frac{-a_1}{q-1}$,即 $S_n=\frac{a_1(q^n-1)}{q-1}(q\neq 1)$。

**例 3** 设数列 $\{a_n\}$ 是公差为 $d$ 的等差数列,数列 $\{b_n\}$ 是公比为 $q(q\neq 1)$ 的等比

数列，求数列 $\{a_nb_n\}$ 的前 $n$ 项和 $S_n$。

**分析与解** 因为 $a_{n+1}b_{n+1} - a_nb_n = (a_n + d)b_nq - a_nb_n = (q-1)a_nb_n + dqb_n$，所以

$$a_nb_n = \frac{a_{n+1}b_{n+1}}{q-1} - \frac{a_nb_n}{q-1} - \frac{db_nq}{q-1},$$

又 $b_n = \frac{b_1q^n}{q-1} - \frac{b_1q^{n-1}}{q-1}$，$S_n = S_{n-1} + a_nb_n(n \geq 2)$，因此得

$$S_n - \frac{a_{n+1}b_{n+1}}{q-1} + \frac{db_{n+2}}{(q-1)^2} = S_{n-1} - \frac{a_nb_n}{q-1} + \frac{db_{n+1}}{(q-1)^2},$$

即 $\left\{S_n - \frac{a_{n+1}b_{n+1}}{q-1} + \frac{db_{n+2}}{(q-1)^2}\right\}$ 是常数列，首项为 $a_1b_1 - \frac{a_2b_2}{q-1} + \frac{db_3}{(q-1)^2}$，故

$$S_n - \frac{a_{n+1}b_{n+1}}{q-1} + \frac{db_{n+2}}{(q-1)^2} = a_1b_1 - \frac{a_2b_2}{q-1} + \frac{db_3}{(q-1)^2},$$

即

$$S_n = \frac{a_{n+1}b_{n+1}}{q-1} - \frac{db_{n+2}}{(q-1)^2} + a_1b_1 - \frac{a_2b_2}{q-1} + \frac{db_3}{(q-1)^2}。$$

**评注** 本题型一般是通过错位相减法来求解，但利用错位相减法求解时，最后一项的处理容易出错；而利用待定系数法构造常数列时，烦琐的计算总使人望而却步。这里独辟蹊径，充分挖掘数列自身的结构特征，构造出常数列，使问题迎刃而解。

常数有其运动性和不变性，其本质是常量与变量的相互转化与表征，常量和变量没有绝对的界限。我们可用常数控制变数，构造常数列来求解数列的求和问题。作为教师，应该站在更高的角度去深度挖掘教材，高屋建瓴，这样才能做到深入浅出，有的放矢。在进行教学时，要求淡化技巧，着眼于思想方法，着眼于从多种角度看问题。

## 2.5 差分思想在数列中的应用

数列是函数的离散形式，差分是微分的离散形式。一阶差分就是离散函数中连续相邻两项之差。如有离散函数 $x(k)$，则 $y(k) = x(k+1) - x(k)$ 就是此函数的一阶差分；$y(k)$ 的一阶差分 $z(k) = y(k+1) - y(k) = (x(k+2) - x(k+1)) - (x(k+1) - x(k))$，就是 $x(k)$ 的二阶差分。数列与差分作为选修内容进入广大师生的视野，有关试题虽不明显地考察差分的相关内容，但差分方法中所蕴含的思想方法还是考察到了。

## 2.5.1 教材寻根

对等差数列 $\{a_n\}$，由于 $a_{n+1} - a_n = d$，故等差数列是一阶差分为常数的数列。由于等差数列 $\{a_n\}$ 的前 $n$ 项和 $S_n = \dfrac{d}{2}n^2 + n\left(a_1 - \dfrac{d}{2}\right)$ 是关于 $n$ 的二次式，故用 $S_n - S_{n-1} = a_n (n \geqslant 2)$ 求数列 $\{a_n\}$ 的通项时，要用到二阶差分的思想，即连续二次作差。

## 2.5.2 典型例题

1. 一阶差分思想的应用

**例1** 已知数列 $\{a_n\}$ 的前 $n$ 项和 $S_n$ 满足 $S_n - S_{n-2} = 3\left(-\dfrac{1}{2}\right)^{n-1}$ $(n \geqslant 3)$，且 $S_1 = 1$，$S_2 = -\dfrac{3}{2}$。求数列 $\{a_n\}$ 的通项公式。

**分析与解** 先考虑偶数项，有

$$S_{2n} - S_{2n-2} = 3\left(-\dfrac{1}{2}\right)^{2n-1}, \quad \sum_{k=2}^{n}(S_{2k} - S_{2k-2}) = \sum_{k=2}^{n} 3\left(-\dfrac{1}{2}\right)^{2k-1},$$

化简，得 $S_{2n} = -2 + \left(\dfrac{1}{2}\right)^{2n-1}$ $(n \geqslant 1)$。同样的方法，考虑奇数项，有

$$S_{2n+1} - S_{2n-1} = 3\left(\dfrac{1}{2}\right)^{2n}, \quad \sum_{k=2}^{n}(S_{2k+1} - S_{2k-1}) = \sum_{k=2}^{n} 3\left(\dfrac{1}{2}\right)^{2k},$$

化简，得 $S_{2n+1} = 2 - \left(\dfrac{1}{2}\right)^{2n}$ $(n \geqslant 1)$。由 $a_{2n} = S_{2n} - S_{2n-1} = -4 + 3\left(\dfrac{1}{2}\right)^{2n-1}$，$n \geqslant 1$；$a_{2n+1} = S_{2n+1} - S_{2n} = 4 - 3\left(\dfrac{1}{2}\right)^{2n}$，$n \geqslant 1$，$a_1 = S_1 = 1$。所以

$$a_n = \begin{cases} -4 + 3\left(\dfrac{1}{2}\right)^{n-1}, & n \text{ 为偶数}, \\ 4 - 3\left(\dfrac{1}{2}\right)^{n-1}, & n \text{ 为奇数}. \end{cases}$$

**注** 这里是差分方法的变用。相间的两项作差，使之便于求和。

2. 二阶差分思想的应用

**例2** 数列 $\{a_n\}$ 的前 $n$ 项和为 $S_n$，已知 $a_1 = 1, a_2 = 6, a_3 = 11$，且 $(5n-8)S_{n+1} - (5n+2)S_n = An + B$，$n \geqslant 1$，其中 $A, B$ 为常数。

(1) 求 $A, B$ 的值；

(2) 证明数列 $\{a_n\}$ 为等差数列。

**证明** 不难求得 $A = -20, B = -8$。已知

$$(5n-8)S_{n+1} - (5n+2)S_n = -20n - 8 , \tag{2.4}$$

由(2.4)式可得

$$(5n-3)S_{n+2} - (5n+7)S_{n+1} = -20n - 28 , \tag{2.5}$$

(2.5)式减去(2.4)式，得

$$(5n-3)S_{n+2} - (10n-1)S_{n+1} + (5n+2)S_n = -20 , \tag{2.6}$$

由(2.6)式可得到

$$(5n+2)S_{n+3} - (10n+9)S_{n+2} + (5n+7)S_n = -20 , \tag{2.7}$$

(2.7)式减去(2.6)式，得

$$(5n+2)S_{n+3} - (15n+6)S_{n+2} + (15n+6)S_{n+1} - (5n+2)S_n = 0 ,$$

即 $S_{n+3} - 3S_{n+2} + 3S_{n+1} - S_n = 0$。又 $S_{n+3} = S_n + a_{n+1} + a_{n+2} + a_{n+3}$，$S_{n+2} = S_n + a_{n+1} + a_{n+2}$，$S_{n+1} = S_n + a_{n+1}$，化简得 $a_{n+3} - 2a_{n+2} + a_{n+1} = 0, n \geq 1$，所以数列 $\{a_n\}$ 为等差数列。

知识是凝固的，思想方法是灵活的。例题体现了凝固知识中内蕴的思想方法，研究例题有助于从思想方法的高度灵活掌握教材内容。

## 2.6 用矩阵推导等差、等比数列的通项公式

矩阵与变换进入选修教材，是课程教材改革的进步。其中的内容虽然简单，却也包含了线性代数的精神。学好这部分内容，对于后继学习，具有促进作用。要真正地把这部分内容学到手，学生还要看到矩阵在解决传统问题上的巨大作用。这里就涉及一个如何理解矩阵的问题。

### 2.6.1 从向量理解矩阵

矩阵是什么，线性代数中给出了两种定义：一是矩阵是数表，二是矩阵是行向量或列向量的集合。在矩阵与变换中，认为矩阵就是一种变换，这是从矩阵作用而言的。向量已进入了中学教材，从向量的角度理解矩阵，可以缩短学生心理上的认知距离，能使学生看到前后知识的关联性。

平面向量基本定理、空间向量基本定理分别刻画了空间的基本性质。使两个二维向量在每一维度上的作用凸显出来，使其有担当，即写成(1,0)，(0,1)的样子，然后再把它们并在一起，写成矩阵的样子 $\begin{pmatrix} 1 & 0 \\ 0 & 1 \end{pmatrix}$，这样就得到了一个单位阵；对

三维空间中的向量也如此处理，这就得到一个单位阵 $\begin{pmatrix} 1 & 0 & 0 \\ 0 & 1 & 0 \\ 0 & 0 & 1 \end{pmatrix}$；对 $n$ 维空间中的向量也如此处理。故其实只要明白了二维空间中的一些道理，学习 $n$ 维空间中的知识，也不是难事。数学讲究以简驭繁，单位阵的结构一目了然，如果任何一个矩阵的结构与单位阵的结构是同构的，那么，把握了单位阵就把握了任意矩阵。

向量的数量积就是投影，从投影的角度可以理解如何把握任意矩阵。向量的数量积从几何上讲，就是把一个向量往另外一个向量所在的方向进行投影。这种处理方法借用了人们认识空间几何体的方法。射影是往一维直线上进行投影，二视图是往两个相互正交的方向上进行投影，三视图是往三个相互正交的方向上进行投影。这些正交方向可以用向量来表示。矩阵是一种变换，如果某些向量在其作用下具有"不变性"，那么把这些向量找出来，构成一个空间，由此出发来认识原来的矩阵，是有意义的。这就是特征向量和特征值这个概念的意义所在。

矩阵对角化是线性代数的高潮和精华。把任意矩阵进行化简，并能进行计算，是其主要任务之一。以二维空间为例，通过 $A\boldsymbol{\xi} = \lambda\boldsymbol{\xi}$，找到两个特征值 $\lambda_1, \lambda_2$ 及其对应的特征向量 $\boldsymbol{\xi}_1, \boldsymbol{\xi}_2$，这样平面内任意一个向量 $\boldsymbol{\alpha}$ 可表示为 $\boldsymbol{\alpha} = t_1\boldsymbol{\xi}_1 + t_2\boldsymbol{\xi}_2$，则 $A^n\boldsymbol{\alpha} = t_1\lambda_1^n\boldsymbol{\xi}_1 + t_2\lambda_2^n\boldsymbol{\xi}_2$。把 $A\boldsymbol{\xi}_1 = \lambda_1\boldsymbol{\xi}_1, A\boldsymbol{\xi}_2 = \lambda_2\boldsymbol{\xi}_2$ 写成矩阵的形式，凸显每一维的重要性，就有

$$A(\boldsymbol{\xi}_1, \boldsymbol{\xi}_2) = (A\boldsymbol{\xi}_1, A\boldsymbol{\xi}_2) = (\lambda_1\boldsymbol{\xi}_1, \lambda_2\boldsymbol{\xi}_2) = (\boldsymbol{\xi}_1, \boldsymbol{\xi}_2)\begin{pmatrix} \lambda_1 & 0 \\ 0 & \lambda_2 \end{pmatrix},$$

记 $(\boldsymbol{\xi}_1, \boldsymbol{\xi}_2) = \boldsymbol{P}$，则 $\boldsymbol{A} = \boldsymbol{P}\begin{pmatrix} \lambda_1 & 0 \\ 0 & \lambda_2 \end{pmatrix}\boldsymbol{P}^{-1}$，这样矩阵 $\boldsymbol{A}$ 和对角阵 $\begin{pmatrix} \lambda_1 & 0 \\ 0 & \lambda_2 \end{pmatrix}$ 相似，通过简单的对角阵就能认识相对复杂的矩阵 $\boldsymbol{A}$ 了，这就是数学的以简驭繁的思想。

从而

$$\boldsymbol{A}^n = \boldsymbol{P}\begin{pmatrix} \lambda_1 & 0 \\ 0 & \lambda_2 \end{pmatrix}^n \boldsymbol{P}^{-1} = \boldsymbol{P}\begin{pmatrix} \lambda_1^n & 0 \\ 0 & \lambda_2^n \end{pmatrix}\boldsymbol{P}^{-1}, \quad \boldsymbol{A}^n(\boldsymbol{\xi}_1, \boldsymbol{\xi}_2) = (\boldsymbol{\xi}_1, \boldsymbol{\xi}_2)\begin{pmatrix} \lambda_1^n & 0 \\ 0 & \lambda_2^n \end{pmatrix},$$

得到 $\boldsymbol{A}^n\boldsymbol{\xi}_1 = \lambda_1^n\boldsymbol{\xi}_1, \boldsymbol{A}^n\boldsymbol{\xi}_2 = \lambda_2^n\boldsymbol{\xi}_2$，再叠加一下就得到结论。矩阵与变换是用数学归纳法证明的。

### 2.6.2 用矩阵方法推导通项公式

等差数列表达的是一种线性关系，等比数列表达的虽是一种非线性关系，但也可转化成线性关系。矩阵表达的是线性关系之间的一种变换，故可以用来推导等差、等比数列的通项公式。等差数列由首项和公差决定，等比数列由首项和公

比决定，故它们可以用二维向量来描述。

对 $a_{n+1} = a_1 + nd$，写成矩阵的形式有 $\begin{pmatrix} a_{n+1} \\ 1 \end{pmatrix} = \begin{pmatrix} 1 & d \\ 0 & 1 \end{pmatrix} \begin{pmatrix} a_n \\ 1 \end{pmatrix} = \begin{pmatrix} 1 & d \\ 0 & 1 \end{pmatrix}^n \begin{pmatrix} a_1 \\ 1 \end{pmatrix}$，化简就有 $\begin{pmatrix} a_{n+1} \\ 1 \end{pmatrix} = \begin{pmatrix} 1 & nd \\ 0 & 1 \end{pmatrix} \begin{pmatrix} a_1 \\ 1 \end{pmatrix}$，写成代数等式即 $a_{n+1} = a_1 + nd$。

对 $b_{n+1} = qb_n$，写成矩阵的形式有 $\begin{pmatrix} b_{n+1} \\ 1 \end{pmatrix} = \begin{pmatrix} q & 0 \\ 0 & 1 \end{pmatrix}^n \begin{pmatrix} b_1 \\ 1 \end{pmatrix}$，化简就有 $\begin{pmatrix} b_{n+1} \\ 1 \end{pmatrix} = \begin{pmatrix} q^n & 0 \\ 0 & 1 \end{pmatrix} \begin{pmatrix} b_1 \\ 1 \end{pmatrix}$，写成代数等式即 $b_{n+1} = qb_n$。

由于等差、等比数列具有基础性，凡是可以化归为等差、等比数列的其他数列的通项求法，理论上都可以用矩阵的方法推导出来。

通过这样的挖掘，初等数学中蕴含的生机才被激发出来。这也是如今学生要学几百年前的知识的原因之一。

### 2.6.3 应用举例

**例1** 已知数列 $\{a_n\}$ 满足 $a_1 = 1, a_{n+1} = 3a_n + 1$。证明：

(1) $\left\{a_n + \dfrac{1}{2}\right\}$ 是等比数列，并求 $\{a_n\}$ 的通项公式；

(2) $\sum_{i=1}^{n} \dfrac{1}{a_i} < \dfrac{3}{2}$。

**分析与解** 把 $a_{n+1} = 3a_n + 1$ 写成矩阵表达式 $\begin{pmatrix} a_{n+1} \\ 1 \end{pmatrix} = \begin{pmatrix} 3 & 1 \\ 0 & 1 \end{pmatrix} \begin{pmatrix} a_n \\ 1 \end{pmatrix} = \begin{pmatrix} 3 & 1 \\ 0 & 1 \end{pmatrix}^n \begin{pmatrix} a_1 \\ 1 \end{pmatrix}$，并求得其特征根为 $\lambda_1 = 3, \lambda_2 = 1$，相应的特征向量分别为 $(1,0), (-1,2)$，用它们组成矩阵 $\begin{pmatrix} 1 & -1 \\ 0 & 2 \end{pmatrix}$，并求得其逆矩阵 $\begin{pmatrix} 1 & \dfrac{1}{2} \\ 0 & \dfrac{1}{2} \end{pmatrix}$。

这样，$\begin{pmatrix} 3 & 1 \\ 0 & 1 \end{pmatrix}^n = \begin{pmatrix} 1 & -1 \\ 0 & 2 \end{pmatrix} \begin{pmatrix} 3 & 0 \\ 0 & 1 \end{pmatrix}^n \begin{pmatrix} 1 & \dfrac{1}{2} \\ 0 & \dfrac{1}{2} \end{pmatrix}$，化简得 $\begin{pmatrix} 3 & 1 \\ 0 & 1 \end{pmatrix}^n = \begin{pmatrix} 3^n & \dfrac{3^n - 1}{2} \\ 0 & 1 \end{pmatrix}$，故

$\begin{pmatrix} a_{n+1} \\ 1 \end{pmatrix} = \begin{pmatrix} 3^n & \dfrac{3^n - 1}{2} \\ 0 & 1 \end{pmatrix} \begin{pmatrix} 1 \\ 1 \end{pmatrix} = \begin{pmatrix} \dfrac{3^{n+1} - 1}{2} \\ 1 \end{pmatrix}$，$a_n = \dfrac{3^n - 1}{2}$。

一些常见的类型，如 $a_{n+1} = pa_n + q$，$a_{n+1} = pa_n + qa_{n-1} + r$，$\begin{cases} a_{n+1} = aa_n + bb_n + e, \\ b_{n+1} = ca_n + db_n + f \end{cases}$ 都是线性表达式，都很容易写成矩阵表达式，从而用矩阵来求解。把它们分别写成矩阵表达式的形式，即 $\begin{pmatrix} a_{n+1} \\ 1 \end{pmatrix} = \begin{pmatrix} p & q \\ 0 & 1 \end{pmatrix} \begin{pmatrix} a_n \\ 1 \end{pmatrix}$，$\begin{pmatrix} a_{n+1} \\ a_n \end{pmatrix} = \begin{pmatrix} p & q \\ 1 & 0 \end{pmatrix} \begin{pmatrix} a_n \\ a_{n-1} \end{pmatrix} + \begin{pmatrix} r \\ 0 \end{pmatrix}$，$\begin{pmatrix} a_{n+1} \\ b_{n+1} \end{pmatrix} = \begin{pmatrix} a & b \\ c & d \end{pmatrix} \begin{pmatrix} a_n \\ b_n \end{pmatrix} + \begin{pmatrix} e \\ f \end{pmatrix}$。

对于分式型的 $a_{n+1} = \dfrac{aa_n + b}{ca_n + d}$，只要令分母为 $t = ca_n + d$，变形为 $ta_{n+1} = aa_n + b$，就能变换成线性表达式的形式，从而用矩阵 $\begin{pmatrix} ta_{n+1} \\ t \end{pmatrix} = \begin{pmatrix} a & b \\ c & d \end{pmatrix} \begin{pmatrix} a_n \\ 1 \end{pmatrix}$ 表达出来，故而用矩阵来求解。

## 2.7 递推迭代数列思想之精华

2006 年全国高中数学联赛加试压轴题是一道结构优美的解方程组的试题：

$$\begin{cases} x - y + z - w = 2, \\ x^2 - y^2 + z^2 - w^2 = 6, \\ x^3 - y^3 + z^3 - w^3 = 20, \\ x^4 - y^4 + z^4 - w^4 = 66。 \end{cases}$$

联赛试题组给出的标准答案是引入多组变换来解的，给人的感觉是"难以想到"。能否找到一种既容易想到，又具有与试题优美的结构相匹配的解法（"美题需美法"）呢？从递推迭代的角度，解决了这样一个问题。

### 2.7.1 引理

记 $S_n = a^n + b^n$，则 $S_n = (a+b)S_{n-1} - abS_{n-2}$，即 $S_n - (a+b)S_{n-1} + abS_{n-2} = 0$。不难发现其系数与方程 $x^2 - (a+b)x + ab = 0$ 相同。于是有如下引理。

**引理** 设一元二次方程 $x^2 + px + q = 0$ 的两根为 $x_1, x_2$，记 $S_n = x_1^n + x_2^n (n \in \mathbf{Z})$，则 $S_n + pS_{n-1} + qS_{n-2} = 0$。

**证明** $S_0 = 2$，$S_1 = x_1 + x_2 = -p$，$S_2 = x_1^2 + x_2^2 = (x_1 + x_2)^2 - 2x_1x_2 = -pS_1 - qS_0$，即 $S_2 + pS_1 + qS_0 = 0$，即当 $n = 2$ 时，命题成立。

假设当 $n = k(k \geq 2)$ 时命题成立，那么当 $n = k + 1$ 时，

$$S_{k+1} = x_1^{k+1} + x_2^{k+1} = (x_1 + x_2)(x_1^k + x_2^k) - x_1 x_2 (x_1^{k-1} + x_2^{k-1}) = -pS_k - qS_{k-1},$$

即 $S_{k+1} + pS_k + qS_{k-1} = 0$，所以当 $n = k+1$ 时，命题也成立。所以命题对 $n \geq 2$ 的自然数都成立。当 $n$ 是负整数时，同理也可证命题成立。所以对任意 $n \in \mathbf{Z}$ 命题也成立。

### 2.7.2 解答

原方程可写成 $\begin{cases} (x+z) - (y+w) = 2, \\ (x^2 + z^2) - (y^2 + w^2) = 6, \\ (x^3 + z^3) - (y^3 + w^3) = 20, \\ (x^4 + z^4) - (y^4 + w^4) = 66。 \end{cases}$ 记 $x, z$ 是方程 $X^2 + p_1 X + q_1 = 0$ 的两根，$y, w$ 是方程 $Y^2 + p_2 Y + q_2 = 0$ 的两根。又记 $A_i = x^i + z^i$，$B_i = y^i + w^i$ ($i = 1, 2, 3, 4$)。则原方程即 $\begin{cases} A_1 - B_1 = 2, \\ A_2 - B_2 = 6, \\ A_3 - B_3 = 20, \\ A_4 - B_4 = 66。 \end{cases}$ 由 $A_1 = B_1 + 2$，有 $-p_1 = -p_2 + 2$，即

$$p_2 = p_1 + 2 。 \tag{2.8}$$

（Ⅰ）由引理有 $A_2 + p_1 A_1 + q_1 = 0$，解出 $A_2 = p_1^2 - 2q_1$；同理，由引理有 $B_2 = p_2^2 - 2q_2$。由 $A_2 = B_2 + 6$，解出

$$q_2 - q_1 = 2p_1 + 5 。 \tag{2.9}$$

（Ⅱ）由引理有 $A_3 + p_1 A_2 + q_1 A_1 = 0$，解出 $A_3 = -p_1^3 + 3p_1 q_1$；同理，由引理有 $B_3 = -p_2^3 + 3p_2 q_2$。由 $A_3 = B_3 + 20$ 及(2.9)式解得

$$q_1 = \frac{-5p_1}{2} - 7, \tag{2.10}$$

$$q_2 = \frac{-p_1}{2} - 2 。 \tag{2.11}$$

（Ⅲ）由引理有 $A_4 + p_1 A_3 + q_1 A_2 = 0$，解得 $A_4 = p_1^4 - 4p_1^2 q_1 + 2q_1^2$；同理，由引理有 $B_4 = p_2^4 - 4p_2^2 q_2 + 2q_2^2$。由 $A_4 = B_4 + 66$ 及(2.8), (2.10), (2.11)式解得 $-6p_1 - 24 = 0$，即 $p_1 = -4$，从而由(2.8), (2.10), (2.11)式分别解得 $p_2 = -2$，$q_1 = 3$，$q_2 = 0$。从而 $x, z$ 是方程 $X^2 - 4X + 3 = 0$ 的两根，$y, w$ 是方程 $Y^2 - 2Y = 0$ 的两根。从而 $\begin{cases} x = 3, \\ z = 1, \end{cases}$ 或 $\begin{cases} x = 1, \\ z = 3; \end{cases}$ $\begin{cases} y = 2, \\ w = 0, \end{cases}$ 或 $\begin{cases} y = 0, \\ w = 2。 \end{cases}$ 所以原方程有四组解。

### 2.7.3 感想

受到原方程结构美的启发,才追寻 $A_i = x^i + z^i$ (或 $B_i = y^i + w^i$) ($i=1,2,3,4$) 之间的递推关系。在找到递推关系之后,目标很明确:利用递推关系把 $A_i, B_i$ ($i=1,2,3,4$) 写成关于 $p_1, q_1, p_2, q_2$ 的表达式;同时,把 $p_1$ 当作基本量,利用前三个方程揭示的关系,用 $p_1$ 表示 $q_1, p_2, q_2$,利用最后一个方程解出 $p_1$,于是 $q_1, p_2, q_2$ 也就解出来了。这样 $x, z$;$y, w$ 就解出来了。上述思路是清楚的,解法是程序化的。

张奠宙和张荫南在关于数学问题解决的谈话(《数学教学》,2008 年第 3 期)中指出解题的四个步骤是:了解题意、找出关键、用对知识、正确表示。其中最难的是找出关键,因为"这是一个创新思维的过程,需要智慧"。在竞赛数学的学习中,需要更多的智慧,而不是技巧。追求技巧本没错,但更要追求技巧背后的思想,要使解题活动成为智慧火花的迸发、生成、成形的一种载体,使解题活动变得"有思想、有智慧",从而在以后的工作中形成"正确的工作理念和良好的工作习惯",真正发挥数学教育的育人作用。

数列是描述离散现象的重要模型,递推、迭代是重要的求解模型的方法。

## 2.8 等差、等比数列之交融

数学的活力在于最大限度地发挥想象力、创造力,不断引进新观念和新方法,不断激发人们的观察、比较、实验和归纳的能力,通过持续精益求精,臻于严格化,致力于普适性,虽不以应用性为目标,但高层次的应用离不开数学基础研究。这种数学学科上的诉求对教学提出了更高的要求。随着数学核心素养概念或观念的提出,学习不能仅仅以掌握为目标,还要能实现知识创新。在常规课堂教学中,若能以核心素养的知识创新水平为目标,将会极大程度地培养学生的创新精神,以数学的内在力量教育学生。

### 2.8.1 从运算的角度看

等差数列和等比数列是两种基本的数列。从运算的角度看,等差数列和等比数列是同构的。在历史上,德国数学家施蒂费尔发现几何级数 $1, r, r^2, \cdots$ 与其指数构成的算术级数 $0, 1, 2, 3, \cdots$ 之间有对应关系,几何级数作乘法的运算结果与算术级数作加法的运算结果之间也有某种对应关系,这启发比尔吉发明了对数。它们有很多类似的性质,故在教学上,等差数列的学习之法可以迁移到等比数列的学习中。等差数列与等比数列之间的关系有待进一步挖掘。

两个等差数列对应项相加、相减之后依然是等差数列,这表明对加法、减法而言，等差数列的运算具有封闭性；两个等比数列对应项相乘、相除之后依然是等比数列，这表明对乘法、除法而言，等比数列的运算具有封闭性。

两个等差数列对应项相乘之后不一定仍为等差数列，如果要仍为等差数列，则要求其中一个为常数列；两个等差数列对应项相除之后不一定仍为等差数列，如果要仍为等差数列，则处于分母位置的等差数列是常数列。等差数列的意象是直线，是一次表达式，若两个一次表达式相乘、相除，仍得一次表达式，则需要一定的条件。

两个等比数列的对应项相加(减)之后不一定仍为等比数列，如斐波那契数列可看成两个等比数列相加之后得到的结果，如果要仍为等比数列，由比例的性质可知，需要两个数列的公比相等。等比数列是用比来定义的，由比例的性质可以得到上述结果。

上面是两类数列的对应项进行加、减、乘、除运算；如果两者之间进行加、减、乘、除运算会得到什么结果？根据直觉，直线和曲线的叠加与合成不一定能得到直线；等差数列与等比数列相乘得到一种常见的数列 $\{a_n b_n\}$，其中 $\{a_n\}$ 是等差数列，$\{b_n\}$ 是等比数列。

等差数列、等比数列还可以从组合运算的角度另行定义。如，已知数集 $A = \{a_1, a_2, \cdots, a_n\}(1 \leqslant a_1 < a_2 < \cdots < a_n, n \geqslant 3)$ 具有性质 $P$：对任意 $i, j (1 \leqslant i \leqslant j \leqslant n)$，$a_i a_j$ 与 $\dfrac{a_j}{a_i}$ 两数中至少有一个属于 $A$，则当 $n \neq 4$ 时，数列 $a_1, a_2, \cdots, a_n (n \geqslant 3)$ 是首项为 $a_1 = 1$，公比为 $q = a_2$ 的等比数列；当 $n = 4$ 时，数列不一定是等比数列。

已知数集 $A = \{a_1, a_2, \cdots, a_n\}(1 \leqslant a_1 < a_2 < \cdots < a_n, n \geqslant 3)$ 具有性质 $Q$：对任意 $i, j (1 \leqslant i \leqslant j \leqslant n)$，$a_j + a_i$ 与 $a_j - a_i$ 两数中至少有一个属于 $A$，则当 $n \neq 4$ 时，数列 $a_1, a_2, \cdots, a_n (n \geqslant 3)$ 是首项为 $a_1 = 0$，公差为 $d = a_2$ 的等差数列；当 $n = 4$ 时，数列不一定是等差数列。

这两个性质是同构的。

数列 $a_0, a_1, \cdots, a_n (n \geqslant 1)$ 成等差数列的充分必要条件是对任意整数 $i$，当 $1 \leqslant i \leqslant n-1$ 时，恒有

$$a_i C_n^i = a_0 C_{n-1}^i + a_n C_{n-1}^{i-1} \tag{2.12}$$

对任意等比数列，取绝对值使其每一项变成正数之后，取对数就成了等差数列，代入(2.12)式，就得到从组合定义等比数列的方式。

### 2.8.2 从对应的角度看

在集合、函数的学习中，其研究手法在学习等差数列与等比数列时值得借鉴。先研究了集合的交、并、补三种运算，然后研究两个集合元素之间的对应关系，展开了集合-对应观点下的函数研究，使函数概念从"运动说"进阶到了"集合-对

应说". 与此类似, 研究了等差数列、等比数列之间的运算之后, 可以更换思路, 研究等差数列、等比数列项之间的对应关系。

看一个实例。在小学算术里, 常见这样的问题: 甲、乙两人在环形跑道上跑步。甲跑完一圈要 2 分钟, 乙跑完一圈要 3 分钟。现让他们同时从同一地点出发(方向相同), 问几分钟后甲、乙均可相遇? 显然 6 分钟后、12 分钟后、18 分钟后……甲、乙均可相遇, 相遇的时间是一个以$6(=2\times3)$为公差的等差数列。

在数列中, 也有类似的"追及"问题。已知数列$\{a_n\}$和$\{b_n\}$的通项公式分别是$a_n=3n$和$b_n=4n$, 数列$\{a_n\},\{b_n\}$的公共项组成的数列(次序不变)。可以认为$a_n$表示的是甲的路程随时间变化的函数关系式, 其中 3 是速率; $b_n$表示的是乙的路程随时间变化的函数关系式, 其中 4 是速率。$C_1$表示甲、乙第一次有相同路程时路程的大小; $C_2$表示甲、乙第二次有相同路程时路程的大小。

现设有一条环形跑道, 其长为$C_2-C_1$。甲跑完一圈要$\dfrac{C_2-C_1}{3}$分钟, 乙跑完一圈要$\dfrac{C_2-C_1}{4}$分钟。甲、乙两人同时从同一地点出发(方向相同), 则经过路程$C_2-C_1$, $2(C_2-C_1)$, $3(C_2-C_1)$后甲、乙均可相遇, 可见这个路程序列是一个以$C_2-C_1$为公差的等差数列。

把上述问题一般化, 便可得到如下命题。

**命题1**(从等差数列中选出等差数列) 已知数列$\{a_n\}$和$\{b_n\}$的通项公式分别是$a_n=an+d_1$和$b_n=bn+d_2$, 设$C_1,C_2$是两个数列中前两个相同的项, 则由相同项组成的是一个等差数列$C_k$, 公差为$C_2-C_1=[a,b](a,b>0)$, 首项为$C_1$。

在一定条件下, 可从两个等差数列中选出一个由相同项组成的等差数列。由于正项等比数列取对数后, 可形成一个等差数列, 在一个正项等差数列中, 有时可选出一个正项等比数列; 在一个正项等差数列与一个正项等比数列中有时可以选出一个由相同项组成的等比数列, 于是有命题2、命题3。

**命题 2** 等差数列$\{a+bn\}(n=1,2,\cdots)$中包含一个无穷正项等比数列的充要条件是$\dfrac{a}{b}\in\mathbf{Q}(b>0)$。

**证明** (充分性)如果$\dfrac{a}{b}\in\mathbf{Q}$, 不妨设$a,b\in\mathbf{Z}$, 且$b>0$, 取自然数$n_0$, 使$c=a+bn_0>0$, 令$q=b+1, n_{k+1}=n_k+c\cdot q^k$, 则由归纳法易知$a+bn_k=cq^k$, 即正项数列$\{a+bn_k\}(k=1,2,\cdots)$成等比数列。

(必要性)设有自然数$n_1<n_2<\cdots$, 使$a+bn_1,a+bn_2,\cdots$成等比数列, 那么$\dfrac{a+bn_1}{a+bn_2}=\dfrac{a+bn_2}{a+bn_3}$, 于是$\dfrac{a+bn_3}{a+bn_2}=\dfrac{n_3-n_2}{n_2-n_1}=q$, 从而$\dfrac{a}{b}=\dfrac{qn_2-n_3}{1-q}\in\mathbf{Q}$。

既然能从等差数列中"挑选"出等比数列,把上面的程序逆过去,也能从等比数列中"挑选"出等差数列。

**命题 3** 从等比数列 $\{cq^{k-1}\}$ 和等差数列 $\{a+bn\}$ 中选出相同的项组成等比数列的充要条件是存在一组 $k(k=1,2,3,\cdots)$ 使得 $q^{k-1}\equiv\dfrac{a}{c}(\bmod b)(b\neq 0)$。

### 2.8.3 应用举例

**例1** 数列 $\{a_n\}$ 中,$a_1=0$,且对任意 $k\in\mathbf{N}^*$,$a_{2k-1},a_{2k},a_{2k+1}$ 成等差数列,其公差为 $d_k$。

(Ⅰ) 若 $d_k=2k$,证明 $a_{2k},a_{2k+1},a_{2k+2}$ 成等比数列;

(Ⅱ) 若对任意 $k\in\mathbf{N}^*$,$a_{2k},a_{2k+1},a_{2k+2}$ 成等比数列,其公比为 $q_k$,设 $q_1\neq 1$,证明 $\left\{\dfrac{1}{q_k-1}\right\}$ 为等差数列。

**证明** (Ⅰ) 由题设,可得 $a_{2k+1}-a_{2k-1}=4k,k\in\mathbf{N}^*$。所以

$$a_{2k+1}-a_1=(a_{2k+1}-a_{2k-1})+(a_{2k-1}-a_{2k-3})+\cdots+(a_3-a_1)$$
$$=4k+4(k-1)+\cdots+4\times 1=2k(k+1),$$

由 $a_1=0$ 得 $a_{2k+1}=2k(k+1)$,从而 $a_{2k}=a_{2k+1}-2k=2k^2$,$a_{2k+2}=2(k+1)^2$。于是

$$\dfrac{a_{2k+1}}{a_{2k}}=\dfrac{k+1}{k},\quad \dfrac{a_{2k+2}}{a_{2k+1}}=\dfrac{k+1}{k},$$

所以 $\dfrac{a_{2k+1}}{a_{2k}}=\dfrac{a_{2k+2}}{a_{2k+1}}$。所以当 $d_k=2k$ 时,对任意 $k\in\mathbf{N}^*$,$a_{2k},a_{2k+1},a_{2k+2}$ 成等比数列。

(Ⅱ) 由 $a_{2k-1},a_{2k},a_{2k+1}$ 成等差数列及 $a_{2k},a_{2k+1},a_{2k+2}$ 成等比数列,得

$$2a_{2k}=a_{2k-1}+a_{2k+1},\quad 2=\dfrac{a_{2k-1}}{a_{2k}}+\dfrac{a_{2k+1}}{a_{2k}}=\dfrac{1}{q_{k-1}}+q_k,$$

当 $q_1\neq 1$ 时,可知 $q_k\neq 1,k\in\mathbf{N}^*$。从而 $\dfrac{1}{q_k-1}=\dfrac{1}{2-\dfrac{1}{q_{k-1}}-1}=\dfrac{1}{\dfrac{1}{q_{k-1}}-1}+1$,即 $\dfrac{1}{q_k-1}-\dfrac{1}{\dfrac{1}{q_{k-1}}-1}=1(k\geq 2)$,所以 $\left\{\dfrac{1}{q_k-1}\right\}$ 是等差数列,公差为 1。

从教学研究出发,深入理解教材,基于此,开发适应的校本教材,既发展了数学研究能力,又能发展学生的解题能力,一举多得。

## 2.9 数列与分形

课程教材承载的是传统成熟内容，这些内容在三百年之前基本已经成型。但时代在发展，这些传统成熟内容作为经典内容被赋予了更多的期待，它们应能作为一种媒介，使学生感受到时代的气息，感受到数学的发展。如，课程标准指出，雪花、云彩、群山等美的共性与分形有关。诸如此类的好的课题如何传授给中学生，是另编选修教材，还是另找契机？编选修教材是一种好的方式，但在落实上易出现"选而不修"的局面。寻找合适的切入点，使这些新兴内容与传统成熟内容发生有机关联，可能是一条新路。

### 2.9.1 选取内容

大自然中存在大量的不规则现象，如海岸线的形状、大气运动、海洋湍流、云彩、山峦、树皮的形状、闪电的传播路径、野生生物群体涨落、股市升降等，欧氏几何就不能描述这些现象了。分形几何产生了，用来处理局部形态与整体形态具有相似特征的"病态"几何图形，是一门新兴学科。分形几何学的基本思想是：客观事物具有自相似的层次结构，局部与整体在形态、功能、信息、时间、空间等方面具有统计意义上的相似性，称为自相似性。这种自相似的层次结构，适当地放大或缩小几何尺寸，整个结构不变。分形是形，其内在机理可以用算法、迭代等来描述。

### 2.9.2 教材中的分形观点

分形的基本特点是自相似，从这个角度出发，可以开发出教材中内含的许多分形素材。

1. 得到优美几何分形图形

把一条线段分割为两部分，把较小部分与较大部分看作一个单元，把较大部分与全长看作一个单元，使较大部分与全长的比等于较小部分与较大的比，这样，这两个单元是相似的，则这个比即黄金比。以单位线段为初始元，取不同的分形元，可以得到康托尔集、魔鬼阶梯以及各种雪花曲线。

将等边三角形四等分，舍弃中间的三角形，对保留下来的三个三角形分别采取同样的操作，得到谢尔宾斯基三角形垫片。在杨辉三角中，把偶数、奇数分别用不同颜色的三角形着色，能得到谢尔宾斯基三角形。正四面体是自相似的，仿照谢尔宾斯基三角形垫片的做法，可得到谢尔宾斯基金字塔。

将一个实心正方形划分为9个小正方形，去掉中间的小正方形，再对余下的小正方形重复这一操作便能得到谢尔宾斯基地毯。取一个正方形并把它分成4个相等的小正方形，从左上角的正方形开始至左下角的正方形结束，依次将小正方形的中心连接起来；下一步把每个小正方形再分成4个相等的正方形，然后按上述方式把其中心连接起来……如此继续不断作下去，以至于无穷，便形成了一条佩亚诺曲线。一般来说，一维的直线是不可能填满二维的平面的，但是佩亚诺曲线恰恰给出了反例，更新了人们对维数的认识。

把正方体分成27个小正方体，把每一面中间的正方体去掉，把最中心的正方体也去掉，对留下的小正方体重复同样的操作，得到门格海绵。门格海绵的每一个面都是谢尔宾斯基地毯，门格海绵与原先立体的任何一条对角线的交集都是康托尔集。

美与数学的简洁得到了体现。

2. 用分形几何的思想处理问题

数列的意象是直线，直线上的每一段是相似的，部分相加起来也是相似的。故下面的结论几乎是不证自明的。等差数列$\{a_n\}$的前$n$项和、次$n$项和、再次$n$项和也成等差数列。直角三角形的高把直角三角形分成两个直角三角形，这三个三角形是相似的，把它们作为一序列，它们是自相似的，利用自相似，英国数学家沃利斯证明了勾股定理。

用自相似的观点处理一元二次方程，得到一个意外的见解。对一元二次方程，历史上的一种做法是消去一次项，使之可解。如果消去常数项，就会得到
$$a(x+m)^2 + b(x+m) + c = 0，$$
化简得
$$ax^2 + (2am+b)x + am^2 + bm + c = 0，$$
消去常数项，令$am^2 + bm + c = 0$，如果得到它的一个特解，求得$ax^2 + (2am+b)x = 0$的"基础解系"，那么原方程的"通解"＝特解＋"基础解系"。从这个角度看，线性方程组解的结构理论、常系数微分方程解的结构理论都是利用了自相似的特点。

$a^n$是自相似的，二项式定理的图形表示杨辉三角是自相似的。

3. 分形的内在机理

欧氏几何的度量基于特征长度和比例，而分形几何没有特征长度和比例；欧氏几何用公式描述，而分形几何用递归、迭代和算法描述。自相似性，是一种跨越不同尺度的对称性，意味着递归，即图案中套着图案。深入研究分形的机理可用函数迭代等解析工具，这又导致了混沌理论的诞生。借助算法和计算机，可以生成许多精美的分形图案。形要用数来驱动。均匀线性变换群生成线性分形，非

均匀线性变换群、非线性变换群生成非线性分形,是分形的内在机理。表现在中学教材之中,可由递推数列出发研究分形的内在机理。

### 2.9.3 几道例题

**例 1** 如图 2.1,有一列曲线 $P_0, P_1, P_2, \cdots$,已知 $P_0$ 所围成的图形是面积为 1 的等边三角形,$P_{k+1}$ 是对 $P_k$ 进行如下操作得到的:将 $P_k$ 的每条边三等分,以每边中间部分的线段为边,向外作等边三角形,再将中间部分的线段去掉($k=0,1,2,\cdots$)。如此无限继续下去,形成的图形是一种科恩曲线,它的形状很像雪花的外沿线,故称科恩雪花曲线。$A,B,C$ 三点在每个图形中的位置是不变的,每个小三角形都和 $\triangle ABC$ 相似。当我们用任何倍数的显微镜观察任一局部,都与整体有相似的形态。记 $S_n$ 为曲线 $P_n$ 所围成的图形的面积。求数列 $\{S_n\}$ 的通项公式;求 $\lim_{n\to\infty} S_n$。

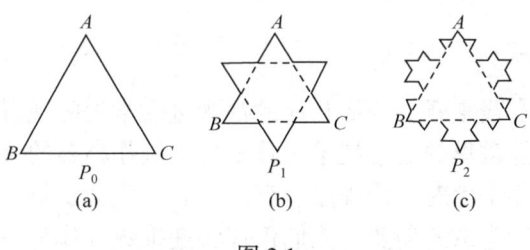

图 2.1

**分析与解** 此题背景是较为简单的分形图形——科赫雪花曲线。数列 $\{a_k\}$ 是由图形列 $\{P_k\}$ 中每个图形的边数组成的数列。由 $P_k$ 得到 $P_{k+1}$ 时,每边变成四小边,有 $a_{k+1}=4a_k$,$a_n=\begin{cases}3, & n=0,\\ 3\cdot 4^n, & n\geqslant 1,\end{cases}$ 共增生 $a_k(k\geqslant 1)$ 个小三角形。增生的小三角形的边长也可组成一个数列,通项为 $\left\{\left(\dfrac{1}{3}\right)^k\right\}(k=1,2,\cdots)$,故 $S_{n+1}=S_n+3\cdot 4^n\left[\left(\dfrac{1}{3}\right)^{n+1}\right]^2$ ($n\geqslant 1$),即 $S_{n+1}-S_n=\dfrac{1}{3}\cdot\left(\dfrac{4}{9}\right)^n$,$S_1=\dfrac{4}{3}(n\geqslant 1)$。由累差法有 $S_n=\dfrac{4}{3}+\dfrac{4}{15}\left[1-\left(\dfrac{4}{9}\right)^{n-1}\right]$ ($n\geqslant 1$),故 $\lim_{n\to\infty}S_n=\dfrac{8}{5}$。这里还有一个让人吃惊的事实,当边长无限增多时,这些分形的周长不是一个定值,而是无穷大,但面积却是一个有限值。

**例 2** 设数列 $\{a_n\}:1,-2,-2,3,3,3,-4,-4,-4,\cdots,\overbrace{(-1)^{k-1}k,\cdots,(-1)^{k-1}k}^{k\text{个}},\cdots$,即当 $\dfrac{(k-1)k}{2}<n\leqslant\dfrac{k(k+1)}{2}(k\in\mathbf{N}^*)$ 时,$a_n=(-1)^{k-1}k$,记 $S_n=\sum_{i=1}^{n}a_i,n\in\mathbf{N}^*$,对于 $I\in\mathbf{N}^*$,

定义集合 $P_n = \{n | S_n 是 a_n 的整数倍, n \in \mathbf{N}^*, 且 1 \leqslant n \leqslant I\}$，求：

(1) 集合 $P_{11}$ 中元素的个数；

(2) 集合 $P_{2000}$ 中元素的个数。

**分析与解** 古希腊人喜欢把数摆成各种几何形状，如三角形数、长方形数、正方形数、五边形数等。几何图形是相似的，这说明把数列的表征形式变化一下之后，数列可以表现出自相似的特点，这正是分形几何的精神所在。这样的数列可以称为分形数列，第一段为 $\{1\}$，第二段为 $\{-2,-2\}$，…，第 $k$ 段为 $\overbrace{(-1)^{k-1}k,\cdots,(-1)^{k-1}k}^{k\uparrow}$，只要理解 $\{a_n\}$ 中 $n$ 的双重意义，既能确定数列中各项的值，又决定每项所在的段数，不难求解。

在教材中也有很多分形几何素材的例子。

### 2.9.4 合适的切入点

根据近几年的实践来看，分形几何的观念进入学生的视野并不困难。借助几何画板、超级画板等常见的信息技术工具就可以制作精美的分形图案。但要了解背后的机理，却需要学生对迭代程序、算法等有一定的了解。但现在却遇到了一些困难。首先，由于应试的需要，人们仅仅将递推数列作为一种应试的工具，不断加大其难度训练，很少考虑其有何教育价值、科学价值；其次，虽然现在是信息技术时代，但课程标准却把算法给删除了，似未考虑数学与计算机有着千丝万缕的联系。课程标准虽设置了"美与数学"，然而又没有全面考虑实施这些课程的技术支持,这样导致在具体的实践层面上实现困难,尽管这些素材富有时代气息，又能让学生感知数学发展的脉搏。

合适的切入点在课程编写技术上容易实现，但在课程改革上则需要观念上的更新。

## 2.10 斐波那契数列文化

### 2.10.1 兔子数列

数列 1, 1, 2, 3, 5, 8, 13, …，从第三项开始，每一项等于它的前两项之和，用公式表示为 $F_n = F_{n-1} + F_{n-2}, n = 3, 4, 5, \cdots$，是意大利数学家斐波那契最先发现的。

斐波那契数列源于兔子的繁殖问题，俗称"兔子数列"。这个问题也被称为"兔子问题"：如果一对成熟的兔子每个月能生一对小兔，小兔一个月后长成了大兔子，于是下一个月可生一对小兔子，这样下去，假定情况都理想，每一对都是一雄一雌。现有一对小兔子，第一个月变成一对大兔子，第二个月每对大兔子生一对小兔子，第三个月，每对大兔子又生了一对小兔子，原来的小兔子长大为大兔子。如果所有的兔子都不死，以此类推，问第 $n$ 个月有多少对兔子？

根据上述表述，可得月份与兔子对数之间的对应关系如下。

| 月份 | 1 | 2 | 3 | 4 | 5 | 6 | … |
|---|---|---|---|---|---|---|---|
| 大兔子对数 | 1 | 1 | 2 | 3 | 5 | 8 | … |
| 小兔子对数 | 0 | 1 | 1 | 2 | 3 | 5 | … |
| 兔子总对数 | 1 | 2 | 3 | 5 | 8 | 13 | … |

用 $F_n$ 表示经过 $n$ 个月后的兔子总对数，那么数列 $F_n$ 满足如下递推关系式：

$$\begin{cases} F_n = F_{n-1} + F_{n-2}, \\ F_0 = 1, \quad F_1 = 1 \end{cases} (n \geqslant 2),$$

这就是著名的斐波那契数列。

### 2.10.2 矩阵法求斐波那契数列的通项公式

定义 $n$ 个月后大兔子为 $x_n$ 对，小兔子为 $y_n$ 对，总兔子数为 $z_n$ 对，那么 $z_n = x_n + y_n$。根据斐波那契数列的特点，有 $\begin{cases} x_{n+1} = x_n + y_n, \\ y_{n+1} = x_n, \end{cases}$ 用矩阵形式为 $\begin{pmatrix} x_{n+1} \\ y_{n+1} \end{pmatrix} = \begin{pmatrix} 1 & 1 \\ 1 & 0 \end{pmatrix} \begin{pmatrix} x_n \\ y_n \end{pmatrix}$，则变换矩阵 $A = \begin{pmatrix} 1 & 1 \\ 1 & 0 \end{pmatrix}$，由此可得，特征值为 $\lambda_1 = \dfrac{1+\sqrt{5}}{2}$，$\lambda_2 = \dfrac{1-\sqrt{5}}{2}$，相应的特征向量为 $V_1 = \begin{pmatrix} \dfrac{1+\sqrt{5}}{2} \\ 1 \end{pmatrix}$，$V_2 = \begin{pmatrix} 1 \\ -\dfrac{1+\sqrt{5}}{2} \end{pmatrix}$。又 $\begin{pmatrix} x_1 \\ y_1 \end{pmatrix} = \begin{pmatrix} 1 \\ 0 \end{pmatrix}$，令 $\begin{pmatrix} 1 \\ 0 \end{pmatrix} = \alpha V_1 + \beta V_2$，则可求得 $\alpha = \dfrac{1}{\sqrt{5}}, \beta = \dfrac{2}{5+\sqrt{5}}$，故 $A \begin{pmatrix} 1 \\ 0 \end{pmatrix} = \alpha \lambda_1 V_1 + \beta \lambda_2 V_2$，有

$$\begin{pmatrix} x_{n+1} \\ y_{n+1} \end{pmatrix} = A^n \begin{pmatrix} x_1 \\ y_1 \end{pmatrix} = A^{n-1} A \begin{pmatrix} x_1 \\ y_1 \end{pmatrix} = A^{n-1} (\alpha \lambda_1 V_1 + \beta \lambda_2 V_2),$$

$$\alpha \lambda_1^n V_1 + \beta \lambda_2^n V_2 = \dfrac{1}{\sqrt{5}} \begin{pmatrix} \left(\dfrac{1+\sqrt{5}}{2}\right)^{n+1} - \left(\dfrac{1-\sqrt{5}}{2}\right)^{n+1} \\ \left(\dfrac{1+\sqrt{5}}{2}\right)^{n} - \left(\dfrac{1-\sqrt{5}}{2}\right)^{n} \end{pmatrix}。$$

故 $n$ 个月后，兔子总数为 $z_n = x_n + y_n = \dfrac{1}{\sqrt{5}}\left[\left(\dfrac{1+\sqrt{5}}{2}\right)^n - \left(\dfrac{1-\sqrt{5}}{2}\right)^n\right]$ $(n=1,2,3,\cdots)$。这个公式又称比内公式，是用无理数表示有理数的一个例子。

### 2.10.3 内蕴斐波那契数列文化的问题

**问题 1** (求最值)  设 $m$，$n$ 是属于 $\{1,2,\cdots,1981\}$ 的整数并且满足 $(n^2 - mn - m^2)^2 = 1$，试计算 $m^2 + n^2$ 的最大值。

**分析与解**  很难利用不等式，条件有些复杂。但是我们很容易发现 $m=1, n=1$ 满足题目条件，代入几个较简单的数字，我们根据经验计算可以发现，本题中实际上蕴含着斐波那契数列。如果设斐波那契数列的通项为 $F_n$，那么本题中 $n = F_{n+1}$，$m = F_n$ 满足题目中的等式条件。我们不妨猜想 $m$，$n$ 满足等式条件，当且仅当 $m$，$n$ 是斐波那契数列的相邻两项。$(m,n)=(1,1)$ 显然满足条件。设 $(m,n)$ 为 $(n^2 - mn - m^2)^2 = 1$ 的一组解，即 $(m,n)$ 为 $n^2 - mn - m^2 = \pm 1$ 的一组解，其中 $m, n \in \{1,2,\cdots,1981\}$，而 $n^2 = m^2 + mn \pm 1 \geqslant m^2$，所以 $n \geqslant m$，等号成立当且仅当 $m = n = 1$。又

$$(n^2 - mn - m^2)^2 = [(n-m)^2 + m(n-m) - m^2]^2 = [m^2 - m(n-m) - (n-m)^2]^2。$$

因此，如果 $(m,n)$ 为 $(n^2 - mn - m^2)^2 = 1$ 的一组解，那么 $(n-m, m)$ 也是此方程的一组解，以此递推 $(m-(n-m), n-m)$ 也是此方程的一组解。把 $(m,n)$，$(n-m, m)$，$(m-(n-m), n-m)$ 分别记作 $(a_m, b_m), (a_{m-1}, b_{m-1}), (a_{m-2}, b_{m-2})$，易知 $a_m = a_{m-1} + a_{m-2}, b_n = b_{n-1} + b_{n-2}$，又 $(1,1)$ 满足方程，因此满足方程的 $m$，$n$ 组成斐波那契数列 1，1，2，3，5，8，13，21，$\cdots$，987，1597。相邻两数为方程的一组解。因此，$m^2 + n^2$ 的最大值为 $987^2 + 1597^2 = 3524578$。

**问题 2** (上台阶)  一段楼梯有十级台阶，规定每一步只能跨一级或两级，要登上第十级台阶有几种不同的走法？

**分析与解**  登上第一级台阶有 1 种登法；登上两级台阶，有 2 种登法；登上三级台阶，有 3 种登法；登上四级台阶，有 5 种登法……以此类推，有 1，2，3，5，8，$\cdots$，如果了解斐波那契数列，了解到内蕴于问题中的斐波那契数列文化，就很可能猜想到这就是一个斐波那契数列。问题中要登上第 $n$ 级台阶，分两种情况：

(1) 登上第 $n$–1 级台阶后，最后一步迈一级台阶登上第 $n$ 级台阶；

(2) 登上第 $n$–2 级台阶后，最后一步跨两级登上第 $n$ 级台阶，那么满足递推式：$F_n = F_{n-1} + F_{n-2}$，其中 $F_n$ 为登上第 $n$ 级台阶的登法数，故登上第 $n$ 级台阶的登法数即为斐波那契数列的第 $n$ 项。特殊地，要登上第十级台阶有 89 种走法。

上述各问题都是用递推的方法来解决的。教育观点下的数列教学是要求学生学会用数列的观点看问题——在一个动态过程中用一串量来逼近另一个量，后一步是建立在前一步的基础上的。因此，逐步逼近、递推不应仅看作是一种问题解决的手段，更应看作是一种认识事物的切入点。这其实是客观事物的内在规律在人脑中的反映，以斐波那契数列为例，这其实是生物学上著名的鲁德维格定律在数量上的反映。

周敦颐《通书·文辞》有云：文所以载道也。类似地，上述问题也告诉我们，在数学中，(问)题以载道(文化)，也是一种值得尝试的做法。教师在面对一个数学问题时，例如这些蕴含斐波那契数列文化的问题，如果能让学生知道数学问题的背景，明白数学问题的情境，了解数学问题中蕴含的数学文化，学生就能感受到某种意趣，探索数学知识的热情就会产生，学习数学的积极性也会逐渐被调动起来，而且还能增强数学文化底蕴，提高数学素养，而这正是如今提倡的素质教育。

# 第3章 不 等 式

## 3.1 微言要义之基本不等式

章建跃指出，为什么把 $\frac{a+b}{2} \geq \sqrt{ab}(a,b>0)$ 称作基本不等式，是一个需要认真思考的数学问题，并从数及其运算性质、等价形式的多样性、证明方法的多样性、可推广性等四个角度对这个问题进行了分析。从中可以体会到称为"基本不等式"比称为"重要不等式"更能体现其内在含义。称之为基本不等式，反映了其与其他基础知识的内在关联性；更能够引起学生的注意，提高用之解决后续数学问题和实际问题的意识；同时还能很好地培养学生的思维习惯，优化其认知结构。下面从多种角度解析数学术语微调背后的丰富内涵。

### 3.1.1 语义角度

词典对"重要"和"基本"作了如下解释："重要：具有重大意义、作用或影响的，有很大意义的。"在"重要不等式"的表述中，取其形容词性词意，用来形容它在高中数学教材中的地位，说明该不等式有重大意义，且对后续课程学习和实际生活具有积极的作用。"基本：根本；根本的；主要的；大体上。"在"基本不等式"的表述中，"基本"一词作为形容词，表示这一不等式是根本的、基础性的、主要的。教材视这一不等式是一种知识基础，把它作为后续知识的基础。要达到预期的学习目的，就必须学好这一基础性的、根本的、主要的不等式。应用"基本"一词，凸显了教材对这一不等式的认识及重视程度提升到了一个新的高度。

### 3.1.2 数学教材编写的角度

数学教材中有很多重要的概念、定理、公式、法则等，这些重要的数学知识对我们的学习有着不可或缺的作用。知识量越多，越要抓住根本。如人教 A 版教材《数学(必修 4)》"同角三角函数的基本关系"将以往的八大关系式改为两个基本关系式。教材删繁就简，间接暗示教师只要把握基本关系 $\sin^2\theta + \cos^2\theta = 1$ 和 $\tan\theta = \frac{\sin\theta}{\cos\theta}\left(\theta \neq k\pi + \frac{\pi}{2}, k \in \mathbf{R}\right)$ 进行有重点的教学，就会起到事半功倍的效果。不等式的教学也是如此，由于还将接触到许多不等式及其证明、应用等问题，这就要求我们正确认识不等式间的关系及其数学本质。

1. "重要"和"基本"都强调重要作用，是主干知识

从数学教材编写的角度来分析，人教 A 版教科书和以往的教科书都强调不等式 $\frac{a+b}{2} \geqslant \sqrt{ab}(a,b>0)$ 在证明不等式和解决最优化问题时有着广泛应用，这足以说明该不等式在不等式知识体系中的重要性。

在全日制普通高级中学教科书(试验本)《数学·第二册(上)(必修)》第六章中，首先，介绍了不等式的性质；紧接着，教材引出算术平均数与几何平均数这一重要不等式；之后，在不等式的证明中，讲述综合法时，又用该不等式及不等式的性质推导其他不等式成立。通过该不等式在证明其他不等关系中的应用，反映了其重要性。在含有绝对值的不等式中，教材以例题的形式讲述了重要不等式在解绝对值不等式中的应用。由此看来，旧教材强调该不等式在应用时有重要作用。

在人教版普通高中课程标准实验教科书中分不同的章节处理不等式问题。在《数学(必修 5)》的第三章中，首先，介绍了不等关系与不等式；然后是一元二次不等式及其解法、二元一次不等式(组)与简单的线性规划问题；最后，在第四小节介绍该不等式。在选修教材 4-5《不等式选讲》中对不等式与绝对值不等式、证明不等式的基本方法、柯西不等式与排序不等式、用数学归纳法证明不等式作了更加详细的介绍。在选修 4-5 中还安排章节复习了该不等式，并将其推广到三元的形式。

现行教材对基本不等式的课程内容分层安排，逐步深入探讨，花大量篇幅介绍了该不等式与其他不等式的关联性，及其在解决其他数学问题、实际问题中的应用性，反映了该内容在高中数学知识体系中的重要性。

2. "基本"还强调基础性，更具有底层支柱作用

现行教材用"基本"来形容该不等式的重要性，在说法上更值得考究。重要的数学知识是有用的、有意义的。基本不等式不仅是有用的、有意义的，还是基础性的、本源性的。

从基本不等式 $\frac{a+b}{2} \geqslant \sqrt{ab}(a,b>0)$ 的发生角度分析其基础性。首先看其生成，基本不等式所表示的不等关系和相等关系一样，都是数学中的基本关系；不等关系更普遍、更基本，能用不等关系刻画相等关系。从代数的角度看，该不等式是对正实数 $a,b$ 进行加法、除法、乘法、开方等基本代数运算，且 $\frac{a+b}{2}$ 表示两个正数的算术平均或等差中项，而 $\sqrt{ab}$ 表示两个正数的几何平均或等比中项。其中算术平均与几何平均、等差中项与等比中项反映了算术或数列中的基本量。基本不

等式的数学本质是任意实数平方的非负性的表现。不等式左边是对称的和式结构，右边是对称的积式结构，该不等式关联这两种基本结构。从几何角度看，基本不等式的几何意义有：周长相等的矩形中，正方形的面积最大；或者，以 $a+b$ 为斜边的直角三角形中，等腰直角三角形的高最长；或者，更直观地，在圆中，弦长不大于直径等；该不等式涉及的是代数、几何中的"基本量"。该不等式由这些基本量、基本运算有机组合而成，用"基本"名之，体现了包含在该不等式中众多数学概念的基础性，名正言顺。因此用"基本"来形容该不等式更合适、更恰当。其次，我们对该不等式进行发展性分析。该不等式可以推广到多元，还能证明其他众多的不等式，的确具有基本性。所以用"基本"比"重要"更恰当一点，更能凸显其基础性。

### 3.1.3 教学角度

克莱因指出，一个数学教师的职责是应使学生了解数学并不是孤立的一门学问，而是一个有机的整体。一个称职的教师应该掌握或了解数学的各种概念、方法及其发展与完善的过程以及数学教育演化的经过。基本不等式从数学上凸显了沟通基础数学知识间的内在联系的可行性，相应的教学应通过数学上基本关系的揭示来优化学生的认识结构。相较之下，"重要不等式"的提法有可能旨在强调数学结果，"基本不等式"的提法更强调基础性，它是后续学习的出发点，强调的是一个过程的开始。

1. 教学应凸显知识间的内在联系，发展学生的认知结构

数学知识并不是离散孤立的存在，而是存在着一定的联系。数学认知结构是学习者头脑中对数学知识结构的反映，数学认知结构是否完善，直接影响着学习者的学习。教学若能将新知与旧知通过同化的方式纳入学生的认知结构，将有助于优化学生的认知结构，培养学生的兴趣和自信心。

强调基本不等式是一种基础性的数学知识，更能凸显数学知识之间的内在联系；在教学中要揭示这种内在联系，以优化学生的认知结构。由于基本不等式本身有多种等价形式，证明方法也多样，如果能引导学生通过观察、探索、归纳和验证，得到该不等式的多种等价形式和证明方法，还能有意想不到的收获。这对完善学生数学认知结构具有积极的作用。通过加、减、乘、除、开方、取倒数等一系列代数运算，在对运算结果之间的大小关系比较中，不仅得到了其等价形式，还推出了"调和平均数≤几何平均数≤算术平均数≤平方平均数"的均值不等式链。由于基本不等式在代数中的基本性，教师若能引导学生将其头脑中零散的数学知识结构有机串联起来，就能帮助学生优化认知结构。将代数与几何有机结合在一起，突出数形结合的思想方法，从赵爽弦图、正交切分方块、斜交切分方块、

射影定理、切割线定理、自相似直角三角形翻折等几何模型中，推导出基本不等式。这说明了基本不等式与几何知识之间有内在的联系，基本不等式的教学能沟通不同几何知识间的关联性。构造多种证明基本不等式的方法，除了从代数、函数、方程角度证明基本不等式外，还能从统计、向量、复数、解析几何、三角、平面几何等角度对基本不等式进行证明。这说明基本不等式与其他数学知识也有着深刻的联系，数学教学要重视引导学生从中挖掘出这些知识间的内在联系，形成纵横交错的网络认知结构。

基本不等式也是沟通数学与其他学科之间的桥梁。设计物理学的背景知识，进行物体质量测量。首先，用无刻度的天平测得物体的质量，利用杠杆原理，计算物体的质量，这是一个结果；其次，两次测量物体的质量，用平均值估计物体实际质量，这又是一个结果；最后，通过比较两个质量之间的大小关系，得出基本不等式。有文献介绍了基本不等式在高中物理中解决非弹性碰撞、连接体的速度极值等极值问题的应用。在历史上，有人通过比较匀加速运动过程中的平均速度和运动过程中时刻中点的瞬时速度，也能得到基本不等式。和物理知识相关联，能培养学生跨学科的应用意识，同时有利于学生理解整个中学知识体系的关联性，优化认知结构。

2."重要"强调认知结果，而"基本"重视认知过程

重要不等式给学生的感觉：有可能这是一个"重要"的结论，是一个有用的结果，要记住；而基本不等式则告诉学生：这个不等式是证明诸多不等式的一个出发点，是一个"过程"的开始。从注重结果到关注过程是重大的理念转变，理念的转变旨在培养学生的思维能力。

数学教学要重视知识产生与发展的过程。有教师基于这一理念，对基本不等式这节课的教学重新进行了设计，并将其付诸教学实践，取得了很好的成效。这说明教学观念从重视结果到重视过程的转变，将更有利于培养学生的思维能力。

数学思想方法孕育于知识的发生发展过程中。"思想"是概念的灵魂，是"数学素养"的源泉，是从技能到能力的桥梁；过程是思想的载体，是领悟概念本质的平台，是培养数学能力的土壤。没有过程等于没有思想。在日常教学中，不要搞快节奏，要慢工磨细活，展示思维的过程。如，基本不等式的证明方法多样，若充分利用函数的思想方法，构造上凸函数 $y=\ln x$，取 $x_1=a, x_2=b$，得 $\dfrac{\ln a+\ln b}{2} \leqslant \ln\left(\dfrac{a+b}{2}\right)$，化简可得到基本不等式。若充分利用方程的思想方法，构造方程 $(x-\sqrt{a})(x-\sqrt{b})=0$，方程化简，得 $x^2-(\sqrt{a}+\sqrt{b})x+\sqrt{ab}=0$，由于 $a,b>0$，方程恒有解，那么 $\Delta \geqslant 0$，化简得基本不等式。在多样化的证明过程中，能够培养学生灵活运用函数与方程的思想方法。把注重认知结果的"重要"改成不但要关

注结果,更要关注认知过程的"基本"性,突出了重视教学过程和认知过程,重视在过程中培养学生思维的理念。

3. 基本不等式还强调可推广性、可迁移性

前面提到,可以将其推广到三元甚至 $n$ 元的算术-几何平均值不等式或平均值不等式链。若将其条件中的范围扩大到实数域,结论又会如何呢?$n$ 个数(不一定为正)的算术平均值是一个重要的统计量,有广泛的用途。在统计中,可将其应用于某一统计量理想值的最佳估计中等。对不等式作多方面的推广过程中,数学的应用就更广泛了。

数学知识在数学上具有可推广性,在认知结构上具有可迁移性。我国教学历来重视"基本",如"基本知识""基本技能"的提法深入人心,现在还新增了"基本思想方法""基本活动经验"的提法。那么,何谓基本,如何抓住基本呢?裴光亚先生曾从复习备考的角度谈了如何抓住"基本"的策略和方法。强调"基本",从迁移性来说,就是这种认知方法、认知态度或认知策略具有超越具体情境的功能,不局限于特定的情境。在平常教学中,学生是在特定情境下学习特定的知识,为什么要学习这些知识,是因为这些知识中蕴含了可迁移的基本性要素。

教科书将重要不等式改成基本不等式,表述上的微变凸显了基本不等式在知识结构、认识结构上的底层支撑性,领悟其中的微言要义,对教学具有重要的指导作用。能把握教材的微变,切实理解其中深刻的数学和教学道理,从重视结果转变到过程、结果并重,并将这种教学理念上的变化落实到教学过程中,将更有利于培养学生的能力,更有利于教学目标的达成。

## 3.2  图解均值不等式

教材在习题中指出,已知 $a,b$ 都是正数,求证:$\dfrac{2}{\dfrac{1}{a}+\dfrac{1}{b}} \leqslant \sqrt{ab} \leqslant \dfrac{a+b}{2} \leqslant \sqrt{\dfrac{a^2+b^2}{2}}$,

记为 $H \leqslant G \leqslant A \leqslant Q$,即调和平均($H$)$\leqslant$ 几何平均($G$)$\leqslant$ 算术平均($A$)$\leqslant$ 均方根($Q$)。

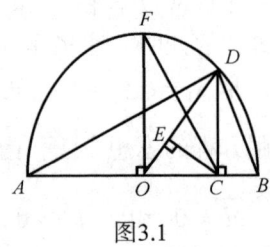

图3.1

这组公式称为两个正数的均值不等式,它们有鲜明的几何背景。现给出两种图解。

**图解 I**  如图 3.1,以长为 $a+b$ 的线段为直径作半圆,在直径 $AB$ 上取点 $C$,作 $AC=a, CB=b$,过 $C$ 作垂直于 $AB$ 的线段交半圆周于 $D$,连接 $AD, DB$,连接 $OD$,

过 $C$ 作 $CE \perp OD$ 于 $E$。过 $O$ 作 $AB$ 的垂线段交半圆周于 $F$，连接 $CF$。

在 Rt$\triangle ADB$ 中，由 $CD^2 = AC \cdot CB$，有 $CD = \sqrt{ab}$；在 Rt$\triangle COD$ 中，由 $CD^2 = DE \cdot OD$，有 $DE = \dfrac{CD^2}{OD} = \dfrac{2}{\dfrac{1}{a}+\dfrac{1}{b}}$，在 Rt$\triangle COF$ 中，由 $CF^2 = OF^2 + OC^2$，有 $CF = \sqrt{OF^2 + OC^2} = \sqrt{\dfrac{a^2+b^2}{2}}$。显然 $CF \geqslant OF = OD \geqslant CD \geqslant DE$，即

$$\dfrac{2}{\dfrac{1}{a}+\dfrac{1}{b}} \leqslant \sqrt{ab} \leqslant \dfrac{a+b}{2} \leqslant \sqrt{\dfrac{a^2+b^2}{2}}。$$

**图解 II** 如图 3.2，$AB = a, AC = b$，以 $BC$ 为直径作半圆。过 $A$ 作半圆的切线交半圆于 $D$，连接 $OD$，过 $D$ 作 $DE \perp AC$ 于 $E$，过 $O$ 作 $OF \perp AC$ 交半圆周于 $F$，连接 $AF$。由切割线定理有 $AD^2 = AB \cdot AC, AD = \sqrt{ab}; AO = AB + BO = \dfrac{a+b}{2}$。

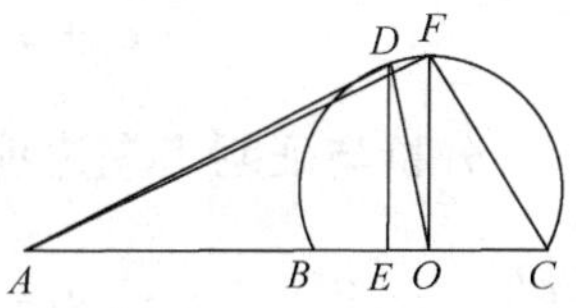

图3.2

在 Rt$\triangle ADO$ 中，由射影定理有 $AE = \dfrac{AD^2}{AO} = \dfrac{2}{\dfrac{1}{a}+\dfrac{1}{b}}$；在 Rt$\triangle AOF$ 中，$AF = \sqrt{AO^2 + OF^2} = \sqrt{\dfrac{a^2+b^2}{2}}$；显然，$AE \leqslant AD \leqslant AO \leqslant AF$，即 $\dfrac{2}{\dfrac{1}{a}+\dfrac{1}{b}} \leqslant \sqrt{ab} \leqslant \dfrac{a+b}{2} \leqslant \sqrt{\dfrac{a^2+b^2}{2}}$，不等式中的等号在 $a = b$ 时成立。

用圆来构作均值不等式链，体现了圆的基础性。还有很多表示图解均值不等式的方法，以勾股容方或圆、四边形、抛物线均可图解均值不等式链。

## 3.3 情境与公式之用

基本不等式 $a^2 + b^2 \geqslant 2ab(a,b > 0)$ 是证明不等式的有效工具，但有时往往不能直接使用公式，这就因题目的情境而异，灵活变化公式。在这个过程中，会看到试题制作的情境、语境、意境。关于这"三境"裴光亚先生曾有过精彩的论述：没有情境，就无法驱动；没有意境，便少了欣赏；没有语境，就难以理解。在公式灵活运用之中，虽存乎一心，但唯有用心体会，才能体会到"三境"交融之

美妙。

**例1** 设 $a_1, a_2, a_3, \cdots, a_n$ 是 $n$ 个互不相同的自然数，证明：$\sum_{k=1}^{n} \frac{a_k}{k^2} \geq \sum_{k=1}^{n} \frac{1}{k}$。

**分析与证明** 注意到左边项的结构形如 $\frac{A}{B^2}$。这样启发变形 $a^2 + b^2 \geq 2ab$ 为 $\frac{a^2}{ab^2} + \frac{b^2}{ab^2} \geq \frac{2ab}{ab^2}$，即 $\frac{a}{b^2} + \frac{1}{a} \geq \frac{2}{b}$，也即 $\frac{a}{b^2} \geq \frac{2}{b} - \frac{1}{a}$，$\frac{a_k}{k^2} \geq \frac{2}{k} - \frac{1}{a_k}$，从而

$$\sum_{k=1}^{n} \frac{a_k}{k^2} \geq 2\sum_{k=1}^{n} \frac{1}{k} - \sum_{k=1}^{n} \frac{1}{a_k} \geq \sum_{k=1}^{n} \frac{1}{k} \quad \left(\text{因} \sum_{k=1}^{n} \frac{1}{k} \geq \sum_{k=1}^{n} \frac{1}{a_k}\right)。$$

**例2** 设 $a_1, a_2, a_3, \cdots, a_n$ 为正数，且 $a_1 + a_2 + a_3 + \cdots + a_n = 1$，证明：

$$\frac{a_1^2}{a_1 + a_2} + \frac{a_2^2}{a_2 + a_3} + \cdots + \frac{a_{n-1}^2}{a_{n-1} + a_n} + \frac{a_n^2}{a_n + a_1} \geq \frac{1}{2}。$$

**分析与证明** 左边项的结构形如 $\frac{A^2}{B}$，这启发变形 $a^2 + b^2 \geq 2ab$ 为 $\frac{a^2}{b} + \frac{b^2}{b} \geq \frac{2ab}{b}$，即 $\frac{a^2}{b} + b \geq 2a$ 也即 $\frac{a^2}{b} \geq 2a - b$。

$$\frac{4a_1^2}{a_1 + a_2} \geq 4a_1 - (a_1 + a_2)，\frac{4a_2^2}{a_2 + a_3} \geq 4a_2 - (a_2 + a_3)，\cdots，\frac{4a_n^2}{a_n + a_1} \geq 4a_n - (a_n + a_1)，$$

上面 $n$ 个式子左右两边分别相加，即得

$$\frac{4a_1^2}{a_1 + a_2} + \frac{4a_2^2}{a_2 + a_3} + \cdots + \frac{4a_n^2}{a_n + a_1} \geq 4(a_1 + a_2 + a_3 + \cdots + a_n) - 2(a_1 + a_2 + a_3 + \cdots + a_n) = 2，$$

所以 $\frac{a_1^2}{a_1 + a_2} + \frac{a_2^2}{a_2 + a_3} + \cdots + \frac{a_{n-1}^2}{a_{n-1} + a_n} + \frac{a_n^2}{a_n + a_1} \geq \frac{1}{2}$。

**注** 之所以在 $\frac{a_1^2}{a_1 + a_2}$ 前乘以一个 4，注意到在 $\frac{A^2}{B}$ 中当等号成立时，$A = B$。当等号成立时应有 $2a_1 = a_1 + a_2$，即 $a_1 = a_2$，故要乘以 4。

有时候，一些不等式的特征并非如此明显，要变一下形。对基本不等式 $\frac{a+b}{2} \geq \sqrt{ab}$ 进行变形，两边取自然对数，得到 $\frac{\ln a + \ln b}{2} \leq \ln\left(\frac{a+b}{2}\right)$，再进一步得到

$$\frac{1}{2}[f(x_1) + f(x_2)] \leq f\left(\frac{x_1 + x_2}{2}\right)，$$

就是得到了凸函数的定义，也就是说基本不等式其实反映了函数的凸凹性。既可以用曲线与切线的位置关系得到基本不等式，也可以用弦与曲线的位置关系得到

基本不等式，关键在于怎么看。

情境认知理论认为，知识是镶嵌在情境之中，需要个体不断地内化，要通过运用来理解知识。这就有点像读诗的味道了，不同经验背景的人读同一首诗，其感受是不相同的。从这个角度而言，一道题目应当就是一首诗，通过语境，营造一种情境，而激发无限的意境，思想观点便激活了，一题多解就产生了。诗与数学的学习是相通的。

## 3.4 相等与不等

方程是描述平衡现象的重要数学模型，也是沟通已知和未知的重要工具。不等式是描述不平等现象的重要数学模型，也是重要的优化工具。

相等关系和不等关系是两大基本关系。等式、方程是研究相等关系的，不等式是研究不等关系的。这两者间有内在的关联。

可以用不等来说明相等。如，数学分析中指出，由 $|a-b|<\varepsilon(\varepsilon>0)$ 可以得出 $a=b$。初等数学中，由 $\begin{cases} a \geqslant b, \\ a \leqslant b \end{cases}$ 可以得出 $a=b$。

还可以从等号成立的条件研究不等问题。由基本不等式 $a^2+b^2 \geqslant 2ab(a,b>0)$ 可知，若两正数平方和为定值，那么当且仅当两正数相等时，乘积取最大值。换言之，若两正数平方和为定值，当两正数之差为零时，它们的乘积最大。由此得到：若把一个正整数拆分成两个正整数之和，那么这两个整数之差越小(大的减小的)，它们的乘积越大。如 $x,y$ 是非负整数，$x+y=c, x-y=d(x>y)$，$xy = \dfrac{c+d}{2} \cdot \dfrac{c-d}{2} = \dfrac{1}{4}(c^2-d^2)$，显然，$d$ 越小，$xy$ 越大。当 $d=0$ 时，$xy$ 取最大值，即均值不等式所揭示的结论；若 $c$ 不能分成两个相等的正整数，当 $d=1$ 时，$xy$ 取最大值。上述结论也就是说当把一个正整数分成相等或相邻的两个正整数之和时，它们的乘积最大。这种直观认识往往能快速地找到解题突破口。

**典型例题**

**例1** 试求和为1976的正整数之积的最大值。

**分析与解** 因为将 1976 表示成正整数之和的表示法只有有限个，所以对应的乘积也只有有限个，因而其中必有最大值。设正整数 $x_1, x_2, \cdots, x_n$ 满足条件 $x_1+x_2+\cdots+x_n=1976$，并且乘积 $Q = x_1 \cdot x_2 \cdot \cdots \cdot x_n$ 最大。由算术基本定理：任何一个大于1的正整数都可分解为一些素数的乘积，即 $m = 2^{r_1} 3^{r_2} 5^{r_3} \cdots p^{r_n}$（$p$ 是素数，$r_1, r_2, \cdots, r_n$ 是非负整数），由上述分析，欲使 $Q$ 最大，$x_1, x_2, \cdots, x_n$ 应在集合 {2,3} 中

取值，即 $Q = 2^r 3^s$，且 $2r + 3s = 1976$。因为 3 不能整除 1976，故 $x_1, x_2, \cdots, x_n$ 不可能全是 3；2 能整除 1976，若 $x_1, x_2, \cdots, x_n$ 全为 2，则 $s = 0$。因为 $2+2+2 = 3+3$，而 $2^3 < 3^2$，所以 $x_1, x_2, \cdots, x_n$ 不可能全是 2，故 $r < 3$。又 $1976 \equiv 2 \pmod 3$，故 $r = 1$，故 $s = \dfrac{1976 - 2}{3} = 658$。故最大值 $Q = 2 \cdot 3^{658}$。

**例 2**  将 2006 表示成 5 个正整数 $x_1, x_2, x_3, x_4, x_5$ 之和，记 $s = \sum\limits_{1 \leqslant i < j \leqslant 5} x_i x_j$。问：

(1) 当 $x_1, x_2, x_3, x_4, x_5$ 取何值时，$s$ 取到最大值；

(2) 进一步，对任意 $1 \leqslant i, j \leqslant 5$ 有 $|x_i - x_j| \leqslant 2$，当 $x_1, x_2, x_3, x_4, x_5$ 取何值时，$s$ 取到最小值。

**分析与解**  (1) 显然这样的 $s$ 只有有限个，故必存在最大值和最小值。若 $x_1 + x_2 + x_3 + x_4 + x_5 = 2006$，且使 $s = \sum\limits_{1 \leqslant i < j \leqslant 5} x_i x_j$ 取到最大值，由上述分析，我们猜想：分解的正整数越接近越好，即 $|x_i - x_j| \leqslant 1 (1 \leqslant i, j \leqslant 5)$。现增大 $x_i, x_j (1 \leqslant i, j \leqslant 5)$ 的距离，由局部调整法，不妨先增大 $x_1, x_2$ 的距离，$x_3, x_4, x_5$ 保持不动。令 $x_1 \geqslant x_2$，$x_1' = x_1 + 1$，$x_2' = x_2 - 1$，则 $|x_1' - x_2'| \geqslant 2$，$x_i' = x_i (i = 3, 4, 5)$。

$$s' = x_1' x_2' + (x_1' + x_2')(x_3 + x_4 + x_5) + x_3(x_4 + x_5) + x_4 x_5,$$

$s = x_1 x_2 + (x_1 + x_2)(x_3 + x_4 + x_5) + x_3(x_4 + x_5) + x_4 x_5$，$s - s' = x_1 - x_2 + 1 > 0$，可见当增大两正整数之间的距离时，循环和并没有变大。因此必有 $|x_i - x_j| \leqslant 1$ ($1 \leqslant i, j \leqslant 5$)。故当 $x_1 = 402, x_2 = x_3 = x_4 = x_5 = 401$ 时，$s$ 取到最大值。

(2) 当 $x_1 + x_2 + x_3 + x_4 + x_5 = 2006$ 且 $|x_i - x_j| \leqslant 2$ 时，只有 (I) 402, 402, 402, 400, 400；(II) 402, 402, 401, 401, 400；(III) 402, 401, 401, 401, 401 这三种情形满足要求。根据以上小题的证明知，分解后的正整数 $x_i, x_j (1 \leqslant i, j \leqslant 5)$ 的距离越大，$s = \sum\limits_{1 \leqslant i < j \leqslant 5} x_i x_j$ 越小。我们计算三种情况中，在乘积 $x_i x_j (1 \leqslant i, j \leqslant 5)$ 中距离 $|x_i - x_j| = 2$ 的个数：情形 (I) 有 6 个，情形 (II) 有 2 个，情形 (III) 有 0 个。所以当 $x_1 = x_2 = x_3 = 402, x_4 = x_5 = 400$ 时，$s$ 取最小值。

待定系数法可以和等号成立的条件一起用，更具操作性。

**例 3**  已知 $x, y \in \mathbf{R}^+$，$x + y = 1$，求 $\dfrac{1}{x^2} + \dfrac{8}{y^2}$ 的最小值。

**分析与解**
$$\dfrac{k}{x^2} + x + x \geqslant 3\sqrt[3]{k}, \tag{3.1}$$

$$\frac{8k}{y^2} + y + y \geqslant 3\sqrt[3]{8k},\tag{3.2}$$

(3.1)式 + (3.2)式,即

$$k\left(\frac{1}{x^2}+\frac{1}{y^2}\right)+2(x+y) \geqslant 9\sqrt[3]{k}。\tag{3.3}$$

(3.3)式等号成立的条件是 $\frac{k}{x^2}=x,\frac{8k}{y^2}=y$,所以 $8x^3=y^3, 2x=y$,由 $x+y=1$,有 $x=\frac{1}{3}, y=\frac{2}{3}$,又由 $k=x^3$,有 $k=\frac{1}{27}$,代入(3.3)式,即 $\frac{1}{27}\left(\frac{1}{x^2}+\frac{8}{y^2}\right)+2(x+y) \geqslant \frac{9}{3}$,故 $\frac{1}{x^2}+\frac{8}{y^2} \geqslant 27$。

待定系数法化不等问题为相等问题,用恒等变形手法处理不等问题,进退有据,取舍得当。

不管这些问题的"档次"多高,解决它们的知识不是别出心裁地让人可望而不可即的技巧,而是深深扎根在教材里的平凡知识。进入教材的内容都是经过精挑细选的人类知识的精华,具有基本且重要的作用。如果能从多种角度审视它们,解读它们,形成新见解,学到的就是活的数学,就是数学学科的实质性知识。这些知识既可用于竞赛数学,也适用于常规教学。

## 3.5 柯西不等式

解高难度的习题所需要的能力究竟和课堂教学有无关联,或有怎样的关联,是应该深入思考的问题。使竞赛数学所需的能力和传统成熟内容发生关联,在深入挖掘传统成熟内容思想内涵的基础上,自然解题,是本节要说明的问题。

### 3.5.1 柯西不等式的形式

柯西不等式最早由大数学家在研究留数问题时得到,是很重要的一个不等式,在数学分析和数学物理方程方面有着广泛的应用。柯西不等式有多种表达形式,但它们的本质是相同的。柯西不等式被广泛应用于概率统计、数值分析、微分方程等领域中。

**向量形式** 设 $a,b$ 是两个向量,则 $|a \cdot b| \leqslant |a| \cdot |b|$,当且仅当 $b$ 是零向量或存在实数 $k$,使 $a=kb$ 时,等号成立。

**三角形式** 设 $a,b,c,d$ 都是实数,则 $\sqrt{a^2+b^2}+\sqrt{c^2+d^2} \geqslant \sqrt{(a-c)^2+(b-d)^2}$。此种形式可以借助三角形两边之和大于第三边加以理解。

**图形表征** 由图 3.3 可见 $ac+bd \leqslant \sqrt{a^2+b^2} \cdot \sqrt{c^2+d^2} \sin\theta$，此结论源自台湾地区的一位中学生[①]。

用四个不同大小的直角三角形可拼成"柯西弦图"（图 3.4）。

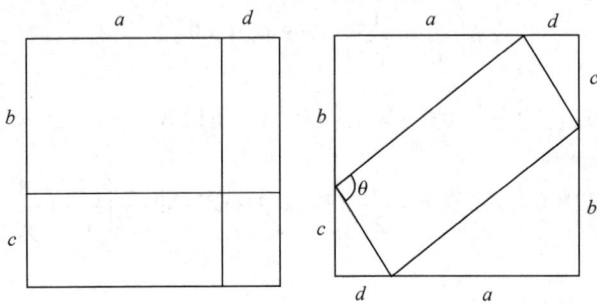

图 3.3

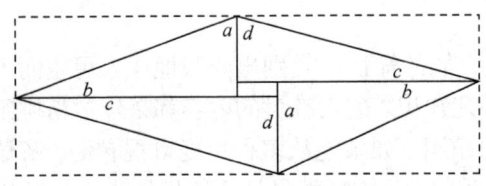 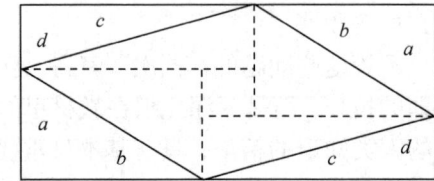

图 3.4

计算图 3.4 中的平行四边形面积，即得柯西不等式。

这些图形迁移源自对赵爽弦图、勾股定理图的深刻理解。

用矩阵推导，对矩阵 $\begin{pmatrix} a & b \\ c & d \end{pmatrix}$ 及其转置矩阵，作乘法有

$$\begin{pmatrix} a & b \\ c & d \end{pmatrix}\begin{pmatrix} a & c \\ b & d \end{pmatrix} = \begin{pmatrix} a^2+b^2 & ac+bd \\ ac+bd & c^2+d^2 \end{pmatrix},$$

两边取行列式，得 $(ad-bc)^2 = (a^2+b^2)(c^2+d^2) - (ac+bd)^2$，由非负性，即得柯西不等式。

对运算式 $(a+bi)(c+di) = (ac-bd) + (ad+bc)i$ 两边取模，也可得到柯西不等式。

### 3.5.2 案例

**问题** 正实数 $x, y, z$ 满足 $xyz \geqslant 1$，证明：

$$\frac{x^5-x^2}{x^5+y^2+z^2} + \frac{y^5-y^2}{y^5+x^2+z^2} + \frac{z^5-z^2}{z^5+x^2+y^2} \geqslant 0。$$

**分析与证明** 这道题含有三个式子，分子和分母都不相同，不方便处理。因

---

[①] 洪万生. 一位高中女生的数学才气. HPM 台北通讯，2004，(7): 2-3.

此需要将其化成同分母或者同分子的情形。化异分母为同分母是小学阶段学过的方法，但这并不意味着这个观点落后。观察此题特点，作以下变形。原不等式可变为

$$\frac{x^2+y^2+z^2}{x^5+y^2+z^2}+\frac{x^2+y^2+z^2}{y^5+x^2+z^2}+\frac{x^2+y^2+z^2}{z^5+x^2+y^2}\leqslant 3。$$

由于同分母更好处理，可以将分子进行放缩。利用柯西不等式，建立分子与分母的联系。

$$(x^5+y^2+z^2)(a+b+c)\geqslant (x^2+y^2+z^2)^2，\qquad(3.4)$$

观察左右两边 $x$ 的次数，再结合柯西不等式的特点，很容易想到利用条件 $xyz\geqslant 1$ 来增大不等式右边 $x$ 的次数，在次数上进行调节。项数、次数、系数是多项式的基本概念，这是从基本概念出发思考。

$$(x^5+y^2+z^2)(a+b+c)\geqslant (x^2\sqrt{xyz}+y^2+z^2)^2。\qquad(3.5)$$

根据柯西不等式，可以确定 $\begin{cases}a=yz,\\ b=y^2,\\ c=z^2。\end{cases}$ 进而，有

$$(x^5+y^2+z^2)(yz+y^2+z^2)\geqslant (x^2\sqrt{xyz}+y^2+z^2)^2\geqslant (x^2+y^2+z^2)^2，\qquad(3.6)$$

即

$$\frac{x^2+y^2+z^2}{x^5+y^2+z^2}\leqslant\frac{yz+y^2+z^2}{x^2+y^2+z^2}，\frac{x^2+y^2+z^2}{y^5+x^2+z^2}\leqslant\frac{xz+x^2+z^2}{x^2+y^2+z^2}，\frac{x^2+y^2+z^2}{z^5+x^2+y^2}\leqslant\frac{xy+x^2+y^2}{x^2+y^2+z^2}$$

。把上面三个式子相加，并利用 $x^2+y^2+z^2\geqslant xy+yz+xz$，得

$$\frac{x^2+y^2+z^2}{x^5+y^2+z^2}+\frac{x^2+y^2+z^2}{y^5+x^2+z^2}+\frac{x^2+y^2+z^2}{z^5+x^2+y^2}\leqslant 2+\frac{xy+yz+xz}{x^2+y^2+z^2}\leqslant 3。\qquad(3.7)$$

**总结** 首先，原则引领变形。对分数求和而言，化异分母为同分母是原则。面对将三个不同的式子求和，想将这种分母不同的复杂情形变成同分母的简单情形。但开始只能变成同分子的情形，再根据柯西不等式的特点(平方和的乘积大于等于乘积之和的平方)，将同分子变成同分母以便求和。在基本原则的指引下，有时要实现灵活的变化。如在这个过程，首先是化为同分子。其实，对分数而言，分子和分母的地位是等价的，化成了同分子，离同分母也不远了。

其次，结构指引变形。分析柯西不等式的结构特点，指引变形。在这道题的处理过程中，重点分析了如何求 $a,b,c$ 的过程，也就是柯西不等式的使用技巧。其核心就在于如何建立 $x^2+y^2+z^2$ 和 $x^5+y^2+z^2$ 两式的联系。柯西不等式的形式为一边是两个式子的平方和的乘积，一边是和的平方，也就是一边是两个式子

的积，一边是一个式子。根据题意，可以将 $x^5+y^2+z^2$ 放小，或将 $x^2+y^2+z^2$ 放大。因此可以将 $x^5+y^2+z^2$ 和 $x^2+y^2+z^2$ 分别放在不等式左右两边，此时为了构造柯西不等式的形式，要在左边添因式，这就是(3.4)式，接下来根据柯西不等式求出 $a,b,c$，再进行变形。在柯西不等式的使用中，观察很重要，要利用已知条件构造柯西不等式的形式，如利用 $xyz \geqslant 1$。即使没有柯西不等式的形式，也要创造这种形式。

柯西不等式正式进入了选修教材之中，对其进行深刻的教学解读是理所当然的。读者可以对比一下 IMO(国际数学奥林匹克竞赛)的解答，便会理解教学研究的必要了。

竞赛数学中还有很多内容如组合、极端原理、抽屉原理等，如何进行教学解读，决胜 IMO 试题，使竞赛数学和常规教学相得益彰，是教育数学要研究的重要主题。

## 3.6 排序不等式

排序不等式以其优美的对称结构著称，同柯西不等式一样，是中学数学中的"重要而基本"的不等式。所谓"重要"，是指具有重大影响的，很有意义的。所谓"基本"，即根本，事物的本源。排序不等式的"重要"性不仅仅体现在它的应用方面，即由它可以推导出很多著名的不等式如算术-几何平均不等式、柯西不等式、切比雪夫不等式等，还体现在它是函数单调性证明的基础，是序结构的一种反映。序结构是布尔巴基学派运用结构观对数学进行分类时得到的一个母结构，它与代数结构、拓扑结构一起构成最普通、最基本的数学结构。从这个意义上来说，排序不等式又应是"基本"的。在进行排序不等式教学时，对教材的深入解读是必不可少的，若仅从证明的角度去理解排序不等式显然是不够的，作为数学教育工作者，应该看到知识间的互通性与连贯性。下面从函数的单调性、向量、阿贝尔变换公式、微微对偶不等式等角度重新对排序不等式进行认识。

### 3.6.1 教学理解

**1. 看证明"基础"**

设 $a_1 \leqslant a_2 \leqslant a_3 \leqslant \cdots \leqslant a_n$，$b_1 \leqslant b_2 \leqslant b_3 \leqslant \cdots \leqslant b_n$，$k_1,k_2,\cdots,k_n$ 是 $\{1,2,\cdots,n\}$ 的任一排列，则

(1) $\sum_{j=1}^{n} a_j b_{n+1-j} \leqslant \sum_{j=1}^{n} a_j b_{k_j} \leqslant \sum_{j=1}^{n} a_j b_j$ (和排序不等式);

(2) $\prod_{j=1}^{n}(a_j + b_j) \leqslant \prod_{j=1}^{n}(a_j + b_{k_j}) \leqslant \prod_{j=1}^{n}(a_j + b_{n+1-j})$，$a_j, b_j > 0, j = 1, 2, \cdots, n$ (积排序不等式)，仅当 $a_1 = a_2 = \cdots = a_n$ 或 $b_1 = b_2 = \cdots = b_n$ 时取等号。

在用初等方法进行排序不等式证明之前，不妨先看下面例1的证明。

**例1** 若 $a_1 \leqslant a_2, b_1 \leqslant b_2$，则 $a_1 b_1 + a_2 b_2 \geqslant a_1 b_2 + a_2 b_1$。

通过作差法显然有 $a_1 b_1 + a_2 b_2 - a_1 b_2 - a_2 b_1 = (a_1 - a_2)(b_1 - b_2) \geqslant 0$ 成立。以此为基础，利用逐步调整法进行和排序不等式与积排序不等式的证明，实际上就是反复利用例1的证明过程。例1的证明过程是用逐步调整法证明排序不等式的一个基础。

**和排序不等式的证明** 令 $S_n = \sum_{j=1}^{n} a_j b_{k_j}$，当 $k_j = j$ 时，$S_n = \sum_{j=1}^{n} a_j b_j$ 即为顺序和；当 $k_j \neq j$ 时，存在某个 $a_{j_0} \neq a_j$ 与 $b_j$ 搭配，现在调换 $b_{k_j}$ 与 $b_j$ 的位置，于是原式 $S_n$ 中的 $a_j b_{k_j} + a_{j_0} b_j$ 通过调整变成了 $a_j b_j + a_{j_0} b_{k_j}$，其余 $n-2$ 项不变，两式相减，令

$$T = a_j b_j + a_{j_0} b_{k_j} - a_j b_{k_j} - a_{j_0} b_j = (a_j - a_{j_0})(b_j - b_{k_j})。$$

由例1可知，当 $a_j, a_{j_0}$ 与 $b_j, b_{k_j}$ 按照顺序排列求和时，$T > 0$，$S_n$ 会变大；当 $a_j, a_{j_0}$ 与 $b_j, b_{k_j}$ 按照逆序排列求和时，$T < 0$，$S_n$ 会变小。按照同样的方法对剩下的 $n-1$ 项依次调整下去，即可得：当 $k_j = j$ 时，$S_n$ 有最大值，记为 $S_1 = \sum_{j=1}^{n} a_j b_j$；当 $k_j = n - j + 1$ 时，$S_n$ 有最小值，记为 $S_2 = \sum_{j=1}^{n} a_j b_{n-j+1}$。

**积排序不等式的证明** 令 $P_n = \prod_{j=1}^{n}(a_j + b_{k_j})$，当 $k_j = j$ 时，$P_n = \prod_{j=1}^{n}(a_j + b_j)$ 即为顺序积；当 $k_j \neq j$ 时，存在某个 $a_{j_0} \neq a_j$ 与 $b_j$ 搭配，现在调换 $b_{k_j}$ 与 $b_j$ 的位置，于是原式 $P_n$ 中的 $(a_j + b_{k_j})(a_{j_0} + b_j)$ 通过调整变成了 $(a_j + b_j)(a_{j_0} + b_{k_j})$，其余 $n-2$ 项不变，两式相减，令

$$Q = (a_j + b_j)(a_{j_0} + b_{k_j}) - (a_j + b_{k_j})(a_{j_0} + b_j) = (a_j - a_{j_0})(b_{k_j} - b_j)，$$

显然由例1可知，当 $a_j, a_{j_0}$ 与 $b_j, b_{k_j}$ 按照顺序排列求积时，$Q < 0$，$P_n$ 会变小；当 $a_j, a_{j_0}$ 与 $b_j, b_{k_j}$ 按照逆序排列求积时，$Q > 0$，$P_n$ 会变大。按照同样的方法对剩下

的 $n-1$ 项依次调整下去，即可得：当 $k_j = j$ 时，$P_n$ 有最小值，记为 $P_1 = \prod_{j=1}^{n}(a_j + b_j)$；

当 $k_j = n - j + 1$ 时，$P_n$ 有最大值，记为 $P_2 = \prod_{j=1}^{n}(a_j + b_{n-j+1})$。

通过上述证明过程，不难发现，对于任意的 $x_1 \leqslant x_2, y_1 \leqslant y_2$，始终有 $x_1 y_1 + x_2 y_2 \geqslant x_1 y_2 + x_2 y_1$ 成立，此式即排序不等式的"原型"。特别地，它是和排序不等式取 $n=2$ 时的情形，当 $x_1 = y_1, x_2 = y_2$ 时，还可以得到基本不等式，和排序不等式是在上式基础上得到的推广。事实上，对于任意给定的两个递增数列 $\{a_n\}, \{b_n\}$，$S_n, P_n$ 的最值是确定的，只需通过有限次的逐步调整来找到最值即可。逐步调整法实质上是一种算法。

2. 从阿贝尔变换看

阿贝尔变换是指对一组乘积的变换。设有两组数 $a_i (i = 1, 2, \cdots, n)$，$b_i (i = 1, 2, \cdots, n)$，计算 $\sum_{i=1}^{n} a_i b_i$。记 $S_n = \sum_{i=1}^{n} b_i$，则

$$\sum_{i=1}^{n} a_i b_i = a_1 S_1 + a_2(S_2 - S_1) + \cdots + a_n(S_n - S_{n-1})$$
$$= a_n S_n - a_n S_{n-1} + a_{n-1} S_{n-1} + \cdots + a_2 S_2 - a_2 S_1 + a_1 S_1$$
$$= a_n S_n + \sum_{i=1}^{n-1} S_i (a_i - a_{i+1})。$$

如果还嫌这个表达式难以记忆，画三个并在一起的长方形，长分别为 $a_1, a_2, a_3$，宽分别为 $b_1, b_2, b_3$，把面积算两次，自然可得这个表达式。

现用阿贝尔变换证明正序和、乱序和及反序和之间的关系。

不妨设 $a_i \geqslant a_{i+1}, b_i \geqslant b_{i+1}$，记 $S_i = \sum_{k=1}^{i} b_k$，$T_i = \sum_{k=1}^{i} b_{jk}$，$R_i = \sum_{k=1}^{i} b_{n-k+1}$。则有

$$S_n = T_n = R_n, \quad S_i \geqslant T_i \geqslant R_i,$$

$$\sum_{i=1}^{n} a_i b_i = a_n S_n + \sum_{i=1}^{n-1} S_i (a_i - a_{i+1}) \geqslant a_n T_n + \sum_{i=1}^{n-1} T_i (a_i - a_{i+1})$$
$$= \sum_{i=1}^{n} a_i b_{ji} \geqslant a_n R_n + \sum_{i=1}^{n-1} R_i (a_i - a_{i+1}) = \sum_{i=1}^{n} a_i b_{n-i+1}。$$

利用阿贝尔变换和单调性进行排序不等式的证明，这种方法相比起初等数学方法更直观、具体，能看得到证明过程。

3. 看单调性

函数 $f(x)$ 在区间 $D$ 上是增函数，对于 $\forall x_1 < x_2 \in D$，则一定有下式成立

$$(x_2 - x_1)(f(x_2) - f(x_1)) > 0 , \tag{3.8}$$

整理(3.8)式得

$$x_1 f(x_1) + x_2 f(x_2) > x_1 f(x_2) + x_2 f(x_1) 。 \tag{3.9}$$

显然，(3.9)式可以看成是一个排序不等式，其中 $x_1 < x_2, f(x_1) < f(x_2)$，如果我们把 $b_j$ 看成是关于 $a_j$ 的函数 $b_j = f(a_j), j = 1, 2, \cdots, n$，这样就在 $a_j$ 与 $b_j$ 之间建立了一个一一对应关系，此时的 $f$ 不一定有具体的函数表达式，它表示的是 $f : a_j \to b_j$。则对于任意的 $m < n, m, n \in \{1, 2, \cdots, n\}$，都有 $a_m < a_n, b_m = f(a_m) < f(a_n) = b_n$ 成立，显然 $f(x)$ 是一个增函数。同理可得减函数的情形，若 $f(x)$ 是一个减函数，此时(3.9)式的不等号反向。

单调性是函数的一种重要性质，用单调性证不等式是一种十分有效的技法。其根本原因在于用单调性证不等式，其实是在运用排序不等式，而排序不等式是序结构的反映，故单调性很基本，也很有用。

4. 看生长性

以三元排序不等式为例。把它们两两的乘积写成一个矩阵的样子，即

$$\begin{pmatrix} a_1 b_1 & a_1 b_2 & a_1 b_3 \\ a_2 b_1 & a_2 b_2 & a_2 b_3 \\ a_3 b_1 & a_3 b_2 & a_3 b_3 \end{pmatrix},$$

很显然，主对角线上的元素之和是正序之和，副对角线上的元素之和就是反序之和。类似于三阶行列式的乘法，其他与主对角线、副对角线平行的位置上的元素之和就是乱序和。注意到矩阵中的所有元素之和为 $(a_1 + a_2 + a_3)(b_1 + b_2 + b_3)$。

一般地，可以列出不等关系 $\begin{cases} a_1 b_1 + a_2 b_2 + a_3 b_3 \geqslant a_1 b_1 + a_2 b_2 + a_3 b_3, \\ a_1 b_1 + a_2 b_2 + a_3 b_3 \geqslant a_1 b_2 + a_2 b_3 + a_3 b_1, \\ a_1 b_1 + a_2 b_2 + a_3 b_3 \geqslant a_1 b_3 + a_2 b_1 + a_3 b_2, \end{cases}$ 把这些式子相加，自然就得到了切比雪夫不等式。

把它们写成矩阵的形式 $\begin{pmatrix} a_1 & a_2 & a_3 \\ b_1 & b_2 & b_3 \end{pmatrix}$，排序不等式其实说的是，先把每一列的所有数乘起来，然后再相加，根据这些结果之间的关系，这样就容易得到微微对偶不等式。

若 $0 \leqslant a_{i1} \leqslant a_{i2} \leqslant \cdots \leqslant a_{in}, i = 1, 2, \cdots, m$，这列数任意排列后，记为 $a'_{ij}$，则有

$$\sum_{j=1}^{n} \prod_{i=1}^{m} a'_{ij} \leqslant \sum_{j=1}^{n} \prod_{i=1}^{m} a_{ij} \text{ (列积和)}; \quad \prod_{j=1}^{n} \sum_{i=1}^{m} a'_{ij} \geqslant \prod_{j=1}^{n} \sum_{i=1}^{m} a_{ij} \text{ (列和积)}。$$

现在用排序不等式证明柯西不等式。

设 $A_1 = \begin{pmatrix} ac & ad \\ ac & ad \end{pmatrix}$,$A_2 = \begin{pmatrix} bc & bd \\ bc & bd \end{pmatrix}$,则 $(A_1, A_2) = \begin{pmatrix} ac & ad & bc & bd \\ ac & ad & bc & bd \end{pmatrix}$,由此得到矩阵的列积和为 $(a^2+b^2)(c^2+d^2)$,把这个矩阵调整一下,得到 $\begin{pmatrix} ac & ad & bc & bd \\ ac & bc & ad & bd \end{pmatrix}$,由此得到矩阵的列积和为 $(ac+bd)^2$,由微微对偶不等式自然得到柯西不等式。柯西不等式特殊化之后也能得到教材中的基本不等式。

### 3.6.2 总结

单调性是学生在学习函数时接触到的,因此单调性对于学生来说是十分熟悉的,用单调性证明不等式实质上是在运用排序不等式,倘若以此作为学生学习排序不等式的生长点,那么学生对于排序不等式的学习就不会感到陌生。这样可以帮助学生建立起单调性与排序不等式之间的联系,理解排序才是单调性的根本,从而更深层次地理解单调性的意义。进一步,教师可以引导学生思考三维排序不等式的情形,最后再考虑更为一般的情形,逐层递进,步步深入,引导学生进行思考,这种从特殊到一般逐步抽象的思维过程有利于提高学生的抽象思维能力。这和柯西不等式的教学思路是一致的。

## 3.7 比较判断法

"兵对兵,将对将"是人们耳熟能详的一句俗语;数学分析里的正项级数的比较判断法:若正项级数 $\sum\limits_{i=1}^{\infty} a_i$ 收敛,且 $0 < b_i \leqslant a_i (i=1,2,\cdots,n,\cdots)$,则级数 $\sum\limits_{i=1}^{\infty} b_i$ 也收敛。这种思想若用于不等式的证明中,可以出乎意料地轻易地破解一些难度较大的学生犯愁的高考试题。常常见到要证形如 $\sum\limits_{i=1}^{n} A_i \geqslant a$ 的不等式,其中 $A_i (i=1,2,\cdots,n)$ 是一组结构相同的式子。若能把 $a$ 分解成 $a = \sum\limits_{i=1}^{n} B_i$ 的形式,同时又能得到 $A_i \geqslant B_i, i=1,2,\cdots,n$,则 $\sum\limits_{i=1}^{n} A_i \geqslant \sum\limits_{i=1}^{n} B_i = a$ 得证。这种通过逐项比较并判断 $A_i \geqslant B_i (i=1,2,\cdots,n)$ 来证明 $\sum\limits_{i=1}^{n} A_i \geqslant a$ 的方法称为比较判断法(Ⅰ)。类似地,若 $A_i \geqslant B_i > 0, i=1,2,\cdots,n$,则 $\prod\limits_{i=1}^{n} A_i \geqslant \prod\limits_{i=1}^{n} B_i$,称为比较判断法(Ⅱ)。只要运用得妙,这种貌似平常的方法实非寻常。如何恰当地分解 $a$ 是运用此法的关键。

## 3.7.1 比较判断法(Ⅰ)的运用

**例 1** 已知数列 $\{a_n\}$，$a_{n+1} = a_n^2 - na_n + 1, n = 1, 2, 3, \cdots$。当 $a_1 \geq 3$ 时，证明：对一切 $n \geq 1$，都有 (1) $a_n \geq n+2$；(2) $\dfrac{1}{1+a_1} + \dfrac{1}{1+a_2} + \cdots + \dfrac{1}{1+a_n} \leq \dfrac{1}{2}$。

**分析与证明** (1)略。欲证(2)式，因左右两边结构不同，项数也不相等，不宜直接作比较。为使用比较判断法(Ⅰ)，把 $\dfrac{1}{2}$ 分解成 $\dfrac{1}{2} = \dfrac{1}{4} + \dfrac{1}{8} + \cdots + \dfrac{1}{2^{n+1}} + \cdots$ 的形式。若有 $\sum\limits_{i=1}^{n} \dfrac{1}{1+a_i} \leq \sum\limits_{i=1}^{n} \dfrac{1}{2^{i+1}} < \dfrac{1}{2}$，则原命题成立。由比较判断法(Ⅰ)，即比较 $\dfrac{1}{1+a_i}$ 与 $\dfrac{1}{2^{i+1}}$ ($i = 1, 2, \cdots, n, \cdots$) 的大小。

## 3.7.2 比较判断法(Ⅱ)的运用

**例 2** 对于一切大于 1 的自然数 $n$，证明：

$$\left(1 + \frac{1}{3}\right)\left(1 + \frac{1}{5}\right) \cdots \left(1 + \frac{1}{2n-1}\right) > \frac{\sqrt{2n+1}}{2}。$$

**分析与证明** 把待证式变成 $\left(1 + \dfrac{1}{1}\right)\left(1 + \dfrac{1}{3}\right)\left(1 + \dfrac{1}{5}\right) \cdots \left(1 + \dfrac{1}{2n-1}\right) > \sqrt{2n+1}$，待证式左边是数列 $\left\{a_n = 1 + \dfrac{1}{2n-1}\right\}$ 的前 $n$ 项之积。类似地，把 $\sqrt{2n+1}$ 看作是数列 $\{b_n\}$ 的前 $n$ 项之积，则 $b_1 = \sqrt{3}, b_n = \dfrac{\sqrt{2n+1}}{\sqrt{2n-1}}, n \geq 1$，现比较 $a_k$ 与 $b_k$ 的大小。易证 $a_k = \dfrac{2k}{2k-1} > b_k = \dfrac{\sqrt{2k+1}}{\sqrt{2k-1}} (k \geq 1)$，又 $a_1 > b_1$，故 $\prod\limits_{k=1}^{n} \dfrac{2k}{2k-1} > \prod\limits_{k=1}^{n} \dfrac{\sqrt{2k+1}}{\sqrt{2k-1}}$，即是待证结论。

## 3.7.3 比较判断法(Ⅰ)和比较判断法(Ⅱ)的联合运用

**例 3** 已知函数 $f(x) = \ln(x+1) - x$，(1) 求 $f(x)$ 的单调区间；(2) 记 $f(x)$ 在区间 $[0, n](n \in \mathbf{N}^*)$ 上的最小值为 $b_n$，令 $a_n = \ln(1+n) - b_n$。①如果对一切 $n$，不等式 $\sqrt{a_n} < \sqrt{a_{n+2}} - \dfrac{c}{\sqrt{a_{n+2}}}$ 恒成立，求实数 $c$ 的取值范围。②求证：$\dfrac{a_1}{a_2} + \dfrac{a_1 a_3}{a_2 a_4} + \cdots + \dfrac{a_1 a_3 \cdots a_{2n-1}}{a_2 a_4 \cdots a_{2n}} < \sqrt{2a_n + 1} - 1$。

**分析与证明** 由(1)与(2)不难求得 $a_n = n$。第(2)问的②即要证 $\dfrac{1}{2} + \dfrac{1 \cdot 3}{2 \cdot 4} + \cdots +$

$\dfrac{1\cdot 3\cdot 5\cdot\cdots\cdot(2n-1)}{2\cdot 4\cdot 6\cdot\cdots\cdot(2n)}<\sqrt{2n+1}-1$。令 $b_k=\dfrac{1\cdot 3\cdot 5\cdot\cdots\cdot(2k-1)}{2\cdot 4\cdot 6\cdot\cdots\cdot(2k)}$，把 $\sqrt{2n+1}-1$ 看作数列 $\{c_n\}$ 的前 $n$ 项之和，则 $c_n=\begin{cases}\sqrt{3}-1, & n=1,\\ \sqrt{2n+1}-\sqrt{2n-1}, & n\geqslant 2,\end{cases}$ $b_1<c_1$ 是显然的。

$c_k=\sqrt{2k+1}-\sqrt{2k-1}=\dfrac{2}{\sqrt{2k+1}+\sqrt{2k-1}}>\dfrac{2}{2\sqrt{2k+1}}=\dfrac{1}{\sqrt{2k+1}}$，$k\geqslant 2$。

令 $d_k=\dfrac{1}{\sqrt{2k+1}},k\geqslant 1$。故只要证明 $b_k=\dfrac{1\cdot 3\cdot 5\cdot\cdots\cdot(2k-1)}{2\cdot 4\cdot 6\cdot\cdots\cdot(2k)}<d_k=\dfrac{1}{\sqrt{2k+1}}(k\geqslant 1)$ 即可。把 $d_k$ 看成 $d_k'$ 的前 $k$ 项之积，$d_k'=\dfrac{\sqrt{2k-1}}{\sqrt{2k+1}},k\geqslant 1$。

$b_k'=\dfrac{2k-1}{2k}<\dfrac{\sqrt{2k-1}}{\sqrt{2k+1}}=d_k'(k\geqslant 1)$ 是显然的。$\dfrac{1\cdot 3\cdot 5\cdot\cdots\cdot(2k-1)}{2\cdot 4\cdot 6\cdot\cdots\cdot(2k)}<\dfrac{1}{\sqrt{2k+1}}$ 是数学分析中一个重要不等式，这里的证明法显然简单得多。这个过程是：因为 $\prod\limits_{k=1}^{n}b_k'<\prod\limits_{k=1}^{n}d_k'$，即 $b_k<d_k$，所以有 $\sum\limits_{k=1}^{n}b_k<\sum\limits_{k=1}^{n}d_k<\sum\limits_{k=1}^{n}c_k$，待证式得证。

张筑生先生曾提倡"让解题的思路来得自然些"。解法的自然源于数学思想的自然，因为数学思想本来就是自然而平和的。所提及的方法并不高深，甚至有点平凡，然而平凡的方法用到极致便是不平凡了。这点在张景中院士的《直来直去的微积分》中体现最明显了，张景中院士用平凡简单又可能会让人出乎预料的方法实现了拉格朗日的梦想。我们应发展这样的方法，而不是追求高深的技巧。值得指出的是，若 $A_i\geqslant B_i,i=1,2,\cdots,n$，则 $\sum\limits_{i=1}^{n}A_i\geqslant\sum\limits_{i=1}^{n}B_i$；但有时虽有 $\sum\limits_{i=1}^{n}A_i\geqslant\sum\limits_{i=1}^{n}B_i$，却不能逆用本法得出 $A_i\geqslant B_i$，此时若要证明 $\sum\limits_{i=1}^{n}A_i\geqslant\sum\limits_{i=1}^{n}B_i$，就要另辟蹊径了。

## 3.8 拉格朗日中值定理的初等化应用

自从导数的概念和方法进入高中教材后，导数作为一种重要的工具，在判断函数的单调性、求函数的极值、最值以及证明不等式方面发挥出势如破竹般的巨大作用(相对传统方法而言)，显示出特有的魅力，用导数方法解决问题渐成"时尚"。但是，细究起来，用导数方法解决问题要求函数连续(图象连绵不断)和可导(每一点都存在切线)，条件还是挺苛刻的。幸好现在处理的函数大多数满足这一条件。当函数不满足这些条件时，导数方法岂不是"英雄无用武之地"了？

导数的表达式 $f'(x_0)=\lim\limits_{\Delta x\to 0}\dfrac{f(x_0+\Delta x)-f(x_0)}{\Delta x}$ 不取极限就是斜率的表达式

$\dfrac{f(x_0+\Delta x)-f(x_0)}{(x_0+\Delta x)-x_0}$，称之为导数的离散化形式。斜率和导数是有渊源的，斜率在处理导数不能处理的问题上大有作为。斜率本身就是一个核心概念，坡度、差分比的表达形式都是斜率。

现在，用斜率处理问题。

**例 1** 已知函数 $f(x)(x\in \mathbf{R})$ 满足下列条件：对任意的实数 $x_1,x_2$，都有
$$\lambda(x_1-x_2)^2 \leqslant (x_1-x_2)[f(x_1)-f(x_2)], \quad |f(x_1)-f(x_2)| \leqslant |x_1-x_2|,$$
其中 $\lambda$ 是大于 0 的常数，设实数 $a_0, a, b$ 满足 $f(a_0)=0$ 和 $b=a-\lambda f(a)$。证明：

(1) $\lambda \leqslant 1$，并且不存在 $b_0 \neq a_0$，使得 $f(b_0)=0$；

(2) $(b-a_0)^2 \leqslant (1-\lambda^2)(a-a_0)^2$；

(3) $[f(b)]^2 \leqslant (1-\lambda^2)[f(a)]^2$。

**证明** (1) 任取 $x_1, x_2 \in \mathbf{R}, x_1 \neq x_2$，由 $\lambda(x_1-x_2)^2 \leqslant (x_1-x_2)[f(x_1)-f(x_2)]$，有
$$\lambda \leqslant \dfrac{f(x_1)-f(x_2)}{x_1-x_2}, \tag{3.10}$$
又由 $|f(x_1)-f(x_2)| \leqslant |x_1-x_2|$，有
$$\left|\dfrac{f(x_1)-f(x_2)}{x_1-x_2}\right| \leqslant 1, \tag{3.11}$$
由(3.10)式和(3.11)式知 $\lambda \leqslant 1$。假设有 $b_0 \neq a_0$，使得 $f(b_0)=0$，由(3.10)式有 $\lambda \leqslant \dfrac{f(b_0)-f(a_0)}{b_0-a_0}=0$，即 $\lambda \leqslant 0$ 与 $\lambda > 0$ 矛盾，故不存在 $b_0 \neq a_0$，使得 $f(b_0)=0$。

(2) $\left(\dfrac{b-a_0}{a-a_0}\right)^2 = \left(\dfrac{a-\lambda f(a)-a_0}{a-a_0}\right)^2 = \left(1-\lambda\dfrac{f(a)-f(a_0)}{a-a_0}\right)^2 \leqslant (1-\lambda^2)^2 \leqslant 1-\lambda^2$

$\left(0<\lambda \leqslant \dfrac{f(a)-f(a_0)}{a-a_0} \leqslant 1\right)$，得证。

(3) $\left(\dfrac{f(b)}{f(a)}\right)^2 = \left(\dfrac{\lambda f(b)}{b-a}\right)^2 = \left[\dfrac{\lambda(f(b)-f(a))+\lambda f(a)}{b-a}\right]^2$

$= \lambda^2\left[\dfrac{f(b)-f(a)}{b-a}+\dfrac{f(a)}{b-a}\right]^2$

$= \lambda^2\left[\dfrac{f(b)-f(a)}{b-a}-\dfrac{1}{\lambda}\right]^2$

$= \left[1-\lambda\dfrac{f(b)-f(a)}{b-a}\right]^2 \leqslant (1-\lambda^2)^2 \leqslant 1-\lambda^2,$

得证。

三问一法，不用巧思，不用技巧，思路自然流畅，还改进了结果：$(2)'(b-a_0)^2 \leqslant (1-\lambda^2)^2(a-a_0)^2$；$(3)'[f(b)]^2 \leqslant (1-\lambda^2)^2[f(a)]^2$。想到此法的初衷是把待证常数和参数分离后，刚好出现斜率的表达式(还要作一点变形方能看出)，正好可用离散化的导数求解，斜率的妙处得到充分发挥。斜率之所以功效大，是因为斜率还可以表达单调性，而单调性又表达了实数集的有序性。斜率还可以和离心率关联起来，用途十分广泛。

拉格朗日中值定理是微分学中的一个重要定理，其实质是用某点的导数来刻画函数在某区间的斜率，用局部性质来认识整体性质。导数离散化之后，拉格朗日中值定理完全可以初等化并用于中学数学的教学中去。

**例2** 当 $x \geqslant 0$ 时，证明：$\dfrac{x}{1+x} \leqslant \ln(1+x) \leqslant x$。

**分析与证明** 构造斜率模型来证明。构造函数 $f(t)=\ln t(t>0)$，当 $1 \leqslant t \leqslant x+1$ 时，函数图象上的点 $(x+1, f(x+1))$ 和点 $(1, f(1))$ 连线的斜率是

$$k = \frac{f(x+1)-f(1)}{x} = \frac{\ln(x+1)}{x},$$

$f(t)$ 在 $[1, x+1]$ 上变化时，其斜率的范围是 $\dfrac{1}{1+x} \leqslant k \leqslant f'(1)$，即斜率 $k$ 的范围是 $\dfrac{1}{1+x} \leqslant \dfrac{\ln(1+x)}{x} \leqslant 1$，即证。

**例3** 已知 $0 < \alpha \leqslant \beta < \dfrac{\pi}{2}$，证明：$\dfrac{\beta-\alpha}{\cos^2\alpha} \leqslant \tan\beta - \tan\alpha \leqslant \dfrac{\beta-\alpha}{\cos^2\beta}$。

**分析与证明** 下面用斜率证明。当 $\alpha = \beta$ 时，结论显然成立，看 $\alpha \neq \beta$ 时的情况。构造函数 $f(x) = \tan x (\alpha \leqslant x \leqslant \beta)$，它在定义域内任一点的切线斜率为 $k = \dfrac{1}{\cos^2 x}$，且范围是 $\left[\dfrac{1}{\cos^2\alpha}, \dfrac{1}{\cos^2\beta}\right]$。$(\beta, f(\beta))$ 和 $(\alpha, f(\alpha))$ 两点连线的切线斜率为 $k_0 = \dfrac{f(\beta)-f(\alpha)}{\beta-\alpha} = \dfrac{\tan\beta-\tan\alpha}{\beta-\alpha}$。由 $k_0 \in \left[\dfrac{1}{\cos^2\alpha}, \dfrac{1}{\cos^2\beta}\right]$ 得

$$\frac{1}{\cos^2\alpha} \leqslant \frac{\tan\beta-\tan\alpha}{\beta-\alpha} \leqslant \frac{1}{\cos^2\beta},$$

且 $\beta > \alpha$，从而得到

$$\frac{\beta-\alpha}{\cos^2\alpha} \leqslant \tan\beta - \tan\alpha \leqslant \frac{\beta-\alpha}{\cos^2\beta}。$$

利用再熟悉不过的斜率知识来求解，过程简单，原理通俗易懂，更容易被接受和掌握。

高等数学的方法用于初等数学时，一定要抓住实质。导数离散化之后就是斜

率,也就是平均变化率,平均变化率一定在两个瞬时变化率之间,拉格朗日中值定理说的就是这样一件事。这也是不用极限而重构微积分的出发点。

## 3.9 拉格朗日乘数法的初等化应用

拉格朗日是"一位高耸在数学界的金字塔",变分法的创始人之一。他的微分中值定理、幂级数表示函数的处理方法——乘数法、插值法等对微积分的发展产生了重要影响。

利用拉格朗日乘数法求极值的方法步骤是:设给定二元函数 $z = f(x,y)$ 和附加条件 $\phi(x,y) = 0$,为寻找 $z = f(x,y)$ 在附加条件下的极值点,先构造拉格朗日函数 $L(x,y) = f(x,y) + \lambda\phi(x,y)$,其中 $\lambda$ 为参数。求 $L(x,y)$ 对 $x$ 和 $y$ 的一阶偏导数,令它们等于零,并与附加条件联立,即

$$L'_x(x,y) = f'_x(x,y) + \lambda\phi'_x(x,y) = 0,$$
$$L'_y(x,y) = f'_y(x,y) + \lambda\phi'_y(x,y) = 0,$$
$$\phi(x,y) = 0,$$

由上述方程组解出 $x,y$ 及 $\lambda$,如此求得的点 $(x,y)$,就是函数 $z = f(x,y)$ 在附加条件 $\phi(x,y) = 0$ 下的可能极值点。概括起来说有两步:构造拉格朗日函数,求偏导并求出可能的极值点。

求偏导对于中学生来说还比较陌生,但想要将这种方法初等化,只需要让学生理解为什么要构造拉格朗日这样一个函数,其实就是将条件极值问题转化为无条件极值问题,因为在构造的拉格朗日函数中无论 $\phi(x,y) = 0$ 取何值,都满足条件限制。另外 $L(x,y) = f(x,y) + \lambda\phi(x,y)$,其中 $\phi(x,y) = 0$,不难发现要想求 $z = f(x,y)$ 的极值点,其实也就是求 $L(x,y)$ 的极值点,两者的极值是等价的,且与 $\lambda$ 无关。至于为什么增加一个 $\lambda$,其实就相当于用待定系数法来确定这个拉格朗日函数。理解了这一点后,就可以用这种方法来做一些简单的求条件极值的问题。另外,将拉格朗日乘数法初等化之后,最常见的方法就是配方法和基本不等式法,下面通过几个例题来了解。

1. 用配方法初等化

**例1** 已知 $x^2 + y^2 = 25$,求 $f(x,y) = x^2 + y^2 - 12x + 16y$ 的最值。

**分析与解** 构造拉格朗日函数

$$L = x^2 + y^2 - 12x + 16y + \lambda(x^2 + y^2 - 25) = (1+\lambda)x^2 - 12x + (1+\lambda)y^2 + 16y - 25\lambda,$$

新函数中包括了 $x,y$ 的一次项和二次项,所以可以考虑用配方法。另外,需要分

情况来配方，即 $1+\lambda>0$ 和 $1+\lambda<0$。

当 $1+\lambda>0$ 时，

$$L=\left(\sqrt{1+\lambda}x-\frac{6}{\sqrt{1+\lambda}}\right)^2+\left(\sqrt{1+\lambda}y+\frac{8}{\sqrt{1+\lambda}}\right)^2-\frac{100}{1+\lambda}-25\lambda,$$

易知，当

$$\sqrt{1+\lambda}x-\frac{6}{\sqrt{1+\lambda}}=0,\quad \sqrt{1+\lambda}y+\frac{8}{\sqrt{1+\lambda}}=0,$$

即 $x=\dfrac{6}{1+\lambda},y=-\dfrac{8}{1+\lambda}$ 时，$L$ 取得最小值，且通过 $x^2+y^2=25$ 可求得 $\lambda=1$，从而

$$f_{\min}(x,y)=f(3,-4)=-75。$$

当 $1+\lambda<0$ 时，

$$L=-\left(\sqrt{-1-\lambda}x+\frac{6}{\sqrt{-1-\lambda}}\right)^2-\left(\sqrt{-1-\lambda}y-\frac{8}{\sqrt{-1-\lambda}}\right)^2-\frac{100}{1+\lambda}-25\lambda,$$

易知，当 $\sqrt{-1-\lambda}x+\dfrac{6}{\sqrt{-1-\lambda}}=0,\sqrt{-1-\lambda}y-\dfrac{8}{\sqrt{-1-\lambda}}=0$，即 $x=\dfrac{6}{1+\lambda},y=-\dfrac{8}{1+\lambda}$ 时，$L$ 取得最大值，同理可以求得 $\lambda=-3$，从而 $f_{\max}(x,y)=f(-3,4)=125$。

配方法是一种非常重要的方法，这里的"方"有两重含义：一是几何意义，就是配成正方形；二是代数意义，就是配成完全平方。用配方法，并结合和差术，可以解决线性代数中的二次型的问题，顺手也解决了二次曲线的分类问题。

**2. 运用基本不等式初等化**

**例2** 已知 $\dfrac{1}{x}+\dfrac{1}{y}+\dfrac{1}{z}=\dfrac{1}{2}(x,y,z>0)$，求 $f(x,y,z)=2x+2y+2z$ 的最小值。

**分析与解** 设 $L=2x+2y+2z+\lambda\left(\dfrac{1}{x}+\dfrac{1}{y}+\dfrac{1}{z}-\dfrac{1}{2}\right),\lambda>0$，由题目的特点，容易想到要用均值不等式

$$L=\left(2x+\frac{\lambda}{x}\right)+\left(2y+\frac{\lambda}{y}\right)+\left(2z+\frac{\lambda}{z}\right)-\frac{1}{2}\lambda\geqslant 6\sqrt{2\lambda}-\frac{1}{2}\lambda,$$

当且仅当 $x=y=z=\sqrt{\dfrac{\lambda}{2}}=6$ 时取等号，即 $f_{\min}(x,y,z)=f(6,6,6)=36$。

这里没有任何技巧可言，只是在做计算，这就体现了拉格朗日乘数法的优势。

比较这些不同类型的求条件极值的问题，值得注意的是，当构造了拉格朗日函数之后，还需要观察已知和所求两个式子的特点，从而选择合适的处理方法。当然将拉格朗日乘数法初等化之后，并不能解决所有的条件极值问题，如下面的

例子。

**例 3** 设 $x, y$ 为实数，若 $4x^2 + y^2 + xy = 1$，则 $2x + y$ 的最大值是_____。

先看标准答案的解法，因为 $4x^2 + y^2 + xy = 1$，所以

$$(2x+y)^2 = 3xy + 1 = \frac{3}{2} \times 2xy + 1 \leqslant \frac{3}{2} \times \left(\frac{2x+y}{2}\right)^2 + 1,$$

所以 $(2x+y)^2 \leqslant \frac{8}{5}$，$(2x+y)_{\max} = \frac{2\sqrt{10}}{5}$。

例 3 用均值不等式需要一点技巧，但还是比较简单的。构造拉格朗日函数 $L = 2x + y + \lambda(4x^2 + y^2 + xy - 1)$ 试试，这个式子既含有 $x, y$ 的一次项和平方项，又含有 $xy$。如果要消掉交叉项，需要运用坐标旋转的一些技巧，反而不如初等方法简捷了。

## 3.10 微分法和积分法

竞赛数学作为一种教育数学，可以和课堂教学并行不悖，竞赛数学的根可以扎在课堂教学中，课堂教学也可以从竞赛数学中吸取有益的成分。事实胜于雄辩，一个精确恰当的例子胜过一打说明。

**例 1** 求证不等式：$-1 < \sum_{k=1}^{n} \frac{k}{k^2+1} - \ln n \leqslant \frac{1}{2}$，$n = 1, 2, \cdots$。

1) 解答

若函数 $y = f(x)$ 在 $(0, +\infty)$ 上单调递减，且 $f(x) > 0$，则有

$$\int_1^{n+1} f(x) \, dx < \sum_{k=1}^{n} f(k) < f(1) + \int_1^{n} f(x) dx 。$$

同样地，若函数 $y = f(x)$ 在 $(0, +\infty)$ 上单调递减，且 $f(x) > 0$，则有

$$\int_1^{n} f(x) \, dx + f(1) < \sum_{k=1}^{n} f(k) < \int_1^{n} f(x) dx + f(n)。$$

现在利用这个定理证明不等式

$$\sum_{k=1}^{n} \frac{k}{k^2+1} - \ln n > -1 \tag{3.12}$$

成立。

事实上，令 $f(x) = \frac{x}{1+x^2} (x \geqslant 1)$，则 $f'(x) = \frac{1-x^2}{(1+x^2)^2} \leqslant 0$，所以函数 $y = f(x)$ 在 $(1, +\infty)$ 上单调递减，且有 $f(x) > 0$，由定理有

$$\sum_{k=1}^{n}\frac{k}{k^2+1}-\ln n > \int_{1}^{n+1}\frac{x}{1+x^2}\mathrm{d}x - \ln n$$

$$=\frac{1}{2}\ln(1+x^2)\Big|_{1}^{n+1}-\ln n=\frac{1}{2}\left[\ln\left(\frac{n^2+2n+2}{n^2}\right)-\ln 2\right]$$

$$=\ln\sqrt{\frac{1+\frac{2}{n}+\frac{2}{n^2}}{2}} > \ln\frac{1}{\sqrt{2}} > \ln\frac{1}{\mathrm{e}} = -1,$$

故不等式(3.12)成立。

现在证明

$$\sum_{k=1}^{n}\frac{k}{k^2+1}-\ln n \leqslant \frac{1}{2}。 \tag{3.13}$$

由定理有

$$\sum_{k=1}^{n}\frac{k}{k^2+1}-\ln n \leqslant f(1)+\int_{1}^{n}\frac{x}{1+x^2}\mathrm{d}x-\ln n$$

$$=\frac{1}{2}+\frac{1}{2}\ln(1+x^2)\Big|_{1}^{n}-\ln n=\frac{1}{2}+\frac{1}{2}\ln\left(\frac{1+\frac{1}{n^2}}{2}\right)\leqslant\frac{1}{2},$$

当 $n=1$ 时，等号成立。从而(3.12)式得证，故原命题得证。

2) 回顾

对比原解答，可看出从定积分的角度处理问题直观上更明晰。原解答为了得到不等式 $\frac{1}{n+1}<\ln\left(1+\frac{1}{n}\right)<\frac{1}{n}$，构造了函数 $h(x)=x-\ln(1+x)$ 和 $g(x)=\ln(1+x)-\frac{x}{1+x}$，然后通过导数的符号来判断函数的单调性，从而得到 $\frac{x}{1+x}<\ln(1+x)<x$，$x>0$，最后再令 $x=\frac{1}{n}$，才得到 $\frac{1}{n+1}<\ln\left(1+\frac{1}{n}\right)<\frac{1}{n}$。这里先使用构造的方法，再使用特殊化的手法，接连实施"组合拳"，学生实难吃得消。上述做法，其实是从微分的角度考虑的。积分和微分构成了微积分的主要矛盾。一种微分上的思考法必对应着一种积分上的思考法。从积分的角度，可以很自然、简捷地得到 $\frac{1}{n+1}<\ln\left(1+\frac{1}{n}\right)<\frac{1}{n}$，从而快速突破论证过程中的关键点。我们还可以对原解答稍作一点改进，使之更具有文化意蕴。注意到

$$\sum_{k=1}^{n}\frac{k}{k^2+1}-\ln n<\sum_{k=1}^{n}\frac{k}{k^2}-\ln n=\sum_{k=1}^{n}\frac{1}{k}-\ln n,$$

当 $n<x<n+1$ 时，$\dfrac{1}{n+1}<\dfrac{1}{x}<\dfrac{1}{n}$，$\displaystyle\int_{n}^{n+1}\dfrac{1}{n+1}\,\mathrm{d}x<\int_{n}^{n+1}\dfrac{1}{x}\,\mathrm{d}x<\int_{n}^{n+1}\dfrac{1}{n}\,\mathrm{d}x$，即 $\dfrac{1}{n+1}<$ $\ln\left(1+\dfrac{1}{n}\right)<\dfrac{1}{n}$，记 $x_n=\displaystyle\sum_{k=1}^{n}\dfrac{1}{k}-\ln n$，则

$$x_n-x_{n-1}=\frac{1}{n}-\ln\left(1+\frac{1}{n-1}\right)<\frac{1}{n}-\frac{1}{n-1}<0,$$

所以 $\{x_n\}$ 是递减数列，从而 $\left\{\displaystyle\sum_{k=1}^{n}\dfrac{k}{k^2+1}-\ln n\right\}$ 也是递减数列。从而 $\displaystyle\sum_{k=1}^{n}\dfrac{k}{k^2+1}-\ln n\leqslant$ $\dfrac{1}{2}$，当 $n=1$ 时，等号成立。事实上，数列 $\left\{\displaystyle\sum_{k=1}^{n}\dfrac{k}{k^2+1}-\ln n\right\}$ 是单调递减有下界的，从而极限存在，记此极限为 $C$，称 $C$ 为欧拉常数，$C$ 是无理数，其值为 $0.57721\cdots$，即 $1+\dfrac{1}{2}+\dfrac{1}{3}+\cdots+\dfrac{1}{n}=C+\ln n+x_n$ ($x_n$ 是趋于 0 的正数)。

3) 余味

竞赛数学、高考压轴题需要技巧，但不需要没有思想的技巧。而数学思想并非指数学理论，数学思想指的是数学的科学思维方法，这种思维方法也许不一定要通过抽象的数学理论来表达。任何一种思想既可用隐喻的方式，也可用严格的方式表达，可构成从隐喻到严格的连续谱系。以微积分为例，逾越形式化的极限概念，也能使学生掌握微积分的思想。比如，数列极限 $\lim\limits_{n\to\infty}a_n=a$，是说为了认识一个未知常数，就要在一个过程中用变量的不同取值来认识它，当变量的取值越接近未知常数 $a$ 时，就越能认识真实的未知常数 $a$，但只要这个过程是有限的，那么就不可能认识到真实的 $a$，只有在无限的过程中才能认识 $a$。另外，即使以严格的方式使学生掌握内容所折射的数学思想，其方式方法也不唯一。如张景中院士就用"$\varepsilon$-$\delta$"重构了微积分，但仍不失严格性，同时降低了微积分入门的认知难度。尽管数学是严格而抽象的，但通俗与直观并不意味着放弃抽象，也不意味着放弃严格，而在于"度"的把握与表达方式。

微积分这一"人类精神的伟大胜利"进入高中教材，无疑是很有意义的。但是高中微积分不应是大学微积分的"浓缩版"或"简化版"，而应以这种或那种方式呈现其基本精神。自牛顿、莱布尼茨用微积分基本定理沟通了积分与微分这一对基本矛盾后，微积分才成为一门学科。从这个角度看，高中微积分把积分赶出教材的做法，是值得商榷的。在编写教材时，要尊重学科自身内在的逻辑联系。从认知发展的角度而言，知识的价值在于作为思考的焦点激发各种水平的理解，

而不是作为固定的信息让人们接受。以积分为例，这个概念让人们看到了面积思想的不同演化阶段、不同表达形式，从而使人们能从直观的角度理解积分，进而使人们理解积分与微分的内在联系。从上述意义上讲，课程改革的重点是如何以内容为载体使学生更好地掌握内容所折射的数学思想，而不在于内容简单地增加或减少。

# 第4章 复 数

## 4.1 微言要义之计数与记数

数学概念是数学知识结构的基本要素,数学概念的学习是数学学习的基石。只有真正理解了数学概念,准确把握概念的本质,才能实现知识的融会贯通。而对相似概念进行多角度深层次地辨析,挖掘字面背后的数学内涵与本质,对于教师更好地教学以及学生更透彻地理解数学概念都是十分有益的。比如,通过实验与试验之辨,启示教师在进行数学实验时应通过演示,动态展现知识的变化过程,从而突破教学难点;在数学试验课堂则强调尝试、探索与建模过程,应侧重于培养学生的发散思维能力。再比如通过焦点与准线之辨,启发教师在实际课堂中要注意补充对于焦点和准线之间关系的探索,根据三类圆锥曲线知识的相似性,灵活运用迁移理论,提高学生的数学认知能力,等等。另有微言要义之对应法则与对应关系、三角比与三角函数、基本不等式与重要不等式、平面向量基本定理等系列文章,体会教材编写者的良苦用心,感悟数学言语的微妙差异,对数学教学具有指导意义。数是人类语言中高度抽象的概念,也是人类抽象思维发展到一定高度的产物。对"数"的计算与记录由来已久,计数与记数是代数中常见的数学概念,却易被混为一谈。事实上,二者是不等价的。计数与计算有关,记数则与记录、表示有关。下面将从语义、数学和教学三个角度进行辨析。

### 4.1.1 语义上的辨析

从字面上来看,计数与记数中,"数"都是名词,在两个词中的意义相同,差别则在于动词"计"与"记"的含义。

查阅《词典》,"计"作为动词,有两种含义:① 算,如计分、核计、数以万计等;② 总计(常用于统计或分别列举);"计数"的基本解释是数事物的个数,统计数目。"记"作为动词,有两种含义:① 把印象保持在脑子里,如记忆、记得等;② 记录;记载;登记。

根据词典的解释:计数是对物体的数目进行统计的过程,具有规则性。比如可以一个一个地数,也可以两个两个地数等;在计选票时,常用画"正"字的方式，是五个五个地统计数目。当然，由于某些原因出现失误时，计数的结果是错的。因此，计数还有对错之分。当计数的过程不存在失误时，无论采用怎样的方式或规则，结果总是相同的。当数目过多时，在一个范围之内，估算也属于计数的一种，只是估算的结果不是精确值。记数则是用符号把计数的结果以外显的形式记录下来，具有约定俗成的特点，没有对错之分，但有方便与否之别。

### 4.1.2 数学上的辨析

在某种意义上，数学史的发展就是计数、记数与计算等的发展。由于实际生活和生产实践的需要，计数活动由来已久，只是在古代发明数字之前，对计数结果的记录方式比较直观。刚开始，人们惯于使用手指记数，据说这是因为在人体进化过程中，手进化的速度相对较快；接着，人们又采用摆小石子等实物计数的方法来记数；关于这种记数方式，欧洲语言的某些词汇保留了些许遗迹，如单词 calculate 意为"计算"，实出自拉丁语 calculus，其本意是小石子，是古代欧洲人记录数据的工具；据古代文献典籍记载，中国、秘鲁等的居民也曾用结绳的方法记数；还有一种常见的原始人类记数法，如《释名·释书契》云："契，刻也，刻识其数也。"说的是在一根木头或竹片上刻上各种记号，用来帮助记忆和传达事情，即刻痕记数。这是原始人类最主要也是最常见的四种记数方式。后来，随着实际生活和生产发展的进一步需要，数字和许多抽象的数学符号出现了；由于计数活动日益复杂，需要记录的数目越来越大，各种进位制也出现了，记数的方法也越来越丰富，进而促进了记数系统的发展。计数活动和记数方式的历史进程反映了数的演进历程，比如数是如何产生以及如何发展的？如何从原始的具体状态演变到现在的高度抽象严密的数论体系？这与人类思维的发展密切相关。原始人类思维具有直观性和具体性，只能通过用实物来记数，其所达到的数目也十分有限。直到人类的抽象思维发展到一定高度，才发展了成套的数字以及抽象而又精确的记数法。

首先，从发展历程来看，计数源于现实生活、生产的需要，在对客观事物计数的过程中，人们逐步认识到数的实际意义，作用的对象是处于不同情境之中的具体的事物；在计数活动过程中积累经验，人们创造了更为方便、实用的记数方法和数的表示方法，记数方式的发展反映了社会的进步。记数较为抽象，用约定俗成的事物或符号将计数的结果表示出来。记数是用一个集合中的每一个事物去对应另一个集合中的每一个事物，体现了集合对应的数学思想。从自然数系到复数系，数系的每一次扩充，使得计数、计算规则逐步扩充，记数结果的范围也随之扩大，更加完备。记数形式的发展具有鲜明的数学文化色彩，也反映了人类抽象思维能力的进化和发展。总之，计数体现的是以数为对象、计量统计的活动过程，记数则是以符号为对象，对活动过程进行抽象概括的描述。从计数到记数，体现了从活动过程到活动结果的发展变化。

其次，从内容与形式的角度来看，计数代表具体的内容，记数代表形式上的概括。将具体的计数内容进行抽象，得到记数形式。符号表示将特殊和一般集于一身，提供了把情境和规律两者分离与整合的机会，这是数学符号的二重性。在特定的数学情境中，计数具有确定的意义和目的；而记数是形式化的符号，在某种意义上是一种建模方法,所追求的是表达形式简单易懂,具有通用性和一般性。比如修辞代数阶段用文字表达算术，缩略代数阶段用字母表示未知数，到了符号代数阶段，字母可以用来表达任意数，记数符号从具体走向一般；代数式揭示了常量之间的数量关系，函数式则揭示了变量间的依存关系，记数符号从静态走向动态；微积分符号则数学化地揭示了现实世界中的矛盾转化现象，人类探索事物从有限走向极限；等等。记数符号与计数内容之间并不是严格的一一对应，比如 $a$ 既可以表示常量，又可以表示未知数，还可以用来表示三角形的其中一条边。记数的基本功能是传递和交流计数活动的信息，将要表示的内容用简洁的记号以概括化的形式表示出来。

最后，从方法原理的角度思考，十进制记数法体现了位值制的思想方法，即每个数码所表示的数值，不仅取决于这个数码本身，而且取决于它在记数中所处的位置。中国古代的算筹记数法和现在国际通用的数码属于十进位值制，包含十进和位值两个要素；古埃及象形文中、古巴比伦楔形文中 60 以下的数以及 12 世纪以前盛行欧洲的罗马数字等采用的是简单累数制，是将各个数码所表示的数加起来，它的特点是每一个较高的单位都用一种新的符号来表示；古埃及僧侣文中的数码、古埃及的字母记数法、阿拉伯字母记数法等属于分级符号制，不但对每一个较高的单位要另立符号，而且对高单位的倍数也要设新符号；乘法累数制将简单累数制中的重复书写改用乘法表示，十分便利，最具代表性的是中国数字(如 4600 不必写成"千千千千百百百百百百"，也不用另造表示 4000 与 600 的新字，而是写成"四千六百")，被称为"多么聪明的办法"；进位制还包含巴比伦的 60 进位制(比如现在的时、分、秒正是沿用这种进位制度)、英国的 12 进制、电子计算机中使用的二进制等。

计数中蕴藏着各种原理。计数原理是解决相关实际问题的重要思想和工具，是解决一类问题所遵循的规则。如分类加法计数原理、分步乘法计数原理是解决排列与组合问题、理解二项式定理的前提和基础。"算两次"原理也是重要的数学计数原理，当问题中的同一个量可以用两种方法或可以从两个侧面分别进行考虑时，再根据结果相同(不同)构造等式(不等式)，进而解决问题。计数时，务必做到不重复不遗漏。为了使重叠部分不被重复计算，可先不考虑重叠的情况，把包含于问题情境中的所有对象的数目先计算出来，然后再把计数时重复计算的数目排斥出去。这样，计算的结果既无遗漏又无重复，此计数方法称为容斥原理，即"多退少补"。记数方法是在一定历史条件下由同一群体所遵循的记数方式，以便于交流和传播，具有约定俗成的意义。计数原理源于计数实践活动，又反过来指导计数实践活动，是具有普适意义的规律。

计数、记数、计算也是计算机数据处理的关键环节，首先要把要处理的信息表示成各种基本数据或构造数据，然后在内存中基于二进制对各种数据进行诸如算术、关系及逻辑等运算，以得到计算机能处理的数据。计算机的发展离不开记数、计数与计算。面向未来的信息化社会，计算思维应该成为公民的一种基本思维品质。

### 4.1.3 教学上的辨析

从计数到记数，一个是过程，另一个是对结果的记录。计数重在过程，记数重在结果，二者在实际教学中的侧重点不同。

#### 1. 从教学理论的角度思考

Tall 的过程概念理论指出，数学知识的认知发展具有三种不同的途径，每一种途径又对应着不同的数学世界。在概念——具体化世界，以对外部世界和主体内部世界的感知为基础，通过反思利用语言形成精致的意义；过程——符号化世界开始于过程操作，利用符号对操作过程进行概括、抽象等，实现由"解决数学问题"到"进行数学思考"的思维转换；在公理——形式化世界，通过对符号世界进行高度抽象，将学习对象的性质发展为形式化定义，有时需要通过进一步证明并发展为形式化公理。计数是属于前两个世界的数学行为。在第一个世界里，人们在具体实践活动中进行操作，感知计数行为并积累计数经验，在头脑内部反思和想象属于思维世界的抽象的记数对象；在第二个世界里，人们将计数行为压缩成概念并形成图式，不断地进行计算和操作，在计数过程和记数对象之间来回转换，借用符号深化对计数行为的理解。记数则属于第三个世界的行为，用数值的、符号化的表征形式记录计数结果，人们的思维从具体直观发展为高度抽象，记数方式也日益精确化，逐步完善成为记数制度。

#### 2. 从教学实践的角度思考

在教学实践中，教师应设计具体的计数活动，使学生深刻领会计数概念的背景与内涵，从而理解记数符号的实际意义，在个别的、具体的计数概念与一般的、抽象的记数符号之间建立联系。分数、负数、复数等概念的产生，均是源于生产实践和数学计算的需要，从而导致了记数符号的扩张。根据认知的历史相似性原理，教师应预测学生可能出现的认知障碍，通过设计抽象程度逐渐提高的过渡性事件，使学生循序渐进地掌握新知。如初一的学生在学习负数概念及符号表示时必定存在理解上的困难。此时，可为学生提供各种不同的情境刺激，提供给学生辨别、比较的机会，将运算符号"+""−"与写在数字前面的表示相反意义的性质符号区别开来。在经历反复的认知冲突后,将由此产生的新认知纳入已有认知结构中,从而完善认知结构。从生动地直观感知计数概念到抽象地认知记数符号,对象不同,教学策略也不同。

### 3. 从教学功能的角度思考

在计数活动中,学生探索记数方法的本质和统一性,并对记数法给予正确的解释与说明。这是对有关的感性认识进行加工改造,形成理性知识的过程。对计数的直觉认识有助于发展学生的计数能力,对学生形成数概念也具有重要的意义。个体在计数过程中不断深化对数的认识,可以说,计数活动是数概念形成的基础,计数能力是衡量数概念形成的标志之一。记数知识具有创造性和方法性,是计数活动经验的结晶。从实物记数到符号记数,记数的抽象化程度不断提高,有助于培养学生的抽象概括能力。根据信息加工理论,学生压缩、存储和提取信息的能力得到提升。

数学学科的严谨性要求教学必须遵循概念的本质,厘清概念间的联系与区别。教师应当学会从不同角度品读相似概念,提炼微言要义,享受数学的语言魅力。

## 4.2 复数课程改革的理据

自新课程改革以来,作为课程内容之一的复数淡化得不能再淡化了。从课程实践的经验来看,历届学生在学习复数时都不存在太多的困难;从复数的应用来看,以复数为基础的复分析在理论物理、空气动力学、流体力学等方面有广泛的应用;从理论价值来看,复分析理论优美、技巧精湛,和其他数学分支有着广泛的联系;那么是何种原因导致了复数课程的淡化?本节从复数与向量的历史发展、复数与向量的比较、复数与向量在处理中学数学问题上的比较等方面寻找复数课程改革的理论依据,为我国的课程改革提供一点看法。

### 4.2.1 从复数到向量

16 世纪,意大利数学家卡尔达诺在解三次方程时,因对三次方程的判别式小于零(不可约)这种情形感到不可理喻而邂逅了复数,这是复数概念的真正萌芽。同时代的意大利数学家邦贝利引进虚数,用以解决三次方程不可约的情况,这标志着复数的产生。17 世纪,荷兰数学家吉拉德指出,对于 $n$ 次多项式方程,如果把不可能的(复数)根考虑在内,并包括重根,则应有 $n$ 个根,这就是著名的代数基本定理。笛卡儿认为"虚"根是想象中的数,故名之为"虚数"。持有此观点的数学家还有莱布尼茨、惠更斯、欧拉、德摩根等。

虽然虚数的概念还不清楚,但这并不妨碍它的广泛应用。自欧拉首先将 $\sqrt{-1}$ 记作 i 之后,虚数被广泛地运用于解决各种函数问题和实际问题,法国数学家达朗贝尔指出，如果按照多项式的四则运算规则对虚数进行运算，那么它的结果总是 $a+bi$ 的形式($a,b$ 都是实数)，棣莫弗公式、欧拉公式也随之出现。19世纪初，代数学获得了新生，人们对复数获得了直观上的认识。英国数学家沃利斯是第一个用几何方法解释虚数的数学家。他认为，既然可以用有向线段来表示正负数，就可以用作图表示比例中项的办法来表示虚数。韦塞尔在测量和绘图工作中，通过建立直角坐标系，给出了有向线段乘法的定义，得到 $\sqrt{-1}$ 的几何解释。瑞士数学家阿尔冈(J. R. Argand)把 $\sqrt{-1}$ 看作是 $+1$ 和 $-1$ 的比例中项，并给出了几何解释。复数的几何表示最终是由高斯给出，高斯把复平面看作由无限方块组成，复数就是这些方块的顶点。高斯将复数看作是复平面上的一点，并且阐述了复数的加法与乘法。由于有了几何直观，复数才有了合法的地位。经过柯西、阿贝尔等人的努力，复数得到了快速的发展。

虽然通过把复数表示成平面上的点或有向线段，复数在直观上被很好地建立了，但英国数学家哈密顿关心算术的逻辑，并不满足于直观的基础。哈密顿把复数表示成有序实数对，这使得向量代数化了。但复数只能描述二维向量，为了建立空间向量理论，哈密顿转向去找"三维复数"，但发现这种"三维复数"必须有4个分量，而且乘法也不满足交换律，终于在1843年发现了"四元数" $a+bi+cj+dk, a,b,c,d \in \mathbf{R}$，$a$ 是四元数的数量部分，$bi+cj+dk$ 是四元数的向量部分，其中 $\mathbf{i}, \mathbf{j}, \mathbf{k}$ 起着复数中 $i$ 的作用。

尽管四元数有很多类似于复数的性质，依然保持除了乘法交换律之外的其他运算律，但四元数对物理学的研究并不方便，人们继续寻找更符合物理学需要的工具。麦克斯韦把四元数中的数量部分和向量部分分开作为各自的实体来处理。从四元数的向量部分独立出来的实体发展成了更符合物理需要、更简便的数学工具，这就是三维向量。向量分析的创始人美国数学物理学家吉布斯和英国物理学家赫维塞德分别独立地把向量写成 $v=a\mathbf{i}+b\mathbf{j}+c\mathbf{k}, a,b,c \in \mathbf{R}$ 的形式，$\mathbf{i}, \mathbf{j}, \mathbf{k}$ 分别是 $x$ 轴、$y$ 轴和 $z$ 轴上的单位向量，$a,b,c$ 分别是向量 $v$ 在 $x$ 轴、$y$ 轴和 $z$ 轴上的分量。根据物理学的需要定义了两种向量乘法：一是根据功定义了向量的数量积；二是根据力矩定义了向量的外积。

以上所讲的大多是基于物理学的需要而对向量进行探讨和理论建立的。格拉斯曼认为既然3个有序的实数组 $(a_1, a_2, a_3)$ 可以表示一个向量，那么 $n$ 个有序数组 $(a_1, a_2, \cdots, a_n)$ 也可以表示一个向量，于是提出 $n$ 维向量(超复数)的概念，并模仿空间向量，定义了数量积和向量积，建立了相关的理论。向量从三维到 $n$ 维的推广是思维上的一种类比推广，开始时人们对它的具体应用还不甚了解，随着人们对向量空间认识的深化，逐渐认识到用 $n$ 个数的有序实数对来刻画的一种状态就可以看成一个 $n$ 维空间，$n$ 维向量的应用也越来越广泛。向量理论建立了。

## 4.2.2 复数与向量的比较

从上述史实可以看到,复数是向量的母体,向量是复数的发展。向量走进新课程反映了数学的发展趋势,体现了新课程的先进性。然而,这是否意味着复数就该淡化,就该"数典忘祖"呢?不妨在对比中加深对复数和向量的认识。

虽然复数和复平面内的向量有一一对应的关系,但两者还是有很多不同之处的。

表 4.1 复数与向量的比较

| | 向量 | 复数 | 备注 |
|---|---|---|---|
| 来源 | (1) 力、速度合成的平行四边形法则的向量理论;<br>(2) 与位置几何有关的向量理论;<br>(3) 复数几何表示的向量理论 | 源于解三次方程 | 现代向量理论是沿第三条路径发展起来的 |
| 表现形式 | 几何形式、坐标形式 | 代数形式、三角形式、向量形式及复指数形式 | 对于二维向量而言,可以采用复数模型 |
| 运算律 | 加法、减法、数乘、点乘(数量积)、叉乘 | 四则运算、乘方、开方 | 向量的数量积是一个实数,不同于复数的乘积;向量不能进行除法运算 |
| 应用 | 能推广,应用于多维问题 | 只能应用于二维问题 | 复指数运算的特性,以及辐角的运用,在处理旋转、方向及角度时,较向量更便利 |
| 对后续课程的作用 | 应用于物理学和数学的各个分支,向量的公理化形成了向量空间理论,对代数学、分析学的发展有重要影响 | 是复变函数论、解析数论、傅里叶分析、分形、流体力学、相对论、量子力学的基本对象和工具 | |

从上述比较来看,虽然向量脱胎于复数,有很多不同于母体的特点,但是向量并不能完全取代复数。从来源看,复数的产生有助于人们对数的认识,但接受起来,需要人们在观念上有所革新;向量的产生有物理背景,又有复数作为铺垫,接受起来并不困难。从表现形式看,复数的表现形式更加变化多端,有利于建立起数学各分支间的联系。正如齐民友先生指出,三角函数与指数函数这两个我们原来只在实数域中研究的函数,在进入复数域以后就统一起来了,复数的引入打开了数学的广阔领域。在表现形式上,复数的表现形式凸显出"虚数不虚"的特点;向量的表现形式,特别是坐标表现形式更有利于人们"化实为虚",把二维向量向高维向量推广。从运算律来看,复数满足多种运算律,表现出复数域的完备性;向量的点乘和叉乘突破了人们对运算的看法。从应用上讲,既然(二维)向量

脱胎于复数,那么凡是(二维)向量方法能解决的,复数方法也能解决;凡是复数方法能解决的,(二维)向量方法不一定能解决。事实上,由于复指数运算的特性以及辐角的运用,在处理旋转、方向及角度时,复数较向量更为便利。就其对后续课程的作用来说,正如"春兰秋菊,各一时之秀",无法分出高下来。法国数学家阿达马曾说,联结两个实数域中真理的最短路径是通过复数域来实现的。德国数学家魏尔斯特拉斯曾证明,存在有限个基元的实系数或复系数线性结合代数,如果要服从乘积定律和乘法交换律,就只有实数代数和复数代数。复数和向量都是人类文明的精神瑰宝,实难分出孰优孰劣。

### 4.2.3 处理中学问题上的比较

下面选几则典型的案例来比较复数和向量在处理中学数学问题上的异同。

1. 处理柯西不等式 $(a^2+b^2)(c^2+d^2) \geqslant (ac+bd)^2$,其中 $a,b,c,d \in \mathbf{R}$

这是我们熟知的柯西不等式,可以展开后用均值不等式证明。用向量法是这样处理的。设 $\boldsymbol{\alpha}=(a,b), \boldsymbol{\beta}=(c,d)$,由 $\boldsymbol{\alpha} \cdot \boldsymbol{\beta} \leqslant |\boldsymbol{\alpha}||\boldsymbol{\beta}|$,有 $(a,b) \cdot (c,d) \leqslant \sqrt{a^2+b^2} \cdot \sqrt{c^2+d^2}$,两边平方,即得柯西不等式。

这种方法可以"翻译"成复数法。

设 $z_1 = a+bi, z_2 = c+di$,由 $|z_1+z_2| \leqslant |z_1|+|z_2|$,有

$$\sqrt{(a+c)^2+(b+d)^2} \leqslant \sqrt{a^2+b^2}+\sqrt{c^2+d^2},$$

化简即得。

2. 沟通椭圆与双曲线之间的内在联系

椭圆和双曲线分别有"第三定义"。

已知点 $A,B$ 分别为椭圆 $\dfrac{x^2}{a^2}+\dfrac{y^2}{b^2}=1(a>0,b>0)$ 的左、右端点,点 $P$ 在椭圆上且异于点 $A,B$,则直线 $PA$ 和直线 $PB$ 的斜率之积 $k_{PA}k_{PB}=-\dfrac{b^2}{a^2}$。

已知点 $A,B$ 分别为双曲线 $\dfrac{x^2}{a^2}-\dfrac{y^2}{b^2}=1(a>0,b>0)$ 上的左、右端点,点 $P$ 在双曲线上且异于点 $A,B$,则直线 $PA$ 和直线 $PB$ 的斜率之积 $k_{PA}k_{PB}=\dfrac{b^2}{a^2}$。

双曲线的方程是 $\dfrac{x^2}{a^2}-\dfrac{y^2}{b^2}=1$,若把其形式变为 $\dfrac{x^2}{a^2}+\dfrac{y^2}{(bi)^2}=1$,则可把双曲线视为虚椭圆,在无限远处,双曲线的两支连通起来,形成一个"封闭"的曲线,

上述两个结论在形式上就统一起来了。又如，在椭圆中，有关系 $a^2 = b^2 + c^2$；把 $b$ 换作 $bi$ 就有双曲线中的关系 $c^2 = a^2 + b^2$。

引入复数后，双曲线和椭圆获得了形式上的统一。凡由椭圆得到的结论，只要把 $b$ 换作 $bi$，就可以猜想得到双曲线中的相应结论。笔者猜测，这或许是课程标准、考试大纲弱化双曲线的原因之一。

类似的例子还有很多，如用向量法或复数法皆可以一石二鸟式地证明正弦定理、余弦定理，此处不再赘述。

### 4.2.4 一点感想

从历史的发展、多角度的比较均得不出新课程标准下的教科书中引入向量后复数该淡化的理由。我们的视野不妨放宽一点，看看其他国家是如何处理复数的。俄罗斯数学教学大纲规定复数课程必学的最少内容有：复数、复数的几何解释、复数的实部和虚部、模和辐角、复数的代数表示形式和三角表示、复数在不同表示形式下的算术运算、共轭复数、复数乘方(自然数幂的增加)(棣莫弗公式)、代数基本定理；法国数学课程标准中的复数内容有：复数、复平面、点的坐标、复数的实部和虚部、复数的共轭、复数的加法、乘法和除法、复数的模和辐角、商的模和辐角、$e^{i\theta}=\cos\theta + i\sin\theta$ 的写法、实系数一元二次方程的复数解、$z \mapsto z'$ 的几何解释，其中 $z'$ 分别为 $z' = z+b, z'-\omega = k(z-\omega)$（$k$ 为非零实数，$\omega$ 为复数），$z'-\omega = e^{i\theta}(z-\omega)$。从上述国家的复数内容比较来看，也没有找出淡化复数的理论根据。

## 4.3 作为虚实沟通桥梁的虚数单位

在许多数学问题中，都会含有根号、平方、三角函数等比较难处理的项，有时按照常规的思维去解这些题，往往使我们陷入烦琐冗长的解答或无法解决的境地，但若变换角度，引进虚数"i"，进行虚实之间的转换，然后结合复数的性质求解，往往能事半功倍，收到意想不到的效果。

### 4.3.1 一种类比迁移的工具

双曲线的结构比椭圆复杂，如果考察椭圆与双曲线的内在联系，借助虚数"i"，将两者联系起来，把双曲线 $\dfrac{x^2}{a^2} - \dfrac{y^2}{b^2} = 1$ 看成虚椭圆 $\dfrac{x^2}{a^2} + \dfrac{y^2}{(bi)^2} = 1$，然后利用椭圆已有的性质去研究双曲线的性质，思路清晰，柳暗花明。

(1) 过椭圆 $\dfrac{x^2}{a^2} + \dfrac{y^2}{b^2} = 1(a>0, b>0)$ 的右焦点 $F(c,0)$ 作两条互相垂直的弦

$AB, CD$，若弦 $AB, CD$ 的中点分别为 $M, N$，那么直线 $MN$ 恒过定点 $\left(\dfrac{a^2c}{a^2+b^2}, 0\right)$；

(2) 过双曲线 $\dfrac{x^2}{a^2} - \dfrac{y^2}{b^2} = 1(a > 0, b > 0)$ 的右焦点 $F(c, 0)$ 作两条互相垂直的弦 $AB, CD$，若弦 $AB, CD$ 的中点分别为 $M, N$，那么直线 $MN$ 恒过定点 $\left(\dfrac{a^2c}{a^2-b^2}, 0\right)$。

### 4.3.2 一种运算工具

**例 1** 证明：$(a^2 + b^2)(c^2 + d^2) \geqslant (ac + bd)^2$，其中 $a, b, c, d \in \mathbf{R}$。

**分析** 这是我们熟知的柯西不等式，可以展开后用均值不等式证明。这里从另一个角度来证明，它仅仅用到复数的四则运算。

**证明**
$$(a^2 + b^2)(c^2 + d^2) = \left[a^2 - (bi)^2\right]\left[c^2 - (di)^2\right] = [(a+bi)(c-di)][(a-bi)(c+di)]$$
$$= [(ac+bd) - i(ad-bc)][(ac+bd) + i(ad-bc)]$$
$$= (ac+bd)^2 + (ad-bc)^2 \geqslant (ac+bd)^2。$$

### 4.3.3 一种对偶法

**例 2** 证明：$1 + C_n^1 \cos\alpha + C_n^2 \cos 2\alpha + \cdots + C_n^n \cos n\alpha = 2^n \cos^n \dfrac{\alpha}{2} \cos \dfrac{n\alpha}{2}$。

**分析** 题中含有组合符号和三角函数符号，构造对偶式，引进虚数 i，激活欧拉公式，然后结合二项式定理来证。

**证明** 设
$$A = 1 + C_n^1 \cos\alpha + C_n^2 \cos 2\alpha + \cdots + C_n^n \cos n\alpha,$$
$$B = C_n^1 \sin\alpha + C_n^2 \sin 2\alpha + \cdots + C_n^n \sin n\alpha,$$

则
$$A + Bi = 1 + C_n^1 e^{i\alpha} + C_n^2 e^{i2\alpha} + \cdots + C_n^n e^{in\alpha}$$
$$= \left(1 + e^{i\alpha}\right)^n$$
$$= \left(e^{i\frac{\alpha}{2}}\right)^n \left(e^{-i\frac{\alpha}{2}} + e^{i\frac{\alpha}{2}}\right)^n$$
$$= 2^n \cos^n \dfrac{\alpha}{2} \left(\cos \dfrac{n\alpha}{2} + i\sin \dfrac{n\alpha}{2}\right),$$

所以

$$1+C_n^1\cos\alpha+C_n^2\cos 2\alpha+\cdots+C_n^n\cos n\alpha=2^n\cos^n\frac{\alpha}{2}\cos\frac{n\alpha}{2}.$$

由以上的证明过程，我们还可以得到如下结论：

$$C_n^1\sin\alpha+C_n^2\sin 2\alpha+\cdots+C_n^n\sin n\alpha=2^n\cos^n\frac{\alpha}{2}\sin\frac{n\alpha}{2}.$$

"i"实现了虚数与实数的转换，是虚实沟通的桥梁。在证明不等式、解三角函数、二项式、解析几何和数列等问题时，若能恰当地虚实沟通，不但解题思路清晰，而且解法简洁明快。这体现了高观点下的初等数学思想，也是解题的一种重要思想。若能灵活运用它，必将收到事半功倍之效。

复数的产生是数学内部矛盾冲突的结果，是数学理性精神之花，其精要全体现在虚数单位之中。

## 4.4 问题之解何处来

问题和解是数学的重要特征之一。问题之解从何而来？在做好课程内容教学解读的基础之上，能够理清数学的逻辑脉络，并产生一些好的问题解决方法。

### 4.4.1 深刻解读课程内容，问题之解此中来

关于复数的教育意义及其教学解读在前面中有体现。上述见解要形成一个系统，用以应对竞赛数学的问题还需进一步对课程内容进行深刻的解读。下面以复数课程的教育教学价值为线索，阐明问题解决之道来自何处。

1. 复数之源：方程思想显威力

复数源于解三次方程的求根问题，意大利数学家邦贝利用$\sqrt{-1}$使无意义的数变得有意义了，这标志着复数的产生。这就是复数的源头。在进行竞赛数学的教学时，要精心选择习题反映上述事实，并用方程的思想和观点来解决它们。

**例1**　设$z$是1的7次方根，$z\neq 1$，求$z+z^2+z^4$的值。

**分析与解**　初见此题，我们不知如何解。回想初中，有这样的习题：已知$x=\sqrt{2}+1$，求$x^3+x+2$的值。我们是这样处理的。由$x=\sqrt{2}+1$，有$(x-1)^2=2$，即$x^2-2x-1=0$，然后用$x^2-2x-1$除$x^3+x+2$，得到

$$x^3+x+2=(x+2)(x^2-2x-1)+6x+4,$$

然后代入$x$的值，即可求得。上述做法的精髓是充分利用多项式的性质。复数源于方程，方程其实就是多项式，故复数与多项式方程有着千丝万缕的联系，基于

此，我们用方程的思想观点来解此题。令 $x = z + z^2 + z^4$，则
$$x^2 = z^2 + z^4 + z^8 + 2z^3 + 2z^5 + 2z^6,$$
利用复数单位数根的性质有
$$x^2 = z^2 + z^4 + z^8 + 2(z^3 + z^5 + z^6)$$
$$= x + 2(1 + z + z^2 + z^3 + z^4 + z^5 + z^6) - 2(1 + z + z^2 + z^4),$$
整理得 $x^2 + x + 2 = 0$，解得 $x = \dfrac{-1 \pm \sqrt{7}i}{2}$。此题还有其他解法，如用对偶法，令 $A = z + z^2 + z^4, B = z^3 + z^5 + z^6$ 也能解决。然而，为何要如此用对偶法，上述解法也能给出合理的解释。

上面是解方程，构造方程解决问题。根与系数的关系，是方程研究的重要内容之一，也要精心选择习题，反映这个事实。

**例 2** 设 $P(x), Q(x), R(x)$ 及 $S(x)$ 都是多项式，且满足 $P(x^5) + xQ(x^5) + x^2 R(x^5) = (x^4 + x^3 + x^2 + x + 1)S(x)$，试证：$(x-1) | P(x)$。

**分析与证明** 只要说明 $P(1) = 0$ 即可。方程 $x^5 - 1 = 0$ 的根为 $1, \omega, \omega^2, \omega^3, \omega^4$，这里 $\omega$ 是任一五次单位根，故有 $1 + \omega + \omega^2 + \omega^3 + \omega^4 = 0$。同时，对任意的整数 $k$，$\left(\omega^k\right)^5 = \left(\omega^5\right)^k$。依次将 $x = \omega, \omega^2, \omega^3$ 代入，可得

$P(1) + \omega Q(1) + \omega^2 R(1) = 0$, $P(1) + \omega^2 Q(1) + \omega^4 R(1) = 0$, $P(1) + \omega^3 Q(1) + \omega^6 R(1) = 0$,

这说明一元二次方程 $P(1) + Q(1)x + R(1)x^2 = 0$ 有三个不同的根 $\omega, \omega^2, \omega^3$，由多项式相等定理知 $P(1) = Q(1) = R(1) = 0$，故 $(x-1) | P(x)$，同时也能推得
$$(x-1) | Q(x), \quad (x-1) | R(x), \quad (x-1) | S(x)。$$

复数既然起源于方程，那么就要精选以复数为背景的习题，在"解方程—构造方程—根与系数的关系"中充分体现方程的思想和方法，从而获得对复数之源的充分认识。

2. 复数之特：多元表征，化虚为实，由实探虚

复数有多种表征法，如复数的表示方法有代数形式、三角形式、指数形式；在复平面上，复数还能与向量建立一一对应；等等。凡此种种，都在于"化虚为实"，让复数"看得见，摸得着"。正如历史上，高斯在复平面上用几何法表示复数后，复数终于被人们广为接受。复数之特征还在于复数有模，能刻画距离；复数有共轭复数，反映了某种对称性。要认识复数，就要精选例题，反映复数自身的特征。

**例 3** 给定实数 $a,b,c$，已知复数 $z_1,z_2,z_3$ 满足 $\begin{cases} |z_1|=|z_2|=|z_3|=1, \\ \dfrac{z_1}{z_2}+\dfrac{z_2}{z_3}+\dfrac{z_3}{z_1}=1, \end{cases}$ 求 $|az_1+bz_2+cz_3|$ 的值。

**分析与解** 此题有多种解法，利用复数自身的特征，如模、共轭等性质，能获得具有复数特征的解法。共轭反映的其实是对称性，由此入手，有 $\dfrac{z_1}{z_2}+\dfrac{z_2}{z_3}+\dfrac{z_3}{z_1}\in \mathbf{R}$，故 $\dfrac{z_1}{z_2}+\dfrac{z_2}{z_3}+\dfrac{z_3}{z_1}=\dfrac{\overline{z_1}}{\overline{z_2}}+\dfrac{\overline{z_2}}{\overline{z_3}}+\dfrac{\overline{z_3}}{\overline{z_1}}$，又 $|z_1|=|z_2|=|z_3|=1$，所以 $z_i\overline{z_i}=1(i=1,2,3)$，把 $\overline{z_i}=\dfrac{1}{z_i}$ 代入上式整理得

$$z_1^2z_3+z_2^2z_1+z_3^2z_2=z_2^2z_3+z_3^2z_1+z_1^2z_2,$$

分解因式得 $(z_1-z_2)(z_2-z_3)(z_3-z_1)=0$，故 $z_1=z_2$，或 $z_2=z_3,z_3=z_1$。若 $z_1=z_2$，代入 $\dfrac{z_1}{z_2}+\dfrac{z_2}{z_3}+\dfrac{z_3}{z_1}=1$，得 $\dfrac{z_3}{z_1}=\pm i$，最后得到结果 $\sqrt{(a+b)^2+c^2}$，类似地，有

$$\sqrt{(b+c)^2+a^2},\quad \sqrt{(a+c)^2+b^2}。$$

抓住了共轭、模就是抓住了复数的几何特征，表面上是数字在运算，其实说的是几何推理。同样地，抓住模，采用两边平方法，也可轻松获证。模在本质上其实就是绝对值，学生在处理绝对值问题时，经常采用两边平方法，这种方法离学生的认知水平很近。

复数有多种表征方式，其实是说复数有多种"化虚为实"的手法。比如，此题就可以用复数的三角形式来做。

记 $e^{i\theta}=\cos\theta+i\sin\theta$，可设 $\dfrac{z_1}{z_2}=e^{i\theta}, \dfrac{z_2}{z_3}=e^{i\varphi}$，则 $\dfrac{z_3}{z_1}=e^{-i(\theta+\varphi)}$，由题设有 $e^{i\theta}+e^{i\varphi}+e^{-i(\theta+\varphi)}=1$，两边取虚部有，$\sin\theta+\sin\varphi-\sin(\theta+\varphi)=0$，化简得 $4\sin\dfrac{\theta+\varphi}{2}\sin\dfrac{\theta}{2}\sin\dfrac{\varphi}{2}=0$，解得 $\theta=2k\pi$ 或 $\varphi=2k\pi$ 或 $\theta+\varphi=2k\pi,k\in\mathbf{Z}$，因而有 $z_1=z_2$，或 $z_2=z_3,z_3=z_1$。

复数、向量和三角之间有深刻的内在关联性，选编这样的习题能让学生初识其中之味，这也是另类的思想方法的普及。

**3. 复数之用：化实为虚，由虚探实**

"化虚为实"反映的是数学的一般思维方法——化归，把不熟悉的复平面上的问题化归到与实数有关的问题。当复数成为我们认识结构的有机组成部分时，我

们就可以用复数的眼光审视与实数有关的问题，这样，虚与实的双向关系就打通了，既可以化虚为实，也可以化实为虚；既可以由实探虚，也可以由虚探实。

**例 4** 若 $x, y, z > 0$，已知 $\begin{cases} x^2 + xy + y^2 = 1, \\ y^2 + yz + z^2 = 3, \\ z^2 + zx + x^2 = 4, \end{cases}$ 求 $x + y + z$ 的值。

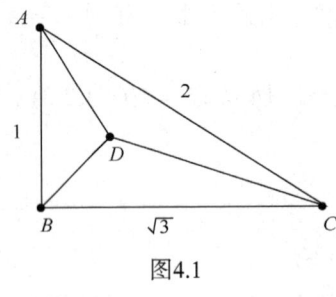

图4.1

**分析与解** 这道题的解法较多，通常的解法是降次、因式分解、换元法、数形结合、面积法，甚至建立直角坐标系，运用解析法、向量法等。但如果对复数比较熟悉，还能用复数法解决这题。在复平面中，设 $A, B, C$ 对应的复数分别为 $Z_A = \mathrm{i}$，$Z_B = 0, Z_C = \sqrt{3}$。取点 $D$，使得 $\angle ADB = \angle BDC = \angle ADC = 120°$，如图 4.1。由题设即

$$\begin{cases} x^2 + y^2 - 2xy\cos 120° = 1, \\ y^2 + z^2 - 2yz\cos 120° = (\sqrt{3})^2, \\ z^2 + x^2 - 2zx\cos 120° = 2^2. \end{cases}$$

令 $x = AD, y = BD, z = CD, w = \cos 120° + \mathrm{i}\sin 120° = -\dfrac{1}{2} + \dfrac{\sqrt{3}}{2}\mathrm{i}$，则有

$$x + y + z = AD + BD + CD = |Z_D - Z_A| + |Z_D - Z_B| + |Z_D - Z_C|$$

$$= \left|(Z_D - Z_A)w + (Z_D - Z_B) + (Z_D - Z_C)w^2\right|$$

$$= \left|Z_A w + Z_B + Z_C w^2\right| = \left|\left(-\dfrac{\sqrt{3}}{2} - \dfrac{1}{2}\mathrm{i}\right) + \left(-\dfrac{\sqrt{3}}{2} - \dfrac{3}{2}\mathrm{i}\right)\right| = \left|-\sqrt{3} - 2\mathrm{i}\right| = \sqrt{7},$$

这里 $DA, DC$ 旋转相应角度后与 $DB$ 共线。

在平面几何中，不在同一直线上的线段是不可以相加减的，进行各种变换的目的，就是要把它们化到同一直线上。复数乘法几何的意义可以表示旋转，这样就把旋转变换代数化了，平面几何中的技法就迁移到代数问题中了。这种解法表面上是一种代数解法，实则是一种几何解法，数与形无缝地融合在一起了。同时，旋转也是复数独有的一个特点，不为向量所具备。

复数还可以用来处理其他实问题。真正学会一种工具的标志之一，是能用这种工具解决其他问题，形成用复数的眼光看其他数学问题也是复数的目标之一，也是其教育价值的体现。

### 4.4.2 分析与讨论

要大力提倡平常思维的研究，把平常思维用到极致也不是一件容易的事。

首先，要深刻解读教材，精心编排例题反映课程内容发生、发展的脉络。以复数为例，就要让学生看到复数来源于解方程，故方程的思想和方法在复数的教学中要得到反映。方程的思想和方法是非常重要的，以复数为载体训练学生，彰显了复数的教育教学价值。方程和多项式有千丝万缕的联系，故要从课程发展的角度，找出复数与多项式之间的关联。多项式是高等数学中的重要一节，这样，也让大学生看到了所学的知识与中学相关内容的关联性，而内在的则是思想观念的反复渗透。教材的编写要螺旋上升，我们认为，这更多的是指思想和方法要以不同形式反复呈现，而不一定是指把同一知识分解成不同的版块在不同阶段反复呈现。

其次，要加强竞赛数学的教学研究，在常规教学中寻找竞赛数学之根。有一种观念，认为竞赛数学是技术性的活，教学研究是软的，没有必要进行竞赛数学的教学研究，只要琢磨解题技法就可以了，这种观念是不可取的。以上述活动为例，反复渗透方程的思想，而方程思想是常规教学的重中之重，可以这样认为，上述的解法完全是方程的思想和方法外化而成；牢牢抓住距离、共轭复数这样一些几何上的本质特点，把其外化为具体的技法，这不是灵感突显的产物，而是在深入剖析欧氏空间的本质特点的基础上产生的。竞赛数学的诸多内容和常规内容有着千丝万缕的联系，如图论的方法其实就是一种对离散问题进行数学建模的方法，极端原理和最值思想密不可分，或者，换言之，只会求最值，而不知求最值的目的何在，并且不会把这种最优化的思想主动运用，这也不是教学之道。故有必要加强对竞赛数学的教学研究，英才教育和普通教育不应该对应起来。

最后，还要加强对学生思维的研究。竞赛数学和常规教学的目的都在于要发展学生的思维，在根本取向上两者是一致的，只不过它们所使用的载体不一样而已。无论是常规教学，还是竞赛数学的教学，都要求能顺应学生的思维。其程序是：出示题目 —"请大家认真读题、审题，有想法后就举手" —闭上自己的嘴耐心等待 —"说说你的想法"而不和盘托出自己的想法 —"还有不同想法吗" —"大家总结一下"。高明的教师，要能让学生怎么想就怎么做，当学生做不下去时，能指出学生思路上的不当之处，矫正之后，学生还能继续前行。我们采取这样一种教学模式，课堂气氛十分活跃，学生的反响也很好。

总之，"理解数学—理解教学—理解学生"不仅适用于常规教学，更适用于竞赛数学，问题之解此中来。

# 第 5 章　平　面　向　量

## 5.1　定比分点公式在教科书中的编排

### 5.1.1　线段的定比分点

平均数概念涉及离散量和连续量的表示、简单的数据处理、随机变量数学期望等，在教材中是螺旋发展的。小学里就出现了算术平均数的概念，在初中平面几何里，三角形、梯形的中位线长公式实质上是一种最简单的算术平均数。算术平均数可推广到加权平均数，服从某种分布的离散型随机变量的数学期望可看作加权平均数，线段的定比分点公式实质上是一种加权平均数。这些都属于数值平均数。众数、中位数是位置平均数。这些同一主题的内容散布于不同学段、不同数学分支的教材中，意图是使学生"有机会在整个学习过程中对同一专题有间歇地多次接触，经常'瞻前顾后'，多向联络，在不同专题的交叉学习中获得顿悟的触发点，也锻炼了他们在学习中组织知识的能力，以多次实践的方式完成对数学内容的认识"。教材的编排是影响学生理解的重要因素之一。

数学作为一门工具性的学科，适用面广，很容易在各门学科中找到"原型"。线段的定比分点也是如此。从化学的角度看，摩尔质量为 $x_1$、摩尔数为 $m$ 的气体与摩尔质量为 $x_2$、摩尔数为 $n$ 的气体混合(不发生化学反应)，混合气体的平均摩尔质量为 $x = \dfrac{mx_1 + nx_2}{m+n}$，变形得 $x = \dfrac{x_1 + \dfrac{n}{m}x_2}{1 + \dfrac{n}{m}}$，令 $\lambda = \dfrac{n}{m}$，即为线段的定比分点公式。从物理的角度看，分点相当于一个支点，一个平衡点。在一细直条的刻度 $x_1$ 处有一质量为 $m$ 的质点，在刻度 $x_2$ 处有一质量为 $n$ 的质点，支点在刻度 $x$ 处时，系统平衡。由力矩平衡有 $m(x - x_1) = n(x_2 - x)$，变形即得线段的定比分点公式。这些具体的表象不但显示了学科间的联系，还有认识论上的意义。克莱因在《19世纪数学史》中指出，"黎曼的理论和傅里叶的基本理论是在直观的物理思想中产生的"。他还指出，"……应要求一个数学主题变成直观上显然，才可认为研究到头了……"。在教学时"学生头脑中产生概念"才有可能。

教材渗透平均数概念的时间长，还涉及不同学科和数学的不同分支。学生难以把这么多表面上看似不同的内容串联起来形成整体上的认识。以线段的定比分点为核心编织平均概念的概念图，构造一幅纵横交错的概念发展图，能使旧知识得到观念上的发展，新知识找到"生长点"，也能使学生看到数学发生、发展的动态过程，学会做数学。因为教材的逻辑结构对学生的认知结构很重要，所以探讨教材的编排很有意义。

## 5.1.2 比较

线段的定比分点在人教社的不同版本的教材中有着不同的编排位置。在《平面解析几何》中，"线段的定比分点"位于"有向线段"之后，这两节组成一大节，位于"直线的方程"之前。在《数学(全一册·下)》中位于"平面向量的坐标运算"之后，"平面向量的数量积及运算律"之前。同一教学内容为何在不同版本教材中的编排方式有如此大的变化？哪种编排方式有利于学生对此内容的掌握？在一份问卷调查中发现学生对定比分点公式的掌握不尽如人意，很多学生(尤其高三学生)连公式都记不准，遑论理解。为了更好地理解两种教材中线段的定比分点公式的编排方式，作如下比较。

从编写意图看，在《数学(全一册·下)》中是巩固并运用向量、向量的加法与减法、实数与向量的积、平面向量的坐标运算等知识。这个意图达成了。在《平面解析几何》中是为解析几何提供一些工具性的知识。在后续章节中，线段的定比分点分式几乎没有被用到，是个孤立的知识点。所以，在现行教材的解析几何部分，根本没有这个公式。在衔接性上，《数学(全一册·下)》是在"向量"中介绍线段的定比分点公式的，推导公式所需要的基础知识是共线向量定理、平面向量的坐标运算。而在《平面解析几何》中推导线段的定比分点公式时用到了初中平面几何中的平行线分线段成比例定理。这个定理本身并不难，但是在具体的公式推导过程中却是为了投影而用的，难度由此提升。斜线段在两个方向上分别投影相当于对有向线段作分解，是"化斜为直"的一种手法，类同于物理中矢量的正交分解，其数学实质是平面向量基本定理。若没有这个定理，这种从矢量迁移到斜线段的手法，对学生而言，是有难度的。"向量"就分散了这个难点。在此之前就具体介绍过平面向量的坐标表示，用坐标运算就能导出公式，同时逻辑上也更严谨。所以在课时分配上，《平面解析几何》中线段的定比分点需 2 课时，在"向量"中则只需 1 课时。两本教材的重点迥异。在《平面解析几何》中，线段的定比分点公式的重点是讲清定比分点的意义，中心是讲清 $\frac{P_1P}{PP_2}=\lambda$ 的含义，在求定比分点坐标公式的过程式中，关键要讲清 $\lambda=\frac{P_1P}{PP_2}=\frac{M_1M}{MM_2}$。在《数学(全一册·下)》中，其重点是线段的定比分点公式和中点坐标公式及其应用。重点迥异，正是由编排方式不同造成的。在《平面解析几何》中，线段的定比分点的基础是平行线分线段成比例定理及有向线段的正交分解。平行线分线段成比例定理是初中内容，学生可能早已淡忘，有向线段的正交分解还需从物理里迁移过来。这些地方需要重点讲解。在《数学(全一册·下)》中，线段的定比分点公式是前面知识的自然发展，所以教材关注的是公式的应用，而不是公式的推导。

两种教材给出的定义也不同。《平面解析几何》中的定义是：有向线段 $l$ 上的一点 $P$，把有向线段 $\overrightarrow{P_1P_2}$ 分成两条有向线段 $\overrightarrow{P_1P}$ 和 $\overrightarrow{PP_2}$。$\overrightarrow{P_1P}$ 和 $\overrightarrow{PP_2}$ 数量的比称为点 $P$ 分 $\overrightarrow{P_1P_2}$ 所成的比，通常用字母 $\lambda$ 来表示这个比值，$\lambda = \dfrac{P_1P}{PP_2}$，点 $P$ 称为 $\overrightarrow{P_1P_2}$ 的定比分点。《数学(全一册·下)》中的定义是：设 $P_1, P_2$ 是直线 $l$ 上的两点，点 $P$ 是 $l$ 上不同于 $P_1, P_2$ 的任意一点，则存在一个实数 $\lambda$，使 $\overrightarrow{P_1P} = \lambda \overrightarrow{PP_2}$，$\lambda$ 称为点 $P$ 分有向线段 $\overrightarrow{P_1P_2}$ 所成的比。显然，当点 $P$ 在线段 $P_1P_2$ 上时，$\lambda > 0$；当点 $P$ 在线段 $P_1P_2$ 或 $P_2P_1$ 的延长线上时，$\lambda < 0$。在线段定比分点公式中，$P_1, P_2$ 是固定点、基本点，$P$ 点是流动点，非基本点。$\lambda$ 和 $P$ 是一一对应关系，$P$ 的横、纵坐标都是 $\lambda$ 的函数。点 $P$ 属于形的范畴，$\lambda$ 属于量的范畴，两者间的关系正是解析几何的研究对象。《数学(全一册·下)》没有指出哪些点是定比分点，和标题不照应，是不完善之处，但突出了 $\lambda$ 的地位。《平面解析几何》通过引入内分点、外分点这两个概念无意中强调了 $P_1, P_2$ 的基本性及 $P$ 点的流动性，但带来的负效应是由于基本点、非基本点、内分点、外分点本来是相对而言的，情境不同，基本点、非基本点、内分点、外分点的"身份"就不同，确定 $\lambda$ 的符号就成了教学难点。而《数学(全一册·下)》通过采用向量这一比较先进的工具，很容易确定 $\lambda$ 的符号(教材用"显然"两字)。但与教材配套的教师用书指出教学难点依然是确定 $\lambda$ 的符号。教材和教师用书上的说法迥然不同，让人有点匪夷所思。在根据定义推导公式时，问题提出的方式也不同。《平面解析几何》是这样做的：设 $\overrightarrow{P_1P_2}$ 的两个端点分别为 $P_1(x_1, y_1)$ 和 $P_2(x_2, y_2)$，点 $P$ 分 $\overrightarrow{P_1P_2}$ 所成的比为 $\lambda(\lambda \neq -1)$，求分点 $P$ 的坐标。这是在教材中用很大篇幅讨论内、外分点对 $\lambda$ 的符号影响之后提出的问题。而在"向量"中指出 $\lambda$ 的含义之后，直接提出"那么，点 $P$ 的坐标如何表示呢？"问题出现及时，简洁明快，有利于启发学生深入思考。

线段的定比分点公式从本质上说是直线方程的参数表达式。$P_1, P_2$ 两点是基本点，是"基底"，直线上任何一点都可由这两个基本点表示出来。线段的定比分点公式

$$x = \frac{x_1 + \lambda x_2}{1 + \lambda} = \frac{1}{1+\lambda} x_1 + \frac{\lambda}{1+\lambda} x_2 = tx_1 + (1-t)x_2,$$

$$y = \frac{y_1 + \lambda y_2}{1 + \lambda} = \frac{1}{1+\lambda} y_1 + \frac{\lambda}{1+\lambda} y_2 = ty_1 + (1-t)y_2,$$

其中，$t=\dfrac{1}{1+\lambda}$。这其实是直线的参数方程。在《平面解析几何》开篇之初，学生根本没有直线参数方程的概念，在"向量"中，虽然也没有直线参数方程的概念，但由于有"基底"的概念，"两点确定一条直线"的含义更加明晰。

从上面的分析来看，把线段的定比分点编排在"向量"中比编排在《平面解析几何》中更恰当，这反映了教材编排水平的提高。

### 5.1.3 编排建议

从以上分析知，可以初步认定线段的定比分点安置在"向量"中是合适的。但"向量"的编排方式还可以改进，精中求简。这节内容若处理得当，甚至可以降格为一个例题(上海的教材就是以例题的形式介绍线段的定比分点公式的)，丝毫不影响公式的重要性，反而使教材的逻辑体系更严谨、更简明。

从严谨形式化的角度看，可以"基向量"为基本概念，把线段的定比分点、平面向量基本定理、空间向量基本定理等串起来，形成有机的知识组块。线段的定比分点是说直线上任意一点都可以由两个不重合的基本点表示(不重合的两点确定一条直线)，平面向量基本定理是说平面上任意一个向量都可以由两个不共线的基本向量表示(不重合的两相交直线确定一平面)，空间向量基本定理是说空间中任意一个向量都可以由三个不共线的向量表示。"基向量"的概念把三者统一起来了，它们分别说的是一维直线、二维平面、三维空间的向量表达式。在"平面向量基本定理"中，有一道例题：$\overrightarrow{OA},\overrightarrow{OB}$ 不共线，$\overrightarrow{AP}=t\overrightarrow{AB}(t\in \mathbf{R})$，用 $\overrightarrow{OA},\overrightarrow{OB}$ 表示 $\overrightarrow{OP}$。这道题意义深远。由 $\overrightarrow{AP}=t\overrightarrow{AB}$ 有 $\overrightarrow{OP}=(1-t)\overrightarrow{OA}+t\overrightarrow{OB}$。$\overrightarrow{OA},\overrightarrow{OB}$ 相当于同一平面内不共线的两个基向量，$\overrightarrow{OP}$ 是终点 $P$ 在 $A,B$ 确定的直线上的任一向量。反过来看，由平面向量基本定理：$\overrightarrow{OP}=\lambda_1\overrightarrow{OA}+\lambda_2\overrightarrow{OB}$，在特定条件下，即当 $A,B,P$ 三点共线时，也即当 $\lambda_1+\lambda_2=1$ 时，有 $\overrightarrow{AP}=\lambda_2\overrightarrow{AB}$，这正是线段的定比分点公式的向量表达式。换言之，线段的定比分点公式不过是平面向量基本定理的一个特例而已，写成定理的形式就是一个推论，显示了两者的内在联系。把这道例题多费点笔墨稍加改造，既渗透了"基向量"这个现代概念，沟通了一维直线和二维平面的关系，又使知识的逻辑结构更加严谨、简明，这样线段的定比分点的嵌入不再显得牵强。学生的认知结构就是由知识结构转化而来的，逻辑结构严谨的教材可以促进理解。理解本身包含着了解理论和方法的实际背景、来龙去脉、意义作用、知识系统化的要求。

以上得出的是定比分点公式的向量形式。在学习了"平面向量的坐标运算"后，又可以用坐标形式处理上段中的例题，得出坐标形式的线段的定比分点公式。这也符合教材内容螺旋式发展的思想。

教学中循序渐进原则的"序"有两方面的含义：一是科学知识的序；二是学习心理的序。如此编排，两者兼得。

## 5.2 三角形五心的向量表示

高中数学新教材中，利用定比分点的向量表达式，可以简捷地推导出三角形的重心、内心、垂心、外心、旁心的向量表达式。

### 5.2.1 统一的背景

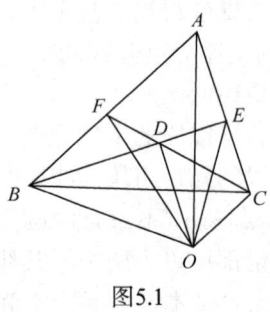

图5.1

如图5.1，在$\triangle ABC$中，$F$是$AB$上的一点，$E$是$AC$上的一点，且$\dfrac{AF}{FB}=\dfrac{m}{l}$，$\dfrac{AE}{EC}=\dfrac{n}{l}$(通分总可以将两个异分母分数化为同分母分数)，连接$CF,BE$交于点$D$，求$D$点的坐标。

**解析** 在平面上任取一点$O$，连接$OA,OB,OC,OD,OE,OF$，由定比分点的向量表达式，得

$$\overrightarrow{OF}=\dfrac{\overrightarrow{OA}+\dfrac{m}{l}\overrightarrow{OB}}{1+\dfrac{m}{l}}=\dfrac{l\overrightarrow{OA}+m\overrightarrow{OB}}{l+m}, \tag{5.1}$$

$$\overrightarrow{OE}=\dfrac{\overrightarrow{OA}+\dfrac{n}{l}\overrightarrow{OC}}{1+\dfrac{n}{l}}=\dfrac{l\overrightarrow{OA}+n\overrightarrow{OC}}{l+n}, \tag{5.2}$$

又

$$\overrightarrow{OD}=\dfrac{\overrightarrow{OF}+\lambda\overrightarrow{OC}}{1+\lambda}=\dfrac{\overrightarrow{OB}+\mu\overrightarrow{OE}}{1+\mu}, \tag{5.3}$$

其中$\dfrac{FD}{DC}=\lambda,\dfrac{BD}{DE}=\mu$。整理(5.1)~(5.3)式得，$\lambda=\dfrac{n}{m+l}$，所以

$$\overrightarrow{OD}=\dfrac{l}{l+m+n}\overrightarrow{OA}+\dfrac{m}{l+m+n}\overrightarrow{OB}+\dfrac{n}{l+m+n}\overrightarrow{OC}。\tag{5.4}$$

由(5.4)式出发，可得三角形四心的向量表达式。

### 5.2.2 五心的向量表达式

（Ⅰ）若$BE,CF$是$\triangle ABC$两边上的中线，交点$G$为重心。由(5.4)式可得重心

$G$ 的向量表达式 $\overrightarrow{OG} = \dfrac{1}{3}\left(\overrightarrow{OA} + \overrightarrow{OB} + \overrightarrow{OC}\right)$。

（Ⅱ）若 $BE, CF$ 是 $\triangle ABC$ 两内角的平分线，交点 $I$ 为内心。因 $\dfrac{AF}{FB} = \dfrac{b}{a}, \dfrac{AE}{EC} = \dfrac{c}{a}$，由(5.4)式可得内心 $I$ 的向量表达式 $\overrightarrow{OI} = \dfrac{a}{a+b+c}\overrightarrow{OA} + \dfrac{b}{a+b+c}\overrightarrow{OB} + \dfrac{c}{a+b+c}\overrightarrow{OC}$。

（Ⅲ）若 $BE, CF$ 是 $\triangle ABC$ 两边上的高，交点 $H$ 是垂心。$\dfrac{AE}{EC} = \dfrac{c \cdot \cos A}{a \cdot \cos C} = \dfrac{\frac{c}{\cos C}}{\frac{a}{\cos A}}$，同理 $\dfrac{AF}{FB} = \dfrac{\frac{b}{\cos B}}{\frac{a}{\cos A}}$。由(5.4)式可得垂心 $H$ 的向量表达式

$$\overrightarrow{OH} = \dfrac{\frac{a}{\cos A}}{\frac{a}{\cos A} + \frac{b}{\cos B} + \frac{c}{\cos C}}\overrightarrow{OA} + \dfrac{\frac{b}{\cos B}}{\frac{a}{\cos A} + \frac{b}{\cos B} + \frac{c}{\cos C}}\overrightarrow{OB} + \dfrac{\frac{c}{\cos C}}{\frac{a}{\cos A} + \frac{b}{\cos B} + \frac{c}{\cos C}}\overrightarrow{OC}。$$

（Ⅳ）若 $BE, CF$ 的交点 $O'$ 是 $\triangle ABC$ 的外心，即三边中垂线交点，则 $O'A = O'B = O'C$，根据正弦定理可得

$$\dfrac{AE}{EC} = \dfrac{\frac{BE}{\sin A}\sin \angle EBA}{\frac{BE}{\sin C}\sin \angle CBE} = \dfrac{\sin C \cdot \sin \frac{1}{2}(\pi - \angle AO'B)}{\sin A \cdot \sin \frac{1}{2}(\pi - \angle CO'B)} = \dfrac{\sin C \cdot \cos C}{\sin A \cdot \cos A} = \dfrac{\sin 2C}{\sin 2A}。$$

同理 $\dfrac{AF}{FB} == \dfrac{\sin 2B}{\sin 2A}$，由(5.4)式可得外心 $O'$ 的向量表达式

$$\overrightarrow{OO'} = \dfrac{\sin 2A}{\sin 2A + \sin 2B + \sin 2C}\overrightarrow{OA} + \dfrac{\sin 2B}{\sin 2A + \sin 2B + \sin 2C}\overrightarrow{OB}$$
$$+ \dfrac{\sin 2C}{\sin 2A + \sin 2B + \sin 2C}\overrightarrow{OC}。$$

**注** 这四个向量表达式，都由(5.4)式推导出，都有着各自轮换对称的性质。引入向量的确有好处。

（Ⅴ）设 $I_\alpha$ 是 $\triangle ABC$ 中角 $A$ 所对的旁心，则有 $\overrightarrow{OI_\alpha} = \dfrac{a\overrightarrow{OA} - b\overrightarrow{OB} - c\overrightarrow{OC}}{a - b - c}$。

### 5.2.3 应用举例

**例 1** $BC$ 为圆 $\tau$ 的直径，$\tau$ 的圆心为 $O$，$A$ 为 $\tau$ 上一点，$0° < \angle AOB < 120°$，$D$ 是弧 $AB$（不含 $C$ 的弧）的中点，过 $O$ 平行于 $DA$ 的直线交 $AC$ 于点 $J$，$OA$ 的垂

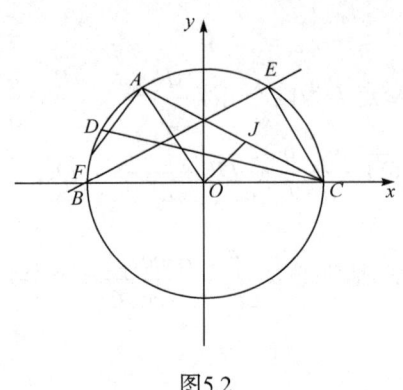

图5.2

直平分线交 $\tau$ 于点 $E, F$，证明：$J$ 是 $\triangle CEF$ 的内心。

**分析与证明**　建立直角坐标系后，联立直线 $AC$ 和 $OJ$ 的方程，可解出 $J$ 点的坐标。在 $\triangle CEF$ 中也可解出 $I$ (内心) 的坐标，然后指出 $I$ 点和 $J$ 点即为同一点。以下过程为运算过程，而且也只涉及两角和与差的正弦、余弦公式。

建立如图 5.2 所示的直角坐标系，设 $\angle AOC = 2\theta$，则 $A, E, F, D$ 的坐标分别如下

$A(\cos 2\theta, \sin 2\theta)$, $\quad E(\cos(2\theta - 60°), \sin(2\theta - 60°))$,

$F(\cos(2\theta + 60°), \sin(2\theta + 60°))$, $\quad D(-\sin\theta, \cos\theta)$。

直线 $AC$ 的方程为

$$y = \frac{\sin 2\theta}{\cos 2\theta - 1}(x - 1), \tag{5.5}$$

直线 $OJ$ 的方程为

$$y = \frac{\sin 2\theta - \cos\theta}{\cos 2\theta + \sin\theta} x, \tag{5.6}$$

解得 $\begin{cases} x = \cos 2\theta + \sin\theta, \\ y = \sin 2\theta - \cos\theta. \end{cases}$ 所以 $J$ 点坐标为 $(\cos 2\theta + \sin\theta, \sin 2\theta - \cos\theta)$。设 $\triangle CEF$ 的内心为 $I$，则

$\overrightarrow{OI} = \dfrac{a}{a+b+c}\overrightarrow{OE} + \dfrac{b}{a+b+c}\overrightarrow{OC} + \dfrac{c}{a+b+c}\overrightarrow{OF}$, $\quad a = |CF| = 2\sin(\theta + 30°)$,

$b = |CE| = \sqrt{3}$, $\quad c = |CE| = 2\sin(\theta - 30°)$, $\quad a+b+c = \sqrt{3}(2\sin\theta + 1)$,

$\overrightarrow{OI} = \dfrac{2\sin(\theta + 30°)}{\sqrt{3}(2\sin\theta + 1)}(\cos(2\theta - 60°), \sin(2\theta - 60°)) + \dfrac{\sqrt{3}}{\sqrt{3}(2\sin\theta + 1)}(0,1)$

$+ \dfrac{2\sin(\theta - 30°)}{\sqrt{3}(2\sin\theta + 1)}(\cos(2\theta + 60°), \sin(2\theta + 60°)) = \left(\dfrac{\sin 3\theta + 1}{2\sin\theta + 1}, \dfrac{\cos 3\theta}{2\sin\theta + 1}\right)$,

这说明 $I$ 与 $J$ 是同一点，故 $J$ 是内心。

**例 2** (抓垂心)　在锐角三角形 $\triangle ABC$ 中，$AB$ 边上的高 $CE$ 与 $AC$ 边上的高 $BD$ 相交于点 $H$，以 $DE$ 为直径的圆分别交 $AB$，$AC$ 于 $F, G$ 两点，$FG$ 与 $AH$ 相交于点 $K$，已知 $BC = 25, BD = 20, BE = 7$，求 $AK$ 的长。

**分析与证明** 观察图 5.3，重心是一个特殊点，垂心也是一个特殊点，许多性质由垂心衍生出来。抓住垂心，可快速破解此题，可谓牵一发而动全身，建立如图 5.3 所示的直角坐标系。

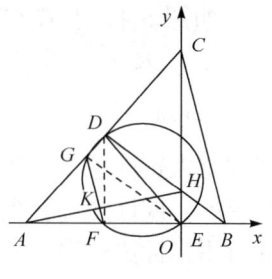

图5.3

由已知 $B(7,0), C(0,24)$，令 $A(x_A,0), F(x_F,0), H(0,y_H)$。在 Rt $\triangle BDC$ 中，由 $BC=25, BD=20$ 知 $CD=15$。由 $CD=15$ 知 $(x_D-0)^2+(y_D-24)^2=15^2$，由 $BD=20$ 知 $(x_D-7)^2+(y_D-0)^2=20^2$，解得 $x_D=-9$，$y_D=12$，$D$ 点坐标即 $(-9,12)$，$DE=15$。直线 $BD$ 的方程为 $3x+4y-21=0$，令 $x=0$，有 $y_H=\dfrac{21}{4}$，$H$ 点坐标即 $\left(0,\dfrac{21}{4}\right)$。由 $HA\perp BC$ 知，$k_{HA}\cdot k_{BC}=-1$，解得 $x_A=-18$，$A$ 点坐标即 $(-18,0)$，$EA=18$，圆 $DGFE$ 的方程 $\left(x+\dfrac{9}{2}\right)^2+(y-6)^2=\left(\dfrac{15}{2}\right)^2$。令 $y=0$，解得 $x_F=-9$，$F$ 点坐标即 $(-9,0)$，$EF=9$。在 Rt $\triangle AEC$ 中，知 $AF=9$，可见 $F$ 点是 $AE$ 的中点。在 Rt $\triangle AEC$ 知 $AC=30$，又由 $CD=15$，知 $AD=15$，即 $D$ 为 $AC$ 的中点。连接 $GE$，令 $GD=x$，在 Rt $\triangle GDE$ 中，$GD^2+GE^2=DE^2$，即 $x^2+GE^2=15^2$。在 Rt $\triangle GAE$ 中，即
$$GA^2+GE^2=AE^2, (15-x)^2+GE^2=18^2,$$
解得 $x=\dfrac{21}{5}$。连接 $DF$，由之前所述知 $DF\perp AE, \angle GED=\angle GFD$。

因为 $\dfrac{AG}{AC}=\dfrac{9}{25}=\dfrac{AF}{AB}$，所以 $GF//BC$。又 $AH\perp BC$，所以 $AH\perp GF$，$\angle AKF=90°$。在 Rt $\triangle AKF$ 中，
$$AK=AF\sin\angle AFK=AF\sin(90°-\angle GFD)=AF\cos\angle GED=\dfrac{216}{25}。$$

可见，只要抓住关键量，就可顺理成章地解出。解析法的确是破解复杂平面几何问题的利器。

向量的产生使得数学的研究对象不再仅仅局限于数了。此后，各种抽象研究对象雨后春笋般地增长起来了，这极大地促进了人们对数学结构的研究。

## 5.3 三角形面积公式的变式运用

有文献对 2004 年全国高中数学联赛的一道试题进行了深入探讨。题目如下。

如图 5.4，点 $O$ 在 $\triangle ABC$ 内部，且有 $\overrightarrow{OA}+2\overrightarrow{OB}+3\overrightarrow{OC}=\mathbf{0}$，则 $\triangle ABC$ 的面积与 $\triangle AOC$ 的面积之比是(　　)。

(A) 2； (B) $\dfrac{3}{2}$； (C) 3； (D) $\dfrac{5}{3}$。

或许有人这样思考：既然向量可转化为坐标，何不通过坐标的计算达到确定点 $O$ 的目的，或许是计算坐标有些繁，使人放弃了这一有效途径……。事实上，本题亦可用坐标法解出，并不复杂，且确实是一条巧妙的途径。为此，先给出一个命题。如图 5.5。设 $A(x_1,y_1), B(x_2,y_2)$，则 $S_{\triangle AOB}=\dfrac{1}{2}|x_1y_2-x_2y_1|$。

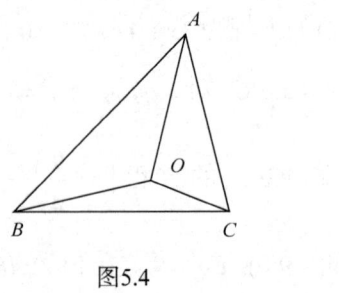
图5.4

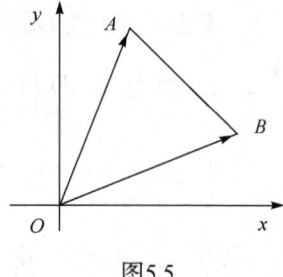
图5.5

**证明** 设 $\angle AOB=\theta$，则 $S_{\triangle AOB}=\dfrac{1}{2}|\overrightarrow{OA}||\overrightarrow{OB}|\sin\theta$，又

$$\overrightarrow{OA}\cdot\overrightarrow{OB}=|\overrightarrow{OA}||\overrightarrow{OB}|\cos\theta, \quad \cos\theta=\dfrac{\overrightarrow{OA}\cdot\overrightarrow{OB}}{|\overrightarrow{OA}||\overrightarrow{OB}|},$$

$$\begin{aligned}
S_{\triangle AOB}&=\dfrac{1}{2}|\overrightarrow{OA}||\overrightarrow{OB}|\sqrt{1-\cos^2\theta}=\dfrac{1}{2}|\overrightarrow{OA}||\overrightarrow{OB}|\sqrt{1-\left(\dfrac{\overrightarrow{OA}\cdot\overrightarrow{OB}}{|\overrightarrow{OA}||\overrightarrow{OB}|}\right)^2}\\
&=\dfrac{1}{2}\sqrt{|\overrightarrow{OA}|^2|\overrightarrow{OB}|^2-(\overrightarrow{OA}\cdot\overrightarrow{OB})^2}\\
&=\dfrac{1}{2}\sqrt{(x_1^2+y_1^2)(x_2^2+y_2^2)-(x_1x_2+y_1y_2)^2}\\
&=\dfrac{1}{2}|x_1y_2-y_1x_2|。
\end{aligned}$$

此公式并不难记，当 $x_1y_2-x_2y_1=0$ 时，此时 $A,O,B$ 三点共线，面积自然为 0。此公式其实是三角形面积公式向量表达式的展开结果。

用补形的方法也可以很简单明了地证明出来。

可使用以上结论解此题，建立如图 5.6 的坐标系，设 $B(x_1,y_1), C(x_2,y_2), O(x_3,y_3)$，由 $\overrightarrow{OA}+2\overrightarrow{OB}+3\overrightarrow{OC}=\mathbf{0}$，即 $(-x_3,-y_3)+2(x_1-x_3,y_1-y_3)+3(x_2-x_3,y_2-y_3)=\mathbf{0}$，即

$$-x_3+2(x_1-x_3)+3(x_2-x_3)=0, \quad -y_3+2(y_1-y_3)+3(y_2-y_3)=0,$$

解得

$$6x_3 = 2x_1 + 3x_2, \quad 6y_3 = 2y_1 + 3y_2,$$

$$S_{\triangle AOC} = \frac{1}{2}|x_2y_3 - x_3y_2| = \frac{1}{6}|x_2y_1 - x_1y_2|,$$

$$S_{\triangle ABC} = \frac{1}{2}|x_2y_1 - x_1y_2|,$$

所以 $S_{\triangle ABC} = 3S_{\triangle AOC}$。

再解推广后的命题，设 $O$ 是 $\triangle ABC$ 所在平面上的一点，$m,n,p$ 是三个实数，若 $m\overrightarrow{OA} + n\overrightarrow{OB} + p\overrightarrow{OC} = \mathbf{0}$，试求 $\triangle ABC$ 与 $\triangle AOC$ 的面积比。如图 5.6。$m\overrightarrow{OA} + n\overrightarrow{OB} + p\overrightarrow{OC} = \mathbf{0}$，即

$$m(-x_3, -y_3) + n(x_1 - x_3, y_1 - y_3) + p(x_2 - x_3, y_2 - y_3) = \mathbf{0},$$

即

$$m(-x_3) + n(x_1 - x_3) + p(x_2 - x_3) = 0,$$
$$m(-y_3) + n(y_1 - y_3) + p(y_2 - y_3) = 0,$$

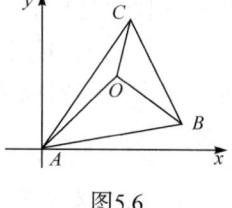

图5.6

解得

$$x_3 = \frac{nx_1 + px_2}{m + n + p}, \quad y_3 = \frac{ny_1 + py_2}{m + n + p}, \quad S_{\triangle AOC} = \frac{1}{2}\frac{n}{m + n + p}|x_2y_1 - x_1y_2|。$$

这样命题就得证了。

原文中的解答需要添加辅助线，这需要一定的巧思。这里的解析法绕过这一巧思，思路清晰，计算也不难，的确是一条巧妙的途径。

**注** 张景中院士在序中对此作有深刻的剖析，告诉我们如何从具体的例子出发做数学研究。

## 5.4 微言要义之平面向量基本定理

章建跃指出，理解数学是教好数学的前提。要教好数学，首先就要理解数学，理解数学是一个对数学内容剖析、挖掘，对数学思想方法感悟、消化的过程。教材编写者根据数学内容的内在逻辑、学生认知的特点、社会的发展，经过反复斟酌、编写、实践、修改，形成了严谨实用的数学教材。数学教材展示了知识严谨的逻辑体系，蕴含了丰富的数学思想方法，因此，教师要理解数学，首先要研读教材，从整体上分析内容的结构体系，体会知识间的内在联系，深入理解概念的内涵，分析其在整个体系中的地位及作用，从细节处挖掘概念要义，感悟思想方法，达到对知识全面细致的把握。

平面向量基本定理具有基础性的地位，利用平面向量基本定理的思想构建平面直角坐标系，将平面内任意向量与平面直角坐标系上的点相对应，从而将向量与向量之间的运算转化为数与数之间的运算，将几何、代数、三角函数联系起来，大大简化了计算，可见平面向量基本定理的重要性。下面将从教材分析、教学分析的角度对平面向量基本定理进行深入研究。

### 5.4.1 内涵分析

数学教材是编写者在对数学知识的表述及编排反复斟酌与实践的基础上，不断修改、完善，旨在能更好地服务于老师的教和学生的学，从而达到更好的教育效果的教学材料。教材中不仅包括数学概念、定理、法则、公式，而且它们的语言表述及知识的编排体系都蕴藏着丰富的思想和内涵。因此，对于基本内容的理解，应由整体到局部、由显入微，仔细、深入地挖掘教材和知识中蕴含的思想与内涵。

1. 从语义上理解

1) 从定理的名称分析

在数学中，为了表述方便，辨别清晰，常用术语给数学概念命名。概念的命名并不是随意的，而是命名者根据概念的内涵和思想，在仔细考量后确定的。为了使术语更加贴切此概念所蕴含的内容、思想及所处的地位，命名者字字斟酌，确保其科学性、合理性。例如，新教材将"重要不等式"改为"基本不等式"、"对应法则"改为"对应关系"等，因此，对概念术语进行由表及里的分析来体会概念的内涵是非常重要的。

将平面向量基本定理这个词分段为"平面""向量""基本""定理"。"平面""向量"表明此定理与平面和向量有关，进而与共线向量及空间向量基本定理区分开来。基本：根本的，主要的，大致，说明此定理发挥着基础性的作用，为后续知识的学习打下了重要的基础，但数学知识之间环环相扣，普遍具有承前启后的作用。定理：是经过受逻辑限制的证明为真的陈述，也就是在既有命题的基础上证明出来的命题，可见平面向量基本定理可由前面所学的向量运算法则和数乘运算推导出来，表明了知识间的内在联系。通过对定理名称字面上的理解分析，平面向量基本定理中的"基本"需要仔细斟酌、思考，因此，下面根据对内容、思想方法、结构的分析来体会"基本"的丰富内涵。

2) 从定理的内容分析

定理是对数学知识本质的高度抽象和概括，蕴含着深刻的内涵。下面从细节之处对平面向量基本定理进行分析。由定理可知，任意向量 $a$ 可以由同一平面内两个不共线的向量 $e_1, e_2$ 通过 $a = \lambda_1 e_1 + \lambda_2 e_2$ 表示出来，且 $\lambda_1, \lambda_2$ 是唯一的。首先，作为基底的不共线向量 $e_1, e_2$ 不唯一确定,具有任意性,即根据平行四边形法则,任意向量皆可以由同一平面内任意两个不共线的向量 $e_1, e_2$ 表示,从而任意向量可分解为平面上两个不共线的向量,同时这也表明了建立斜坐标系的可能性。其次,同一平面内两个不共线的向量 $e_1, e_2$ 可以表示平面内的任意向量 $a$,且 $\lambda_1, \lambda_2$ 唯一。从几何角度看,$\lambda_1, \lambda_2$ 的唯一性可由三角形的几何特征确定,因为由两个不共线的向量 $e_1, e_2$ 所组成的基底已确定,所以两个不共线向量的夹角也随之确定,而任意向量的方向和大小是确定的,因此任意向量与两不共线向量的夹角也是确定的,则三角形的三个内角和一条边已确定。故此三角形便确定了下来,从而三角形的三边长度也唯一确定,所以 $\lambda_1, \lambda_2$ 唯一。从代数角度看,可设 $a = \lambda_1 e_1 + \lambda_2 e_2$,$a = \mu_1 e_1 + \mu_2 e_2$,则 $\lambda_1 e_1 + \lambda_2 e_2 = \mu_1 e_1 + \mu_2 e_2$,所以 $(\lambda_1 - \mu_1)e_1 = (\lambda_2 - \mu_2)e_2$,因为向量 $e_1, e_2$ 不共线,所以 $\lambda_1 = \mu_1$,$\lambda_2 = \mu_2$,故 $\lambda_1, \lambda_2$ 唯一。在前面向量分解及 $\lambda_1, \lambda_2$ 唯一性的前提下,可知 $a = d + f = \lambda_1 b + \lambda_2 c$,若 $d$ 与 $b$ 共线,$f$ 与 $c$ 共线,且 $b, c$ 不共线,则 $d = \lambda_1 b$,$f = \lambda_2 c$,这为向量与坐标系中的坐标建立一一对应关系打下了理论基础。最后,平面向量基本定理是在加法法则及数乘运算的基础上,对二者的综合和发展,而向量的运算法则不仅具有几何背景,还可反过来研究几何性质,作为加法法则及数乘运算综合体的平面向量基本定理对研究几何性质具有重要作用。除此之外,平面向量基本定理是以向量中的基本量 $e_1, e_2$ 为基底来表示向量中的另一基本量(任意向量),具有普遍性和广泛应用性。

2. 从思想方法上理解

数学不仅包含着丰富的数学知识,而且蕴藏着重要的思想方法,抓住知识的内涵及本质对学生理解、掌握数学知识具有重要的作用,而挖掘知识本质中所蕴含的思想方法对学生的学习、能力、生活具有长远的影响。

1) 数形结合

数和形是数学研究的重要对象,数与形并不是孤立、分裂的,而是可以相互转化、相互联系的,将数和形结合在一起研究和解决数学问题的方法就是数形结合。

从向量的概念及产生背景来看,向量集数与形为一体,本身便涉及了几何与代数;从向量的运算法则来看,向量的加法法则,即 $a + b = \overrightarrow{AB} + \overrightarrow{BC} = \overrightarrow{AC}$,用几何图形表示,则可以利用三角形的首尾相接表示向量之和,或者以平行四边形的同一点为起点作对角线来表示;向量的数乘则描述了共线向量及平行向量之间的关系;而平面向量基本定理实际上是平行四边形法则的逆运算通过数乘运算进行的扩展与延伸,并且为用点的坐标表示向量提供了理论基础,从而使得可以通过坐标的运算来表示向量之间的运算,而向量之间的运算又可以用来研究几何图形的性质,因此平面向量基本定理在沟通几何、代数间的关系方面具有重要的作用。

最后，对于向量的数量积，则可利用投影作直角三角形将向量之间的运算转化为实数与三角函数的运算。由此可得，向量及向量的运算法则本身具有几何背景，而同时向量的运算法则又可以用来研究几何图形，二者相辅相成。

2) 坐标法

笛卡儿的斜坐标系与费马的斜坐标系为解析几何的产生奠定了基础，并将代数和几何联系起来。

平面向量基本定理实际上是斜坐标系的雏形，是平面直角坐标系的基础，通过同一平面内两个不共线的向量 $e_1,e_2$，构建一组基底，而由于 $e_1,e_2$ 是有方向和大小的量，根据向量的运算规律，若 $e_1,e_2$ 的方向、大小确定，则可通过加法法则和数乘运算得出在此平面内的任意向量，因此由 $e_1,e_2$ 构成的一组基底相当于斜坐标系的坐标轴，$e_1,e_2$ 的方向确定了斜坐标系中坐标的符号，$e_1,e_2$ 的大小确定了斜坐标系的单位长度。由此，平面内的任意向量都可以通过斜坐标系中的坐标表示。

在数学运算中，为了计算方便、简捷，用坐标法研究几何性质时，会选择合适的直角坐标系，将数和形联系起来。因此，在平面向量基本定理的基础上，构建向量的直角坐标系也是非常必要的，从而将平面内的任意向量与平面直角坐标系上的坐标建立一一对应关系，通过向量的坐标运算来研究几何图形的性质，沟通向量、几何、代数及三角函数，可见平面向量基本定理的重要性。

3. 从一维到二维再到三维

数学的发展是从已知到未知的探索过程，通过利用数学知识内在逻辑的一致性和连贯性在已有知识的基础上进行推广，将数学知识从一维推广到二维甚至多维。

孤立的任意向量本身并没有维度而言，维度是由向量之间的关系、研究目的及条件决定的，同时，一维是其他维度的基础，其他维度是在一维基础上的延伸推广，具有内在逻辑的一致性。平面向量基本定理便是一维共线向量的推广延伸，共线向量是以一个向量为基底来表示与它方向相同或相反、大小不同的向量，当基底确定时，可以表示的一类向量也随之确定了，与数轴类比，即当数轴的方向、单位长度、原点确定时，则可以表示数轴上所有的点，二者具有异曲同工之妙。但共线向量不能表示任意向量，不具有普遍性，而利用平行四边形法则的逆运算可以将任意向量分解为两个向量之和，由此根据共线向量的特性，利用平面内两个不共线的向量便可表示平面内的任意向量，从而为任意向量的表示提供了理论基础。同样地，以平面向量基本定理为基础，进行推广、延伸，便可得到空间向量基本定理。从一维的共线向量到二维的平面基本定理再到三维的空间向量基本定理，体现了数学知识在内在逻辑一致性基础上的推广延伸。

## 5.4.2 教学角度

教学是教师有目的、有计划、有组织地引导学生掌握知识、发展能力、培养情感，使学生成为对社会有用的人的活动。数学知识具有内在逻辑的连贯性和思想方法的一致性，教学过程要根据知识的内在逻辑从整体上把握，从细节处突破，培养学生思维的逻辑性和严谨性，并通过展示知识的发生、发展过程，追溯知识的本原，渗透思想方法，让学生在探索、发现的过程中体会知识的内涵，感悟数学思想方法。

1. 把握整体，注重细节

强调把握数学内容的整体性，是由数学的学科特点决定的。这种整体性，包括内容的整体结构（概念及其相互联系），以及前后一致的由内容反映的数学思想方法。同时，注重知识的细节，于细节处挖掘知识的内涵，防止出现知识性错误。

在进行平面向量基本定理的教学时，教师可以通过创设情境、精心设问，以问题串的形式逐步启发学生的思维，让学生感受共线向量的"基底"只可表示共线向量，而两不共线的向量可以通过平行四边形法则表示任意向量，进而过渡到平面向量基本定理，体会到平面向量基本定理中基底的作用及任意向量如何通过两不共线向量表示，为后面平面向量的坐标表示做铺垫，让学生将前面所学的共线向量、向量运算法则及本节课的平面向量基本定理形成一个清晰、连贯的逻辑框架，并为学习平面向量的坐标表示打好理论基础和认知基础。同时，对于细节的把握也是至关重要的，例如，平面向量基本定理中 $\lambda_1$，$\lambda_2$ 的唯一性，学生往往会忽略，从而造成对知识理解的偏差，影响学生对知识的应用，因此教师可引导学生从几何和代数两方面思考解决，使学生对平面向量基本定理有一个整体细致的掌握。

2. 追溯本原，体会内涵

知识的产生都有一个发生、发展的过程，根据历史相似性原理，学生对知识的理解过程与历史上知识的发生、发展过程具有内在一致性，因此在教学中，教师要追溯知识发生的历史本源，挖掘知识发展的内在逻辑，站在学生的角度，利用现代信息技术对知识进行重构，组织生动、高效的数学课堂。

对平面向量基本定理的教学，教师要挖掘平面向量产生的背景，即物理背景和几何背景，利用物理方面的知识来引入。这符合知识本身的发生过程，易引起学生的兴趣并启发学生的思维。根据知识的内在逻辑，通过问题串引导学生经历平面向量基本定理发生、发展的过程，使学生体会到物理与数学之间的联系、数学知识之间的联系，掌握平面向量基本定理的内涵。

根据知识的发生、发展过程组织课堂，符合学生认知，启发学生思维，引起学生兴趣，发展学生情感，有助于学生发现问题、分析问题、解决问题，掌握知识，体会知识的内涵，这样的教学过程是自然的，充满生命活力的。

3. 渗透思想，感悟方法

数学内容中不仅蕴含着丰富的知识，而且蕴含着丰富的思想方法，而思想方法对学生的发展具有重要的作用，在教学中要渗透知识蕴含的思想方法，让学生感悟并体会其中的内涵。

平面向量基本定理中蕴含着丰富的思想方法，例如，数形结合、坐标法及从一维到二维再到三维的推广，教学中，教师可以引导学生从几何方面来思考代数问题，也可以从代数方面思考几何问题，同时，构建合适的教学情境和问题，让学生深刻理解平面向量定理中的基底及任意向量表示的唯一性，让学生从平面向量的基本内涵中去体会思想方法。

数学思想方法与数学知识不同，不可能通过一两次课就可以掌握，数学思想方法的学习是一个潜移默化的过程，需要根据教学内容在教学中不断地渗透，让学生在多次反复的学习中感悟其内涵。

# 第6章 立体几何

## 6.1 教科书中立体几何概念变式素材的特点

变式教学是具有本土特色的教学方式。随着变式教学在理论和实践层面所取得的长足进展,"变式"逐渐成为教科书在选取和安排学习素材时要考虑的重点之一。章建跃指出,我们非常重视利用教师的教学经验,包括利用变式教学的实践成果,改进教科书中的学习素材选择、数学活动设计以及习题的设计等,教科书中应用变式素材已经成为一种常态。大多数教师在课堂教学中会频繁使用教科书中的变式素材。当教科书变式素材屡屡融入课堂教学时,只有全面把握教科书变式素材整体所呈现的特点,我们才能评价教科书中变式素材的合理性、有效性,才能为进一步改进教科书中的变式素材提出合理意见。考虑到代数、几何具备各自的特点,下面主要对教科书在引入和理解几何概念时所使用的变式素材特点进行分析。

### 6.1.1 几何概念学习的认知分析

喻平依据特征说和知识的广义分类观,将数学概念分为陈述性概念和运算性概念。数学概念可以表述为:$C = R(x_1, x_2, \cdots, x_n)$,其中 $x_1, x_2, \cdots, x_n$ 为 $n$ 个定义性特征(或上一级概念),$R$ 为整合这些特征的规则。如果 $R$ 及 $x_1, x_2, \cdots, x_n$ 没有数学的运算意义,那么称这类概念为陈述性概念,否则称为运算性概念。"立体几何初步"涉及的概念或是描述空间几何体的结构特征,或是阐述空间中点、直线、平面之间的位置关系,多数几何概念属于陈述性概念。陈述性概念是一些静态的定义性特征的组合,这类概念学习的认知过程主要涉及激活、精致、检验和形成图式。

**激活** 即学习者首先激活长时记忆中与几何概念有关的定义性特征,也就是与之相关的一系列先前学过的概念。如,在学习棱柱的结构特征之前,需要激活多面体、相邻四边形等概念。

**精致** 包括呈现现实生活中有关几何概念的具体事例、比较相关概念之间的差异、对可能具有的性质进行猜测和推论等。如在揭示棱柱的本质特征之前,呈现学生所熟悉的长方体包装盒;通过观察与比较三棱柱、四棱柱、五棱柱,归纳概括棱柱的结构特征。

**检验** 是在概念应用阶段呈现出来的心理状态,当理解了几何概念后,学习者建立了一套判断的程序和规则，能够根据几何概念作出判断。如，改变棱柱的摆放位置，再让学生判断是否为棱柱，此时，学生再按照棱柱的定义性特征逐一检验。

**形成图式**　即学习者在头脑中形成概念系、概念域的图式。如，学习者需要明晰斜棱柱、直棱柱、正棱柱之间的关系，形成棱柱概念系。通过概念的应用，从不同角度和侧面认识棱柱，形成棱柱的概念域。最后整合棱柱的性质，形成棱柱概念的图式。

### 6.1.2　用于建构几何概念的教科书变式

教科书中用于激活几何概念的学习素材作为"先行组织者"出现，旨在帮助学生建立新旧知识间的联系。对于用于精致、检验概念以及帮助学生形成良好概念图式的学习素材，往往是"变换非本质特征来突出本质特征"，因而属于变式素材。

1. 用于精致几何概念的变式素材

几何学中的许多现象和基本性质，可以凭借丰富的感性认识和可靠的直观，看到、想象到它们的正确性，因此，在处理几何概念时选择直观、具体的变式素材无疑有助于学生对概念的认识和理解。教科书设计的直观变式主要有两类：一类是日常生活中的一些典型实例，旨在帮助学生组织已有的感性经验，在概念的引入环节较为常见；另一类为图形变式，帮助学生将原有的感性经验从直观上升到图形的水平，这类变式往往出现在具体实例之后。

1) 借助直观、具体的实例设计变式素材

教科书往往通过设计直观、具体的材料来帮助学生组织已有的感性经验，使学生在比较中认识和发现几何概念的本质特征。几何概念的一个基本特征是抽象性。但在学生的生活世界中，相关实例大量存在，并且学生对其也有一定的感性认识。如，异面直线概念是一个较难理解的几何概念，教科书在引入概念时，首先选取了两个生活实例，来帮助学生获得空间中两条直线存在既不相交也不平行的位置关系的直观感知：教室内日光灯管所在的直线与黑板左右两侧所在的直线既不相交也不平行；天安门广场上旗杆所在的直线与长安街所在的直线既不相交也不平行。紧接着，教科书以学生所熟悉的长方体模型 $ABCD\text{-}A'B'C'D'$ 为载体，安排了一个"观察"活动。显然，线段 $A'B$ 所在直线与线段 $C'C$ 所在直线既不相交也不平行。这里的三个实例充分表明：空间中两条直线存在既不相交也不平行的位置关系。在此基础上，教科书引出异面直线的概念。这三个实例将异面直线的外延作为变异空间，均属于概念变式。学生通过比较这三个典型实例，归纳出异面直线的本质特征。

在"空间中直线与平面之间的位置关系"一节中,教科书也使用了类似的处理方法。鉴于日常生活中,有许多关于线面位置关系的具体实例,学生也潜移默化地获得了一些感性认识,教科书在本节内容的开始部分便安排了一个"思考"活动(图6.1)。

(1) 一支笔所在的直线与一个作业本所在的平面可能有几种位置关系?
(2) 如右图,线段$A'B$所在直线与长方体$ABCD\text{-}A'B'C'D$的六个面所在平面有几种位置关系?

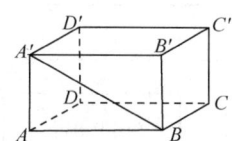

图 6.1

图 6.1 中思考(1)是一个实际操作,以笔代表直线,以作业本代表平面,观察笔和作业本可能出现的位置关系。学生通过动手操作,直观感知空间中直线与平面的三种位置关系。思考(2)要求回答长方体中线面位置关系的种数,通过对长方体模型的观察、思考,进一步感知空间中直线与平面的位置关系。这两个实例属于概念变式,教科书通过"思考"活动设计概念变式,目的在于帮助学生获得关于直线与平面位置关系的直观感知。在学生获得直观感知后,进行抽象,将"笔"抽象成"直线",将"作业本"抽象成"平面",形成直线与平面之间位置关系的形象表示,从而引出直线与平面的三种位置关系。

图形变式也是教科书处理几何概念时经常使用的一种直观变式。借助不同的图形变式,使学生原有的感性经验从具体直观上升到图形的水平。例如,为了表示异面直线不共面的特点,教科书设计了以下图形变式(图6.2),分别用一个平面和两个平面来衬托异面直线不共面的特点。异面直线属于三维图形,因此,用平面直观图表示时容易造成视觉上的失真,进而导致异面直线概念的本质特征被掩盖,教科书通过设计不同的图形变式,正好克服了这一弊端,使得异面直线概念的本质特征得到淋漓尽致的展现。

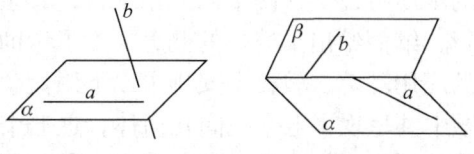

图 6.2

2) 借助概念的多元表征形式设计变式素材

对于几何概念,教科书中也常常利用几何概念的多元化表示形式设计变式素材。例如,教科书在描述直线与平面的三种位置关系时,使用了文字语言、图形语言和符号语言(图 6.3)，这三种不同的表述形式构成一个概念性变式，这里的变式，变的是三种位置关系的表征方式，不变的是三种位置关系的内涵。综合运用三种语言，使其优势互补，以使学生对概念的理解更加透彻。

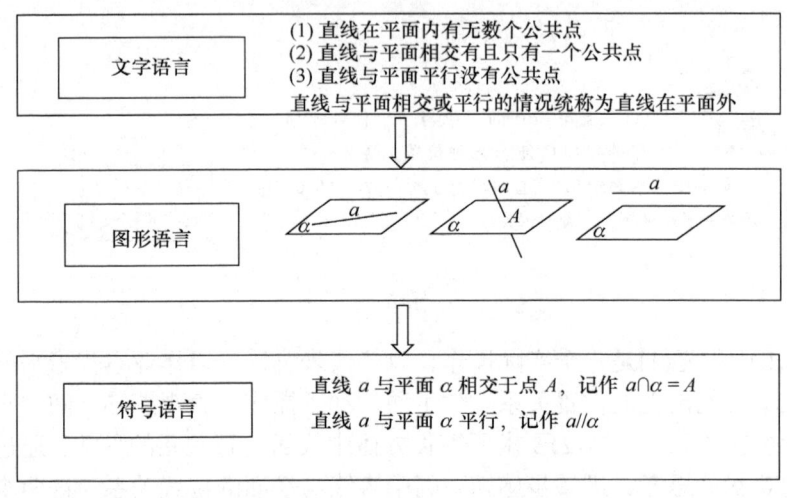

图 6.3

### 2. 用于检验几何概念的变式素材

检验是在概念应用阶段呈现出来的思维动作。经过几何概念的精致环节，学生获得较为完整的几何概念。为了进一步深化学生对几何概念的理解，促进学生对几何概念的记忆，教科书往往设计用于检验几何概念的变式素材。教科书中用于检验几何概念的变式材料，既有以揭示概念本质属性为主的概念变式，也有以排除无关特征干扰为目的的非概念变式；既有标准形式的变式也有非标准形式的变式。这些不同类型的变式有助于学生深入理解概念，精准把握概念，从而获得对几何概念的深刻记忆。

如教科书在处理棱柱概念时，先叙述了学生熟悉的长方体包装盒的特点，在此基础上，引出棱柱的本质特征：有两个面互相平行，其余各面中每相邻的两个面的公共边都互相平行，继而给出了棱柱的概念。为了帮助学生进一步深化棱柱的结构特征，在概念的应用环节，教科书安排了以下用概念作判断的变式习题。

如图 6.4，第(1)题中共呈现了七个空间几何体，这七个空间几何体围绕棱柱概念的本质特征作变式处理，其中，几何体②和⑦的任意两个面都不平行，④和⑥虽然有两个面互相平行，但不满足棱柱的另一本质特征——其余各面中每相邻两个面的公共边都互相平行。因此，只有①、③、⑤满足棱柱的结构特征。将这些变式素材加以分类，②、④、⑥、⑦均属于非概念变式，①、③、⑤则为概念变式，并且①变换了棱柱的摆放位置，故①是棱柱的非标准图形变式，③和⑤

则为棱柱的标准图形变式。由此可见，七个几何体中，既有标准形式的变式又有非标准形式的变式，既有概念变式也有非概念变式。这些变式材料的使用，一方面可以帮助学生建立柱、锥、台、球等相关概念之间的联系；另一方面可以澄清或者预防学生在理解棱柱概念时可能出现的混淆。通过标准形式和非标准形式变式的比较，概念变式和非概念变式的比较，学生可以十分直观地理解棱柱概念的本质属性，从而准确把握棱柱的结构特征。

1. 选择题

(1) 下列几何体中是棱柱的有(  )。

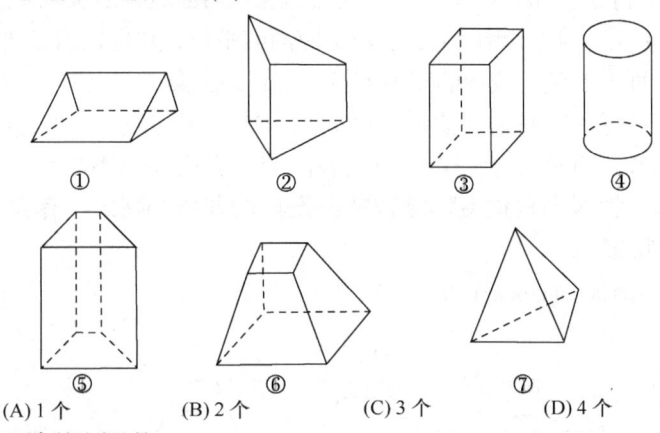

(A) 1 个　　　(B) 2 个　　　(C) 3 个　　　(D) 4 个

(2) 下列命题正确的是(　　)。
   (A) 有两个面平行，其余各面都是四边形的几何体叫棱柱
   (B) 有两个面平行，其余各面都是平行四边形的几何体叫棱柱
   (C) 有两个面平行，其余各面都是四边形，并且每相邻两个四边形的公共边都互相平行的几何体叫棱柱
   (D) 用一个平面去截棱锥，底面与截面之间的部分组成的几何体叫棱台

图 6.4

第(2)题是对棱柱定义的判断，(A)、(B)两个选项都只满足棱柱的一个本质特征——有两个面平行，而不满足另一本质特征——其余各面中每相邻的两个面的公共边都互相平行，教科书基于此设计的非概念变式，有助于学生获得对棱柱概念的全面、准确的理解。

图 6.5 是一个简单组合体，要求判断剩下的几何体和截去的几何体。有的学生可能会认为剩下的几何体不是棱柱，因为如果选择上、下两个平面作为底面，不符合棱柱的结构特征(其余各面中每相邻的两个面的公共边都互相平行)。事实上，剩下的几何体和截去的几何体都是棱柱，但都是非标准形式的棱柱，只是改变了棱柱的摆放位置，教科书在此所做的变式处理，能够有效预防学生在理解棱柱概念时可能出现的偏差，有助于学生准确把握棱柱概念的本质特征。

1. 如图,长方体 $ABCD$-$A'B'C'D'$ 中被截去一部分。其中 $EH$//$A'D'$,剩下的几何体是什么? 截去的几何体是什么? 你能说出它们的名称吗?

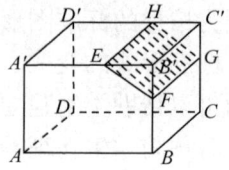

图 6.5

教科书在台体概念的应用环节,也设计了用作概念判断的变式练习(图 6.6)。棱(圆)台是指用平行于棱(圆)锥底面的平面去截棱(圆)锥时,底面与截面之间的部分。根据台体的定义,棱(圆)台的上、下两个底面应平行,并且它们必然可以复原回棱(圆)锥,就棱台而言,延长棱台的四条侧棱,它们必能交于一点。几何体(1)的上底面和下底面虽然平行,但四条侧棱延长后显然不能交于一点,几何体(2)的侧棱和(3)的母线虽然延长后都能交于一点,但上底面与下底面显然不平行,因此,(1)~(3)都不属于台体。教科书根据台体结构特征设计的非概念变式,有助于学生精准把握台体的结构特征。

2. 判断下列几何体是不是台体。并说明为什么。

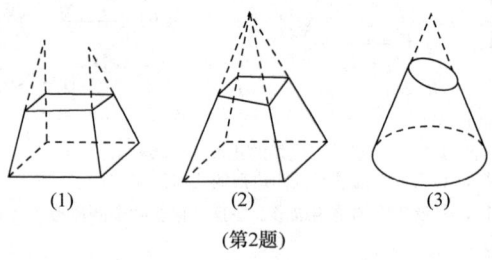

(第2题)

图 6.6

### 3. 用于形成几何概念图式的变式素材

为了帮助学生形成良好的概念图式,教科书往往借助概念的联系性设计变式素材。在"立体几何初步"部分,教科书利用概念之间的联系设计的变式素材主要表现为比较相近几何概念之间的相同点和不同点,寻找相近概念之间的联系,使得学生能够从不同角度和侧面认识几何概念。

如教科书在"柱、锥、台、球的结构特征"一节的最后,安排了一个"探究"活动,要求学生分析和比较棱柱、棱锥、棱台以及圆柱、圆锥、圆台在结构上的相同点和不同点(图 6.7)。

棱柱、棱锥与棱台都是多面体，它们在结构上有哪些相同点和不同点？三者的关系如何？当底面发生变化时，它们能否互相转化？圆柱、圆锥与圆台呢？

图 6.7

棱柱、棱锥、棱台都是多面体，当棱台的上底面扩大至与下底面全等时，就变成棱柱；当棱台的上底面缩为一个点时就变成棱锥；圆柱、圆锥、圆台都是旋转体，当圆台的上底面扩大至与下底面全等时，就变成圆柱；当圆台的上底面缩为一个点时就变成圆锥。棱柱、棱锥、棱台以及圆柱、圆锥、圆台都是一些相近的、具有紧密联系的概念，教科书以此设计变式，旨在引导学生用联系的观点看待柱体、锥体和台体。而充分认识这些概念间的联系性，有助于学生多角度深入理解柱体、锥体、台体等概念，进一步完善认知结构。

如，在"空间几何体的三视图和直观图"一节的最后，教科书也安排了一个比较的"探究"活动(图 6.8)，探究 (1) 让学生根据所给的三视图画出直观图，探究(2) 则要求对三视图、直观图这两种图形的特点及其关系进行讨论。

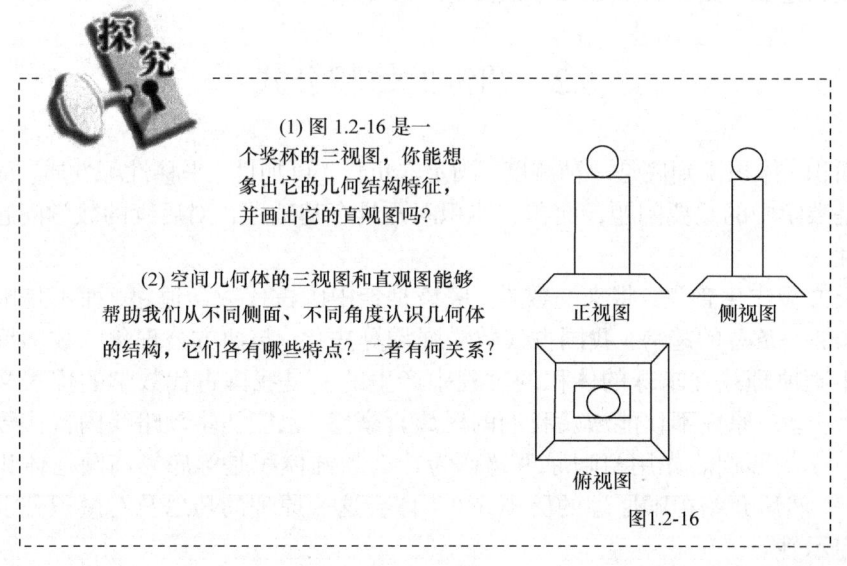

图 6.8

空间几何体的三视图和直观图有密切的联系，能够由空间几何体的三视图得到它的直观图，也能由空间几何体的直观图得到它的三视图。直观图是从整体上刻画空间几何体，根据直观图的结构，能想象出实物的形象；三视图则是从细节上刻画空间几何体的结构，根据三视图，可以得到一个精确的空间几何体。教科书在此设计变式，目的在于引导学生用联系的观点看待空间几何体的三视图和直观图。通过这一"探究"活动，学生对三视图和直观图的认识也将更加清晰、深刻。

几何概念虽然较为抽象，但在现实生活中存在大量丰富、典型的实例，学生或多或少地积累了一些感性经验，因此，几何概念的学习过程往往从直观出发，通过设计直观具体的变式素材，帮助学生组织已有的感性经验，并将其逐步从具体上升到图形的水平，逐步形成抽象的认识。为使学生对几何概念形成更好的理解，教科书分别使用文字语言、图形语言、符号语言对几何概念进行描述，这种借助几何概念的多元化表示形式设计的变式素材，使得学生对概念的理解更加透彻。教科书中设计的用于检验几何概念的变式素材，既有概念变式，也有非概念变式；既有标准形式的变式，也有非标准形式的变式，这些变式素材有助于学生深化对几何概念的理解，促进学生对几何概念的记忆。为了帮助学生形成良好的几何概念图式，教科书往往借助相近概念的联系性设计变式素材，使得学生从不同角度和不同侧面来认识几何概念。因此，从理论上说，教科书中设计变式素材对学生学习几何概念的影响是正面的。但是，它们能否在课堂教学中发挥其应有的功效，还需要对教师及其教学展开进一步的研究。

## 6.2 圆锥的体积公式

面积、体积说到底是一种测度，满足非负性、可加性、平移性等性质。面积、体积是数学中的重要问题，面积、体积问题具有基础性，对后续的数学问题具有辐射性。

吴文俊先生曾说，将来的数学，应该是走中国古代数学道路，而不是国际道路，这是一条总的趋势。我国古代数学强调算法化，与西方公理化的数学旨趣迥异。祖暅原理是在求球的体积的过程中产生的，是我国古代数学的优秀文化遗产。学习这一原理不仅能激发我们的民族自豪感，也能初步领略我国古代数学对现代数学的影响。先用祖暅原理解释为什么圆锥体积是等底等高圆柱体积的三分之一，然后介绍祖暅原理的历史，初步体会这一原理的巧思及对微积分求积问题的启示性。

### 6.2.1 祖暅原理

祖暅原理也就是"等积原理"。祖暅是我国南北朝时期的数学家，是祖冲之的儿子。他在《缀术》中指出"缘幂势既同,则积不容异"。这里的"幂"指水平截面的面积,"势"指立体的高。这个原理是说,夹在两个平行平面间的两个几何体,被平行于这两个平行平面的平面所截,如果截得两个截面的面积总相等,那么这两个几何体的体积相等。这个原理很容易理解。取一摞书或一摞纸张堆放在水平桌面上,然后用手推一下以改变其形状,这时高度没有改变,每页纸张的面积也没有改变,因而这摞书或纸张的体积与变形前相等。祖暅不仅首次明确提出了这一原理,还成功地将其应用于推算球的体积。

还有关于平面图形的祖暅原理。夹在两条平行直线间的两个平面图形,被平行于这两条平行直线的直线所截,如果截得两条线段的长度总相等,那么这两个平面图形的面积相等。

在西方,直到17世纪,这个原理才由意大利数学家卡瓦列里发现。他于1635年出版的《用新方法促进的连续不可分量的几何学》中,建立了关于线、面和体的不可分量原理,所以西方人把它称为"卡瓦列里原理"。

这一原理在数学史上是具有里程碑意义的事件,是希腊人的穷竭法向牛顿-莱布尼茨微积分的一种过渡,对17世纪上半叶微积分思想的发展有很大影响,是微积分萌芽的先声。这一原理是计算面积和体积的有用工具,它的直观基础很容易通过微积分而严格化(在微积分中,祖暅原理降格成了一条定理)。如果作为直观上的显然而承认祖暅原理,那么以长方体体积公式和此原理为基础,可以求出柱、锥、台、球等的体积。

设有底面积都等于$S$,高都等于$h$的任意一个棱柱、一个圆柱和一个长方体,使它们的下底面都在同一个平面内。若用任一平行平面截这三个几何体,所得的截面积相等,根据祖暅原理,可知它们的体积相等。由于长方体的体积等于它的底面积乘以高,于是得到柱体的体积公式也是底面积乘以高。

设有底面积都等于$S$,高都等于$h$的一个棱锥和一个圆锥,使它们的底面都在同一平面内,根据祖暅原理,可知它们的体积相等,即等底面积等高的两个锥体的体积相等。

如图6.9,设三棱柱$ABC\text{-}A'B'C'$的底面积(即$\triangle ABC$的面积)为$S$,高(即点$A'$到平面$ABC$的距离)为$h$,则它的体积为$Sh$。沿平面$A'BC$和平面$A'B'C$将这个三棱柱分割成三个三棱锥,其中三棱锥1,2的底面积相等($S_{\triangle A'AB}=S_{\triangle A'B'B}$),高也相等(点$C$到平面$ABB'A'$的距离);三棱锥2,3也有相等的底面积($S_{\triangle B'BC}=S_{\triangle B'C'C}$)和相等的高(点$A'$到平面$BCC'B'$的距离)。因此,这三个三棱锥的体积相等,每个三棱锥的体积都是$\dfrac{1}{3}Sh$。

三棱锥$A'\text{-}ABC$如果以$\triangle ABC$为底,那么它的底面积是$S$,高是$h$,而它的

体积是 $\frac{1}{3}Sh$。这说明三棱锥的体积等于它的底面积乘以高的三分之一。对任一锥体，它的底面积是 $S$，高是 $h$，那么它的体积应等于一个底面积是 $S$，高是 $h$ 的三棱柱的体积的 $\frac{1}{3}$，即这个锥体的体积为 $V_{锥体}=\frac{1}{3}Sh$。同样的推理过程，对等底面积和等高的圆柱与圆锥，都有 $V_{圆锥}=\frac{1}{3}V_{圆柱}$。

如图 6.10，圆锥可看作是一个直角三角形 $AOB$ 绕着 $x$ 轴旋转而成的。设线段 $AB$ 的长为 $r$，其绕 $x$ 轴旋转形成一个圆面，设 $OB$ 的长为 $h$，这是圆锥的高。设 $OD$ 的长为 $x$，则 $CD=\frac{r}{h}x$。$CD$ 绕 $x$ 轴旋转形成一个圆面，圆锥可以看成由无穷多个圆面堆积而成，把每一个小圆面的面积累加起来即得圆锥的体积

$$V=\int_0^h \pi\left(\frac{r}{h}x\right)^2 \mathrm{d}x = \pi\frac{r^2}{h^2}\int_0^h x^2 \mathrm{d}x = \frac{1}{3}\pi r^2 h = \frac{1}{3}Sh,$$

其中 $S$ 是圆锥的底面积 $\pi r^2$。

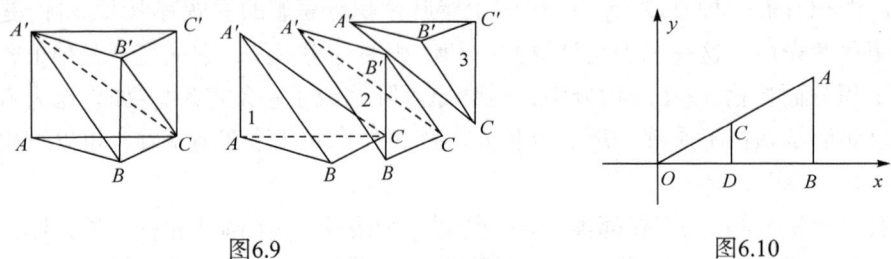

图6.9　　　　　　　　　　图6.10

微积分的方法显得更容易些，但不能不学习祖暅原理。正如龚升先生所说，数学的发展是一个推陈出新、吐故纳新的过程，是一个新的有力的工具和更简单的方法的发现与一些陈旧的、复杂的东西被抛弃的过程，是"高级"取代"低级"的过程。但在人们学习数学的过程中，却不能只学习"高级"的，完全不学习"低级"的。学习数学是一个循序渐进的过程，没有"低级"的数学打好基础，很难理解并学习好"高级"的数学。为了更好地学习"高级"的微积分，我们需要深入地理解祖暅原理，了解其历史是更深入地理解这一原理的一条途径。

### 6.2.2 祖暅原理的历史

牛顿曾说，他之所以站得高，是因为站在巨人的肩膀上。祖暅原理的提出标志着我国古代求体积方法达到了顶峰。祖暅也是站在"巨人肩膀"上了，祖暅原理的历史其实就是我国古代求体积的历史。

我国古代最早的求体积法是出入相补原理。出入相补又称以盈补虚，是几何学中最基本的原理之一。用现代语言来说，就是指这样的明显事实：一个平面图

形从一处移置他处，面积不变；又若把图形分割成若干块，那么各部分面积的和等于原来图形的面积，因而图形移置前后诸面积间的和、差有简单的相等关系。立体的情形也是这样。在立体的情况下，它主要用于把梯形立体化成一个长方体再求其体积。

三国时的刘徽利用出入相补原理在求体积方面取得了出色的成就。

《九章算术》以及《刘注》(即刘徽撰写的《九章算术注》,本书简记为《刘注》)解决体积问题的出发点是把一般的多面体分解为一些基本的立体。先把一长方体斜剖为二，如图 6.11(a)，得两堑堵(堑堵是两底面是直角三角形的正柱体)。再把堑堵斜剖为二，如图 6.11(b)：一个是阳马(阳马是直角四棱锥体)，如图 6.11(c)；另一个是鳖臑(鳖臑是四面都是直角三角形的四面体)，如图 6.11(d)。其中鳖臑的特征是 $AB$ 和平面 $BFG$ 垂直，$FG$ 和平面 $ABF$ 垂直。由于任一多面体可以分割为四面体，而任一四面体可以分割为 6 个鳖臑，如图 6.12，所以问题归结为求鳖臑(以及阳马)的体积。

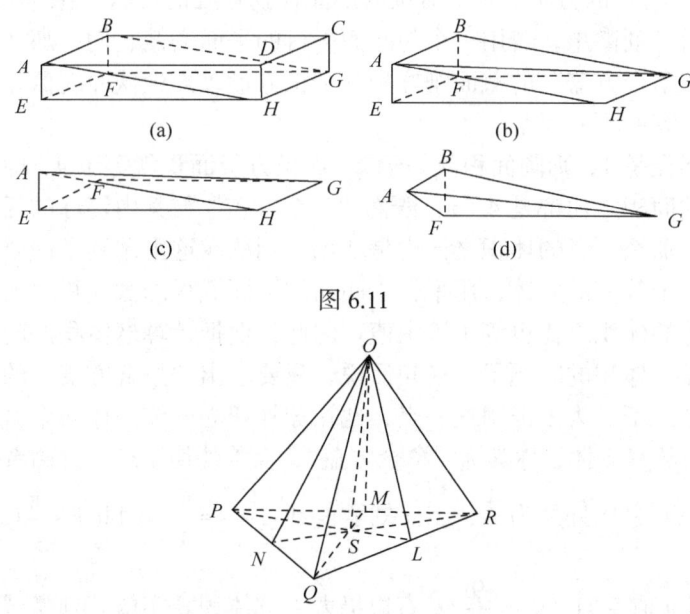

图 6.11

图 6.12

接下来是怎样求得阳马和鳖臑的体积。如果长方体成为立方体，那么分解所得的阳马的体积是鳖臑的两倍。刘徽说，"阳马居二，鳖臑居一，不易之率也"。我们把它称作刘徽原理，斜解一长方体所得阳马和鳖臑的体积的比恒是二比一。从这一原理容易得到鳖臑和阳马的体积公式。由此又通过组合、分割、组合、分割……这样一个过程得到多面体的体积公式，因而整个多面体的体积理论可奠基于刘徽原理以及出入相补原理之上。《九章算术》到《刘注》，我国对多面体的体积已经建立了相当完整的理论体系。但是对于曲面围成的立体，特别是球的体积问题，却遇到了困难。球体积问题直到南北朝时期的祖暅才完全解决，祖暅还提出了祖暅原理。

早在公元前 1 世纪，我国对球体积的计算是通过实测来完成的，其结果引出球体积计算公式 $V=\dfrac{9}{16}D^3$，$D$ 是球的直径。公元 263 年，刘徽在注释《九章算术》时，对这个公式提出了异议。他说，如果把球与外切圆柱的体积之比当作 $\dfrac{\pi}{4}$，故 $\pi$ 取 3 时即得此式。然而实际上前一比并非 $\dfrac{\pi}{4}$，刘徽发现了球体积公式存在着过大的误差后，便决心推算出精确的公式。首先，他用两个半径都等于 $R$ 的圆柱面，让其轴线互相垂直并相交，于是，这两个圆柱面的公共部分正好把半径为 $R$ 的球体包含在内，这个公共部分的外形就像一个既圆又方的盒子，刘徽称之为"牟合方盖"，即两把对合的方伞。两个对接的烟筒在拐弯处的形状就像"牟合方盖"的一个角。然后，刘徽想，若用一个与底面平行的平面去截它们，那么球的截面肯定是圆，而"牟合方盖"的截面刚好是一个正方形，无论截面高低如何，其形状只不过是大小有所不同罢了。

假定圆半径是 1，则圆面积就等于 $\pi$，而正方形面积就等于 4，即任意正方形与其内切圆的面积之比都是 4:$\pi$。既然"牟合方盖"与其内切球的任意截面积之比都是 4:$\pi$，那么二者的体积之比也是 4:$\pi$。刘徽在这里用到了一个重要的截面原理：如果两个等高的立体，用平行于底面的平面截得的截面积之比为一定值，则这两个立体的体积之比也等于该定值。因此，他把计算球体积的问题转化为计算"牟合方盖"体积的问题了。换句话说，只要求出"牟合方盖"的体积，就可得到球体积公式了。为了证明这一点，他在球外切立方体内作两个直交的内切圆柱，得到公共部分立体，称其为"牟合方盖"，合盖外切于球，且两者平行于立方体上下底的截面之比处处为 $\dfrac{4}{\pi}$，因而刘徽得到 $\dfrac{V}{V_{合盖}}=\dfrac{\pi}{4}$。因此 $V=\dfrac{\pi}{4}V_{合盖} < \dfrac{\pi}{4}V_{柱} = \left(\dfrac{\pi}{4}\right)^2 D^3$。当 $\pi$ 取 3 时，$V=\dfrac{9}{16}D^3$ 右边仍大于球体积真实值。刘徽试图求出"牟合方盖"体积以得出球体积，可是立方体之内、合盖之外的复杂立体把他给难住了，他因此功亏一篑。他最后只好把上述结果详述在注解里，并希望后人看到这个问题，接着来完成他未竟的事业。

祖暅沿用了刘徽的思想，利用刘徽"牟合方盖"的理论去进行体积计算。他的方法是将原来的"牟合方盖"平均分为 8 份，取它的八分之一，不妨称为"小牟合方盖"（图 6.13），$OP=h$，过 $P$ 点作平面 $PQRS$ 平行于平面 $OABC$。又设内切

球体的半径为 $r$, 则 $OS = OQ = r$, 由勾股定理有 $PS = PQ = \sqrt{r^2 - h^2}$, 故此正方形 $PQRS$ 的面积是 $r^2 - h^2$。

如果将图 6.13 立体放在一个边长为 $r$ 的正立方体之内(图 6.14),不难证明图 6.14 中与图 6.13 等高处阴影部分的面积等于 $h^2$。在图 6.15 中, 设正立方锥体顶点到其截面的高度为 $h$, 不难发现对于任何的 $h$, 正立方锥体截面面积也必为 $h^2$。由此可知, 在等高处, 图 6.14 中阴影部分的面积与图 6.15 中的正立方锥体的横切面的面积总相等。所以, 有理由相信, 虽然正立方锥体和正立方体去掉 "小牟合方盖" 后的形状不同, 但因它们的体积都可以用截面面积和高度来计算, 而在等高处的截面面积总是相等的, 所以它们的体积也就是相等的了。于是他提出了著名的祖暅原理。

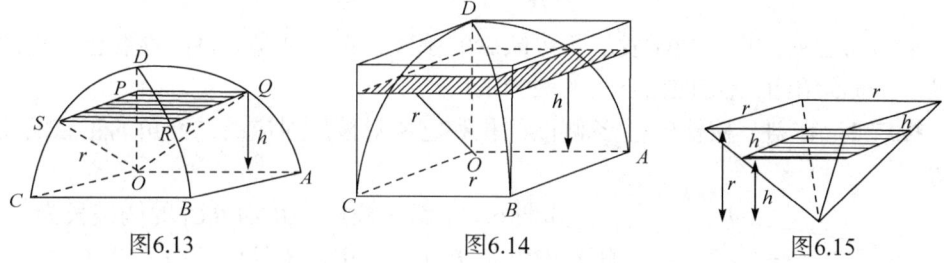

图6.13　　　　　图6.14　　　　　图6.15

将图 6.13 中 $\frac{1}{8}$ 个 "牟合方盖" 的体积, 加上图 6.15 中的正立方锥体体积, 应该等于图 6.14 的正立方体体积, 由此可知 $\frac{1}{8}$ 个 "牟合方盖" 的体积 $V = r^3 - \frac{1}{3}r^3 = \frac{2}{3}r^3$, 而整个 "牟合方盖" 的体积为 $8 \times \frac{2}{3}r^3$。再据刘徽的想法 $\frac{V}{V_{\text{合盖}}} = \frac{\pi}{4}$, 得球的体积为

$$V_{\text{球}} = \frac{\pi}{4} \times \frac{16}{3}r^3 = \frac{4}{3}\pi r^3。$$

"牟合方盖" 是刘徽所引入的。事实上, 在《刘注》中, 他已经多次应用了祖暅原理来求曲面围成立体的体积。例如从方堡墙(长方体)来求圆堡墙(圆柱), 从方锥来求圆锥, 从方亭(正方台)来求圆亭(圆台), 都已经使用了这一方法。祖暅的功绩, 不仅在于具体求出了 "牟合方盖" 进而求出球的体积, 更在于把实际上已知并且已经广泛应用的实践经验总结提高到一般原理的形式。

从祖暅原理可以立即得出前面讲到的刘徽原理, 因而多面体的体积理论也可以建立在出入相补原理和祖暅原理这两个浅显易懂的基本原理之上。在欧洲, 直到希尔伯特的《几何基础》问世以后, 20 世纪初, 才有人(例如绪思)考虑根据卡瓦列里原理来建立体积理论的问题。

### 6.2.3 史识

祖暅原理简单明白、应用广泛, 体现了我国古代数学的独特风格, 着重于问题解决以及解决问题的一般方法和一般原理、原则，同样的风格也可见之于几何的代数化、位值制记数法等。这和西方数学偏重于概念和概念之间的相互逻辑关系是不同的。中国古代数学注重工程应用，而在结构性、理论性科学方面的发展比较漫长。因此，我们在学习老祖宗的宝贵遗产时，既不要妄自菲薄，也不要妄自尊大，应采用兼收并蓄的态度，博采众长。作为古代求积方法的顶峰，求球的体积过程中有阿基米德的精密、祖暅的巧思、开普勒的前瞻，这些至今仍让人惊叹。在其中我们总可以汲取有益的成分，提高我们的学养和学识。

## 6.3 正弦定理在空间的推广

数学命题的推广是数学发展不可缺少的手段，是一项富有挑战性和创造性的活动。下面给出正弦定理在空间的两种推广。

**推广1** 在斜三棱柱中，各侧面面积和它所对棱所对应的二面角的正弦的比相等。

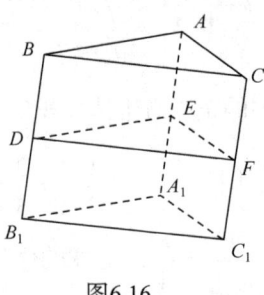

图6.16

如图6.16，斜三棱柱 $ABC\text{-}A_1B_1C_1$ 的侧棱长为 $L$，侧面 $ABB_1A_1, BCC_1B_1, ACC_1A_1$ 的面积分别为 $S_1, S_2, S_3$，它们两两所成的二面角分别为 $\theta_{ij}(i,j=1,2,3, i\neq j, \theta_{ij}=\theta_{ji})$，求证：$\dfrac{S_1}{\sin\theta_{23}}=\dfrac{S_2}{\sin\theta_{31}}=\dfrac{S_3}{\sin\theta_{12}}$。

**证明** 作三棱柱的直截面 $DEF$，则 $AA_1\perp$ 平面 $DEF$，在 $\triangle DEF$ 中，$\dfrac{DE}{\sin\angle DFE}=\dfrac{FD}{\sin\angle DEF}=\dfrac{EF}{\sin\angle EDF}$，$\angle DFE$ 是二面角 $D\text{-}CC_1\text{-}E$ 的平面角，即 $\theta_{23}$，同理，$\angle EDF=\theta_{12}, \angle DEF=\theta_{31}$，不难推出

$$\dfrac{S_1}{\sin\theta_{23}}=\dfrac{S_2}{\sin\theta_{31}}=\dfrac{S_3}{\sin\theta_{12}}。$$

**推广2** 在对棱分别相等的三棱锥中，侧棱和其所对二面角的正弦的比相等。

已知在三棱锥 $A\text{-}BCD$ 中（图6.17），$AB=CD=a, AD=BC=b, AC=BD=c$，$AB$ 所对的二面角 $B\text{-}CD\text{-}A$ 记为 $\alpha$，$AD$ 所对的二面角 $A\text{-}BC\text{-}D$ 记为 $\beta$，$AC$ 所对的二面角 $A\text{-}BD\text{-}C$ 记为 $\gamma$，求证：$\dfrac{a}{\sin\alpha}=\dfrac{b}{\sin\beta}=\dfrac{c}{\sin\gamma}$。

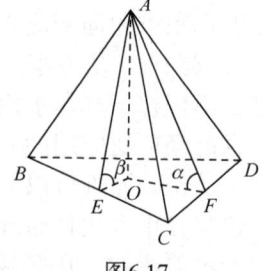

图6.17

**证明** 不难推出 $\triangle ABC\cong\triangle CDA$，所以 $S_{\triangle ABC}=S_{\triangle CDA}$，作 $A$ 点在底面 $BDC$

上的射影 $O$，过 $OE$ 作 $OE \perp BC$ 于 $E$，连接 $AE$，过 $O$ 作 $OF \perp CD$ 于 $F$，连接 $AF$，由于 $S_{\triangle ABC} = S_{\triangle CDA}$，有

$$BC \cdot AE = CD \cdot AF, \quad \frac{AE}{AF} = \frac{CD}{BC} = \frac{a}{b},$$

又

$$\sin\alpha = \frac{AO}{AF}, \quad \sin\beta = \frac{AO}{AE}, \quad \frac{\sin\beta}{\sin\alpha} = \frac{AO}{AE} \cdot \frac{AF}{AO} = \frac{AF}{AE} = \frac{b}{a},$$

所以 $\dfrac{a}{\sin\alpha} = \dfrac{b}{\sin\beta}$，同理 $\dfrac{b}{\sin\beta} = \dfrac{c}{\sin\gamma}$，故 $\dfrac{a}{\sin\alpha} = \dfrac{b}{\sin\beta} = \dfrac{c}{\sin\gamma}$。

正弦定理、余弦定理还可以发展成球面上的正弦定理、余弦定理。

立体几何是培养空间直观想象能力的优良载体，极具教育价值。立体几何教学信息化、直观化也是很有研究价值的主题。

# 第7章 解析几何

## 7.1 以简识繁的直线

直线既简单，又不简单。说直线简单是指确定直线的条件简单，如两点、一点一方向都可确定直线，进而直线方程的表达形式简单。说直线不简单，是说许多高深的数学知识都可以在直线上找到影子，直线是许多复杂数学知识"心理成像"的载体。把貌似简单的东西弄清楚了，就可以更好地认识一些复杂的事物，以简识繁。

### 7.1.1 线性化

将复杂的问题简单化，以简驭繁是数学追求的目标。曲线变化多端，但只要在某点处可导，那么曲线在这点的附近就可近似看作一条切线，即局部线性化。这是微分学的基本方法之一。熟知的基本不等式 $a^2 + b^2 \geqslant 2ab$ 也可看成局部线性化的结果。过点 $(1,1)$ 作 $y = x^2$ 图象的切线，则切线方程为 $y - 1 = 2(x - 1)$。曲线 $y = x^2$ 总位于切线的上方，故有 $x^2 \geqslant 2(x-1) + 1$，即 $x^2 \geqslant 2x - 1$，令 $x = \dfrac{a}{b}$，则 $\left(\dfrac{a}{b}\right)^2 \geqslant 2 \cdot \dfrac{a}{b} - 1$，化简即基本不等式。也就是说可以用局部线性化的方法证明基本不等式，局部线性化比基本不等式更为基本。这就是用切线法证明不等式的教材渊源，技巧内蕴在教材中！曲线局部线性化之后，勾股定理也有了微分表达形式，即 $(\mathrm{d}s)^2 = (\mathrm{d}x)^2 + (\mathrm{d}y)^2$，$\mathrm{d}s$ 是曲线长的微元。类似地，在某点附近的曲面也可以用切平面取而代之，实现局部平面化。这种方法在微分流形中也得到了体现。以直代曲、化曲为直是微积分的重要手法。即使是直线，处理水平直线上的运算也要比处理倾斜直线上的运算来得简单。熟知的圆锥曲线的第二定义，是说圆锥曲线上任意一点到定点的距离和到定直线的距离之比是个常数，其实是说，可以用平直的线段来度量倾斜的线段，以"直"度"斜"。向量的正交分解是把向量分别向两个正交的平直方向投影，也是以"直"度"斜"。

在统计中寻求两个变量间的相关关系时，如果散点图中的点大致分布在一条直线附近，那么可用一条回归直线拟合这两个变量之间的相关关系。在有些实际情况中，两个变量之间虽不存在线性关系，但有时也可以选择合适的曲线类型将非线性问题转化成线性问题。如拟合用的 $S$ 型曲线 $y=\dfrac{1}{a+be^{-x}}$，可通过变换 $\begin{cases} y'=\dfrac{1}{y}, \\ x'=e^{-x} \end{cases}$ 变成 $y'=a+bx'$ 这样一个线性方程。非线性问题线性化是一条行之有效的解决问题的方法。

### 7.1.2 直线方程与拉格朗日插值法

数学经常将被研究的真实世界的对象抽象成函数，即函数是数学研究真实世界最主要、最普遍的对象。如果能知道每一点的函数值，那么也就把握了整个函数。但是做到这点有时并不可能。为了克服这个困难，用工程的语言来说，就要利用某种测量手段通过有限的信息获得尽可能多的有关整体的信息。

逼近和插值是两种通过局部信息获得有关整体信息的方法。这种思想方法在直线方程里也得到了体现。如，过两点 $(a,f(a)),(b,f(b))$ 的直线方程是 $f(x)=\dfrac{x-b}{a-b}\cdot f(a)+\dfrac{x-a}{b-a}f(b)$，也就是说，只要知道了任意两点的值，那么就能测得直线上任意一点的函数值。在动态几何软件超级画板中，作线段的动态 $n$ 等分点，也是基于这种"测量"的做法。由此出发，从不同方向联想，可以引发很多有趣的现象。如，已知圆的直径的两个端点的坐标分别为 $(x_1,y_1),(x_2,y_2)$，则圆的方程为 $(x-x_1)(x-x_2)+(y-y_1)(y-y_2)=0$，也就是说，只要知道了具体两点的值，那么就能测得圆周是任意一点的函数值。细细想来，还颇有点"一叶而知秋"的味道。

局部的信息有助于了解整体的信息。在一般人看来，局部和整体是对立的，局部的信息无助于了解整体的信息。但是数学家拉格朗日却不这样认为。虽然 $f'(x)(x\in(a,b))$ 反映的是 $f$ 在 $x$ 处的"局部"性质，但拉格朗日公式 $f(b)-f(a)=f'(\xi)(b-a)$ 却表明，在开区间上整体的量 $f(b)-f(a)$ 却可以由局部的量 $f'(\xi)$ 来推测、了解。这种做法，在微积分中并不鲜见。如，已知函数 $f(x)$ 在 $[a,b]$ 上连续，在 $(a,b)$ 内二阶可导，则存在 $\xi\in(a,b)$，使

$$f(x)=\dfrac{x-b}{a-b}f(a)+\dfrac{x-a}{b-a}f(b)+\dfrac{f''(\xi)}{2}(x-a)(x-b),$$

知道了 $f(x)$ 在具体两点的值，那么，就可大致估算 $f(x)$ 的值了。

类似地，只要知道三点 $(a,f(a)),(b,f(b)),(c,f(c))$ 的值，那么一个次数不超过二次的多项式可由 $f(x)=p(x)f(a)+q(x)f(b)+r(x)f(c)$ 唯一确定，其中

$$p(x) = \frac{(x-b)(x-c)}{(a-b)(a-c)}, \quad q(x) = \frac{(x-a)(x-c)}{(b-a)(b-c)}, \quad r(x) = \frac{(x-a)(x-b)}{(c-a)(c-b)}。$$

显然 $p(a)=1, p(b)=0, p(c)=0; q(a)=0, q(b)=1, q(c)=0; r(a)=0, r(b)=0, r(c)=1$。此即著名的拉格朗日插值公式。一般地，这种方法首先定义一个拉格朗日"基函数" $L_i(x) = \prod_{k=i} \frac{x-x_k}{x_i-x_k}$，容易验证 $L_i(x_k) = \delta_{ik} = \begin{cases} 1, & i=k \\ 0, & i \neq k \end{cases}$，然后用这组"基函数"来表示拉格朗日函数 $L(x) = \sum_{i=0}^{n} L(a_i) L_i(x)$。这样，在过两点 $(a, f(a)), (b, f(b))$ 的直线方程 $f(x) = \frac{x-b}{a-b} f(a) + \frac{x-a}{b-a} f(b)$ 中，令 $p(x) = \frac{x-b}{a-b}, q(x) = \frac{x-a}{b-a}$，则 $f(x) = p(x)f(a) + q(x)f(b)$。显然，$p(a)=1, p(b)=0; q(a)=0, q(b)=1$，记 $\boldsymbol{\alpha}_1 = (p(a), p(b)) = (1,0), \boldsymbol{\alpha}_2 = (q(a), q(b)) = (0,1)$，这是两个正交的单位向量，恰好是二维空间的一组基向量。这是一种有如"力的分解与组合"的叠加法，线性组合、基向量、线性微分方程解的结构都能在直线方程中"心理成像"。值得一提的是，我国古代孙子定理的证明中，已经有了上述思想的"胚胎"，可惜没有得到应有的发展。

### 7.1.3 直线方程与线性差分方程解的结构

设直线 $l_0: Ax + By = 0$，若 $(x_0, y_0) \in l_0, (x_1, y_1) \in l_0$，则 $(C_0 x_0 + C_1 x_1, C_0 y_0 + C_1 y_1) \in l_0$。用方程的语言来说，若 $(x_0, y_0), (x_1, y_1)$ 是直线方程的两个特解，那么它们的线性组合是直线方程的通解(即直线上的任一点都可由这两个特殊点来表示)。类似地，差分方程

$$a_{n+2} + P a_{n+1} + Q a_n = 0 \tag{7.1}$$

的两个线性无关的特解的线性组合，就是其通解。

设直线 $l_1: Ax + By = C$，若 $(x_1, y_1) \in l_1$，则 $(C_0 x_0 + x_1, C_0 y_0 + y_1) \in l_1$。用方程的语言说，非齐次直线方程 $Ax + By = C$ 的通解是其一个特解与相应的齐次方程的通解的组合。设 $(x, y)$ 是 $l_1$ 上任一点，则有 $\begin{cases} x = x_1 + C_0 x_0 \\ y = y_1 + C_0 y_0 \end{cases}$，$C_0$ 是参数，这便是直线的参数方程。类似地

$$a_{n+2} + P a_{n+1} + Q a_n = f(n) \tag{7.2}$$

的通解是其一个特解与方程(7.1)的通解的组合。

设 $(x_1, y_1)$ 是直线 $Ax + By = C_1$ 上的一点，$(x_2, y_2)$ 是直线 $Ax + By = C_2$ 上的一点，则 $(x_1 + x_2, y_1 + y_2)$ 是直线 $Ax + By = C_1 + C_2$ 上的点。这是直线方程解的叠加原理。类似地，若 $y_1(n)$ 是 $a_{n+2} + P a_{n+1} + Q a_n = f_1(n)$ 的特解，$y_2(n)$ 是 $a_{n+2} + P a_{n+1} + Q a_n =$

$f_2(n)$ 的特解，则 $y_1(n)+y_2(n)$ 是 $a_{n+2}+Pa_{n+1}+Qa_n=f_1(n)+f_2(n)$ 的特解。类似的结论对线性微分方程也适用。

线性差分方程解的结构和直线方程的解的结构别无二致，作为一种教学法上的理解，线性差分方程解的结构完全可以"栖居"在直线方程解的结构上，体现数学逐级抽象的特点。数列与差分作为选修内容进入了中学师生的视野，因此有必要加强新增内容与传统内容之间的内在联系。

### 7.1.4 余味

数学力图寻求蕴含在数和形中的普遍性的规律，并用抽象的、概括的概念、公式来表述这些规律。曾经的"火热思考"沉淀在"冰冷美丽"的规律中了。教学，作为一种传播知识的有效方式，就是要通过符合教育本义的认知方式，通过学生主体化的反省，不断阐释教材，努力缩小与教材、数学家之间的"间距"，还原数学家曾经的"火热思考"。教学不能依靠逻辑推演的方式来实现，需要调动学生的探索激情，需要学生调动多方面的经验对前人的成果进行多方面的体验、表达和理解，争取使学生对知识有深刻的理解并且反复地思考知识，努力做到在知识的身体里有情感的血液在畅流。这样的教学才能真正传承数学文化。

## 7.2 点到直线距离公式的些许教学改进

点到直线距离公式的推导有多种方法，如向量法、柯西不等式法、最值法等，但以人教版教材给出的面积法最为自然。其自然之处，在于思想、想法的自然，美中不足的是图 7.1 中点 $S,R$ 的坐标选取稍有点复杂，导致运算量有点大。这里能不能稍改进一下，改进点的坐标，使这种推导过程的想法既自然又运算量更小呢？

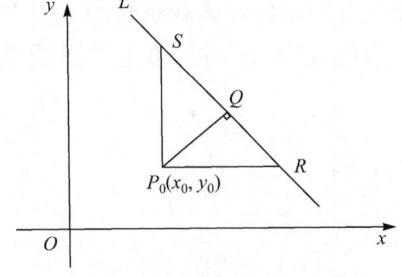

图7.1　教材中点到直线的距离公式推导用图

### 7.2.1 推导

这里不妨把点 $R$ 的坐标设为 $(x,y)$，因为 $A(x-B)+B(y+A)+C=Ax+By+C=0$，所以 $S$ 的坐标可设为 $(x-B,y+A)$ (这里似乎有点不自然，下面会阐述)。面积公式可以用行列式表达出来，这里不妨用三阶行列式解一下。

$$S_{\triangle P_0SR} = \frac{1}{2}\begin{vmatrix} x & y & 1 \\ x-B & y+A & 1 \\ x_0 & y_0 & 1 \end{vmatrix}$$

的绝对值 $=\frac{1}{2}|Ax_0+By_0+C|$；又 $|SR|=\sqrt{A^2+B^2}$，则 $|P_0Q|=\dfrac{|Ax_0+By_0+C|}{\sqrt{A^2+B^2}}=d$。

### 7.2.2 用之于教学

虽然三阶行列式、矩阵等一些内容进入了选修教材之中，然而，众所周知，这些内容还是没有引起足够的重视。有教师可能会说，三阶行列式学生接受不了，而且点 $S$ 的坐标设法太不自然了，太不好想了，此法不好！我们认为，教学的目的是促进学生更好的发展，一些好的想法可以通过教学这种劝说行为进入学生的视野中。下面先说说用之于教学时，要考虑的几个问题。

(1) 比如，有学生会问道，$\triangle P_0SR$ 一定要取成直角三角形吗，取成斜三角形时，又该如何推导，显然本章所取的三角形就是斜三角形的例子。

(2) 为什么会想到把 $S$ 的坐标设为 $(x-B, y+A)$ 呢？

可以这样来解释：直线 $l_1: Ax+By+C=0$ 的法向量是 $(A,B)$，方向向量是 $(-B,A)$，那么把直线上的任一点 $R(x,y)$ 按方向向量 $(-B,A)$ 平移，就得到点 $(x-B, y+A)$。有关直线的法向量、方向向量的知识在人教社教材的阅读材料中出现过，学生应该不陌生。用向量的观点看直线，也是教材隐性的要求之一。还有教材，如湘教版教材就直接用向量的方法处理直线。

另外在人教版教材中的习题中有这样一道习题：设点 $P_0(x_0, y_0)$ 在直线 $Ax+By+C=0$ 上，求证这条直线的方程可以写成 $A(x-x_0)+B(y-y_0)=0$。为了使点 $S$ 的坐标设法显得自然，仿上面的习题，可以补充一道习题：设点 $P_0(x_0, y_0)$ 在直线 $Ax+By+C=0$ 上，求证点 $(x_0-B, y_0+A)$ 也在这条直线上。

无论采取哪种措施，都可以让点 $S$ 坐标的设法不再显得突兀。

(3) 非要用行列式表示面积公式吗？

不是这样的。如图 7.2。用向量法或面积法很容易推出

$$S_{\triangle OBA} = \frac{1}{2}|x_1y_2 - x_2y_1|, \quad (7.3)$$

对任意三角形 $A(x_1, y_1), B(x_2, y_2), C(x_3, y_3)$，其面积公式也可由(7.3)式表达，这里，不妨把 $C$ 点看作原点 $C'(0,0)$，则 $A'(x_1-x_3, y_1-y_3)$，

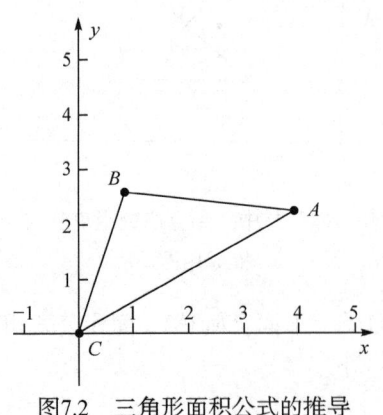

图7.2 三角形面积公式的推导

$B'(x_2-x_3, y_2-y_3)$，显然，△$ABC$ 的面积等于△$A'O'B'$ 的面积。这样，任意三角形的面积公式就是 $\frac{1}{2}|(x_1-x_3)(y_2-y_3)-(x_2-x_3)(y_1-y_3)|$。此式可以写成二阶行列式的形式：$\frac{1}{2}\begin{vmatrix} x_1-x_3 & y_1-y_3 \\ x_2-x_3 & y_2-y_3 \end{vmatrix}$，当然也可写成三阶行列式的形式：$\frac{1}{2}\begin{vmatrix} x_1 & y_1 & 1 \\ x_2 & y_2 & 1 \\ x_3 & y_3 & 1 \end{vmatrix}$，不过要注意面积为正值，计算时要取行列式的绝对值。

(4) 用面积公式 $S=\frac{1}{2}ab\sin C$ 的变式 $S=\frac{1}{2}|x_1y_2-x_2y_1|$ 推导距离公式。

不妨把 $P_0(x_0, y_0)$ 看作原点 $P'(0,0)$，则 $R, S$ 的坐标分别变为 $R'(x-x_0, y-y_0)$ 和 $S'(x-B-x_0, y+A-y_0)$，则△$P_0'R'S'$ 的面积为

$$\frac{1}{2}|Ax+By-Ax_0-By_0|=\frac{1}{2}|Ax_0+By_0+C|,$$

而 $|SR|=\sqrt{A^2+B^2}$，故 $d=\frac{|Ax_0+By_0+C|}{\sqrt{A^2+B^2}}$。

这样，既充分挖掘了教材中的思想，又减少了一些计算量。

### 7.2.3 教学研究无止境

张景中院士是面积法的创始人，对面积法有独到的见解。下面的推导法，将会让我们的思维不再固化，并且会让我们有一种耳目一新的感觉。不妨设 $A\cdot B\cdot C\neq 0$，若把直线方程 $Ax+By+C=0$ 写成截距式 $\frac{x}{a}+\frac{y}{b}=1$，考虑原点到直线 $Ax+By+C=0$ 的距离 $d$，立刻看出 $d=\frac{|ab|}{\sqrt{a^2+b^2}}$。注意 $a=-\frac{C}{A}, b=-\frac{C}{B}$，代入并化简得到 $d=\frac{|C|}{\sqrt{A^2+B^2}}$，容易验证，此公式对 $A\cdot B\cdot C=0$ 时仍然成立。

观念不要固化，任意的点 $(x_0, y_0)$ 也有资格充当原点。考虑 $(x_0, y_0)$ 到直线 $Ax+By+C=0$ 的距离 $d'$。作坐标平移 $x'=x-x_0, y'=y-y_0$，在新坐标系中，$(x_0, y_0)$ 成为原点，直线方程 $Ax+By+C=0$ 变成 $A(x'+x_0)+B(y'+y_0)+C=0$，即

$$Ax'+By'+(Ax_0+By_0+C)=0,$$

于是 $d'=\frac{|Ax_0+By_0+C|}{\sqrt{A^2+B^2}}$。

笛卡儿曾说，我一生只做两件事，一是做简单的事，二是将复杂的事变成简

单的事。当直线写成截距式时，原点到直线的距离一看便知。由这种简单情形出发，能推导点到直线的距离公式吗？张景中院士给出的方法让人看到了化归思想方法的威力，同时也告诉我们，原点与坐标系的点的地位是相对的，教学研究无止境！

### 7.2.4 回眸一望

再回过头来审视一下教材中的推导法，思想是自然的，但解法稍嫌烦琐。仔细分析一下原因，原来是犯了解析几何的"大忌"：要"设而不求"，在不得已的情况下，才解方程。能否用设而不求来试试呢？不妨设 $S(x_0, y_1), R(x_1, y_0)$，那么点到直线的距离就是

$$d = \frac{|x_1 - x_0||y_1 - y_0|}{\sqrt{(x_1 - x_0)^2 + (y_1 - y_0)^2}} = \frac{|y_1 - y_0|}{\sqrt{1 + \left(\frac{y_1 - y_0}{x_1 - x_0}\right)^2}},$$

又 $S(x_0, y_1), R(x_1, y_0)$ 在直线 $Ax + By + C = 0$ 上，那么有 $Ax_0 + By_1 + C = 0$，$Ax_1 + By_0 + C = 0$，两式相减，然后相除，就有 $\dfrac{y_1 - y_0}{x_1 - x_0} = -\dfrac{A}{B}$，则

$$d = \frac{|By_1 - By_0|}{\sqrt{A^2 + B^2}} = \frac{|Ax_0 + By_0 + C|}{\sqrt{A^2 + B^2}}。$$

教材的编写受很多因素的制约，"设而不求"是一种技法，能否出现在教科书正文中还有待研究。但是，可以在教材的旁边加上一两句指引方向的话，教材就由静态走向开放了。

点到直线的距离公式随着视角的不同，还有不同的推导法，如柯西不等式法、直线和圆的相切、相交取最值法等。

### 7.2.5 些许感想

课程改革之前，我们奉教材为"金科玉律"，唯教材是从；课程改革之后，我们敢对教材"批判"了，但是在"批判"之中少了一些建设。教材虽不是权威，但却不容易轻易否定。受教育专家的影响，一线教师也能说上一些教育学的话语了，如"不是教教材，而是用教材"。如何用教材？上述点到直线距离公式的推导就是用教材的一个例子。要充分挖掘点到直线的距离公式中所内蕴的思想方法，需要教师调动学生多方面的知识储备：三角形公式变式表达法、直线的方向向量、法向量、点与直线的位置关系、点的平移等，还要考虑学生的知识准备等学情因素，并组织成易于学生接受的教学序列。张景中院士的做法更加体现了数学思想方法的威力：从简单情形从发，努力把复杂的问题转化成简单问题。数学思想是自然的，思想指导

下的方法也应是自然的，各种奇思也好，妙想也罢，如果不自然，意义就不是很大了。奇思妙想应自然而来。

## 7.3 圆的基础性

圆锥曲线是因解倍立方体问题的需要而产生的。圆锥曲线的研究法先是纯几何的手法，直至笛卡儿用坐标法研究圆锥曲线，解析几何才产生了。这些成果已反映在现行的教材中。从研究方法上看，直线、圆、圆锥曲线都是坐标法的研究对象，体现了坐标法的巨大威力；但从研究内容上看，直线、圆、圆锥曲线的内在关联性还揭示得不够。平面几何中花了大量的篇幅研究圆，这些知识应在后续学习中体现出来。三角函数又称圆函数，现在人们已经逐渐认识到应发挥单位圆在三角学习中的支持作用。受此启发，在逻辑上圆和圆锥曲线有着内在关联，以圆为认知工具，可以把直线、圆、圆锥曲线等"一线串"起来，把平面几何、解析几何的学习有机关联起来。

### 7.3.1 从圆到圆锥曲线

点可看作半径为零的圆，直线可看作半径为无穷大的圆或曲率为零的圆。作一半径为 $2a$ 的圆，利用轴对称，用圆可以生成椭圆和双曲线。还有一些用圆生成圆锥曲线的方法。

给定圆 $x^2+y^2=r^2(r>0), A(a,0), B(b,0)(b\neq 0, b\neq a)$ 是 $x$ 轴上的两个定点，$P$ 是圆上的一个动点，$Q$ 是 $P$ 在 $y$ 轴上的射影，直线 $AP$ 与 $BQ$ 的交点为 $M$，则点 $M$ 的轨迹：当 $|a-b|=r$ 时为抛物线；当 $|a-b|>r$ 且 $b\neq\dfrac{a^2-r^2}{2a}$ 时为椭圆，当 $b=\dfrac{a^2-r^2}{2a}$ 时为圆；当 $|a-b|<r$ 时为双曲线。

事实上，可以认为椭圆是由圆"压扁"而成的。用一个正方形把圆"框住"，压缩之后，正方形成了长方形，圆成了椭圆。用变换的观点看，有 $\begin{cases}x=x',\\ y=\dfrac{a}{b}y',\end{cases}$ 由 $x^2+y^2=a^2$，就有椭圆 $\dfrac{x'^2}{a^2}+\dfrac{y'^2}{b^2}=1$。从几何上看，上述变换是如何来的，我们也看得很清楚了。由面积比，得到 $\dfrac{a^2}{ab}=\dfrac{\pi a^2}{S_{椭圆}}$，$S_{椭圆}=\pi ab$。用平面斜截实心圆柱体，得到一个椭圆面，圆柱的底面可以认为是由此椭圆面投影而成的，由投影出发，也能得到椭圆的面积公式。

教材用两次平方方法推导了椭圆的方程。还可以回到圆上推导椭圆方程。由
$$\sqrt{(x-c)^2+y^2}+\sqrt{(x+c)^2+y^2}=2a$$
出发，令
$$\sqrt{(x-c)^2+y^2}=2a\sin^2\theta，\quad \sqrt{(x+c)^2+y^2}=2a\cos^2\theta，$$
这其实是一种圆法推导法。令
$$\sqrt{(x-c)^2+y^2}=a+t，\quad \sqrt{(x+c)^2+y^2}=a-t，$$
这是一种半径动态圆法。推导起来，不算太复杂。

圆作为圆锥曲线的"母体"，圆的度量性质、仿射性质大多可以引申推广到圆锥曲线中。如，直径所对的圆周角为直角、切线与半径垂直、垂径定理、圆幂定理都可以推广。这已形成一种技法，欲探究椭圆的性质，有的可以还原到圆上去研究。

### 7.3.2 圆锥曲线间的互变

圆锥曲线同根同源，可以相互转化。

**(由圆生成圆锥曲线)** 设圆 $x^2+y^2=r^2(r>0)$，$PP'$ 是圆垂直于 $x$ 轴的一条弦，$M(m,0),N(n,0)$ 是 $x$ 轴上的不同的两点，求直线 $PM$ 与 $P'N$ 的交点 $Q$ 的轨迹，则当 $(m+n)^2-4a^2>0$ 时，轨迹是椭圆或圆；当 $(m+n)^2-4a^2=0$ 时，轨迹是抛物线；当 $(m+n)^2-4a^2<0$ 时，轨迹是双曲线。

双曲线可视为虚椭圆，两者同为有心曲线，可以相互转化。

**(由椭圆生成双曲线)** 设椭圆 $C：\dfrac{x^2}{a^2}+\dfrac{y^2}{b^2}=1(a>b>0)$，$PP'$ 是 $C$ 上的垂直于 $x$ 轴的一条弦，$A(-a,0),A'(a,0)$ 是 $C$ 的两个顶点，则直线 $PA$ 与 $P'A'$ 交点的轨迹是双曲线 $\dfrac{x^2}{a^2}-\dfrac{y^2}{b^2}=1$。

**(由双曲线生成椭圆)** 设双曲线 $C：\dfrac{x^2}{a^2}-\dfrac{y^2}{b^2}=1(a>0,b>0)$，$PP'$ 是 $C$ 上的垂直于 $x$ 轴的一条弦，$A(-a,0),A'(a,0)$ 是 $C$ 的两个顶点，则直线 $PA$ 与 $P'A'$ 交点的轨迹是椭圆 $\dfrac{x^2}{a^2}+\dfrac{y^2}{b^2}=1$。

在学习、研究有心曲线时，可以以椭圆为重点，这也是教材淡化双曲线的重要原因之一。这样的处理是非常有理的。

记 $h^2x^2+y^2=2px(0<h<1,p>0)$，变形有

$$\frac{\left(x-\dfrac{p}{h}\right)^2}{\left(\dfrac{p}{h}\right)^2}+\frac{y^2}{\dfrac{p^2}{h}}=1,$$

当 $h$ 趋于零时，此椭圆的一个焦点变为抛物线的焦点，另一个变成无穷远点。有心曲线与无心曲线的差别就出来了。

### 7.3.3 几种特殊的圆

由上述可以看到圆的基础性，故在研究圆锥曲线时，要研究几种特殊的圆。

1. 辅助圆

设椭圆的方程为 $\dfrac{x^2}{a^2}+\dfrac{y^2}{b^2}=1$，则圆 $x^2+y^2=a^2$ 称为椭圆的**辅助圆**。双曲线也有辅助圆 $x^2+y^2=a^2$。椭圆和双曲线在逻辑上是等价的。用虚实相生法，椭圆也有渐近线 $\dfrac{x}{a}+\mathrm{i}\dfrac{y}{b}=0, \dfrac{x}{a}-\mathrm{i}\dfrac{y}{b}=0$。对椭圆成立的结论，对双曲线大多也是成立的。下面重点放在椭圆上。

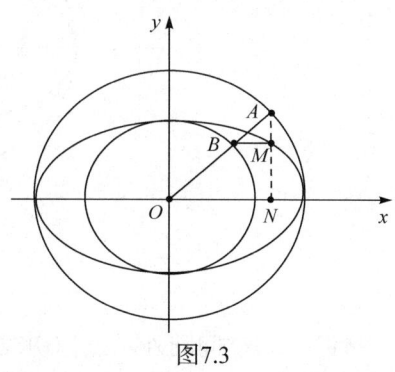

图 7.3

借助基础圆，还可以得到椭圆的参数方程 $\begin{cases} x=a\cos\theta, \\ y=b\sin\theta, \end{cases}$ $\theta$ 是离心角，图 7.3 中的 $\angle AON$ 即离心角；还可以得到双曲线的参数方程 $\begin{cases} x=a\sec\theta, \\ y=b\tan\theta, \end{cases}$ $\theta$ 是参数(图 7.4)。

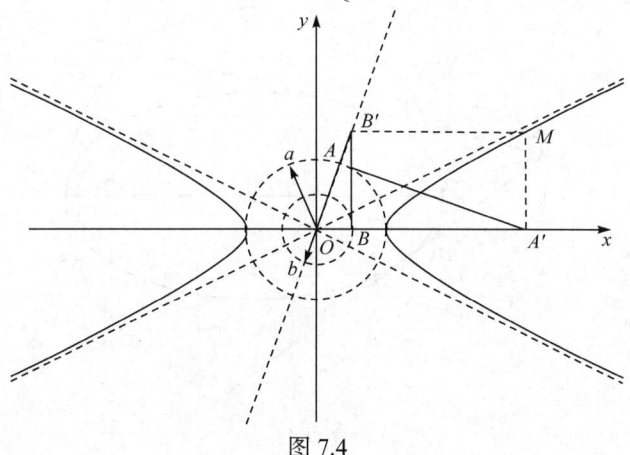

图 7.4

借助辅助圆,可以探究椭圆的切线。

**性质 1**(切线的交点在椭圆上)  设 $OO'$ 是圆 $x^2+y^2=a^2$ 的异于椭圆 $\dfrac{x^2}{a^2}+\dfrac{y^2}{b^2}=1(a>b>0)$ 长轴的一条直径,过直径端点 $Q$,$Q'$ 分别作椭圆的切线,则切线的交点在椭圆的准线上。

**性质 2**(过椭圆上一点作切线)  椭圆和辅助圆的对应弦相交于长轴所在直线上。如图 7.5,点 $F,G$ 为椭圆长轴上的点,过点 $F,G$ 分别作垂直于长轴的线交椭圆和圆于点 $A,D,B,C$,则对应弦 $AB,CD$ 所在直线交于 $x$ 轴上一点 $E$。

运用这个性质,可以作过椭圆上一点的切线。

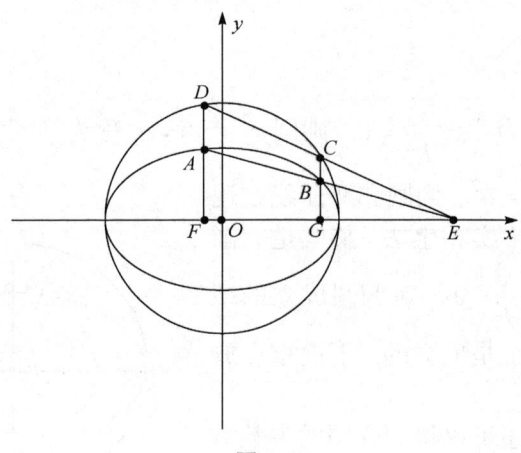

图 7.5

**性质 3**(过椭圆外一点作切线)  从焦点引椭圆上任一点的切线的垂线,则切线与垂线的交点在该椭圆的辅助圆上。

运用这条性质可以过椭圆外一点,作椭圆的切线(图 7.6)。

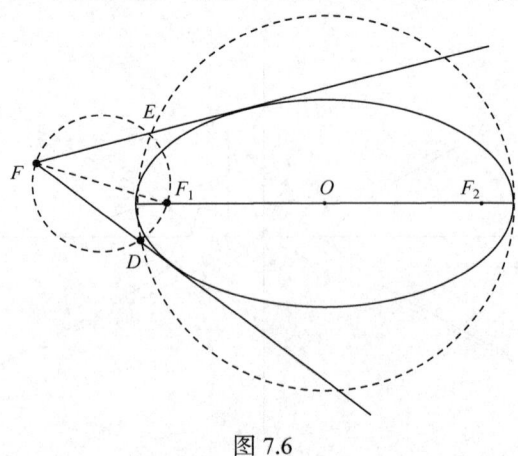

图 7.6

过圆锥曲线焦点且垂直于横轴的弦,称为通径。过通径的两个端点作圆锥曲线的切线,切线斜率的绝对值恰好是离心率。这样就得出斜率与离心率之间的关系,既可以用斜率来刻画圆锥曲线,即圆锥曲线的"第三定义",也可以用离心率来刻画圆锥曲线。

这可以认为是研究圆锥曲线切线的理由之一。

### 2. 阿波罗尼奥斯圆

阿波罗尼奥斯,古希腊数学家,所著《圆锥曲线论》代表了古希腊演绎几何的最高成就。在平面上给定相异两点 $A, B$,设点 $P$ 在同一平面上,且 $\dfrac{|PA|}{|PB|} = \lambda$,当 $\lambda > 0$ 且 $\lambda \neq 0$ 时,点 $P$ 的轨迹为圆。这个圆就是阿波罗尼奥斯圆。

### 3. 蒙日圆

蒙日,法国数学家,画法几何的创始人。蒙日不仅将分析应用于几何,同时也反过来用几何去解释微分方程,推动了微分方程的发展。如用特征曲线、特征锥(蒙日锥)来探讨偏微分方程的特征理论。椭圆的任意两条互相垂直的切线的交点都在同一个圆上,这个圆叫蒙日圆,也叫准圆。蒙日圆也是椭圆外切矩形的外接圆。已知点 $P$ 为椭圆 $\dfrac{x^2}{a^2} + \dfrac{y^2}{b^2} = 1(a > b > 0)$ 外一点,且 $P$ 是椭圆的两条互相垂直切线的交点,则此交点的轨迹方程为 $x^2 + y^2 = a^2 + b^2$。

如图 7.7,设椭圆 $C$ 的左、右焦点分别为 $F_1, F_2$,点 $P$ 到椭圆 $C$ 的两条切线为 $PA, PB$ ($A, B$ 为切点),且 $PA \perp PB$。作点 $F_1$ 关于 $PA, PB$ 的对称点 $F_1'$ 与 $F_2'$,连接图中各线段,则 $F_1'F_2 = F_1'A + AF_2 = F_1A + AF_2 = 2a$,从而 $OG = a$,$F_2'F_2 = F_2'B + BF_2 = F_1B + BF_2 = 2a$,从而 $OH = a$。

又四边形 $PGF_1H$ 为矩形,故 $OP^2 + OF_1^2 = OG^2 + OH^2$,则 $OP^2 = a^2 + b^2$,即点 $P$ 的轨迹方程为 $x^2 + y^2 = a^2 + b^2$。

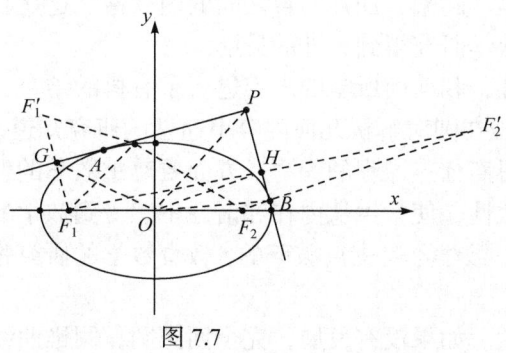

图 7.7

类似地，可以得到，双曲线 $\dfrac{x^2}{a^2}-\dfrac{y^2}{b^2}=1(a>b>0)$ 的两条互相垂直的切线的交点的轨迹是圆 $x^2+y^2=a^2-b^2$，抛物线 $y^2=2px$ 的两条互相垂直的切线的交点是该抛物线的准线。

4. 相切圆

由定义不难得到，在椭圆中，以焦半径为直径的圆与辅助圆均内切；在双曲线中，以焦半径为直径的圆与辅助圆一个外切，一个内切；在抛物线中，以焦半径为直径的圆与 $y$ 轴相切；以过抛物线焦点的弦为直径的圆与其准线相切。

设 $PQ$ 是椭圆 $\dfrac{x^2}{a^2}+\dfrac{y^2}{b^2}=1(a>b>0)$ 上过焦点 $F$ 的弦，点 $R$ 是椭圆左顶点 $A$ 处切线上任一点，直线 $RP$，$RQ$ 与相应于 $F$ 的准线 $l$ 分别交于 $M, N$ 两点，则以 $MN$ 为直径的圆 $C$ 与直线 $PQ$ 相切。

对双曲线、抛物线也有类似的性质。

椭圆上一点 $P$ 与焦点 $F_1, F_2$ 构成焦点三角形 $\triangle PF_1F_2$，则其**旁切圆的圆心** $B$ 在长轴上的射影是椭圆的一个顶点，且 $PB$ 是椭圆的一条切线。

双曲线上一点 $P$ 与焦点 $F_1, F_2$ 构成焦点三角形 $\triangle PF_1F_2$，则其**内切圆的圆心** $B$ 在实轴上的射影是双曲线的一个顶点，且 $PB$ 是双曲线的一条切线。

抛物线上一点 $P$ 与焦点 $F$ 的连线为 $PF$，过点 $P$ 作准线的垂线 $PM$，垂足为 $M$，作圆 $B$ 与 $PF$，$PM$ 及轴 $DF$ 同时相切，则圆心 $B$ 在轴上的射影是抛物线的顶点，且 $PB$ 是抛物线的一条切线。

我们还可以探讨圆锥曲线中的四点共圆等主题。借助圆，圆锥曲线的性质得到了进一步的开发。

### 7.3.4 分析与讨论

上面讨论圆的基础性，从内容上看，的确可以以圆为线索把直线、圆、圆锥曲线的内容"一线串"起来，加强内容之间的内聚性。这是教育数学的观点，教育数学还可以通过数学研究得到另外的见解。

强调圆的基础性，和前面所学的内容进行了有机的结合，使平面几何更"有用"。由三角函数及现在圆对解析几何内容串通性的研究知道，那种任意删减平面几何课程的做法值得商榷。课程的编写一方面要尊重数学的发展史，另一方面更强调逻辑的内在一致性，使学生从内在和谐性中感受到数学的内在和谐美。这也是一种"立德树人"。数学不是支离破碎的，教育数学的研究弥补了课程教材在这方面的不足。

还要强调发展性。如果没有发展，完全回到圆，圆锥曲线就没有研究的必要了。这时，就要强调圆锥曲线中圆所没有的元素。焦点、准线、离心率这些圆锥曲线所特有的概念，要重点加以关注，而且还要找出它们之间的关联。注重发展性，为后面用微积分的观点研究几何、用射影的观点认识二次曲线埋下了伏笔。

"教什么，怎样教"，历来是教育学讨论的重要主题。有人认为，教什么比怎样教更重要，有的观点也恰好相反。通过教育数学的研究，可以认为，"教什么"是内容选择问题，无论"怎样教"都要注意内在的和谐统一性；"怎样教"是方法选择问题，要注意历史上种种研究方法在教学法上的表现，要以基本内容为载体，发展学生的数学能力。按核心素养的说法，发展学生能力的最高水平是知识创新，以圆锥曲线为载体，让学生充分地学会类比、猜想以及做数学，而不是简单地解几道考试题，这样更有教育价值。

## 7.4 微言要义之标准方程

数学概念是构筑数学大厦的基石，不仅不同概念间的巨大差别需要关注，相似概念中的微言要义更值得去剖析。苏霍姆林斯基认为教师的语言素养在很大程度上决定着学生在课堂上的脑力劳动的效率，是一种什么也代替不了的影响学生心灵的工具。可见，教师课堂教学语言与学生课堂学习效果有着极为密切的关系，教师对数学概念的理解深刻影响着其课堂语言行为。因此对相似概念进行深度挖掘，厘清数学概念的区别和联系，会极大地提升数学概念教学的效果。

方程是含有未知数的等式，表示两个数学式之间的相等关系，是用以简化描述现实世界复杂数量关系的有力工具。在数学史的长河中，代数学从修辞代数发展到缩略代数、再到如今成熟完备的符号代数，而方程便是代数学研究的中心问题之一，可以说，方程与代数学是相伴而生的，对方程的研究也是人们扩张数域的重要动力因素。方程作为初等数论代数领域的主要内容，在基础教育阶段贯穿始终。小学阶段安排用字母表示数、简单的一元一次方程及其运用等知识，初中阶段则递进呈现一元一次方程、二元一次方程组和一元二次方程及其运用，高中阶段进一步向抽象化发展，介绍圆锥曲线的方程——二元二次方程。17 世纪解析几何的诞生使几何问题代数化，通过代数方程来研究曲线的几何性质，曲线方程的形式也开始多样化，通常情况下分为标准方程与一般方程。但随着时代的发展，曲线方程的形式趋于单一，尤其在今天的高中教材中突出"标准方程"的主干地位，对一般的二次方程及其曲线不做讨论。试想标准方程为何"标准"，一般方程又何以"一般"，两字之差让它们相互区别又联系紧密，这是利用代数方法解决几何问题的出发点与归宿。下面将从普适的语义、独特的数学意义以及教学中的侧重三方面对曲线的标准方程与一般方程两个概念进行辨析，挖掘隐藏于字面背后的深刻内涵。

### 7.4.1　语义上的辨析

"标准"一词在《现代汉语词典》(第 7 版)有两种解释：① 衡量事物的准则：技术标准|实践是检验真理的唯一标准。② 本身合于准则，可供同类事物比较核对的：标准音|标准时|她的发音很标准。"一般"在词典中释义如下：① 一样；同样：别和他一般见识。② 数量词。一种：别有一般滋味。③ 普通；通常：一般性|一般化|一般情况。

从词典的语义学解释中得知，标准方程意为衡量同类曲线其他方程形式的准则，其本身合乎准则，易于凸显曲线的优良结构与性质，可供同类曲线方程进行比较与核对，向之看齐。例如，圆、椭圆、双曲线、抛物线的标准方程本身易于凸显曲线的基本几何要素，反映曲线的某种性质，可作为曲线其他形式方程朝之转化的准则。而一般方程强调不同方程之间的共性，把曲线方程按照某种特征聚类合并，数学上通常以方程未知数的个数和最高次数为依据将方程归类，例如，一切直线方程都可看成二元一次方程，因此二元一次方程就是直线方程的一般形式；一切圆锥曲线方程都可表示为二元二次方程，因此二元二次方程就是圆锥曲线方程的一般形式。

### 7.4.2　数学上的辨析

辨析标准方程与一般方程的关系，从直线方程说起。直线是解析几何研究的第一个曲线，也是最简单的曲线。直线方程形式众多、各具特色，有点斜式、斜截式、两点式、截距式和一般式等，这让人不由得思考：直线为什么没有"标准方程"呢？究其原因，可从直线方程的建立过程得知。确定直线的条件是直线上一点和直线的倾斜角或者是直线上的不同两点，直线方程的点斜式正是从"直线的倾斜角和一定点"来刻画直线方程的，斜截式则在此基础上将"定点"特殊化为直线与 $y$ 轴的交点，两点式是从直线的性质"两点确定一条直线"来刻画直线方程的，截距式则将"两点"特殊化为直线与坐标轴的交点。解析几何的思想是借助坐标系将图形中的几何要素用坐标和方程表示出来，运用代数方法进行研究从而解决几何问题，规定"标准方程"的意义就在于其能反映曲线的几何要素、方便研究曲线性质。而点斜式、斜截式、两点式和截距式四种形式正是基于这一思想精髓，从确定直线的几何要素入手建立直线方程，从而达到简捷、快速、准确地刻画直线的结构、描述直线的性质的目的。因此，从某种程度上可以说这四种形式都是直线的"标准方程"，它们的名称本就彰显了其几何意义。但是，为了弥补四种形式的方程刻画直线的局限性(不能表示垂直 $x$ 轴的直线)，直线的一般方程顺应而生，一般方程可表示任意位置的直线，突破了其他形式的直线方程的局限性，然而此长彼消，一般方程偏重"数"的统一却难以突出直线"形"的本质。

在笛卡儿平面中,圆锥曲线严格来说包括:圆、椭圆、双曲线、抛物线。圆锥曲线与方程作为中学解析几何课程的核心内容,是平面几何所未曾涉及的,所以应当注重确定这些曲线的几何要素的探索,而标准方程作为我们探索圆锥曲线几何要素的一把金钥匙,可以让曲线快速显"形":从圆的标准方程$(x-a)^2+(y-b)^2=r^2$可以条件反射式得出该圆以$(a,b)$为圆心,$r$为半径,在平面直角坐标系中可以迅速定位,画出图形;从椭圆的标准方程$\frac{x^2}{a^2}+\frac{y^2}{b^2}=1(a>b>0)$(以焦点在$x$轴为例)可以直接捕获椭圆的中心$(0,0)$、长轴长$2a$和短轴长$2b$,以及焦点坐标$(\pm c,0)$,椭圆图形的轮廓清晰可见;类似地,从双曲线的标准方程$\frac{x^2}{a^2}-\frac{y^2}{b^2}=1(a>b>0)$(以焦点在$x$轴为例)可以看出双曲线的中心$(0,0)$、实轴长$2a$和虚轴长$2b$,以及焦点坐标$(\pm c,0)$和渐近线$y=\pm\frac{b}{a}x$,至此双曲线的图形范围被聚焦锁定;从抛物线的标准方程$y^2=2px(p>0)$(以焦点在$x$轴正半轴为例)中我们可以观察抛物线的中心$(0,0)$、焦点$\left(\frac{p}{2},0\right)$、准线$x=-\frac{p}{2}$以及开口方向。

从上述分析中不难发现,标准方程之"标准",首先在于其"标准位置"。图形中的几何量和几何关系是图形的固有特征,解析几何是通过建立坐标系将图形与方程联系起来,运用代数的方法研究图形的几何性质,而这些性质都是与坐标系的选取无关的,也就是坐标变换下的不变量。既然如此,在何处建立坐标系才能达到简捷、快速、准确地描述图形几何性质的目的呢?这就引出了"标准位置"一说。众所周知,圆的标准方程中圆心可以不是原点,而椭圆、双曲线、抛物线的标准方程却要在原点处讨论,为何不把圆心在原点的圆的方程称为标准方程?其一,从圆的几何性质来看,圆拥有极其完美的对称性,不仅是轴对称、中心对称图形,更是旋转对称图形。圆围绕圆心旋转任意角度后位置和形状都不发生改变,即具有旋转不变性,因此圆的方程在旋转变换下不变,只在平移变换下改变,平面直角坐标系中任意位置的圆上都可看成是由圆心在原点、半径相同的圆平移得到的,由于学生已经对平移的概念和相应坐标变换很熟悉,这样一来,无须将"标准位置"规定在原点,圆的完美对称性使得平面上任意位置都可以成为圆的"标准位置"。其二,从圆的方程建立过程来看,确定一个圆的基本要素是圆心和半径,圆上任一点到圆心的距离都等于半径,基于此圆的标准方程是由平面上两点之间距离公式推导出来的,既然平面上两点的位置是任意的(并未规定其中一点必须在原点),那么圆心的位置和圆上一点的位置也应该是任意的(圆心位置可以不在原点),也就解释了为何圆的"标准位置"不设在原点处。其三,从数学发展的需要来看,现实世界复杂的数量关系与空间形式无处不在——奥运五环、自行车的前后轮、堆放的雪人、日全食的原理等,使得数学对圆的研究从"单个"走向"多个"。为定量研究两圆或者多圆之间更为复杂的相离(外离、内含)、相切(外切、内切)与相交的位置关系,不得不考察圆在各种不同位置时的方程,因此圆的"标准位置"不必局限在原点。相较圆而言,椭圆、双曲线、抛物线图形情况更为复杂,尽管它们也具有某种对称性——轴对称或者中心对称,但没有达到像圆那样完美地旋转对称。例如,将椭圆等绕中心旋转某一角度后图形的方向发生变化,曲线的方程也相应改变,甚至可能出现 $xy$ 项,因此椭圆等方程在旋转变换和平移变换下都发生改变,对图形研究起来也更加烦琐。鉴于椭圆等图形的形状和方向各式各样,要想通过解析的观点来简捷、快速、准确地研究其几何性质,必须固定中心、固定方向,将椭圆等的"标准位置"规定在原点、长短轴规定在坐标轴上,以达到从简入手、分散难点的目的。

标准方程之"标准",在于其"标准形式"。对比不同圆锥曲线标准方程的形式,可以发现,无论哪种标准方程,都在展现着数学形式之美——简洁美、对称美与和谐美。数学历来以其高度的抽象性、严密的逻辑性为人们所赞扬,却很少有人把它与美学联系起来,数学是理性思维和想象的结合,它起源于社会生产的需要,爱美之心人皆有之,正是人们对美的追求,才产生了数学之美。以椭圆方程为例,在其发展的历史长河中,出现过各式各样的椭圆方程。古希腊人最早先从圆柱或圆锥的截痕中发现了椭圆及其几何性质:从椭圆上两点分别向直径做两条线段与共轭直径平行,则两线段的平方比等于直径上两条相应线段乘积之比,这一性质在解析几何诞生后相当长的时期,左右着椭圆方程的形式。17世纪,法国数学家费马在《平面与立体轨迹引论》中证明,方程 $a^2 - x^2 = ky^2 (k>0, k \neq 1)$ 表示椭圆,费马依据的就是古希腊数学家所熟知的椭圆的基本性质;18世纪初,法国数学家洛必达在其《圆锥曲线分析》中抛弃古希腊人的原始定义,在推导椭圆方程时采用我们今天耳熟能详的轨迹定义,将椭圆定义为平面上到两定点距离之和等于常数的动点轨迹,据此推导椭圆方程 $y^2 = \dfrac{b^2}{a^2}(a^2 - x^2)$,洛必达称该方程用长轴、短轴之比完美地表达了椭圆的性质,但他并未将方程化为我们今天的标准形式;19世纪,美国数学家柯芬的《圆锥曲线与解析几何基础》,直接利用椭圆的基本性质来推导椭圆方程,他给出的方程形式是:$a^2y^2 + b^2x^2 = a^2b^2$,这种形式已经很接近今天的标准方程;英国数学家赖特在《圆锥曲线与其他曲线的代数体系》中所给的"平方差法"推出我们今天司空见惯的椭圆标准形式 $\dfrac{x^2}{a^2} + \dfrac{y^2}{b^2} = 1$。试想为何这种形式的方程能成为今日之标准呢?纵观椭圆方程发展史上出现过的几种方程,实质相同但形态各异,其中标准方程形最为简单,优美简单的曲线对应优美简单的方程,它顺应我们的数学认知思维习惯,避免了减法运算和等号两边都平方的烦琐,等号右边化为 1 后整个方程看起来轻盈美观,恰到好处,椭圆标准方程的确立也展现着人们对数学形式之美的不断追求。在椭圆方程的建立过程中,引进"$b^2 = a^2 - c^2$"来简化方程,体现标准方程形式的"简洁美",与此同时,$y^2$ 与 $x^2$ 的分母取得一致的二次方的形式,渗透了标准方程整体"对称美"与"和谐美"的思想。不仅如此,在椭圆中"$a$""$b$"恰好是长半轴和短半轴的长,这表明引进的数"$b$"不仅符合数学之美的要求,更有着鲜明的几何意义,使得"数"与"形"得以结合,体现着数学美与真之间的和谐统一。

圆锥曲线的一般方程是形如 $Ax^2 + Bxy + Cy^2 + Dx + Ey + F = 0$ 的方程,它是一个二元二次方程,从位置上讲,它可以表示在任意位置处的圆锥曲线;从形式上讲,它可以表示不同类别的圆锥曲线。一般方程将不同种类、不同位置的圆锥曲线方程统一化,实际上是在对个性研究的基础上概括出圆锥曲线方程的共性,渗透了从特殊到一般的归纳思想。尽管一般方程从"数"的角度实现了圆锥曲线方程的归一,但从中很难直接判断曲线的种类,更不能体现图象中具体的圆心、半径、焦点、准线、长轴短轴和实轴虚轴等基本几何要素,在"以形助数,让数显形"方面略显不足,重形式上的统一性而轻数形结合的连贯性。

### 7.4.3 教学上的辨析

#### 1. 从教材编排来看

标准方程与一般方程作为解析几何的核心知识,在人教 A 版高中教材中分两部分进行介绍:必修 2 中直线与方程、圆与方程;选修 1-1/2-1 中圆锥曲线(椭圆、双曲线、抛物线)与方程。

从纵向联系看,教材是以坐标法为纽带,依照"直线与方程—圆与方程—圆锥曲线与方程"为顺序,循序渐进、螺旋上升地展开内容。直线与方程作为解析几何的开端,在教材中给予了浓墨重彩的一笔,从直线的五种形式和不同形式直线方程间的互化可窥探得知。继直线方程后,引导学生根据确定圆的几何要素建立圆的标准方程,而后通过特殊的二元二次方程表示圆的形式与条件揭示圆的一般方程,渗透分类讨论思想。有了必修 2 的基础知识作为脚手架,选修 1-1/2-1 顺利引入解析几何的重点部分——椭圆、双曲线、抛物线的标准方程,考虑到圆与椭圆的密切关系,圆的方程可以作为椭圆方程的特例,而双曲线方程与椭圆方程是符号之差,抛物线方程与其他方程形式有所不同但性质又紧密联系,因此采取这一顺序进行介绍是合理的。但是,选修教材对椭圆等圆锥曲线方程的推导都是通过二次平方法求得其标准方程,并利用标准方程研究它们的几何性质,突出"标准方程"的压倒性优势地位,缺少对圆锥曲线统一方程的讨论,这一点值得考量。

从横向联系看,标准方程与一般方程反映的是不同曲线的个性与共性问题。从个性出发,有利于对相应曲线的性质进行全面研究(范围、顶点、焦点、对称性、离心率、渐近线与准线等);在对个性研究的基础上再归纳概括出共性,可以达到更进一步高水平的认识。必修2在编排过程中很好地体现了圆的标准方程与一般方程之间一脉相承、相互转化的关系,使得圆的方程的教学完整恰当,圆的标准方程到一般方程的转化,体现从特殊到一般的归纳思想;一般方程到标准方程的回溯,足见从一般到特殊的演绎思维。但在选修教材中圆锥曲线的方程却局限于标准方程一种形式,过于偏重不同圆锥曲线的"个性"而轻视"共性",不利于学生思想认识的进一步提高与升华。

2. 从教育心理来看

从教育心理学角度来看,学生学习数学的过程实际上是一个数学认知结构形成的过程,在这个过程中,学生在教师的指导下把教材的知识结构转化为个性化的数学认知结构。教学要把握好学生的实际情况,从促进学生的认知发展角度出发,帮助学生搭建良好的数学认知结构。学习是一个循序渐进的过程,打好基础才能有更大的发展余地,然而学习不能仅留于此,"打坯璞"后还需"加光饰",使得学生的认知结构逐渐由低水平向高水平发展,达到前后衔接、完整连续,使之具有不断吸收新数学知识的能力和知识的自我生成能力。

在椭圆、双曲线等圆锥曲线的标准方程学习之后,学生头脑中对圆锥曲线方程的认识只是一个个相互孤立的知识点,尚未形成完整的知识链和知识体,难以将前后知识结合起来融会贯通,甚至还可能思维定势地认为圆锥曲线的方程只有标准方程一种形式。尽管学习过圆的一般方程,但其仅是二次方程的特殊形式,学生从主观上很难建立新旧知识之间的联系,不利于学生良好认知结构的建立。基于这一点,在学习了所有圆锥曲线的标准方程后应作适当总结,把圆锥曲线方程统一起来,使学生的认识加深,这样一来学生头脑中圆锥曲线方程的大厦就完整建立起来了。

基于上述教材编排和教育心理的两点分析,为使学生对圆锥曲线与方程有一个完整的认识,在教学方面可从以下着手进行改进:其一,将圆锥曲线方程的发展史融入教学。根据认知的历史相似性原理,个体的认知过程折射出历史上人类认识的发生过程,尽管圆锥曲线方程的历史是一个十分细微的课题,但其中蕴含着丰富的教育价值。在教学中适当融入其发展史,可以帮助学生厘清圆锥曲线方程发展的来龙去脉,体会从圆锥曲线及其性质的发现到标准方程的确立这样一个漫长而艰辛的过程,也反映着解析几何的发展轨迹,从宏观上把握知识脉络,可以促进知识的深度理解和系统生成,拓宽学生的思维;同时将数学史融入数学教育是数学学科新课程标准所倡导的,充分展现了数学学科的人文情怀,用历史回顾与重构点缀单调的问题求解与几何证明,有利于激发学生的数学学习兴趣,唤醒学生的情意系统,进而落实三维目标中的情感、态度与价值观目标。其二,重视圆锥曲线的统一定义与统一方程。从教学角度来看,鉴于学生还未接触过坐标旋转变换,圆锥曲线一般方程中的 $xy$ 项处理起来就会十分棘手,因此讨论统一方程会更有意义。数学学科新课程标准降低了对圆锥曲线统一定义和统一方程的要求,教材仅将其作为课后阅读材料介绍,不作为基本的教学安排,但统一定义和统一方程是圆锥曲线与方程十分经典的内容,其重要性不容小觑。离心率作为圆锥曲线与方程部分新引入的概念,不仅是描述圆锥曲线扁平程度的几何量,更是将圆锥曲线方程统一起来的纽带,只有学习了统一定义,才能真正理解离心率的意义。因此,无论是从离心率的引入意义来看,还是从促进学生认知发展角度出发,统一定义和统一方程都是十分重要的。建议在圆锥曲线的个性定义和标准方程学习之后,介绍统一定义,以离心率 $e$ 为中介建立圆锥曲线统一方程 $(1-e^2)x^2 + y^2 - 2pe^2 x - p^2 e^2 = 0$,分析 $e$ 的不同取值下的具体情况,体会离心率的几何意义及其与圆锥曲线之间千丝万缕的联系,让学生的数学认知思维从低水平向高水平进一步发展。这样,一方面符合学生的认知规律和接受能力,另一方面也体现数学学科教学的前后连贯性、科学性和系统性。

圆锥曲线方程形式多样,各有特点。标准方程凝结着"数"与"形"的统一,尽显数学之美,为初学者学习解析几何搭建了明晰直观的桥梁,使得学习能够省心省力、进入佳境;一般方程使万变归宗,从代数的角度凸显圆锥曲线方程的本质特征,将形形色色的标准方程统一于二元二次方程的形式,帮助学习者搭建了连续而优良的认知结构。教学中还需仔细斟酌数学用词,把握隐含于数学"微言"背后的"要义",厘清差别,认识不同数学概念的独特性;加强联系,体会数学内容之间的整体性。让智慧之光在概念的准确定位中闪烁,让精彩的课堂在概念的清晰引领下升华。

## 7.5 微言要义之离心率

《普通高中数学课程标准》指出,高中数学课程应该返璞归真,努力揭示数学概念、法则、结论的发展过程和本质。学数学从学数学概念开始,把握数学核心概念,进而掌握相关的思想方法是有效学习的重要前提条件。圆锥曲线作为高中数学课程的重要部分,研究这一内容就要从深度剖析它的概念开始。而圆锥曲线的第二定义是围绕着离心率展开的,深入解读离心率是掌握圆锥曲线性质的一条重要途径。在数学的发展过程中,有些概念能起到贯穿始终、统领整个知识体系的作用。对具有核心意义的概念进行研究，可以让我们从本质上掌握相关知识，从而达到触类旁通的效果。离心率作为刻画圆锥曲线性质的核心概念，是运用数形结合的思想方法研究圆锥曲线的重要切入点。下面从语义、数学史和数学教学三方面对离心率进行深入的剖析。

### 7.5.1 从语义的角度看

从语义上理解，即"顾名思义"，是对数学概念最初的理解形式，也是让人接受最快的理解方式。从字面上看，离心率是两个量的比值，刻画圆锥曲线上的点偏离中心的程度，又称为偏心率。在科技领域，偏心率定义为偏心距与半径的比值，这里的偏心距是指力的作用点到其作用截面形心的距离。在热力学中，偏心率又称为偏心因子，反映分子相互作用力偏离中心的程度。圆是最完美的图形，在人们心目中，天体的运动应是圆形，圆周运动是对天体运动的最好描述。事实上，天体的运动轨迹或多或少偏离了圆周，偏心率的变化对地球公转的椭圆轨道产生影响，其循环形势造成了日地距离微小的季节性变化。在天文学上，偏心率通常用来描述轨道的形状，用焦点间距离除以长轴的长度可以算出偏心率，一般用 $e$ 表示。

在数学领域，偏心率又称离心率，是指椭圆两焦点间的距离和长轴长度的比值。反映某一椭圆轨道与理想圆环的偏离，长椭圆轨道偏心率高，而近于圆形的轨道偏心率低。离心率作为数学术语，反映的是圆锥曲线的性质，圆锥曲线的类型随离心率的变化而变化，偏心率和离心率的本质属性是一样的，不同的是它们的运用领域不同，所反映的相关事物的侧重点也不同。

### 7.5.2 从数学史的角度看

离心率作为一个核心概念，是圆锥曲线的精华所在。离心率是伴随着圆锥曲线的产生而产生的，是人们为了研究圆锥曲线的性质而提出来的，同样，圆锥曲线的性质也可以通过离心率进行刻画，二者之间是一种依存关系。那么离心率究竟是怎么产生的呢，它一开始就是用 $e=\dfrac{c}{a}$ 来表示的吗，为什么不是用含 $a,b$ 的式子或者其他的形式来表示？

为了解决这一疑惑，需要从圆锥曲线发生发展的历程来一探究竟。最初圆锥曲线是通过圆截面之截线来定义的，这时还没有圆锥曲线离心率的概念。1579 年，蒙特把椭圆定义为：到两焦点距离之和为定长的动点的轨迹。1604 年，开普勒发表《新天文学》，对圆锥曲线的性质作出了新的阐述。他发现了圆锥曲线的焦点和离心率，并指出抛物线还有一个在无限远处的焦点，并深刻揭示了三种圆锥曲线的相互关系。这是离心率正式以独立的概念第一次出现，显然它的出现与开普勒研究天体运动的轨迹有关。那么开普勒在定义圆锥曲线的离心率的时候，为什么会选用$e=\dfrac{c}{a}$，他又是如何考虑的，对于离心率公式是如何确定的这一问题并没有详细的介绍。天文学领域需要计算行星的运行轨道，而这些行星轨道通常就是圆扁程度不一的椭圆，离心率就是为了描述轨道圆扁程度而引入的一个量。不仅如此，天文学家还发现太阳系的八大行星都是以在太阳为焦点的椭圆形轨道上运行，这些轨道偏离太阳的程度也不一样，因此人们就把离心率称为"偏心率"。行星和太阳之间的距离是在变化的，其中在近日点处离太阳最近，偏离距离为$a-c$，在远日点处离太阳最远，偏离距离为$a+c$。人们发现不能直接用最近距离和最远距离表示偏心率，因为这两个值不仅和运行轨道的圆扁程度有关，还受轨道半径大小的影响，也就是说需要构造一个"稳定"的量来表示偏心率。最后经过反复尝试，发现$\dfrac{a+c-(a-c)}{a+c+a-c}=\dfrac{2c}{2a}=\dfrac{c}{a}$的值和椭圆大小无关，却能很好地刻画椭圆的圆扁程度，于是人们就选择了$e=\dfrac{c}{a}$来表示离心率。上述推测从数学发生发展的角度很好地解释了离心率的起源。

### 7.5.3 从数学教学的角度看

1. 离心率的几何意义

椭圆和双曲线的离心率可以用$e=\dfrac{c}{a}$来表示，即圆锥曲线上的点到焦点的距离与到准线的距离之比。对于椭圆来说，离心率反映的是椭圆的扁平程度，对于双曲线来说，离心率反映的是双曲线渐近线的开合程度。圆锥曲线的离心率$e$具有丰富的几何意义，与其他核心概念特别是斜率有着丰富的联系。这样，斜率与离心率这两大概念就关联起来了。通过斜率可以认识和把握直线，那么，通过离心率也可以把握圆锥曲线。

如过椭圆$\dfrac{x^2}{a^2}+\dfrac{y^2}{b^2}=1(a>b>0)$的准线与长轴所在直线的交点$A$作椭圆的切线，切点为$B$，则切点$B$在长轴上的投影恰为椭圆的焦点$F$，且切线斜率的平方等于椭圆离心率的平方。

通过计算切点$B$在长轴上的投影恰为椭圆的焦点$F$，同时得到$\tan\angle BAF=\dfrac{c}{a}$，所以有$k^2=e^2$，即椭圆上切点在长轴上的投影恰为椭圆焦点，其斜率的平方等于椭圆的离心率的平方。

从几何意义上讲，离心率是圆锥曲线性质的重要体现，是组成圆锥曲线的三要素之一。因此，多角度多方位地了解离心率的几何意义是十分有必要的，是灵活运用圆锥曲线的重要前提。基于离心率的重要性，在教学过程中加强学生对离心率的概念及其几何意义的理解是掌握圆锥曲线性质的又一重要切入点，教师与学生都应该对此给予充分的重视。

2. 离心率的统一性

圆锥曲线的离心率影响圆锥曲线的形状乃至类型，而离心率是一个数，以数驭形，圆锥曲线的轨迹方程应能用离心率进行统一的表达。

在同一直角坐标系下，三种曲线的方程通过转化，可以得到统一的表达式，即 $y^2 = 2px + (e^2-1)x^2$，其中 $p$ 是曲线的半通径长，当 $0<e<1, e=1, e>1$ 时分别表示椭圆、抛物线、双曲线。在这种形式下，假如椭圆、抛物线和双曲线具有相同的通径长，那么离心率 $e$ 变化就会导致圆锥曲线类型的变化。圆锥曲线的统一方程，除了上述在直角坐标系下的这种情况，还有极坐标系下的形式。如果取焦点为极点，焦点到准线的垂线为极轴来建立极坐标系，圆锥曲线统一的极坐标方程为 $\rho = \dfrac{ep}{1-e\cos\theta}$，其中 $p$ 为焦点到准线的距离。

如果给出两个圆锥曲线，它们的形状可由离心率 $e$ 和焦点到准线的距离 $p$ 完全确定。设两圆锥曲线为 $\Gamma_1, \Gamma_2$，对应有 $e_1, e_2$ 以及 $p_1, p_2$，它们的方程就可以分别写为 $\rho_1 = \dfrac{e_1 p_1}{1-e_1\cos\theta}$，$\rho_2 = \dfrac{e_2 p_2}{1-e_2\cos\theta}$，当 $e_1 = e_2$ 时，有 $\dfrac{p_1}{p_2} = \dfrac{\rho_1}{\rho_2} = $ 常数。这说明具有相同离心率的两圆锥曲线是相似的。反之，若两圆锥曲线相似，则它们的离心率相等。

通过上面的分析，离心率可以将圆锥曲线的定义统一起来，即平面内到定点与定直线距离的比为常数 $e$ 的轨迹，也就是圆锥曲线的第二定义。圆锥曲线的第二定义能使学生从整体上理解圆锥曲线的性质，但教材中并没有直接给出圆锥曲线的第二定义，而是放在例题中介绍的。教材中把主要篇幅放在了对三类圆锥曲线的介绍上，从定义出发，逐层深入地介绍圆锥曲线的性质。在系统介绍了这些，学生有了一定的基础认识之后，教材选择在例题和课外探究中给出了圆锥曲线的第二定义。这样做可能主要考虑了学生认识事物性质的阶段性——由个性到共性，再到统一。基于这两者的思考，圆锥曲线的第二定义是对圆锥曲线性质的高度概括，对学生的理解能力提出了更高的要求，是一个很有价值的教学内容。对圆锥曲线统一定义的探索、归纳、认识，可以使学生更好地理解圆锥曲线中三种曲线之间的联系，使学生的认知能力发生质的飞跃。通过经历具体、类比、前后联系、抽象等不同形式的学习、探究活动，学生充分体验数学结论发现的历程，培养了他们的求简精神、审美意识。

离心率是圆锥曲线性质的重要体现，离心率的变化直接导致圆锥曲线性质的变化甚至是类型的变化，可作为圆锥曲线知识的生长点。教师在课堂拓展和课后练习的过程中应注重引导学生深入理解离心率的概念以及相关的性质并做到融会贯通，从而有效地提高学生的学习效果和学习能力。

数学概念是数学知识的精华，深入理解数学概念是学好数学的关键。离心率这一数学概念是圆锥曲线专题的核心概念，深入理解离心率的含义并以此为知识原点形成数学知识团，并把相关的知识串联起来形成知识网，最终达到知识间灵活运用，是有效学习圆锥曲线的重要途径。深入剖析离心率学科意义的探究历程对学生的数学抽象、直观想象以及逻辑推理等数学核心素养的培养具有重要意义。在对数学概念的教学过程中，教师不仅要使学生理解它的数学语义，体会数学语言的特点，还要在此基础上，考虑学生的认识能力及数学思维发展的特点，循序渐进、有目的性地探究数学概念的内涵，解析它们在数学知识结构中的相互关联，在触类旁通的基础上，提高学生的学习能力与数学能力，并以此为基础，达成对学生关键能力培养的目标。

## 7.6 微言要义之焦点与准线

点和线是从现实生活中抽象出来的最基本的几何图形，是抽象的几何图形的基本组成元素。我们常通过特殊的点和线来研究几何图形的性质，并给它们赋予恰当的名称，以求闻其名而知其意，知其意而得其名。比如通过渐近线可以研究曲线的走势；通过切点和切线可以研究曲线某点处的斜率；通过对称点或对称轴研究几何图形的对称性；通过交点个数可以判断两个圆的位置关系，是相离、相交还是相切，再进一步通过圆心距离可以判断是内切还是外切；等等。对于具有特殊意义的点和线的研究可以让我们多角度地探究几何图形的性态，给一些具有共性的点或线赋予贴切的名称，也便于研究交流。焦点和准线也是一类具有特殊意义的点和线，它们既有各自独特的意义也有紧密的联系，是运用数形结合的方法研究圆锥曲线性质的重要元素。下面本节就从普适的语义和独特的数学意义这两方面来阐述焦点和准线及其密切关系。

### 7.6.1 从语义的角度看

在《词典》中，对焦点一词的解释有以下三种：① 平行光线凹面镜反射或凸透镜折射而聚集的一点；② 比喻问题的关键或争论、注意力的集中点；③ 某些与椭圆、双曲线或抛物线有特殊关系的点。如椭圆的两个焦点到椭圆上任意一点的距离的和是一个常数。准线在《词典》上并无解释，就其"准"字查《词典》有以下意义：① 依照；依据。② 定平直的东西：准绳。③ 标准；法则：基准、以此为准。④ 正确无误的：准时。……

从《词典》的解释中可以看出，焦点一方面常被用来指目光的汇聚处，比如《焦点访谈》这一节目，拉动大众的目光聚集于某一热点并对热点进行评析；另一方面，它在光学中的特性：光线的汇集处，为我们的生活带来了许多便利，比如手电筒的设计，利用了从焦点处射出的光线，经过抛物线上的点反射后会平行于抛物线的轴这个原理，使手电筒可以发射出一束较强的平行光线。

准线则主要突出一个"准"字。"准"可以组词准绳，准绳是测定物体平直的器具，若以准绳理解准线，准线就含有定位的意思，就有垂直之内涵。更进一步，可以测量定位的事物与其他事物之间的距离，由此引出距离之内涵。在坐标系中，图象可以由相应的坐标点定位，定位还可以引出对应的含义。

### 7.6.2 从数学的角度看

焦点与准线同时出现在数学领域，并且联系非常密切。焦点在数学领域中是指数学中(特别是圆锥曲线)有很多性质是围绕焦点展开的；准线也主要是在刻画圆锥曲线的性质时展现其内涵。因为一方面，焦点和准线是伴随着圆锥曲线的产生而产生的；另一方面，圆锥曲线的性质就是由特殊的点和线来刻画的，其中焦点和准线是最基本的着力点。我们可以从以下三个方面体会。

1. 从几何背景看

品味焦点和准线的含义及其关系，可以从定义开始。如椭圆的第一定义就是围绕焦点展开的，椭圆上任意一点 $P$ 与椭圆的两个焦点 $F_1, F_2$ 为顶点形成焦点三角形。这样解析几何中的有关问题就化归为解三角形了。这表明了三角形的奠基性。椭圆的"第三定义"也是围绕焦点而展开的：在平面内与两定点的连线的斜率之积是常数 $k(k>0, k \neq 1)$ 的动点的轨迹是椭圆(除去两定点)。

第一定义虽然体现了焦点的最基本性质，但不能显示焦点、准线的来源，更无法体现准线的含义。而利用球面的切线长性质和正圆锥的对称性推导出椭圆第一定义的旦德林双球法，不仅能揭示焦点、准线的来源，还揭示了长轴长、离心率的源头。在圆锥内部嵌入旦德林双球，一个位于平面 $\pi$ 的上方，一个位于平面 $\pi$ 的下方，并且与平面 $\pi$ 及圆锥均相切。平面 $\pi$ 与圆锥面相截，截口是一个椭圆。这两个球与平面 $\pi$ 各有一个切点，这两个切点就是椭圆的焦点。这就是焦点的几何源头。这两个球分别与圆锥面相切，得到两条切线(两条圆周)，两条圆周所在圆面与圆锥的侧面可以形成一个圆台，由球面的切线长性质可知，第一定义中的定长 $2a$ 其实就是这个圆台的母线长。圆台的上底面所在的平面与平面 $\pi$ 相交，这两个平面可形成一个二面角，这个二面角的两个半平面有一条公共棱，由三垂线定理，作出此二面角的平面角，解直角三角形，得到一个定值，这个定值就是离心率，这条公共棱就是准线，即有了这条公共棱，描述椭圆扁平程度的重要参数——离心率就自然有了。这就是准线的"准"。

鉴于焦点和准线的密切联系，焦点和准线之间的关系是研究的热点。可以由圆锥曲线的焦点来定位其准线，以椭圆的任意一条焦点弦(设过焦点 $F_1$)的两个端点为切点作椭圆的两条切线，过这两条切线的交点 $P$ 作椭圆长轴的垂线，则此直线即为与焦点 $F_1$ 相应的准线。还可得出直线 $PF_1$ 与这条焦点弦相互垂直。圆锥曲线焦点弦与相应准线有如下的性质：设 $AB$ 是过椭圆 $\dfrac{x^2}{a^2}+\dfrac{y^2}{b^2}=1(a>b>0)$ 焦点 $F(c,0)$ 的弦，$E$ 为椭圆右准线与 $x$ 轴的交点，则 $EF$ 平分 $\angle AEB$。关于焦点和准线性质的研究还有很多，这些结论都从不同的侧面挖掘了焦点与准线之间的关系，刻画了圆锥曲线的多种性质。

2. 从拓广引申看

极点和极线是在高等几何中才会学到的知识，在高考题中也常常有它们的影子。焦点和准线就是圆锥曲线的极点和极线在初等数学中的特殊化处理。比如我们常常研究的有关圆上的切点和其切线的性质，其实就是在探究圆上的极点和相应的极线的性质。极点和极线有多种位置关系，切点和切线只是其中一种。以椭圆为例，根据极点和极线的定义，从代数意义上说，点 $P(x_0,y_0)$ 和相应的直线 $\dfrac{x_0 x}{a^2}+\dfrac{y_0 y}{b^2}=1$ 是椭圆 $\dfrac{x^2}{a^2}+\dfrac{y^2}{b^2}=1(a>b>0)$ 的一对极点与极线。那么当 $x_0=c,y_0=0$ 时，极点为 $P(c,0)$，即椭圆的焦点，相应的极线为 $x=\dfrac{a^2}{c}$，即为椭圆的准线，也就是说椭圆的右(左)焦点关于该椭圆的极线是椭圆的右(左)准线。从极点和极线的几何意义来看，过椭圆外一点 $P$ 作椭圆的两条切线，切点分别为 $A,B$，那么过切点 $A,B$ 的直线 $l'$ 与点 $P$ 即为该椭圆的相伴的极线与极点。若点 $P$ 刚好在该椭圆的右(左)准线上，那么直线 $l'$ 就是过椭圆右(左)焦点的一条直线，所以说焦点和准线的关系只是极点和极线在特殊位置的一种情况。

射影几何中点和线之间具有对偶性，焦点和准线的对应关系可以由极点和极线的对偶性体现：若圆锥曲线中极线共点于 $P$，则这些极线相应的极点共线于点 $P$ 相应的极线，反之亦然，可知，当极线共点于椭圆的右(左)焦点时，那么与这些极线相应的极点就都落在椭圆的右(左)准线上。彭赛列(Poncelet)首先根据配极对应的性质说明了射影几何里对偶原理的正确性。配极对应可以使以点为元素的图形转变成以直线为元素的几何图形，同时使以直线为元素的图形转变成以点为元素的几何图形。根据配极对应，极点和极线互为配极图形，在一定意义上体现出了焦点和准线之间的必然联系。

点与线的对偶性说起来并不高深。如，利用折纸法，利用纸的折痕(线)"折"出圆及椭圆等曲线，其实就是利用了点与线的对偶性。圆锥曲线的统一定义通过离心率对(焦)点与(准)线的对偶关系进行了定量的描述，打通了点与线间的关系并使抽象的关系具体化，这也正是圆锥曲线统一定义的精神所在。这有助于我们数学观念的变化，没有一成不变的事物，事物之间的关系是相对的，思维不能固化。同时，数学的学习不是一蹴而就的，需要从特殊开始学习，并以此为基础挖掘知识点背后的内在联系，由特殊走向一般，从更高层次来体会和领悟数学知识。这或许是基础教育的价值所在。

### 3. 从教材编排看

从人教 A 版教材选修 2-1 的编排上来看(以椭圆为例)，教材一开始引导学生通过试验过程推导椭圆第一定义，引出焦点的概念，让学生自己完成知识的再发现过程，有助于学生数学知识的意义建构，提高学习效率；之后安排学习椭圆的范围、对称性、顶点以及离心率 $e$ ($e$ 由半焦距和长半轴长之比给出)，多角度刻画椭圆性质；最后编排用几何画板来探究动点的轨迹，引出椭圆第二定义，于此才出现准线一词。在最后的阅读与思考部分，一方面介绍了圆锥曲线的光学性质的应用，并指出焦点即光线的聚集点，激发学生的学习兴趣；另一方面安排了圆锥曲线的离心率($e$ 由动点到焦点和到准线的距离之比给出)与统一方程，初步探索焦点与准线间的关系。

可以看出，教材这样编排并没有展示焦点和准线的产生过程，会使学生在学习这两个概念时感觉比较突兀。教师在进行教学时，可以结合人教 A 版教材选修 4-1 中"有关圆锥曲线性质的探讨"部分的内容，由旦德林双球法来讲解椭圆的定义，让学生了解焦点和准线的产生，加深对焦点和准线关系的理解。另外教材着重编排了有关焦点的性质却忽视了准线，对焦点和准线之间关系的探索也不够深入，教师在教学时要注意补充。而且鉴于三类典型的圆锥曲线的性质都围绕焦点和准线来展开，具有一定的相似性，教师在教学时需灵活运用迁移理论，先详细讲授椭圆及其性质，之后双曲线和抛物线的学习采用以学生自学为主，教师讲解为辅的方式进行，让学生在学习新知的同时复习旧知，并由旧知衍生新知，有效提高学生的数学认知能力。

## 7.7 作为认知工具的曲线系

"问题—工具—解"是推动数学发展的重要方式。当问题得到解决时，解决问题的工具便凝固于教科书中，成了知识点。例如，在解决求曲线的切线及曲线围成的面积的过程中，人们发展了无穷小分析的研究方法，极限成了人们解决新问题一种重要的分析工具。然而，当这些知识成熟之后，走进教科书之后，学习者就把它们当作一个知识点来看待，而不把它们看作一种研究工具了。这是不恰当的。中学师生非常关注高考，这本身没有错。然而，我们需要新观点。比如过曲线 $C_1$ 和 $C_2$ 交点的曲线系是 $C_1+\lambda C_2=0$，$\lambda\neq 0$，如果不当作知识点而当作一种研究工具来看待，就别有一番天地。

### 7.7.1 样例

**例 1** 设 $A,B$ 是椭圆 $3x^2+y^2=\lambda$ 上的两点，点 $N_0(1,3)$ 是线段 $AB$ 的中点，线段的垂直平分线与椭圆相交于 $C,D$ 两点。

(1) 确定 $\lambda$ 的取值范围，并求直线 $AB$ 的方程；

(2) 试判断是否存在这样的 $\lambda$，使得点 $A,B,C,D$ 在同一圆上，并说明理由。

**分析与解** 根据点差法，不难求得 $AB$ 的方程 $x+y-4=0$，$CD$ 的方程 $x-y+2=0$，过 $A,B,C,D$ 的曲线系方程可设为

$$3x^2+y^2-\lambda+\mu(x+y-4)(x-y+2)=0,$$

整理得

$$(3+\mu)x^2+(1-\mu)y^2-2\mu x+6\mu y-\lambda-8\mu=0,$$

欲使 $A,B,C,D$ 共圆，应有 $3+\mu=1-\mu$，解出 $\mu=-1$，从而上述方程简化为

$$\left(x+\frac{1}{2}\right)^2+\left(y-\frac{3}{2}\right)^2=\frac{\lambda-3}{2},$$

当 $\lambda>3$ 时，即可构成一个圆，结合第(1)问的 $\lambda$ 的范围，可得到 $\lambda>12$。

此题还可以推广，在解决推广问题的过程中，更可以看到把曲线系看作研究工具的优越性。

设椭圆 $\frac{x^2}{a^2}+\frac{y^2}{b^2}=1(a>b>0)$，点 $N_0(x_0,y_0)$ 是椭圆内一点，$AB$ 为椭圆的弦，$AB$ 的中点为 $N_0(x_0,y_0)$，线段 $AB$ 的垂直平分线交椭圆于 $C,D$ 两点，当满足 $b^4x_0^2=a^4y_0^2$，$y_0^2<\frac{(a^2+b^2)b^4}{(a^2-b^2)^2}$ 时，$A,B,C,D$ 四点共圆，圆的方程是

$$\left(x-\frac{a^2-b^2}{a^2+b^2}x_0\right)^2+\left(y+\frac{a^2-b^2}{a^2+b^2}y_0\right)^2=\frac{2a^2\left[(a^2+b^2)b^4-(a^2-b^2)^2y_0^2\right]}{(a^2+b^2)^2b^2}. \quad (7.4)$$

设 $N_0(x_0,y_0)$ 是抛物线 $y^2=2px(p>0)$ 内的一点，$AB$ 是抛物线上以 $N_0$ 中点的弦，$AB$ 线段的垂直平分线交抛物线于 $C,D$ 两点，当满足 $|y_0|=p$ 时，$A,B,C,D$ 四点共圆，圆的方程是

$$[x-(x_0+2p)]^2+(y+y_0)^2=6p^2+4p \, .$$

设 $N_0(x_0,y_0)$，$AB$ 是双曲线 $\dfrac{x^2}{a^2}-\dfrac{y^2}{b^2}=1(a\ne b, a,b>0)$ 上以 $N_0$ 为中点的弦，线段 $AB$ 的垂直平分线交双曲线于 $C,D$ 两点，当满足 $b^4x_0^2=a^4y_0^2$，$y_0^2>\dfrac{(a^2-b^2)b^4}{(a^2+b^2)^2}$ 时，$A,B,C,D$ 四点共圆，圆的方程是

$$\left(x-\dfrac{a^2+b^2}{a^2-b^2}x_0\right)^2+\left(y+\dfrac{a^2+b^2}{a^2-b^2}y_0\right)^2=\dfrac{2a^2\left[(a^2+b^2)y_0^2-(a^2-b^2)^2b^4\right]}{(a^2-b^2)^2b^2} \, . \tag{7.5}$$

为了看清楚研究工具对引申推广的重要性，我们证明(7.5)式。

易得 $AB$ 的方程 $b^2x_0x-a^2y_0y+a^2y_0^2-b^2x_0^2=0$，$CD$ 的方程 $a^2y_0x+b^2x_0y-(a^2+b^2)x_0y_0=0$，则过 $A,B,C,D$ 四点的曲线系为

$$b^2x^2-a^2y^2-\lambda(b^2x_0x-a^2y_0y+a^2y_0^2-b^2x_0^2)\left[a^2y_0x+b^2x_0y-(a^2+b^2)x_0y_0\right]=0,$$

整理得

$$(b^2+\lambda a^2b^2x_0y_0)x^2+(-a^2-\lambda a^2b^2x_0y_0)y^2+\lambda(b^4x_0^2-a^4y_0^2)xy$$
$$+\lambda\left[-(b^2x_0^2-a^2y_0^2)b^2x_0+a^2(a^2+b^2)x_0y_0^2\right]y+\lambda(b^2x_0^2-a^2y_0^2)(a^2+b^2)x_0y_0=0,$$

欲使 $A,B,C,D$ 四点共圆，显然应有 $b^4x_0^2-a^4y_0^2=0$（消去交叉项 $xy$），$b^2+\lambda a^2b^2x_0y_0=-a^2-\lambda a^2b^2x_0y_0$（$x^2$ 与 $y^2$ 的系数相等），解出 $\lambda=-\dfrac{a^2+b^2}{2a^2b^2x_0y_0}$，最后上式化简成

$$\left(x-\dfrac{a^2+b^2}{a^2-b^2}x_0\right)^2+\left(y+\dfrac{a^2+b^2}{a^2-b^2}y_0\right)^2=\dfrac{2a^2\left[(a^2+b^2)y_0^2-(a^2-b^2)^2b^4\right]}{(a^2-b^2)^2b^2} \, .$$

曲线系的观点和方法统一、简捷。

引入曲线系的意义不仅仅在于简化解法，更在于表达一种以有限驾驭无限的类似于基向量的想法。曲线系是具有某种共同性质的所有曲线的集合，常用含有参数的方程来表示。曲线系中虽有无数条曲线，但具有"基底曲线"作用的曲线却只有有限条，通过这些"基底曲线"可以生成、把握无数条曲线。这些"基底曲线"有如直线上的两个"基点"。在线段的定比分点、平面向量基本定理和空间向量基本定理中，这种思想均有体现。在教学时，在这些地方不妨"微言要义"，让学生的思想更活跃一些。

研究表明，观念上的改变是困难的，也是最重要的。知识原本是激发我们思

考的一种载体，而不能仅仅当作一种纯粹的、凝固的信息来接受。

### 7.7.2 余话

在理论研究的过程中，深感研究工具对研究问题及研究结果的重要性。数学教育处理的大部分都是一些软信息，如何选用适当的研究工具使研究更有信度，是笔者正在思考的问题。有感于此，笔者联想到教育经验的研究，感到在教学中不能把方法当作技巧，应在"问题—工具—解(知识)"的整体框架中考虑知识是什么，工具是什么，问题是什么。高考试题的研究是一线教师最关心的主题之一，但我们的想法是应当有高一些的观点，方能看得真切。

## 7.8 极点与极线

对偶是一种重要的观点。在平面几何中，两点确定一条直线，但只有不相交的两条直线才能确定一个交点，在这里，点和直线的地位是不对等的。在射影几何中，引入无穷远点，两条平行线相交于无穷远处，至此，点与线获得了对等的地位。在平面几何中有判定三点共线的梅涅劳斯(Menelaus)定理，也有判定三线共点或平行(相交于无穷远处)的塞瓦定理。研究点和线之间的对应关系显得十分重要，在解析几何中也应研究这一重要主题。

### 7.8.1 从圆的切线说起

设圆 $x^2+y^2=1$ 上一点为 $P(x_0, y_0)$，求过这点的切线。

把点设为点圆，$(x-x_0)^2+(y-y_0)^2=0$，两式相减得到相交弦的方程，当圆变成点时，割线变成了切线 $x_0 x+y_0 y=1$。当点 $P(x_0, y_0)$ 在圆外时，过此点作圆的切线，设切点分别为 $(x_1, y_1)$，$(x_2, y_2)$，则过此两点的圆的切线方程为 $x_1 x+y_1 y=1$，$x_2 x+y_2 y=1$，又点 $P(x_0, y_0)$ 是这两条直线的交点，故有 $x_1 x_0+y_1 y_0=1$，$x_2 x_0+y_2 y_0=1$，由方程与曲线的关系得到过 $(x_1, y_1)$，$(x_2, y_2)$ 的割线方程为

$$x_0 x+y_0 y=1.$$

当点 $P(x_0, y_0)$ 在圆内时，过此点的任意直线与圆有两个交点，过这两个点作圆的切线，切线交点的轨迹为 $x_0 x+y_0 y=1$。设两切线的交点为 $(x', y')$，坐标原点、两切线交点、两个切点，这四点共圆。其方程为

$$\left(x-\frac{x'}{2}\right)^2+\left(y-\frac{y'}{2}\right)^2=\frac{(x')^2+(y')^2}{4},$$

和单位圆相减，得到 $x'x+y'y=1$，又点 $P(x_0, y_0)$ 在此相交弦上，故有 $x_0 x+y_0 y=1$。

这种方法可以推广到椭圆、双曲线和抛物线上。

1. 代数形式上的探讨

对于椭圆 $\dfrac{x^2}{a^2}+\dfrac{y^2}{b^2}=1$，与点 $(x_0,y_0)$ 对应的极线方程为 $\dfrac{x_0 x}{a^2}+\dfrac{y_0 y}{b^2}=1$；对于双曲线 $\dfrac{x^2}{a^2}-\dfrac{y^2}{b^2}=1$，与点 $(x_0,y_0)$ 对应的极线方程为 $\dfrac{x_0 x}{a^2}-\dfrac{y_0 y}{b^2}=1$；对于抛物线 $y^2=2px$，与点 $(x_0,y_0)$ 对应的极线方程为 $y_0 y=p(x_0+x)$。

特殊化，就得到焦点和准线之间关系的另一种认识。对于椭圆 $\dfrac{x^2}{a^2}+\dfrac{y^2}{b^2}=1$ 而言，右焦点 $F(c,0)$ 对应的极线 $\dfrac{c\cdot x}{a^2}-\dfrac{0\cdot y}{b^2}=1$，即 $x=\dfrac{a^2}{c}$，恰为椭圆的右准线，故圆锥曲线的焦点与其相应的准线是该圆锥曲线的一对极点与极线；对于椭圆 $\dfrac{x^2}{a^2}+\dfrac{y^2}{b^2}=1$ 而言，点 $M(m,0)$ 对应的极线方程为 $x=\dfrac{a^2}{m}$；对于双曲线 $\dfrac{x^2}{a^2}-\dfrac{y^2}{b^2}=1$ 而言，点 $M(m,0)$ 对应的极线方程为 $x=\dfrac{a^2}{m}$；对于抛物线 $y^2=2px$ 而言，点 $M(m,0)$ 对应的极线方程为 $x=-m$。

2. 几何性质的探讨

焦点与准线之间关系的探讨，其实就是极点与极线之间关系的讨论。

设圆锥曲线 $\varGamma$ 的一个焦点为 $F$，与 $F$ 相应的准线为 $l$。

(1) 若过点 $F$ 的直线与圆锥曲线 $\varGamma$ 相交于 $M,N$ 两点，则 $\varGamma$ 在 $M,N$ 两点处切线的交点 $Q$ 在准线 $l$ 上，且 $FQ\perp MN$。

(2) 若过准线 $l$ 上一点 $Q$ 作圆锥曲线 $\varGamma$ 的两条切线，切点分别为 $M,N$，则直线 $MN$ 过焦点 $F$，且 $FQ\perp MN$。

(3) 若过焦点 $F$ 的直线与圆锥曲线 $\varGamma$ 相交于 $M,N$ 两点，过点 $F$ 作 $FQ\perp MN$ 交准线 $l$ 于 $Q$，则连线 $QM,QN$ 是圆锥曲线 $\varGamma$ 的两条切线。

(4) 已知 $F$ 是椭圆的焦点，其对应的准线为 $L$，点 $P$ 是圆锥曲线上的任意一点，过点 $P$ 作圆锥曲线的切线 $l$ 与准线 $L$ 交于点 $Q$，则以 $PQ$ 为直径的圆恒过定点 $F$。

这样，就给出了用几何方法作圆锥曲线上点 $P$ 处的切线的一般方法：连接 $PF$ ($F$ 为焦点)，过点 $F$ 作 $FQ\perp FP$ 交相应准线于点 $Q$，则直线 $PQ$ 即为所求的切线。

## 7.8.2 极点与极线的定义

**代数定义** 已知圆锥曲线$\Gamma: Ax^2+Cy^2+2Dx+2Ey+F=0$,则称点$P(x_0,y_0)$和直线$l: Ax_0x+Cy_0y+D(x+x_0)+E(y+y_0)+F=0$是圆锥曲线$\Gamma$的一对极点和极线。在圆锥曲线方程中,以$x_0x$替换$x^2$,以$\dfrac{x+x_0}{2}$替换$x$(另一变量$y$也是如此),即可得到点$P(x_0,y_0)$的极线方程。

**几何定义** 如图 7.8,点$P$不在圆锥曲线上,过点$P$引两条割线依次交圆锥曲线于四点$E,F,G,H$,连接$EH,FG$交于$N$,连接$EG,FH$交于$M$,则直线$MN$为点$P$对应的极线。若$P$为圆锥曲线上的点,则过$P$点的切线即极线。

同理$PM$为点$N$对应的极线,$PN$为点$M$所对应的极线。三角形$MNP$称为自极三点形。若连接$MN$交圆锥曲线于点$A,B$,则$PA,PB$恰为圆锥曲线的两条切线。

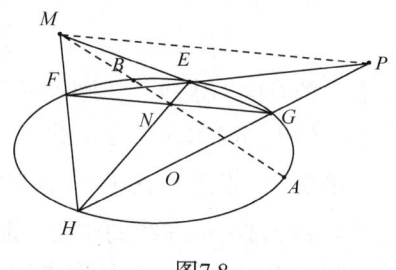

图7.8

## 7.8.3 极点与极线的基本性质

**性质 1** (1) 当点$P$在圆锥曲线$\Gamma$上时,其极线$l$是曲线$\Gamma$在$P$点处的切线;

(2) 当点$P$在圆锥曲线$\Gamma$外时,其极线$l$是曲线$\Gamma$从点$P$所引两条切线的切点所确定的直线(即切点弦所在直线);

(3) 当点$P$在圆锥曲线$\Gamma$内时,其极线$l$是曲线$\Gamma$过点$P$的割线两端点处的切线交点的轨迹。

**性质 2** (配极原则) 点$P$关于圆锥曲线$\Gamma$的极线$p$经过点$Q$等价于点$Q$关于圆锥曲线$\Gamma$的极线$q$经过点$P$;直线$p$关于圆锥曲线$\Gamma$的极点$p$在直线$q$上等价于直线$q$关于圆锥曲线$\Gamma$的极点$Q$在直线$p$上。

由此可知,共线点的极线必共点;共点线的极点必共线。

点与线的对偶性还体现在:

**性质 3**(笛沙格定理) 平面上有两个三角形△$ABC$,△$DEF$,设它们的对应顶点的连线交于一点,这时如果对应边或其延长线相交,则这三个交点共线。

**性质 4**(帕斯卡定理) 圆锥曲线的内接六边形对边交点共线。

线段的定比分点刻画了直线上三个点之间的相对位置关系,在射影几何中,取线段两个端点为基点,把定比分点作商,就得到交比的概念。若交比为$-1$,就是调和比。

**性质 5** 设点$P$关于圆锥曲线$\Gamma$的极线为$l$,过点$P$作一割线交$\Gamma$于点$A,B$,交$l$于点$Q$,则

$$\frac{PA}{PB} = \frac{QA}{QB} ; \qquad (7.6)$$

反之，若有(7.6)式成立，则称点 $P, Q$ 调和分割线段 $AB$，或称点 $P$ 与 $Q$ 关于 $\varGamma$ 调和共轭。点 $P$ 关于圆锥曲线的调和共轭点的轨迹是一条直线，这条直线就是点 $P$ 的极线。

**性质 6** 设点 $P$ 关于圆锥曲线 $\varGamma$ 的调和共轭点为点 $Q$，则有

$$\frac{2}{PQ} = \frac{1}{PA} + \frac{1}{PB} ; \qquad (7.7)$$

反之，若有(7.7)式成立，则点 $P$ 与 $Q$ 关于 $\varGamma$ 调和共轭。

(7.6)式与(7.7)式是等价的。

**性质 7** 设点 $P$ 关于有心圆锥曲线 $\varGamma$ (设其中心为 $O$)的调和共轭点为点 $Q$，直线 $PQ$ 经过圆锥曲线的中心，则有 $OR^2 = OP \cdot OQ$；反之，若有 $OR^2 = OP \cdot OQ$ 成立，则点 $P$ 与 $Q$ 关于 $\varGamma$ 调和共轭。

探讨点和线的对偶关系，使解析几何试题又多了一番"风味"。

# 7.9 斜角坐标系

直角坐标系和斜角坐标系称为仿射坐标系，直角坐标系是仿射坐标系的特例，斜角坐标系是直角坐标系的类比推广。用向量法解立体几何题，忽视了学习几何的本质是培养学生的空间想象力和逻辑思维能力。即使是采用向量法，建坐标系也仅仅拘泥于直角坐标系。直角坐标系不一定是最佳选择。当坐标轴发生倾斜，不再垂直时，可以欣赏到一般化后仿射坐标系的简洁性。向量的几何运算可看作是斜角坐标系的一种应用，下面构建仿射坐标系解决向量共线、向量线性表示以及线性规划等有关问题，体会数学的求简精神。

### 7.9.1 坐标系简史

解析几何的基本思想就是在平面上引进"坐标"的概念，并借助这种坐标在平面上的点和有序实数对之间建立一一对应关系。这种用数来给点定位的方法古已有之，古巴比伦人用数表示一点到另一定点、直线或物体的距离，已有原始的坐标思想；阿波罗尼奥斯以圆锥体底面的直径作为横坐标，过顶点的垂线为纵坐标，来研究圆锥曲线的性质。地理中的"经线"和"纬线"也是用坐标来确定点的位置的思想，14 世纪法国数学家奥雷姆在描述物体的运动时，用水平线上的点表示时间，称为经度，而用所对应的速度则用纵线表示，称之为纬度。笛卡儿也是从此出发，选定一条直线作为基线，另一条直线与基线成一定角，建立了历史

上第一个倾斜坐标系,后来又给出了直角坐标的例子。"坐标""纵坐标"是由德国数学家莱布尼茨首次使用的,"横坐标"由德国数学家沃尔夫首次引进。

意大利数学家卡瓦列里最先使用极坐标来求阿基米德螺线下的面积,牛顿首次把极坐标看成确定平面上点的位置的一种方法,在求机械曲线(即超越曲线)的切线过程中引进极坐标。极坐标后又为雅各布·伯努利独立引进。雅各布·伯努利对 17 世纪通常所用的坐标系作出改变,引入了极坐标的概念,并说明了某些高次曲线应用极坐标可以比较容易地画出来。在研究它们的性质时,用极坐标表示它们的方程比用直角坐标系表示更方便。他用一个固定点以及由该点出发的射线作为基准线,用平面上一点到固定点的连线的长度和此连线与基准线的夹角的余弦作为点的坐标,实质上就是现在的极坐标。但是由于伯努利的极坐标是通过特殊曲线的应用而为人所知的,并没有一个完整的概念,因此影响不大。德国数学家赫尔曼明确提出极坐标的概念。他用三个数来表示点的位置,一个相当于极径,另两个相当于极角的正弦、余弦。赫尔曼还给出了直角坐标和极坐标的变换公式。欧拉给出极坐标的现代形式,同时还引进曲线的参数表示。极坐标、参数方程都是解析几何的重要研究工具,在解析几何发展史上发挥着重要作用。笛卡儿已经体会到了他的方法可以由平面坐标推广到空间坐标,还可以推广到三维空间的曲线和曲面上。他认为,一个含有三个未知数的方程所代表的轨迹是一个平面、一个球面或者是一个更复杂的曲面,但是他却没有更进一步地去考虑这种推广。约翰·伯努利引进了现在通用的三个坐标平面。在此基础上,又通过帕朗、克莱罗和赫尔曼等的工作,人们弄清了曲面是能用三个坐标变量的一个方程表示的概念。

## 7.9.2 几个例子

**例 1** 射线 $l_1, l_2$ 同时过点 $O$,直线 $l$ 与 $l_1, l_2$ 分别相交于 $P, Q$,且线段 $PQ$ 的中点为 $M$。若 $\triangle POQ$ 的面积为定值 $c$,证明:

(1) $M$ 的轨迹关于 $l_1, l_2$ 的夹角平分线 $m$ 对称;

(2) $M$ 的轨迹为双曲线。

**分析与证明** (1)如图 7.9,在射线 $l_1$ 上截取 $OQ_1 = OQ$,在射线 $l_2$ 上截取 $OP_1 = OP$,当 $M$ 是轨迹上任意一点时,其关于角平分线 $m$ 的对称点恰为线段 $P_1Q_1$ 的中点 $M_1$。因为 $\triangle POQ$ 的面积为定值 $c$,所以 $\triangle P_1OQ_1$ 的面积也为定值 $c$,从而 $M_1$ 也在轨迹上,这便从几何的角度完成了对称性的证明。

(2) 以 $O$ 为原点,$l_1, l_2$ 的夹角平分线所在直线为 $x$ 轴建立直角坐标系,如图 7.10。

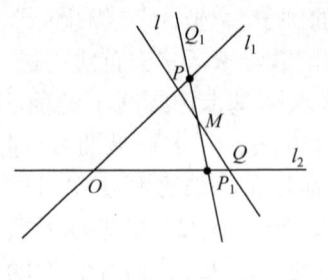

图7.9 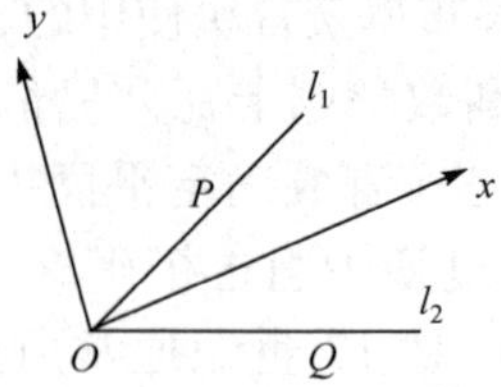　　　　　　　　　　　图7.10

设 $\angle xOP = \theta\left(\theta \in \left(0, \dfrac{\pi}{2}\right)\right)$，$P(x_1, x_1\tan\theta), M(x, y)$，则由 $\triangle POQ$ 的面积为定值 $c$，得 $\dfrac{1}{2}OP \cdot OQ \cdot \sin 2\theta = c$，即 $(1+\tan^2\theta) \cdot \sin 2\theta \cdot x_1 x_2 = 2c$，所以

$$x_1 x_2 = \dfrac{c}{\tan\theta}, \tag{7.8}$$

因为 $M$ 为线段 $PQ$ 的中点，所以 $\begin{cases} x_1 + x_2 = 2x, \\ (x_1 - x_2)\tan\theta = 2y, \end{cases}$ 即

$$x_1 x_2 = x^2 - \dfrac{y^2}{\tan^2\theta}。 \tag{7.9}$$

联立(7.8)式和(7.9)式得点 $M$ 的轨迹方程为 $x^2 - \dfrac{y^2}{\tan^2\theta} = \dfrac{c}{\tan\theta}$，其轨迹是以射线 $l_1, l_2$ 所在直线为渐近线的双曲线的右支。

由于(2)中求得的轨迹是双曲线，可知，在这个仿射坐标系中它是关于 $x$ 轴和 $y$ 轴的角平分线对称的，即关于夹角平分线 $m$ 对称，故(7.8)式得证。

对比两种方法，建立仿射坐标系相比建立直角坐标系在计算量上还是要小些。并且可以看到，把第二问算出来了，第一问不证自得。仿射坐标系的建立提供了一种解决非直角坐标系几何问题的简便方法。

**例 2**　已知 $\angle A$ 是一个固定角，点 $B, C$ 分别在 $\angle A$ 的两边上变动，并且 $\dfrac{1}{AB} + \dfrac{1}{AC}$ 为定值，求证：$BC$ 通过一个定点。

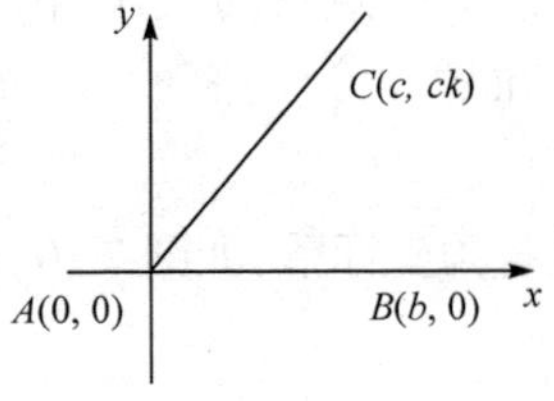

**分析与证明**　建立直角坐标系，以 $A$ 为原点，$AB$ 所在直线为 $x$ 轴，垂直 $AB$ 的直线为 $y$ 轴，建立直角坐标系，如图 7.11。

于是有 $A(0,0), B(b,0)$，因为 $\angle A$ 是一个固定角，所以直线 $AC$ 的斜率为定值，记为 $k$，则 $C(c, ck)$，那么直线 $BC$ 的方程为

图7.11

$$y = \frac{ck}{c-b}(x-b),\tag{7.10}$$

又 $\frac{1}{AB}+\frac{1}{AC}$ 为定值，记为 $m$，则

$$\frac{1}{b}+\frac{1}{c\sqrt{1+k^2}}=m 。\tag{7.11}$$

联立方程(7.10)式和(7.11)式，得

$$y=\frac{k(mc\sqrt{1+k^2}-1)}{mc\sqrt{1+k^2}-1-\sqrt{1+k^2}}x-\frac{ck\sqrt{1+k^2}}{mc\sqrt{1+k^2}-1-\sqrt{1+k^2}} 。$$

可见，直线 $BC$ 过定点

$$\left(\frac{\sqrt{1+k^2}+1}{m\sqrt{1+k^2}},\ \frac{k}{m\sqrt{1+k^2}}\right) 。$$

建立仿射坐标系，以 $A$ 为原点，$AB$ 所在直线为 $x$ 轴，$AC$ 所在直线为 $y$ 轴，建立仿射坐标系，如图7.12。

于是有 $A(0,0), B(b,0), C(0,c)$，则 $BC$ 的方程为

$$\frac{x}{b}+\frac{y}{c}=1，\tag{7.12}$$

由题设 $\frac{1}{AB}+\frac{1}{AC}=m$（$m$ 为定值）得

$$\frac{1}{b}+\frac{1}{c}=m 。\tag{7.13}$$

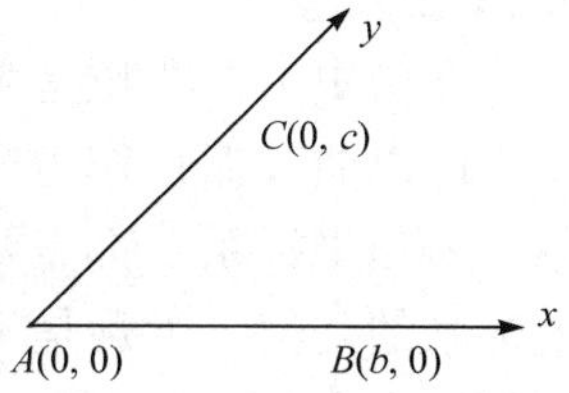

图7.12

比较(7.12)式，(7.13)式得定点 $\left(\frac{1}{m},\frac{1}{m}\right)$，满足方程 $\frac{x}{b}+\frac{y}{c}=1$，即方程过定点 $\left(\frac{1}{m},\frac{1}{m}\right)$。

直角坐标系是常用的方法，通过对比分析，可以很明显地看出，前者计算量会大许多，即使算出了

$$y=\frac{k(mc\sqrt{1+k^2}-1)}{mc\sqrt{1+k^2}-1-\sqrt{1+k^2}}x-\frac{ck\sqrt{1+k^2}}{mc\sqrt{1+k^2}-1-\sqrt{1+k^2}},$$

也难以通过少量的计算得出它有一个定点。相比之下建立仿射坐标系的方法不仅计算量小，而且一眼就可以看出它的定点来。

### 7.9.3 分析与讨论

在教学中渗透仿射坐标系的思想，有教育学上的意义。虽然仿射坐标系在高中新课程标准里没有要求，但必修4中平面向量基本定理却蕴含着仿射坐标的思想，它是源于教材又高于教材的。教师在平常的教学中除了要注重学生双基的培

养之外，也应当注意拓展学生的数学视野，提高学生的整体数学素养。一般地，在证明有关平行、共线点、共点线、平行线段的比、图形面积的比等有关仿射性质的问题时，构建仿射坐标系是解决几何问题的利器，方法坐标化、运算化，解法直观快捷，学生容易掌握。而且运用"仿射坐标系"是学生熟悉的"直角坐标系"相关知识和思想方法的类比拓展，符合"最近发展区"的理论要求，是培养学生类比推理能力、知识思想方法迁移能力和创新思维能力的良好载体。

在教学中渗透仿射坐标系的思想，还具有科学上的意义。张景中院士认为，既然点和数可以对应，有消元法就应有消点法，这已经用面积法实现了；既然数可以相加、减、乘、除，两个点也应该可以相加。从几何图形内蕴的结构关系出发，建立适当的坐标系，使点的运算如同数的运算一样，便于机械化处理。看一个能说明问题的例子。在 $\triangle ABC$ 中，$D,E$ 分别是边 $AB,AC$ 的中点，求证：$DE = \frac{1}{2}BC$。这是著名的中位线定理，也是欧氏几何中少有的几个具有度量性质的定理。令 $A = O$，则 $B = 2D, C = 2E$，两式相减，得到 $B - C = 2(D - E)$，故有 $BC = 2DE$。

在历史上，欧拉是微分几何的重要奠基人，他曾引进平面曲线的内在坐标概念，即以曲线弧长作为曲线上点的坐标。这具有启发意义，无论是建立直角坐标系、斜角坐标系，都需要突出曲线的内在性质。若执着地认为解析几何就是直角坐标系的几何，无疑是被知识固化了。极坐标、斜角坐标、球面坐标、柱面坐标都有其内在的科学意义。

无论哪种教学方法，都不能走极端。引进向量解决立体几何问题，虽是体现了研究工具的先进性，但在实践中给学生的认知观念也带来了冲击。向量有坐标形式，几乎所有的考题都是建立直角坐标系求解，不管这种坐标法是否最简，久而久之便成了固化的解题路子；向量还有几何形式，而几何形式就是这里的斜角坐标系。故不能为了研究方法而舍弃了具体的研究内容。从物理的角度看，无论是直角坐标系，还是斜角坐标系，都是一种参照系，都是为了描述运动的需要而产生的。要根据描述物理问题的需要，选用恰当的坐标系。走极端是思想僵化的一种表现。

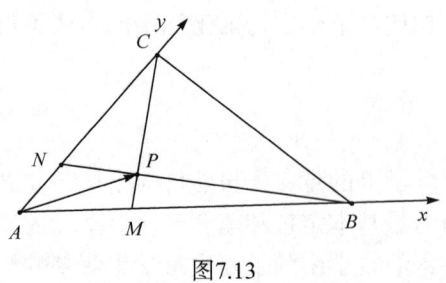

图7.13

下面的例题揭示了向量的几何运算和斜角坐标系之间的关系。如图 7.13，在 $\triangle ABC$ 中，$\overrightarrow{AB} = 3\overrightarrow{AM}, \overrightarrow{AC} = 4\overrightarrow{AN}$，$BN$ 和 $CM$ 交于点 $P$。试用向量 $\overrightarrow{AB}$ 和 $\overrightarrow{AC}$ 表示向量 $\overrightarrow{AP}$。以 $A$ 为坐标原点，以 $\overrightarrow{AB}$ 和 $\overrightarrow{AC}$ 作为仿射坐标系的单位基底，建立平面仿

射坐标，如图 7.13。由已知向量间的关系，所以直线 $BN$ 在仿射坐标系下的"截距式"方程为 $\dfrac{x}{1}+\dfrac{y}{\frac{1}{4}}=1$，即

$$x+4y=1 。 \tag{7.14}$$

直线 $CM$ 在仿射坐标系下的"截距式"方程为 $\dfrac{x}{\frac{1}{3}}+\dfrac{y}{1}=1$，即

$$3x+y=1 。 \tag{7.15}$$

解得点 $P$ 的坐标为 $\left(\dfrac{3}{11},\dfrac{2}{11}\right)$，所以 $\overrightarrow{AP}=\dfrac{3}{11}\overrightarrow{AB}+\dfrac{2}{11}\overrightarrow{AC}$。

解析几何没有改变平面几何的研究对象，但在研究方法和研究工具上进行了方法论上的革新，使几何从演绎系统走向了算法化。

## 7.10 从微分看解析几何

### 7.10.1 以微积分为工具研究曲线的性质

以微积分为工具研究解析几何中的线、面、体的各种性质和特征，大到它们的长度、面积、体积以及变化趋势等，小到曲线上的某点变化率、挠率、曲率等。在这里我们将着重介绍以微积分为工具研究解析几何中曲线的相关性质，如曲率、挠率、渐近线和包络等。

1. 曲线的曲率

设 $\alpha(t)$ 表示曲线在点 $P(x(t),y(t))$ 处切线的倾角，$\Delta\alpha=\alpha(t+\Delta t)-\alpha(t)$ 表示动点由点 $P$ 沿曲线移至 $Q(x(t+\Delta t),y(t+\Delta t))$ 时切线倾角的增量。弧 $PQ$ 之长为 $\Delta s$，则称 $\overline{K}=\left|\dfrac{\Delta\alpha}{\Delta s}\right|$ 为弧段 $\widehat{PQ}$ 的平均曲率。如果存在有限极限 $K=\left|\lim\limits_{\Delta t\to 0}\dfrac{\Delta\alpha}{\Delta s}\right|=\left|\lim\limits_{\Delta s\to 0}\dfrac{\Delta\alpha}{\Delta s}\right|=\left|\dfrac{\mathrm{d}\alpha}{\mathrm{d}s}\right|$，则称此 $K$ 为曲线 $C$ 在点 $P$ 处的曲率。

从上面的定义可以看出 $\dfrac{\Delta\alpha}{\Delta s}$ 是点 $P$ 到点 $Q$ 的平均曲率，那么当 $\Delta s\to 0$ 时就是曲线在点 $P$ 的曲率了。根据曲率的定义可知，它的几何意义是曲线的切向量对于弧长的旋转速度，当曲线在一点的弯曲程度越大，那么切向量对于弧长的旋转速度就越大，所以曲率反映了曲线的弯曲程度。

**直线的曲率** 设 $y=kx+b$ 为平面上的任意一条直线，$P,Q$ 两点处切线的倾斜角相同，都是直线与 $x$ 轴的夹角，故 $\Delta\alpha=0$，算出 $K=0$，反映了直线上任意点的曲率都为零，由此可以说明直线与曲线的本质区别。

**圆的曲率** 设圆的曲线方程为 $x=r\cos t, y=r\sin t$，则 $x'=-r\sin t, y'=r\cos t$，$x''=-r\cos t, y''=-r\sin t$，则

$$K=\left|\frac{x'y''-x''y'}{(x'^2+y'^2)^{\frac{3}{2}}}\right|=\left|\frac{r^2\sin^2 t+r^2\cos^2 t}{(r^2\sin^2 t+r^2\cos^2 t)^{\frac{3}{2}}}\right|=\left|\frac{r^2}{r^3}\right|=\frac{1}{r},$$

由此可知圆上任意点的曲率都为 $\frac{1}{r}$。

从曲率角度理解和分析圆，发现圆有一个非常奇特的现象——圆上各点的弯曲程度都是相同的，这反映了圆与其他曲线的本质的区别。

**抛物线的曲率** 设抛物线的方程为 $y^2=2px$，$x=\frac{y^2}{2p}$，$x'=\frac{2y}{2p}$，$y'=1, x''=\frac{1}{p}$，$y''=0$，代入曲率公式 $K=\left|\frac{x'y''-x''y'}{(x'^2+y'^2)^{\frac{3}{2}}}\right|=\left|\frac{p^2}{(p^2+y^2)^{\frac{3}{2}}}\right|$。从计算结果可知，当 $y$ 值为 0 时，抛物线的曲率最大为 $\frac{1}{p}$，此时抛物线的弯曲程度最大；曲率随着 $y$ 值的增大而逐渐减小，抛物线的弯曲程度随着 $y$ 值的增大而逐渐变小(当 $y\to\infty$ 时，抛物线的曲率为 0，弯曲程度最小，形如直线)。

**椭圆的曲率** 设椭圆参数方程为 $x=a\cos t, y=b\sin t, 0\leqslant t\leqslant 2\pi$，则 $x'=-a\sin t$，$x''=-a\cos t, y'=b\cos t, y''=-b\sin t$，那么椭圆的曲率为

$$K=\left|\frac{x'y''-x''y'}{(x'^2+y'^2)^{\frac{3}{2}}}\right|=\left|\frac{ab\sin^2 t+ab\cos^2 t}{(a^2\sin^2 t+b^2\cos^2 t)^{\frac{3}{2}}}\right|=\frac{ab}{((a^2-b^2)\sin^2 t+b^2)^{\frac{3}{2}}}。$$

由上式可知 $a>b>0$ 时，在 $t=0,\pi$ 处(即长轴端点处)的曲率最大为 $K_{\max}=\frac{a}{b^2}$，椭圆的弯曲程度最大；而在 $t=\frac{\pi}{2},\frac{3\pi}{2}$ (即短轴端点处)的曲率最小为 $K_{\min}=\frac{b}{a^2}$，椭圆的弯曲程度最小。椭圆曲线的弯曲程度的变化情况为：从短轴端点处到长轴端点处的弯曲程度逐渐变大。

**双曲线的曲率** 设双曲线的参数方程为 $x=a\sec t, y=b\tan t(a>b>0)$，则 $x'=$

$a\sec t\tan t, x'' = a(\sec t\tan^2 t + \sec^3 t)$，双曲线的曲率为

$$K = \left|\frac{x'y'' - x''y'}{(x'^2 + y'^2)^{\frac{3}{2}}}\right| = \left|\frac{ab\sec^3 t}{\sec^3 t[(a^2 + b^2)\sec^2 t - a^2]}\right| = \left|\frac{ab}{(a^2 + b^2)\sec^2 t - a^2}\right|。$$

由此可知，在 $t = 0, \pi$ 时(即实轴端点处)的曲率最大，而在 $t = \dfrac{\pi}{2}, \dfrac{3\pi}{2}$ 时(即虚轴端点处)取得最小值，$K_{\max} = \dfrac{a}{b}$，$K_{\min} = 0$。由此我们可以得出双曲线中在实轴端点处的弯曲程度最大。

**圆的渐开线的曲率** 以原点 $O$ 为基圆的圆心，$OA$ 所在的直线为 $x$ 轴建立直角坐标系，设基圆的半径为 $r$，绳子外端 $M$ 的坐标为 $(x, y)$ (点 $M$ 的坐标显然由 $\varphi$ 决定，$0 \leqslant |\varphi| \leqslant \pi$)。在基圆上任取一点 $B(r\cos\varphi, r\sin\varphi)$，所以 $\overrightarrow{BM} = (x - r\cos\varphi, y - r\sin\varphi)$，由 $OB$ 与 $BM$ 相切可得 $\overrightarrow{OB} \cdot \overrightarrow{BM} = 0$，可得圆的渐开线的参数方程为

$$\begin{cases} x = r(\cos\varphi + \varphi\sin\varphi), \\ y = r(\sin\varphi - \varphi\cos\varphi)。 \end{cases}$$

圆的渐开线的曲率为 $K = \left|\dfrac{x'y'' - x''y'}{(x'^2 + y'^2)^{\frac{3}{2}}}\right| = \left|\dfrac{1}{r\varphi}\right|$。由此式可知当 $\varphi \to 0$ 时的曲率最大，即圆的渐开线的弯曲程度最大；$|\varphi| \to \pi$ 时，圆的渐开线的曲率最小，此时的弯曲程度最小。关于 $x$ 轴对称的点的曲率相同，即弯曲程度相同。

**2. 曲线的挠率**

空间曲线不仅弯曲而且还要扭转，即要离开密切平面(密切平面为曲线上的点 $P$ 的切线和邻近一点 $Q$ 所形成的平面，如果没有离开密切平面，那么曲线上的点都在同一平面上)。因此，不仅要用曲率来刻画空间曲线，还要有刻画曲线的扭转程度的量(挠率)。曲线的挠率和曲率的定义极为相似，挠率是利用副法向量(与密切平面的垂直的向量)对于弧长的旋转速度的定义。

任意平面曲线的挠率均为 $0$，挠率是对于空间曲线而言的，这是平面曲线与空间曲线间的本质区别。

**3. 曲线的渐近线**

若曲线 $C$ 上的动点 $P$ 沿着曲线无限地远离原点时，点 $P$ 与某定直线 $L$ 的距离趋于 $0$，则称直线 $L$ 为曲线 $C$ 的渐近线。渐近线主要分为斜渐近线、水平渐近线和垂直渐近线。

**双曲线的渐近线**　设双曲线的方程为 $\dfrac{x^2}{a^2} - \dfrac{y^2}{b^2} = 1(|x| > a)$，即 $y = \pm\sqrt{\dfrac{b^2}{a^2}x^2 - 1}$，根据渐近线的定义来求解双曲线的渐近线

$$k = \lim_{x \to \infty}\dfrac{f(x)}{x} = \lim_{x \to \infty}\dfrac{\pm\sqrt{\dfrac{b^2}{a^2}x^2 - 1}}{x} = \lim_{x \to \infty}\sqrt{\dfrac{b^2}{a^2} - \dfrac{1}{x^2}} = \pm\dfrac{b}{a},$$

那么 $\lim\limits_{x \to \infty}\left(\pm\sqrt{\dfrac{b^2}{a^2}x^2 - 1} \mp \dfrac{b}{a}x\right) = 0$，故双曲线的渐近线为 $y = \mp\dfrac{b}{a}x$。双曲线被限定在方程为 $y = \mp\dfrac{b}{a}x$ 的两条直线之间。

**椭圆的斜渐近线**　当 $x \to \infty$ 时，$\lim\limits_{x \to \infty}\dfrac{f(x)}{x}$ 的值为常数，但是椭圆的定义域是 $|x| < a$，故不存在斜渐近线。根据水平渐近线 $\lim\limits_{x \to \infty}\dfrac{f(x)}{x} = c$ 的定义可知水平渐近线也是不存在的；根据垂直渐近线的 $\lim\limits_{x \to \infty}f(x) \neq \infty$ 的定义可知垂直渐近线也是不存在的。

**抛物线的渐近线**　对于抛物线 $2py = x^2$，即 $y = \dfrac{x^2}{2p}$ 而言，$\lim\limits_{x \to \infty}\dfrac{f(x)}{x} = \lim\limits_{x \to \infty}\dfrac{x}{2p} = \infty$，不符合斜渐近线的定义；$\lim\limits_{x \to \infty}f(x) = \infty$，故不存在水平渐近线；$\lim\limits_{x \to \infty}f(x) = 0$，故不存在垂直渐近线。

**其他类型曲线的渐近线**　需要特别注意渐近线的单侧存在性，不能仅仅根据渐近线的定义机械地求解曲线的渐近线。如 $\lim\limits_{x \to 0}\ln x$ 虽不存在，但 $\lim\limits_{x \to 0^+}\ln x = 0$，故其渐近线是 $y$ 轴；又如 $\lim\limits_{x \to \infty}\arctan x$ 虽不存在，但是 $\lim\limits_{x \to +\infty}\arctan x = +\dfrac{\pi}{2}$，$\lim\limits_{x \to -\infty}\arctan x = -\dfrac{\pi}{2}$，故反正切函数有两条水平渐近线。

4. 曲线族的包络

对于单参数不定方程 $\phi(x, y, C) = 0$，如果 $C$ 取不同的值，就形成了曲线族，且方程中所有变量均连续可微。若存在一条曲线 $L$，使得不论 $C$ 取何值，对应的方程均与该曲线 $L$ 相切，且切点不同，那么该曲线 $L$ 就为曲线族 $(C)$ 的包络。从图象的角度理解：包络线 $L$ 将曲线族包住；从代数的角度理解：对于 $C$ 取不同的值，对应的方程 $\phi$ 均与曲线 $L$ 有唯一的一个交点(即两个方程联立只有一组解)。

**直线族的包络**　直线族的包络线取决于直线族的方程。如，已知直线族方程为 $(1 + t^2)x - 3ty - a = 0$，求此直线族的包络方程。令

$$F(x,y,t) = (1+t^2)x - 3ty - a, \tag{7.16}$$

对(7.16)式关于 $t$ 求导可得

$$F' = 2tx - 3y = 0, \tag{7.17}$$

由(7.17)式可得

$$t = \frac{3y}{2x}, \tag{7.18}$$

把(7.18)式代入(7.16)式中可得包络方程为 $\dfrac{\left(x-\dfrac{a}{2}\right)^2}{\left(\dfrac{a}{2}\right)^2} - \dfrac{y^2}{\left(\dfrac{a}{3}\right)^2} = 1$,此直线族的包络为双曲线。

**圆族的包络** 圆族包络线的形状取决于圆族的方程。如,已知圆族方程为 $(x-t)^2 + y^2 - r^2 + t^2 = 0$,求此圆族的包络方程。令

$$F(x,y,t) = (x-t)^2 + y^2 - r^2 + t^2 = 0, \tag{7.19}$$

然后对(7.19)式关于 $t$ 求导可得 $F' = -2(x-t) + 2t = 0$,可得包络方程为 $\dfrac{x^2}{2r^2} + \dfrac{y^2}{r^2} = 1$,此圆族的包络为椭圆,也就是构成圆族的所有曲线均在上述的椭圆内。

**抛物线族的包络** 踢出的足球、发射的炮弹等的轨迹都是抛物线,设发射点都为坐标轴上的原点,初始仰角为 $\alpha$,那么随着 $\alpha$ 值的变化,就会得到一系列的抛物线族,这个抛物线族包络线就是球或炮弹的落点范围,这个范围之外称为安全范围。

### 7.10.2 小结

从局部精细到整体把握事物,通过上述运用微分的观点研究解析几何曲线,可以更加精准地把握解析几何曲线的一些特点。运用微分求解解析几何曲线的曲率,可以了解曲线上某一点的弯曲程度以及该曲线弯曲程度的变化情况;运用微分求解解析几何曲线的挠率,可以了解曲线在空间中的扭转程度(离开密切平面);运用微分求解曲线的渐近线,可以了解曲线在空间或平面中的位置的区域;运用微分求解曲线族的包络,可以了解曲线随着参数变化而形成的曲线族的范围。使得复杂、弯曲的曲线变得生动和直观起来,化抽象为直观,可以更加深刻地理解和体会曲线之美。

此外,对于解析几何曲线的曲率、挠率、渐近线、包络等性质的研究,不仅可以从不同的角度更加深入地理解和把握解析几何曲线的性质与特点,而且还可以从整体上把握不同曲线间的区别和联系。可以从曲率的角度理解直线和曲线的本质区别,而不是只知其形(从形状上看线的曲直),不知其意(从本质上看曲率是

否为零来理解线的曲直);可以从挠率的角度理解平面曲线和空间曲线的区别与本质,从根本上知道平面曲线在平面上,空间曲线在空间中的原因(即挠率是否为零);可以从渐近线的角度理解不同曲线的渐近线是否存在以及存在什么样的渐近线;可以从包络的角度看曲线族,将曲线族分类成抛物线族、直线族及圆族等。

利用微分来分析解析几何中的曲线,使微积分与解析几何曲线间建立起了密切的联系。将解析几何、微分几何以及微分方程三门学科联系在一起,打破了不同学科间的界限。以微分为"针"将解析几何、微分几何和微分方程"穿"在一起,形成了系统的知识网络,打破了知识的零散、破碎状态,化散为整;以微分为"脚手架",将微分几何与微分方程的知识镶嵌在解析几何曲线的大厦之中,使得我们对于解析几何曲线性质有深入地了解和掌握。同时,对解析几何的认识还上升到了方法论的高度,不仅可以用方程研究几何,还可用微分、向量等来研究几何。

# 第8章 概　率

## 8.1 作为中小学教育任务的概率

学科提供了四种思考方式：知识(事实、概念和关系)；方法(知识创造和确证的过程)；目的(论断学科为什么存在)；最终的表征形式(流派和符号系统)。通过发展知识、方法、目的和表征的过程，学科给我们提供了观察世界的视角。任何一门学科其实都是观察世界的一种视角，概率也不例外，但作为中小学教育任务的概率既要体现作为科学的概率的主要精神、思想和方法，又要挖掘内蕴于作为科学的概率中的教育意义，发挥概率对学生的观念、思维和行为方式的教育培养的作用。代数、几何等作为一种确定性数学，对于中小学学生能力的培养是毋庸置疑的，但是面对充满各种偶然性的大千世界，更需要一种新的有别于确定性思维的模式。下面按"目的—知识—方法"的结构剖析作为中小学教育任务的概率。

### 8.1.1 概率的目的：寻找不确定性现象中蕴含着的稳定的、确定的规律

抛一枚均匀硬币，可能"正面朝上"，也可能"反面朝上"，这是一种不确定性现象，在抛出之前，无法预测将会出现的结果。与之不同的是确定性现象，如在标准大气压下，水加热至100℃时就会沸腾。自然界中存在着两种不同的现象：一是，在一定条件下必然会发生某种结果的现象，有因必有果，这是一种确定性现象，函数就是用来解释、预测这种现象的数学工具；二是，在基本条件不变的情况下，一系列观察或试验会得到不同的结果，有因不一定有果，这是一种不确定性现象，概率就是用来解释、预测这种随机现象的数学工具。这是一种新的认识世界的角度和思想方法，和学生以前学过的认识世界的视角与思想方法迥然不同。如何抓住不确定性现象中的确定性规律，如何把随机性数学的问题转化为确定性数学的问题，这样一种转化、化归的思想方法却是架起随机性数学和确定性数学的桥梁。抛硬币时，不是"正面朝上"，就是"反面朝上"，两种情况必居其一。"正面朝上"与"反面朝上"的可能性相等，这是确定的。抛硬币时"正面朝上"的可能性是$\frac{1}{2}$，但这并不意味着"抛两次必有一次正面朝上"，"抛十次必有五次正面朝上"，哪怕连续发生很多次"正面朝上"，也不能断定下一次就"正面朝上"，这就是说不确定现象中蕴含着确定性的规律，而这些规律在少数几次的

试验中的表现却还是随机的,诚如唯物辩证法的观点,必然性和偶然性是辩证统一的,必然性存在于偶然性之中,它必须通过大量的偶然性表现出来。同时,也不存在脱离必然性的纯粹的偶然性,凡存在偶然性的地方,其背后总是隐藏着必然性。概率的根本目的就是寻找不确定性现象中蕴含着的稳定的、确定的规律。雷电、龙卷风、陨石、地震等以前被人们认为是"天降的灾难",看似偶然现象,实则不然,如果人们掌握这些灾难的生成机制,就能有效预测它们生成的概率,采取积极的应对措施,减小损失。

### 8.1.2 概率的知识:要突出核心概念、基本概念的奠基性和辐射性作用

编织数学科学知识体系最有力的方法当然是公理化的方法。自苏联数学家柯尔莫哥洛夫给概率找到了一个既简明又清晰的公理系统,在逻辑上有了一个合理的基础之后,概率论便正式成为了数学的一个分支。作为中小学教育任务的概率当然不能如此组织,但是编写教材的精神实质和编织数学科学知识体系的思想却异曲同工:在教材编写中,在教学时,就是要突出核心概念、基本概念的奠基性、辐射性作用。概率知识间的结构关系如图 8.1 所示。

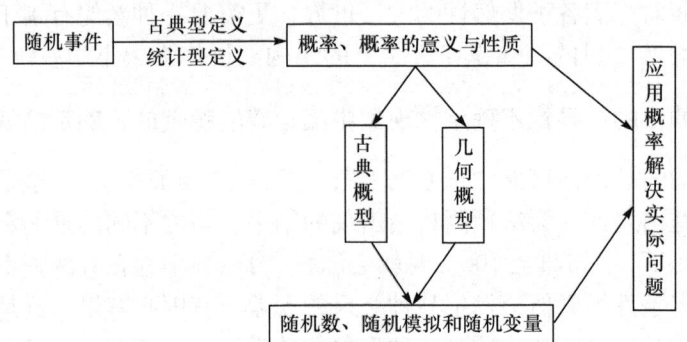

图 8.1 概率知识结构关系

1. 随机事件、概率及其定义

概率论是研究随机现象的,描述的是可以重复试验的模型。在条件相同的情况下,做重复试验,试验结果却不确定,在试验之前无法预测是哪一种结果出现,这就是随机现象。结果的随机性不同于结果未知,事实上,所有的结果都是已知的,只是不知在具体的一次试验中究竟会出现哪个结果。如,抛硬币,就只有两种结果,要么"正面朝上",要么"反面朝上",但你就是不知每次抛的结果如何。其他星球上是否有人类这样一个命题或结果没有任何随机性,它是完全确定的,只是人们至今还不知道其结论而已。随机试验的一个结果就是一个事件。在一次随机试验中可能发生的唯一的且相互之间独立的结果是基本事件。基本事件是互

斥的"最小事件"，能用于表示其他事件。在随机试验中，可能发生的所有基本事件的集合构成事件空间，事件是相对于给定的事件空间而言的。比如，扔一枚均匀的骰子，求出现偶数点的概率。可以认为试验有六个结果，其中有三个结果中出现偶数点，因此，该事件的概率是六分之三；但也可以认为试验只有两个结果（比如可以想象把三个偶数点的面涂成黑色，把三个奇数点的面涂成红色），因此该事件的概率是 $\frac{1}{2}$。对前一样本空间而言，{2},{4},{6} 就是事件，而对后一样本空间而言，显然就不是事件了。事件间的关系可以类比集合间的关系来理解。抛硬币不可能同时"正面朝上"和"反面朝上"，这不可能同时发生的事件就是互斥事件，常用两个相互分离的图表示互斥事件的"互斥"；抛两枚硬币时，一枚出现"正面朝上"对另一枚出现的结果没有任何影响，一个事件的发生与否不影响另一事件发生的概率，那么这两个事件就是相互独立的事件，相互独立的事件难以用图来表示。抽签时，一个人抽到什么样的机会对另一个人没有什么影响。可是在实际生活中，遇到摇号、抽签之类的事，人们还是拼命地抢，争取先抽签。可见，培养随机意识的观念是一个长期过程，从确定性思维模式到随机性思维模式的过渡应是教学的一个着力点。

  从概率的发展历史来看，从概率诞生时起，对概率的理解就伴随着争论，中小学教材中给出了概率的古典型定义和统计型定义，这都是一些描述性的说法，不是真正严格的定义。对于这样的原始定义，不必过于拘泥字面意思，要注重对整体精神的把握。并非所有不确定现象都是概率论研究的对象，只有能重复试验的现象，才是概率论的研究对象。没有重复试验意义的问题，如一些属于人们的主观猜测与愿望的事件便不是概率论的研究对象。如"我认为今天下雨的概率是 0.97"，表达的是个人的一种信念，一种认识，不能认为是错误的，这其实是一种主观概率，对主观概率的研究并非没有意义，但并非作为中小学教育任务的概率的研究对象。

  概率的统计型定义反映的是多次试验中频率的稳定性，试验并没有得到精确的概率值，只是得到了概率的一系列估计值。试验次数越多，频率(经验概率)越稳定于概率，但并不是越趋向于概率，也不能认为试验次数越多，估计得越准确，要得到精确的概率值，还要经过数学上的处理，判断多次试验后的稳定趋势。概率为 $\frac{1}{2}$，不能理解为两次试验中某种试验必出现一次。概率的古典型定义是一种分析的结果，不是从试验中得到的。如抛硬币"正面朝上"的概率是 $\frac{1}{2}$，是通过分析硬币的形状等物理属性后，通过推理计算得到的。两种概率定义都是对客观事实的刻画，大数定律打通了两者的联系，当试验次数无限增大时，事件出现的频率与概率相差较大的可能性趋于 0。这说明在某种意义上，这两种定义在逻辑上是等价的，具有相容性，但两种定义并不等效，要根据不同的情形选用不同定义，因为这两种定义都有局限性。统计型概率需要大数次试验，而试验是需要成本的，有些甚至是具有破坏性的，如测试灯泡的使用寿命，有些根本是无法进行试验的，如某地发生地震的概率。如果用古典型定义预测某地地震发生的概率，需要对地震这样一个随机事件的发生机理进行内部原理的分析，而当下的科技还没有达到这样的水准，故地震的预测是很困难的。

无论是用大数定理来证明频率的稳定性，还是概率的统计型定义，都是预先承认事件发生的概率是客观存在的情况下进行的，这事实上是一种客观概率。还有一种受人们的知识水平、心理状态等种种因素限制的主观概率也是客观存在的。这样对概率本质的理解可能就引发一些争论，故有人认为概率在概念本质上是一个哲学概念，概率的本质不能用数学来定义。当然，中小学里研究的都是客观概率。在教学时，要突出经验概率(频率)和概率之间的联系与区别，把抽象栖居在经验、形象之上。

2. 古典概型和几何概型

古典概型和几何概型都是刻画、解释、预测随机现象的数学模型，但并非是现实生活的确切描述，模型并不等价于原型。正如欧氏几何与非欧几何都是描述三维空间的模型，没有对错之分，只有恰当与否。要根据具体的问题选用适当的模型，求解概率问题的一题多解体现的恰是如何选用多个模型。

古典概型和几何概型既有类同的地方，也有不同的地方。古典概型的事件个数有限，可以一个一个离散地列举出来；几何概型的事件往往是连续的，个数无限，不可列举出来，但几何概型的事件所对应区域的度量有限。古典概型中各基本事件的概率相等，几何概型中区域内各点所对应事件的概率相等(等可能性)。在古典概型中，概率为零的事件一定是不可能事件；在几何概型中，概率为零未必是一个不可能事件，如向平面内投质点，该质点落在平面内任何一点都是等可能的，投中某点的概率虽为零，但却是可能发生的事件。由互斥事件知，概率为1的事件未必是必然事件。

根据这两个模型的条件，在着手解决古典概型或几何概型的问题时，都要先检验或假设"等可能性"。只有满足了等可能性，才可以使用古典概型或几何概型的计算公式。如在等腰直角三角形 $ABC$ 中，在斜边 $AB$ 上任取一点 $D$，求 $AD$ 小于 $AC$ 的概率。这个题目的叙述中省略了等可能假设，就有可能产生不同的理解和不同的答案。如果默认的等可能假设是"点 $D$ 落在线段 $AB$ 上任意一点是等可能的"，那么只需在 $AB$ 上取点 $D_1$，使 $AD_1 = AC$，那么概率是 $p = \dfrac{AD_1}{AB} = \dfrac{AC}{AB} = \dfrac{\sqrt{2}}{2}$。如果认为 $AD < AC$ 等价于 $\angle ACD = \angle ADC$，默认的等可能假设是"$CD$ 落在 $\angle ACB$

内的任意位置是等可能的",那么,只要在 $AB$ 作 $\angle ACD_1 = \angle AD_1C = 67.5°$,那么概率是 $p = \dfrac{\angle ACD_1}{\angle ACB} = \dfrac{67.5°}{90°} = \dfrac{3}{4}$。又如,在一长为 $a$ 的线段 $MN$ 上任取两点,求这两点的距离大于 $b(b<a)$ 的概率。虽然随机试验是在线段上随机取点,但不能把线段视为区域 $D$,不能用长度测度进行概率计算,因为两点间的距离值不是等可能的,而应该引进变量。设线段上任意两点 $A,B$ 到线段的一个端点(不妨设 $M$)的距离分别为 $x,y$,则有 $\begin{cases} 0 \leqslant x \leqslant a, \\ 0 \leqslant y \leqslant a, \end{cases}$ 在平面直角坐标系内,作点 $(x,y)$,样本空间就是边长为 $a$ 的正方形,事件"两点间距离大于 $b$",就是 $|x-y|>b$,不难得到所求概率为 $\dfrac{(a-b)^2}{a^2}$ (这一点在动态几何软件中看得很清楚,点在圆周上匀速运动的,在相等的时间内扫描相等的弧长,但并不是扫过相等的弦长,故两点间的距离值不是等可能的)。

由于几何概型中基本事件的无限性,如何选择样本空间是关键。对于一个随机试验,我们要将每个基本事件理解为从某个特定的几何区域内随机地取一点,该区域中每一点被取到的机会都一样,而一个随机事件的发生则理解为恰好取到上述区域中的某个指定区域中的点。历史上的贝特朗悖论是一个典型的例子,可以帮助学生理解几何概型中所假定的点必须具有均匀分布(类似于古典概型中的等可能性)的特性。

3. 随机变量

了解一个随机现象中所有可能出现的结果及每个结果的概率,那就了解了一个随机现象的规律。随机试验中的"基本事件"按某种法则只对应一个数,这个数取值具有"随机性",就是随机变量。引入随机变量就是为了将随机现象可能出现的结果量化,就是在概率空间和实数集之间架设了一座桥梁,这样就可以用数学工具研究随机现象了。通过随机变量,可以用实数表示随机现象可能出现的结果,用分布列函数刻画事件的概率。常见的分布有两点分布、二项分布、超几何分布和正态分布等。两点分布可看成二项分布的特例,在总体相当大时,有放回抽样的次品分布数的超几何分布近似为二项分布,随着试验次数的增多,二项分布越来越接近正态分布。分布列虽然全面反映了一个随机现象的规律,但是有时人们希望把这些信息压缩,用少数几个数值指标反映一个随机变量的分布特征。数学期望和方差就是这样的数值指标。离散型随机变量的均值是一种以概率为权系数的加权平均,源于赌博,故称期望。说极端一点,一部统计学发展的历史也是平均数向纵横两方面发展的历史。方差反映了随机变量偏离中心位置的平均水平,可用于判断测量数据的可靠程度。比如,在衡量一个射击选手的水平时,要看他的平均成绩，更要看他射击成绩的方差。

### 8.1.3　概率的方法：通过必然性去认识、把握随机现象，理解不确定与确定、可能与不可能的关系，可从历史宝库中撷取思想方法的精华

任何一本教科书都能给我们以知识上的答案，然而要获得思想方法上的答案就需从历史宝库中撷取。概念是学科的基石，要从一个概念框架中认识概念，单纯地追求所谓"知识点"甚至"客观知识"是没有意义的。概率的古典定义中的"古典"表明这种定义历史悠久，它源于赌博。博弈的形式多种多样，但它们的前提是公平，即"机会均等"，而这正是古典定义所适用的重要条件：等可能性。而"等可能性"是个基本假设，在实际问题中，往往不知道是否满足这个假设，而只凭主观对物理性质或几何的对称性来判断是不完全确切的。因此，人们认为要判定事件发生的可能性大小，最可靠的办法是通过多次试验，特别当基本事件不可能判定是否为等可能性时，尤其要采用这个办法，这就提出了统计概率(也曾称为经验概率)。虽然统计定义不能像古典定义那样确切地算出概率，但是却给出了一个估计概率的方法，而且它不需要"等可能的条件"，应用范围扩大了。但是统计定义需要一个前提假设，就是要求频率具有稳定性，当试验次数无限增大时，在某种收敛意义下逼近某一常数。而这在中小学概率教材中是不能明说的，需要学生感知用频率估计概率的必要性和合理性。古典概型还有一个前提条件"基本事件个数有限"，这也导致了古典概型应用的狭窄性。在概率论发展的早期，人们就已经注意到了这点，知道有必要计算有无穷个基本事件的情形，特别是贝特朗悖论的提出，更是对古典定义中的含糊之处提出了批评。

古典定义有两个条件：
(1) 可能结果总数有限；
(2) 每个结果的出现有同等可能。

那么，把条件(1)改成(1′)可能结果总数有无穷个；条件(2)基本不变，换成(2′)样本点均匀分布，就得到了几何概型。考虑到条件(2)不好判断，如果根本不考虑等可能性，另起炉灶，从经验出发，就得到了概率的统计定义。

概率统计的核心是认识随机现象背后的统计规律性，强调随机现象的个别观察的偶然性与大量观察的统计规律性之间的联系。通过必然性去认识、把握随机现象，理解不确定与确定、可能与不可能的关系，既是辩证思维的体现，也是人类思维成熟的体现，因此概率统计的学习实际上是对学生过去习惯的确定性思维的挑战。如抛一次硬币的结果是无法确定的，学生可以理解，但是大量抛掷的结果却是一个概率确定值，这里需要一定的辩证统一的思想，为了让学生能够理解这样的事实，动手试验、模拟试验是不可少的，这使得学生经历了从具体到抽象、归纳、合情推理等思想方法与随机思想方法的交融。除此之外，还要求学生能学

会用概率解释一些随机现象。如掷 100 次硬币出现 50 次正面的概率是 8%，是指一共有 $m$ 个人掷硬币，每个人掷 100 次，出现 50 次正面的人数比上 $m$，这个比值应该在 8% 左右。也就是说，100 个人，每人掷硬币 100 次，大概有 8 个人会出现 50 次正面。在使用概率模型解决问题的同时，要求学生学会选择、评价不同的模型的适切性，提高他们对随机现象的认识，不断完善他们的思维，使其日趋成熟，这正是作为中小教育任务的概率的育人功能的集中体现。

## 8.2 微言要义之随机现象与随机事件

数学概念不仅是建立数学相关理论的前提，也是构成数学命题的基本结构单元，还是成为思维方式建构或转变的基石。就逻辑而言，数学概念一般都具有内涵和外延的限定，其内涵就是"事物的量"，其外延则是"事物的量"的范围。数学概念的内涵和外延具有一个发展变化的过程；从教育心理学的角度来说，概念的学习有概念形成和概念同化之不同；从数学教学心理学的角度来说，数学概念本身是过程与对象的辩证统一，对数学概念的掌握，通常要从过程入手，然后再凝聚为对象，最后这两方面构成一个整体，并与其他相关数学概念一起，形成互相关联的"概念网络"。在具体的数学概念教学时，对于相似的概念，除了要重视从逻辑、数学史、教育心理学这几个层次分别进行思考之外，还应强调对概念进行辨析。相似即是不同，表面的相似之下往往隐藏着本质的不同。然而，对于相似的概念，由于它们的相似性，容易让学生产生理解上的混乱，将概念的外延重合、内涵混为一谈，把相似概念作为同一对象来操作，无法形成对概念的正确认识，不能明确概念之间的区别与联系以形成清晰的概念网络。因此，对相似概念进行多角度深层次的辨析是必要的，从语义上、数学上、教育上明确相似概念之间的区别与联系，借助辨析的过程，不仅能将概念区分开，还能够多角度地挖掘概念的内涵和意义，更加透彻地理解概念本质。

章建跃提出"改进教学从加深理解内容入手"，制约概率与统计教学水平的瓶颈首先在教师自身的知识储备，教师在课堂中出现一些常识性错误的原因在于其对概率、统计的基础知识理解不深、把握不准。尤其对于思想层面的内容，如"加深对随机现象的理解，正确理解随机事件发生的不确定性及其频率的稳定性"，培养起来并不容易。因此，从改进教学的角度来看，对知识进行多角度的深入分析也是必要的，下面从概念入手，通过辨析的方式深入剖析概念的实质，以促进对概念本身以及概念教学的理解。

"随机现象"和"随机事件"是概率论中两个容易混淆的基础概念，这两个概念是学生学习概率知识的起点，若学生对这两个概念的理解似是而非、混为一谈，势必影响学生对其他相关概念、命题等的学习,也会阻碍学生深入认识概率论的研究目的和研究手段。

## 8.2.1 辨析

### 1. 语义上的辨析

"随机"在随机现象和随机事件这两个概念中意义相同,在词典里,"随机"的含义是随机遇而定,不作特殊安排,强调不确定性,差别在于"现象"和"事件"这两个词的不同。在词典里,"现象"是指事物在发展、变化中表现出来的外部形态:自然现象/社会现象/看问题要透过现象看本质,"事件"是指不平常的大事情(多指有社会影响的):政治事件/泄密事件/防止发生食物中毒事件。根据词典里的解释可知:"现象"是一种外部形态,强调外在表现,而在外在表现背后的本质是有待挖掘的;"事件"指向某件事情,事情表现出一种结果,引起结果的原因是需要寻找的。

根据《数学辞海》的解释,"随机现象"是指在一次试验或观测中,其结果有多种可能,事先无法精确断定究竟哪一种结果会发生的现象,在此概念中,现象指向的外部形态是多种可能结果发生的不确定性。"随机事件"指在相同的确定条件下,随机试验所可能有的表现或结果,随机事件是随机试验中的一种结果,在一定条件下,这种结果可能出现也可能不出现。如抛一块均匀的硬币,可能正面朝上,也可能反面朝上。若称之为一个随机现象,这里的现象表现为:正反面朝上的不确定性;若要探究一次试验中正面朝上的概率,即一个随机事件的概率,这里的事件是"正面朝上"这种结果。在随机事件概念中,强调"在相同的确定条件下",这是因为随机试验发生条件不同,将会影响随机事件发生的可能性大小和随机事件的性质,如硬币的正反面重量不同,将影响一次试验中硬币正面朝上的概率,又若在试验中,将硬币正面朝下做自由落体运动,则发生正面朝上的可能性几乎为零。

### 2. 数学上的辨析

从"现象—本质"的角度来看,对于现象而言,要分析本质,现象背后隐含着本质,反过来,借助本质能帮助我们真正认清和把握现象(图 8.2)。从数学的角度来研究问题,需要抛弃问题的其他属性,只提取其数量关系和结构来进行分析,因此,揭示随机现象的数量规律成为概率论的主要研究目的之一。分析随机现象的数量规律,需要借助随机试验来模拟随机现象,对每一次试验的结果进行记录,重复大量试验,进行数据分析,这时需要分析每一种结果实际出现的次数,当分析试验中某种结果出现的次数时,会发现其频率稳定在一个固定数值左右,试验次数越多，频率波动越小，这个数值便是所指向的随机事件的概率。随机事件的概率反映了随机试验中某种结果发生的可能性大小，揭示了随机现象的数量规律。因此，若要探寻随机现象的数量规律，把握随机现象的随机性，可以具体地归结到对随机事件的概率的探究上。

从"结果—原因"的角度来看，对于结果而言，要分析原因，只有找出结果产生的原因，才能认识其本质和规律。随机事件中的"事件"指向一种结果，为什么在一次随机试验中，这种结果可能发生也可能不发生，若重复大量试验，其发生频率通常会稳定在一个固定数值左右？从结果往回看，首先，在一次随机试验中，有多种可能发生的结果，即在随机现象中，其有多种可能的表现形式，事先无法精确断定究竟发生哪一种结果，正是随机现象结果的不确定性，导致了在随机试验中随机事件发生的不确定性。其次，在随机现象中，结果的发生又不是完全没有规律的，随机性正是指不确定性中蕴含着规律性，在一次随机试验中，对每一个结果而言，其出现的可能性有大有小，也就是说，随机事件的发生是有概率的，随机事件的概率越大，在随机试验中，其出现的概率越大，多次重复试验，其不确定性中的规律性便宏观地表现在概率上。因此，随机事件的概率产生于随机现象的随机性。

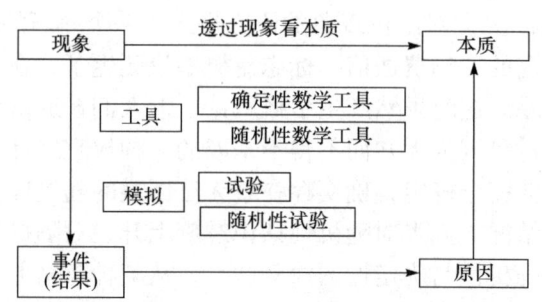

图 8.2 随机现象与随机事件

3. 教学上的辨析

随机现象和随机事件之间，存在"现象—本质""原因—结果"的区别与联系，二者在实际教学中的侧重点不同。

1) 就教育心理学而言

概念的学习有概念形成和概念同化之不同。所谓概念形成是指，从大量实例出发，以学生的感性经验为基础，形成表象，归纳、抽象、概括出事物的某类"本质"属性，并提出各种假设，加以验证，以获得数学概念；所谓概念同化是指，从学生已有的概念出发，以其间接经验为基础，直接揭示所学概念的某类"本质"特征，以获得数学概念。"随机现象"是概率论中的一个初始概念，并且在生活中实际存在大量的可感知的随机现象，因此，在教学时，可采用概念形成的方式来获得概念，通过一些实例向学生介绍确定性现象和随机现象，对二者进行区分，并抽象概括出"随机现象"的内涵；"随机事件"的认知建立在对"随机试验"和"基本事件"认知的基础之上，适合采用概念同化的方式来获得，可先引入随机试验的概念，由此给出基本事件、样本空间、随机事件的概念：随机试验的每一个结果称为基本事件，也称为样本点，所有样本点的集合称为样本空间$\Omega$，样本空间的子集$A(\varnothing 和\Omega除外)$称为随机事件。

2) 就教学难点而言

回溯历史，人们很早就对随机性有所意识，在古河流文明时期，古巴比伦、古印度和古埃及人用黏土制作三棱柱、四棱柱和正六面体等不同形状的骰子，并使用象牙赌板、动物距骨、坚果核等各类随机数发生器。在我国，考古发现的甲骨卜辞和数字卦显示在殷商时代龟卜成像、筮数成卦的卜筮活动就已很盛行。当时的人们普遍把随机性看作是神的意愿。到了古希腊时期，古希腊人对随机性的认识可分为两派，一派认为随机性是尚未认识的确定性，另一派认为随机性属于上帝和自由意志，哲学和宗教原因限制了人们对随机现象的进一步认知。此后很长一段时间，由于受到宗教的束缚，人们对随机现象不可能有进一步的研究。直到17世纪中叶开始，人们对随机现象的研究进入了一个崭新的阶段，帕斯卡与费马的7封通信即著名的"帕费通信"标志着概率论诞生了，在通信中，他们主要讨论了一些赌博问题。这时虽然产生了概率论，但人们普遍认为随机性并非客观存在的，承认它不过是因为无知而不得不采取的一种权宜之计。现代数学时期，人们意识到世界并非完全确定，确实存在着无法回避的随机性，确定性只是随机性模式的一种特殊情况。人类对随机性认识螺旋上升、对随机现象数学研究逐步深入的本质根源是随机性与确定性的深刻联系，从某种意义上说，对确定性和随机性关系的认识，既是科学不断进步的原因，又随着科学的不断进步而更加深入。

因此，在认识随机现象时，难点就在于对确定性和随机性关系的理解。首先，随机性是客观存在的，承认随机性并不是因为无知。其次，确定性只是随机性模式的一种特殊情况，没有绝对真理和终极真理，从历史的发展过程来看，要认清这一点并不容易。

对于随机事件概念教学来说，首先，受相似概念的影响，区分随机事件和随机现象是一个难点，应指明，虽然随机事件的发生也具有随机性，但这是由随机现象的随机性产生的，其本质是一种结果。然而，在人教版高中数学必修3中，并没有明确区分随机现象和随机事件，导致师生难以明确概念内涵，用随机现象来定义随机事件，将二者混为一谈。其次，介绍随机事件概念时，为何要强调"在相同的确定条件下"，学生难免疑惑，但是，在人教版高中数学必修3的教材编写中，不先讲随机试验就来讲随机事件，把随机事件定义为："在条件$S$下可能发生也可能不发生的事件,称为相对于条件 $S$ 的随机事件,简称随机事件",定义中的"条件"是什么,师生难以理解。

3) 就教学作用而言

随机现象作为概率论的研究对象,其概念教学的一个重要作用是明确概率论的研究范围,在教学过程中,应明确何为确定现象,何为随机现象,随机现象的随机性才是概率论要研究的对象。随机事件是从数学的角度研究随机现象的切入点,教学中引入随机事件概念的作用是使得随机现象中的结果能够被当成对象来进行研究,结果的规律性反映了随机现象的本质,因此,在学习概率知识时,随机事件是一个必须要掌握的、关键的概念,往往随机试验中的随机事件才是需要学生直接面对和研究的对象。

### 8.2.2 结论

数学概念是反映数学对象本质属性的思维形式,在数学知识体系中,处于基础地位,对于学生构建合理的数学知识体系十分关键。随机现象和随机事件这两个概念的辨析常会被教师忽视,他们错误地认为学生会计算概率就实现教学目标了,这是一种功利性的教学,学习数学不只是为了解题,不应把知识仅当作做题工具,教师更应该关注的是学生是否真正理解了抽象的数学概念、理论和命题等,而后才能进入对知识的应用。

## 8.3 随机事件的概率

概率是随机事件发生的可能性大小的一种整体定量刻画。概率表示事件发生的可能性,因为其是针对大量试验而言的,故对某一次试验而言,大概率事件也不一定发生。概率的计算可以用试验法,分析用统计模拟方法。但这种方法有时烦琐,故需要从理论上建立求事件的一些方法。

### 8.3.1 古典概型与几何概型

古典概型是说事件 $A$ 发生的概率是事件 $A$ 包含的基本事件的总数与基本事件的总数之比,是一种比值定义法。这种定义原理清晰,易于接受。

在一个圆形区域内撒豆子,当豆子的个数增加到一定量时,两个圆形区域的面积之比就是豆子数之比。几何概型处理的是基本事件的个数是无限的情况,单纯的个数之比无法解决问题,但转换一下思路:线段中点的个数是无限的,但线段可以分成有限的几段;平面区域中,点的个数是无限的,但面可以分成有限的几块;立体区域中,点的个数是无限的,但体可以分成有限的几块。一个无限的问题可以转化为有限的问题。

"撒豆可成线、成面、成体",豆子数之比就成了长度比、面积比、体积比,这就是几何概型。在教材中,蒙特卡罗模拟法其实就指出古典概型与几何概型之间的内在关系。

### 8.3.2 条件概率与事件的独立性

条件概率是指在事件 $B$ 发生的条件下,事件 $A$ 发生的概率。从古典概率的角度看,就有 $P(A|B) = \dfrac{n_{AB}}{n_B}$,这里的参考空间是样本空间 $B$。如果把眼光扩大到整个样本空间就有 $P(A|B) = \dfrac{\frac{n_{AB}}{n}}{\frac{n_B}{n}}$,再变形一下就有 $P(A|B) = \dfrac{P(AB)}{P(B)}$。就此开辟了事件概率计算的另一种方向:通过分析事件间的关系来计算复杂事件的概率。通过把复杂事件分解为简单事件来计算概率,而不是把概率的计算建立在排列组合之上。这是概率的加法公式、乘法公式给我们的启示。

有条件是好事,条件概率的价值是缩减了样本空间,使问题得到了简化。从条件概率出发思考问题,可以得到一些好的直观理解。

事件 $A$ 与 $B$ 两者是独立的,那就是说无论 $B$ 发生也好,不发生也罢,均不会影响 $A$ 发生的概率,即 $P(A|B) = P(A|\overline{B})$,用条件概率进行化简就有 $\dfrac{P(AB)}{P(B)} = \dfrac{P(A\overline{B})}{P(\overline{B})}$,进一步化简可得

$$\dfrac{P(AB)}{P(B)} = \dfrac{P(A) - P(AB)}{1 - P(B)},$$

即 $P(AB) = P(A)P(B)$。

在分类变量的独立性检验的案例学习中,用这种想法进行推导就很直观了。

| | 患病 | 不患病 | 总计 |
|---|---|---|---|
| 吸烟 | $a$ | $b$ | $a+b$ |
| 不吸烟 | $c$ | $d$ | $c+d$ |
| 总计 | $a+c$ | $b+d$ | $a+b+c+d$ |

欲判断"吸烟"与"患病"是否有关系,只要计算"在吸烟条件下患病的概率"与"不吸烟条件下患病的概率"是否一样,就可以了。也就是说,如果"吸烟也好,不吸烟也罢,身体该怎么着还是怎么着",那么"吸烟"与"患病"就是不相关的。

$P$(患病|吸烟) = $P$(患病|不吸烟)，转化为统计比率就有 $\dfrac{a}{a+b} \approx \dfrac{c}{c+d}$，即 $ad - bc \approx 0$，再由此得到卡方统计量。

### 8.3.3 全概率公式与贝叶斯公式

把概率的加法公式、乘法公式推广到一般情形，就有全概率公式与贝叶斯公式。其基本思想还是把复杂事件分解为简单事件，用简单事件的概率来计算复杂事件的概率。全概率公式是"由因导果"，贝叶斯公式是"执果索因"。大学数学中的思想和中学数学中的思想是一脉相承的。

## 8.4 概率概念技能化

"知识技能化"是信息加工学习理论的重要主张。知识技能化作为一种教育理念，扎根于中小学教育的各个学科，特别是在以理解和练习为重点的数学学科。概率是概率与统计的核心概念，学生是否学会了概率概念的标志是能否自动化地应用，最终走向概率概念技能化，即概率概念学习的终点应该是形成一种眼光，一种技能。把概率作为一种程序性知识，学生对其的理解并不是一蹴而就的，而是需要在解决典型问题的过程中反复应用，才能逐步加深，最终实现自动化的应用。因此概率概念教学的一个重要途径就是以典型样例为出发点，引导学生深入思考、适度探究、多角度理解、适度练习，最终获得概率概念的程序性技能，促进知识的技能化。ACT-R 理论(adaptive control of thought, rational，理性思维适应性调控理论)认知中的样例学习和程序性知识的例规教学，都说明了精细训练的重要性。而要形成一种技能，一种眼光，离不开对典型例题的剖析。

### 8.4.1 从概率的眼光解读不等式

**例1** $i, m, n$ 是正整数，且 $1 < i < m < n$，证明：$n^i A_m^i < m^i A_n^i$。

**分析与证明** 从概率统计学的观点，可以先研究下面问题：设有 $i$ 个人，每个人都等可能地被分配到 $N$ 个房间中任意一间去住 ($i \leqslant N$)，求恰好有 $i$ 个房间，其中各住一个人的概率。

因为每个人有 $N$ 个房间可供选择，所以 $i$ 个人住的方式有 $N^i$ 种，它们是等可能的。$i$ 个人可以在 $N$ 个房间中任意选取，其种数为 $C_N^i$ 个，对选定的 $i$ 个房间，有 $i!$ 种分配的方式，所以恰有 $i$ 个房间各住一人的概率为 $P(N) = \dfrac{C_N^i i!}{N^i} = \dfrac{A_N^i}{N^i}$。分别令 $N$ 等于 $m, n$，则有 $P(m) = \dfrac{A_m^i}{m^i}, P(n) = \dfrac{A_n^i}{n^i}$，显然，房子的数量越多(即 $N$ 越大)，每个人住单间的可能性(即概率)越大。即当 $i < m < n$ 时，有 $P(n) > P(m)$，也即 $\dfrac{A_n^i}{n^i} > \dfrac{A_m^i}{m^i}$，变形即得结论。

上述问题就是著名的麦克斯韦-玻尔兹曼统计模型。用概率的眼光看，它就不再是一个单纯的不等式证明问题，而是另有深意。

**例 2** 已知 $a,b,c,m,n,p \in \mathbf{R}_+$，且满足 $a+m = b+n = c+p = k$，求证
$$an + bp + cm \leqslant k^2.$$

**分析与证明** 从概率的角度解读条件。由条件知 $\dfrac{a}{k} + \dfrac{m}{k} = \dfrac{b}{k} + \dfrac{n}{k} = \dfrac{c}{k} + \dfrac{p}{k} = 1$，令 $P(A) = \dfrac{a}{k}, P(B) = \dfrac{b}{k}, P(C) = \dfrac{c}{k}$，其中 $A,B,C$ 为三个相互独立的事件，则
$$P(A+B+C) = P(A) + P(B) + P(C) - P(A \cdot B) - P(A \cdot C) - P(B \cdot C) + P(A \cdot B \cdot C)$$
$$= \dfrac{a}{k} + \dfrac{b}{k} + \dfrac{c}{k} - \dfrac{ab}{k^2} - \dfrac{ac}{k^2} - \dfrac{bc}{k^2} + \dfrac{abc}{k^3}$$
$$> \left(\dfrac{a}{k} - \dfrac{ab}{k^2}\right) + \left(\dfrac{b}{k} - \dfrac{bc}{k^2}\right) + \left(\dfrac{c}{k} - \dfrac{ac}{k^2}\right)$$
$$= \dfrac{a}{k}\left(1 - \dfrac{b}{k}\right) + \dfrac{b}{k}\left(1 - \dfrac{c}{k}\right) + \dfrac{c}{k}\left(1 - \dfrac{a}{k}\right)$$
$$= \dfrac{a}{k} \cdot \dfrac{n}{k} + \dfrac{b}{k} \cdot \dfrac{p}{k} + \dfrac{c}{k} \cdot \dfrac{m}{k},$$

又 $P(A+B+C) \leqslant 1$，所以 $\dfrac{a}{k} \cdot \dfrac{n}{k} + \dfrac{b}{k} \cdot \dfrac{p}{k} + \dfrac{c}{k} \cdot \dfrac{m}{k} \leqslant 1$，即 $an + bp + cm \leqslant k^2$。

### 8.4.2 从概率的角度解读排列组合的相关等式

4 名男生和 3 名女生站成一排，其中男生甲站在女生乙的左边的方法有多少种？这是一道典型的排列组合问题。从概率的角度思考，将求解的问题转化为试验：7 个人随机地站成一排，设事件 $A = \{$甲站在乙的左边$\}$，事件 $B = \{$乙站在甲的左边$\}$，则事件 $A$ 与事件 $B$ 发生的可能性(概率)是一样的，都为 0.5，然后，样本空间的基本事件数为 $A_7^7$，这样所求得的结果数就是 $\dfrac{A_7^7}{2}$。这就引发了一个问题，概率统计的计算不一定要以排列组合知识为基础，从概率的角度也可以认识排列组合。

如从 1,2,3,4,5,6 中任选四个数字，排成没有重复数字的四位数，然后将所有满足这一要求的数从小到大依次排列，构成一个数列，求这个数列的和。由题意，这个数列中共有 $A_6^4 = 360$ 个数。分别对 360 个数的个位、十位、百位、千位四个

数位求和，从而求出这个数列的和。从概率的角度看，1,2,3,4,5,6 等可能地分布在这 360 个数的个位、十位、百位、千位四个数位上，并且每个数字在每个数位上出现的次数为 $\frac{1}{6}A_6^4 = 60$，所以这个数列的和为

$$S = (1+2+3+4+5+6) \times (1000+100+10+1) \times 60 = 1399860。$$

**例 3** 求证：$C_n^0 C_m^r + C_n^1 C_m^{r-1} + \cdots + C_n^k C_m^{r-k} + \cdots + C_n^r C_m^0 = C_{n+m}^r$。

**分析与证明** 构造随机事件：随机地从 $m$ 件正品、$n$ 件次品中一次性抽 $r$ 件 ($r \leqslant n$)，这 $r$ 件产品中次品的件数为随机变量 $\xi$，则 $\xi$ 的分布列为 $P(\xi=k) = \dfrac{C_n^k C_m^{r-k}}{C_{m+n}^r}$ ($k=0,1,2,\cdots,r$)，由概率分布的归一性有

$$\frac{C_n^0 C_m^r + C_n^1 C_m^{r-1} + \cdots + C_n^k C_m^{r-k} + \cdots + C_n^r C_m^0}{C_{n+m}^r} = 1,$$

化简即得结论。

这个公式取特例就是：$C_m^{r-1} + C_m^r = C_{m+1}^r$。

**例 4** 证明等式：$\sum\limits_{k=0}^{n} C_M^k \cdot C_{N-M}^{n-k} = C_N^n$。

**分析与证明** 建立概率模型：在 $N$ 间产品中有 $M$ 件次品，任取 $n$ 件，设 $\xi$ 为其中的次品数，则 $\xi$ 服从超几何分布，其概率分布为

$$P(\xi=k) = \frac{C_M^k C_{N-M}^{n-k}}{C_N^n} \quad (k=0,1,2,\cdots,r),$$

由概率分布的归一性，$\sum\limits_{k=0}^{n} P(\xi=k) = 1$，所以 $\sum\limits_{k=0}^{n} P(\xi=k) = \sum\limits_{k=0}^{n} \dfrac{C_M^k C_{N-M}^{n-k}}{C_N^n} = 1$，即 $\sum\limits_{k=0}^{n} C_M^k \cdot C_{N-M}^{n-k} = C_N^n$，原式得证。

特别地，取 $N=2n, M=n$，有 $\sum\limits_{k=0}^{n} C_n^k \cdot C_n^{n-k} = C_{2n}^n$，即 $\sum\limits_{k=0}^{n} \left(C_n^k\right)^2 = C_{2n}^n$，也就是

$$\left(C_n^0\right)^2 + \left(C_n^1\right)^2 + \cdots + \left(C_n^n\right)^2 = C_{2n}^n。$$

ACT-R 理论的基本内涵是任何知识的习得都是始于陈述性阶段，经过一段时间的程序化过程以及长期的协调过程，最终过渡到程序性阶段。陈述性知识可表征为一些小的原始知识网络(信息块)，程序性知识则是在调取这些陈述性信息块时形成的产生式或产生式系统。概率作为程序性知识，在运用的过程中，就是对相关陈述性知识的调取，再通过产生式实现目标问题的解决。构造适切的随机事件，并根据相应的公式证得问题，就是调用陈述性知识并形成产生式解决问题的

过程。通过构造随机事件，运用概率知识解题，加深了学生对概率概念的理解，更重要的是为学生自动化运用概率概念提供了良好的样例。

### 8.4.3 从概率看确定性问题

随机现象、随机事件、随机变量与确定性现象、变量之间的最大区别是随机性。对于确定性现象而言，将基于普查的个体看成是古典概型中的基本事件，变量就成为随机变量，这是连接基于普查的总体和基于随机变量的总体两个概念的桥梁。如，熟知的高斯求和故事就可如此处理。

**例5 证明** $1+2+3+\cdots+n=\dfrac{n(n+1)}{2}$。

**分析与证明** 构造概率模型：袋中有 $n+1$ 个球，标号依次为 $1,2,3,\cdots,n+1$，从中任取两个球，记事件 $A_k=\{$两球中最大标号为 $k\}$，则 $P(A_k)=\dfrac{C_{k-1}^1}{C_{n+1}^2}=\dfrac{2(k-1)}{n(n+1)}$，$k=2,3,\cdots,n+1$，由概率的归一性：$P(A_2)+P(A_3)+\cdots+P(A_{n+1})=1$，即有 $\dfrac{2}{n(n+1)}(1+2+3+\cdots+n)=1$，则 $1+2+3+\cdots+n=\dfrac{n(n+1)}{2}$。

用这种方法还可以很容易地证明二项式定理。

例规教学模式认为,学生对程序性知识的理解是分不同水平的,是有层次的。对知识的"理解"能促进有效的"训练",同样精心设计的有效"训练"能加深理解，促进更好的理解。二者是一个相互促进、循环往复的过程。适度理解，适度练习，并进行精致练习，在典型例题的练习中学习是学生形成概率概念技能化的关键一步。衡量程序性技能训练的标准是熟练程度高和内化能力强。熟能生巧，通过有效适度的练习，对技能的熟练度就会逐步提高。通过练习训练技能，实现操作方式内化，变式练习是关键。变式练习不仅要求操作方式的高度熟练，更重要的是在形式变化中把握本质不变，将知识与已有的认知结构建立联系，促进操作方式的内化。

## 8.5 分解法求数学期望

已知 $n$ 个相互独立事件 $A_1,A_2,A_3,\cdots,A_n$ 在同一条件下发生的概率分别为 $p_1,p_2,\cdots,p_n$，在一次试验中有 $\xi$ 个事件同时发生(可能的取值为 $0,1,\cdots,n$)，则随机变量 $\xi$ 的期望为 $E\xi=p_1+p_2+\cdots+p_n$。可以用数学归纳法证明此命题。数学归纳法是一种有效的证明方法，但不是一种简单的证明方法。其实，这个命题的证明方法可以简化，可以使该命题达到直观上显然的程度，更有利于该命题的应用。

## 8.5.1 证明

任何一个复杂事件可以分解成一系列基本事件的组合,可以用简单事件的性质把握复杂事件的性质,达到以简驭繁的目的。因此,着眼于事件的分解是证明本命题的关键。记 $\xi_i = \begin{cases} 1, & \text{事件}A_i\text{发生,} \\ 0, & \text{事件}A_i\text{不发生} \end{cases}$ $(i=1,2,\cdots,n)$,则 $\xi = \xi_1 + \xi_2 + \cdots + \xi_n$,$\xi_i$ $(i=1,2,\cdots,n)$ 是一系列相互独立的事件。$\xi_i(i=1,2,\cdots,n)$ 的分布列是

| $\xi_i$ | 1 | 0 |
| --- | --- | --- |
| $P$ | $p_i$ | $1-p_i$ |

从而
$$E\xi_i = 1\cdot p_i + 0\cdot(1-p_i) = p_i,$$
故
$$E\xi = E(\xi_1 + \xi_2 + \cdots + \xi_n) = E\xi_1 + E\xi_2 + \cdots + E\xi_n = p_1 + p_2 + \cdots + p_n。$$
显然,本证法简单得多。

## 8.5.2 应用

为了更好地看清楚分解法的实质,下面我们来看一些典型的例子。

**例1** 若 $\xi$ 服从二项分布 $B(n,p)$,求证:$E\xi = np$。

**证明** 在上述中令 $p_1 = p_2 = \cdots = p_n = p$,即证 $E\xi = np$。

**例2** (超几何分布) 某一批产品共 $N$ 件,且已知其中有 $M$ 件是次品。现对该批产品作无放回的抽样检查,从中随机地抽取 $n$ 件,记 $\xi$ 为这 $n$ 件产品中出现的次品数。试求 $\xi$ 的期望。

**解** 记 $\xi_i = \begin{cases} 1, & \text{第}i\text{次抽到次品,} \\ 0, & \text{第}i\text{次抽到正品} \end{cases}$ $(i=1,2,\cdots,n)$。一共抽取了 $n$ 次,因此共有 $n$ 个随机变量 $\xi_1,\xi_2,\cdots,\xi_n$,$\xi_i(i=1,2,\cdots,n)$ 的分布列是

| $\xi_i$ | 1 | 0 |
| --- | --- | --- |
| $P$ | $\dfrac{M}{N}$ | $1-\dfrac{M}{N}$ |

从而
$$E\xi_i = 1\cdot\frac{M}{N} + 0\cdot\left(1-\frac{M}{N}\right) = \frac{M}{N}。$$

因此

$$E\xi = E(\xi_1 + \xi_2 + \cdots + \xi_n) = E\xi_1 + E\xi_2 + \cdots + E\xi_n = n\frac{M}{N}。$$

**例 3**（三项分布） 设随机变量 $x_1, x_2, x_3$ 的三项分布式是

$$P(x_1, x_2, x_3) = \frac{n!}{x_1! x_2! x_3!} \cdot p_1^{x_1} p_2^{x_2} p_3^{x_3}，\quad x_1 + x_2 + x_3 = n, p_1 + p_2 + p_3 = 1，$$

求 $x_1, x_2, x_3$ 的期望。

**解** 先求 $x_1$ 的期望。只考虑 $x_1$ 的这个变量，把其他两个变量看作一类。记

$$x_{i1} = \begin{cases} 1, & x_1 \text{第} i \text{次出现,} \\ 0, & x_1 \text{第} i \text{次不出现,} \end{cases} x_{i1}(i=1,2,\cdots,n) \text{ 的分布列是}$$

| $x_{i1}$ | 1 | 0 |
|---|---|---|
| $P$ | $p_1$ | $1-p_1$ |

则 $Ex_1 = E\left(\sum\limits_{i=1}^{n} x_{i1}\right) = \sum\limits_{i=1}^{n} E(x_{i1}) = np_1$。这与用定义得出的结果一样，但运算简单一些。同理，$Ex_2 = np_2$，$Ex_3 = np_3$。

### 8.5.3 小结

从上面可以看出，两点分布是二项分布、超几何分布、三项分布乃至多项分布的基础。两点分布描述的基本事件可以从不同角度复合成不同的随机事件。从而这些事件的数字特征可以转化为两点分布的数字特征。这时用到了离散型随机变量的数学期望具有线性这个特征：对任意常数 $c_i(i=1,2,\cdots,n)$ 及 $b$，有

$$E\left(\sum_{i=1}^{n} c_i \xi_i + b\right) = \sum_{i=1}^{n} c_i E\xi_i + b。$$

特别地，若有 $\xi = \xi_1 + \xi_2 + \cdots + \xi_n$，则有

$$E\xi = E(\xi_1 + \xi_2 + \cdots + \xi_n) = E\xi_1 + E\xi_2 + \cdots + E\xi_n。$$

## 8.6 从最小二乘法看方差的定义

作为一门独立的、正式的学科，统计学的历史发展是复杂的，出现得相对迟些(17 世纪～18 世纪)。统计学的发展经由了以下两种路径：①搜集、整理、描述、显示和分析与社会、物理问题相关的各种数据的需要；②研究机会问题，试图理解"随机"的含义，结果萌发了基本的概率观念。方差的定义是从②的角度定义的，反映的是随机变量 $\xi$ 相对于其均值 $E\xi$ 的偏离程度，为了避免正负偏差相互

抵消，事实上 $E(\xi - E\xi) = E\xi - E\xi = 0$，这种偏差用平方项 $(\xi - E\xi)^2$ 来描述。但 $(\xi - E\xi)^2$ 也是一个随机变量，因此取其数学期望，反映"平均说来"这种偏差程度的大小。"平均说来"是一种"统计观点"。这里至少有两个疑问：为什么是与均值 $E\xi$ 的差，而不是与其他值的差？虽然为了避免正负偏差相互抵消，的确可以用平方项来描述，但能不能用 $|\xi - E\xi|$ 来描述呢？萧树铁曾在一份高等数学教学改革报告中指出"讲推理，更要讲道理"。历史是一份资源宝库，能提供许多与学科有关问题供人们思考。用历史素材作比较，其理几乎不辩自明。阿贝尔说，一个人如果想要在数学上有所进步，就必须向大师学习。比较历史上大师们对最小二乘法的思考，可以揭示方差定义的科学性、合理性、最优性。

### 8.6.1 最小二乘法和最小一乘法

随机观念的确立是不易的，统计学出现的晚些说明了这一点。从前述①出发，用数据处理的观点能更好地把握方差的实质，统计学是"数据处理的科学"。这就涉及历史上有名的最小二乘法。

天文学和测地学中的一些数据分析问题可以描述如下：有若干个要估计其值的量 $\theta_1, \theta_2, \cdots, \theta_k$，另有若干个可以测量的量 $x_0, x_1, \cdots, x_k$。按理论，这些量之间有线性关系

$$x_0 + x_1\theta_1 + \cdots + x_k\theta_k = 0 \text{。} \tag{8.1}$$

但是，在实际工作中对 $x_0, x_1, \cdots, x_k$ 的测量不免有误差，再者关系式(8.1)可能本来就只是数学上的近似而非严格成立，(8.1)式左边的表达式实际上不为 0，其实际值与测量值有关，可视为一种误差。现在设进行了 $n$ 次($n \geq k$)次观测。在第 $i$ 次观测中，$x_0, x_1, \cdots, x_k$ 分别取值 $x_{0i}, x_{1i}, \cdots, x_{1ki}$。按(8.1)式，应有

$$x_{0i} + x_{1i}\theta_1 + \cdots + x_{ki}\theta_k = 0, \quad i = 1, 2, \cdots, n \text{。} \tag{8.2}$$

如果 $n = k$，则一般由方程组(8.2)可唯一地解出 $\theta_1, \theta_2, \cdots, \theta_k$ 之值，可以取它们作为 $\theta_1, \theta_2, \cdots, \theta_k$ 的估计值。在实际问题中，$n$ 总是大于甚至远大于 $k$。如果方程组(8.2)是严格成立的，则只要从这 $n$ 个方程中任意挑出 $k$ 个求解就行。但如上所述，由于存在测量误差，(8.2)式实际上并非严格成立，因此取不同的 $k$ 个方程可能解出不同的结果。梅耶(T. Meiyer)、欧拉、拉普拉斯等数学家试图根据一个方程解一个未知数的道理组合出未知数个数与方程个数相等的方程组，结果无功而返。这与多提供一点数据信息以便对未知参数 $\theta_1, \theta_2, \cdots, \theta_k$ 作出精确的估计的想法相悖。勒让德另辟蹊径考虑误差在整体上的平衡，即不使误差过分集中在几个方程内，而是让它比较均匀地分布于各方程。这个考虑使他采取令 $\sum\limits_{i=1}^{n}(x_{0i} + x_{1i}\theta_1 + \cdots + x_{ki}\theta_k)^2$ 最小的原则去求解 $\theta_1, \theta_2, \cdots, \theta_k$。使误差平方和达到最小值以求估计值的方法，就称为最小二乘法。最小二乘法的一般形式可表示为：目标函数 $= \sum (观测值 - 理论值)^2$。

和号也可以是积分号。理论值根据设定的模型计算，其中含有未知参数，其值以"目标函数达到最小"的准则估计。看一个物理学里面的例子。设对某个未知量 $\theta$ 重复作 $n$ 次测量，结果记为 $x_1, x_2, \cdots, x_n$。想要利用这些测量对 $\theta$ 作一估计。设真值为 $a$ 则测量值 $x_i$ 的误差为：$\varepsilon_i = x_i - a, i = 1, 2, \cdots, n$。因为测量值应在真值附近，故一般说来，当 $a$ 确为真值时，$|\varepsilon_1| \cdot \cdots \cdot |\varepsilon_n|$ 倾向于取最小值。这启示了以下的作法：令 $L(a) = \sum_{i=1}^{n} \varepsilon_i^2 = \sum_{i=1}^{n} (x_i - a)^2$，找 $a$ 使 $L(a)$ 达到最小。容易算出，使 $L(a)$ 达到最小的 $a$ 值正是 $x_1, x_2, \cdots, x_n$ 的算术平均值 $\bar{x} = \dfrac{\sum_{i=1}^{n} x_i}{n}$。这就是物理学中的测量原则之一：多次测量取平均值。最小二乘法不过是如同插值法之类的一种计算方法，其与统计学能发生关系，是因为观测值有随机误差。反过来理解，随机问题也可以转化为确定性问题来解决。这正是处理随机问题的一般思路。

若采用最小一乘估计 $L'(a) = \sum_{i=1}^{n} |x_i - a|$，则使 $L'(a)$ 达到最小的 $a$ 值：当 $n$ 取偶数时，可以是 $[x_{\left[\frac{n}{2}\right]}, x_{\left[\frac{n}{2}\right]+1}]$ 上的任何一个数，$a$ 的取值不唯一(这里 $x_{(1)} \leqslant x_{(2)} \leqslant \cdots \leqslant x_{(n)}$ 是 $x_1, x_2, \cdots, x_n$ 按由大到小排列而成的，统计学上称 $x_{(1)} \leqslant x_{(2)} \leqslant \cdots \leqslant x_{(n)}$ 是 $x_1, x_2, \cdots, x_n$ 的次序统计量)；当 $n$ 为奇数时，$a = x_{\left(\frac{n+1}{2}\right)}$，$a$ 是这组数的中位数。在排除系统误差的前提下，用最小二乘法得出的 $a$ 值是算术平均，它是线性函数，在正态总体下有完善的小样本理论，而中位数难以用于推断处理。算术平均又是一个历经千百年考验的方法，符合人的一般心理。因此以 $E\xi$ 作为平衡位置是合理的。$E\xi$ 还有鲜明的物理背景，可视为一组质点的重心(平衡位置)；而中位数就没有这个直观背景。但在异常值(出现系统误差)的情况下，平均值受异常值的影响，中位数的稳定性较好。另外，绝对值函数不是初等函数，微积分的方法又用不上，运算起来不方便。二次函数就没有这些缺点。挖掘这些历史素材，我们就能明白方差比平均绝对偏差更适合表征离开一个给定中心的平均距离。

任何事物都有两面性。单从上面的叙述看，最小一乘法几乎是一无是处。可是大数学家拉普拉斯为什么要考虑它呢？这迫使我们进行深入思考。注意到最小二乘法只是一种算法，尽管它看上去合理，但还是不足以回答它在缩小误差这个根本点上，究竟有何出众之处。高斯在研究测量的误差理论时，却不管这些，首先承认算术平均是优良的，推出误差必须服从正态分布；反过来，由正态分布又推出算术平均及最小二乘估计的优良性；故必须认定这二者之一为出发点。这有点循环论证的味道。拉普拉斯得知高斯的工作后，用最小一乘法对算术平均数的优良性作了论证,并指出若误差可看成许多量的叠加,则根据他的中心极限定理,则误差的理论分布应是高斯分布。拉普拉斯打破了"以二乘准则证二乘准则"的循环,使这些理论成为一个和谐的整体。

最小一乘法早于最小二乘法。由于当时无法解决计算问题,最小一乘法在此后百余年未受到应用重视,直到 20 世纪 50 年代发现了线性规划求解的方法及电子计算机的出现,计算的困难不复存在。再由于大样本理论的出现,最小一乘法显示出优良性质,逐渐得到应用界的重视。而在此期间,最小二乘法得到了长足的发展,远远走在了最小一乘法的前面。历史是一根枯树藤,浸润开来,每处都有一个鲜活的故事。

### 8.6.2 教学启示

情境认知理论认为,学生是在参与和实践的过程中掌握知识的,而不是记忆孤立的事实。但创设情境的目的是提供问题生长的合适土壤。与情境相比,问题才是关键。作为学校数学有时不必过分关注历史问题的背景,只要关注问题,关注问题产生的概念。历史发生原理认为个体对数学概念的认知过程与该概念的历史发展过程相似。学生的头脑并不是白纸一张,可以从学生的头脑中找概念。根据概念的历史发展过程,充分利用学生头脑中已有的观念、知识,引发认知冲突,让各种观点充分碰撞,产生较为合理、自然的想法,从而阐释概念的科学性、合理性、最优性。这一过程依据历史而不拘泥于历史细节,以最大似真度引导学生学习数学家的思维。这样设计教学就不会把概率变成计数问题,把统计变成计算样本平均数、样本方差等纯粹的代数据、套公式的问题。学习的最重要形式是使学生能够以不同的方式看待某个教学对象。

数学史在教学中的作用不仅仅是激发兴趣,更重要的是挖掘各家学说的合理成分并作为源问题,引领学生的思维朝更自然、更合理的方向发展,让学生学会鉴别、选择。在教学中,教师要鼓励学生坚持自己观点合理的一面,同时勇于挑战别人的观点。各种观点、方法在比较中见优劣。历史上的情形也如此。这样"合作学习""知识是社会建构的"这些教育理念才能落到实处。

## 8.7 从和方差公式到平方和公式

学生在学习平方和公式 $(a+b)^2 = a^2 + 2ab + b^2$ 时,常常易把公式记成 $(a+b)^2 = a^2 + b^2$。教师总是不厌其烦地反复强调,但总是还有那么几个学生弄错。用教育学的话来说,这是课堂教学中的"生成性资源"。教师如何挖掘"生成性资源"的内涵,从而从根本上消解学生的困难呢?用高观点解析学生学习错误的本源所在,看到学生错误背后的"闪光点",从而从根本上消解学生的错误做法。

## 8.7.1 从和方差公式到平方和公式的案例

随机性事件和确定性事件并没有绝对的界限。某一随机性事件出现的概率为 1，就成了一个确定性现象。换言之，确定性事件是概率为 1 的随机性事件。这样就可以用随机性数学的有关观点来看待确定性数学的问题。如重要不等式 $a^2 + b^2 \geqslant 2ab$，就可从随机变量的方差的角度来理解。设有随机变量 $\xi$，其分布列为

| $\xi$ | $a$ | $b$ |
|---|---|---|
| $P$ | $\frac{1}{2}$ | $\frac{1}{2}$ |

由此不难写出 $\xi^2$ 的分布列，则由方差公式 $D(\xi) = E(\xi^2) - (E(\xi))^2 \geqslant 0$，有

$$D(\xi) = \frac{a^2 + b^2}{2} - \left(\frac{a+b}{2}\right)^2 \geqslant 0,$$

整理即得重要不等式。确定性数学和随机性数学并没有绝对的鸿沟。

如果把随机变量的协方差、方差当作逻辑起点，由此看平方差公式，可能更能看到公式后面的意义，更有利于看清学生错误的本源所在。随机变量 $X, Y$ 间的协方差是

$$\mathrm{Cov}(X, Y) = E\left[(X - E(X))(Y - E(Y))\right],$$

当 $X = Y$ 时，协方差公式就成了方差公式。两随机变量独立时，一定是不(线性)相关的。两随机变量不(线性)相关，即不存在线性联系，可能还存在非线性关系，不一定是独立的。简言之，两变量独立 $\Rightarrow$ 两变量不(线性)相关。

$$D(X+Y) = E\left\{\left[(X+Y) - E(X+Y)\right]^2\right\} = D(X) + D(Y) + 2\mathrm{Cov}(X, Y)。$$

注意，上式中公式的展开，只要用到多项式的乘法法则，不用平方和公式。

协方差的数量可用来度量两变量间的线性相关程度，把协方差标准化就是线性相关系数，即 $\rho_{XY} = \dfrac{\mathrm{Cov}(X,Y)}{\sqrt{D(X)D(Y)}}$，这样

$$D(X, Y) = D(X) + 2\sqrt{D(X)}\sqrt{D(Y)}\rho_{XY} + D(Y)。$$

特别地，把随机变量 $X$ 取的值 $x_1, x_2, \cdots, x_n$（每个值出现的概率相同）当作一个向量 $X(x_1, x_2, \cdots, x_n)$，另外用它们的平均值作一个向量 $\overline{X}(\overline{x}, \overline{x}, \cdots, \overline{x})$，则 $D(X) = \dfrac{d^2(X)}{n^2}$（$d(X)$ 表示向量 $x - \overline{x}$ 的模），则上式变成

$$\frac{d^2(X+Y)}{n^2} = \frac{d^2(X)}{n^2} + 2\frac{d(X)}{n}\frac{d(Y)}{n}\rho_{XY} + \frac{d^2(Y)}{n^2},$$

即

$$d^2(X+Y) = d^2(\overline{X}) + 2d(\overline{X})d(Y)\rho_{XY} + d^2(Y)。$$

向量可以平移，不妨把它们的起点都移到原点，则可以构成一个三角形，上式即是余弦定理，线性相关系数即是两向量夹角的余弦。

更特别地，当两向量在一条直线上(如坐标轴上)，成了三角形的退化状态时，这时，记 $X(a,0), Y(b,0)$，则

$$X+Y=(a+b,0)，d^2(X+Y)=d^2(X)+2d(X)d(Y)\rho_{XY}+d^2(Y)，$$

即 $(a+b)^2=a^2+2ab\rho_{XY}+b^2$，当 $X,Y$ 同向时，$\rho_{XY}=1$；当 $X,Y$ 异向时，$\rho_{XY}=-1$；当 $X,Y$ 垂直时，$\rho_{XY}=0$。这样平方和公式为

$$(a+b)^2=\begin{cases}a^2+2|ab|+b^2, & ab>0,\\ a^2-2|ab|+b^2, & ab<0,\\ a^2+b^2, & ab=0。\end{cases}$$

与此相映成趣的是，$|x|=\begin{cases}x, & x>0,\\ -x, & x<0,\\ 0, & x=0。\end{cases}$ 在某种意义上，这两种表达方式在结构上相似，由此可见，为了衡量随机变量偏离其平均位置的程度，用绝对值式的最小一乘法和用平方式的最小二乘法是等效的。只不过平方式的最小二乘法便于数学上的运算，所以平方式的最小二乘法优先发展起来了，随着计算机的兴起，绝对值式的最小一乘法也发展起来了。

上述推演过程可以图示如下：

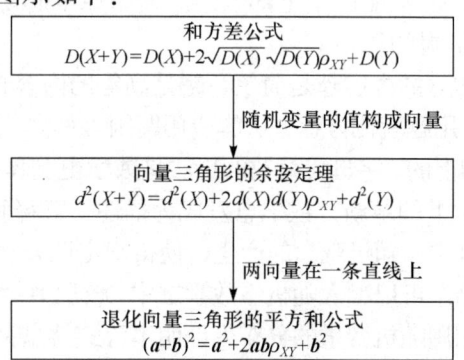

### 8.7.2 教学上的意义

教学不同于研究。教学是为了快速地传承研究中的经验。一个人要想在研究上取得进展，超越前人，他(或她)必须吃透前人的精神。从和方差公式到平方和公式的演进过程中的精神之于教学的意义至少体现在以下两个方面。

### 1. 吃透教学内容的要义是首要的

教学是一门专业，相应地要求教师是专业人员。教师虽说不是某一领域的专门研究人员，但它必须精通这一领域的研究方法。数学具有逐级抽象的特点，数学内容的高度抽象性不是一下子达到的，它需要一个从具体到抽象，又从相对来说比较具体上升到比较抽象。反过来说，即抽象"栖居"在具体之上。如，和方差公式、向量三角形的余弦定理、退化向量三角形的平方和公式的抽象度依次递减，具体性依次递增。为了认识和方差公式，可以借助更具体的向量三角形的余弦定理；为了认识向量三角形的余弦定理，可以借助更具体的退化三角形的平方和公式。抽象性要以具体性作为归宿。在这个过程中顺便获得了一个"副产品"：线性相关系数其实就是两向量夹角的余弦，线性相关系数有了形象化的载体。

教学的更重要的目标之一是获取前人做数学的基本活动经验。从退化向量三角形的平方和公式经由向量三角形的余弦定理再到和方差公式，我们看得到数学演化发展的一般特点，看得到"做数学"的一般模式。以上过程在教学上可以如下"演义"。$(a+b)^2 = a^2 + 2ab + b^2$，式中 $a,b$ 是实数。若用向量代之，结果如何？这时，向量的点乘法，向量三角形的余弦定理呼之欲出。但从向量三角形的余弦定理过渡到和方差公式就比较困难了，原因在于研究视角发生了根本性的变化：从确定性数学过渡到了随机性数学！虽然没有纵向的形式化数学知识就像一盘散沙，缺乏系统性和合理性，然而，数学知识却不是完全形式推演的产物，形式推演能产生一些数学，但不能产生全部数学。概率原本起源于赌博之类的游戏，大千世界是数学发展不竭的源泉。

有人认为越是初等的内容越是简单，越是高等的内容越是复杂，其实不是这样的。如算术方法解应用题就比方程方法解应用题困难得多。然而，方程的思想是建立在算术、代数的基础上的。字母代替数的想法是数学史上具有里程碑意义的事件，观念的变化引起了数学上的革新，数学愈发成为描述、解释和预测现实世界的有力工具。如在上述的案例中，随机观念的产生，使得确定性数学的确定性在"丧失"，确定性数学中的有些结果可以融入随机性数学之中。教学中，需要在适当的时候打通两者间的有机联系，如用随机变量的分布列证明不等式就是一种很好的尝试。

### 2. 挖掘"美丽错误"背后的生成性资源

在学习平方和公式时，学生极易记成 $(a+b)^2 = a^2 + b^2$。面对此情此景，我们是训斥学生不用心，还是挖掘错误的合理性因素，在精神上激励学生呢？赞可夫说，教学法一旦触及学生的情绪和意志领域，触及学生的精神需要，这种教学法就能发挥高度有效的作用。情感是认知活动的动力系统。训斥不能解决问题。教师可以因势利导，在某种特殊情况下，这种表达式是成立的。你想知道它在哪种情况下成立吗？如果你能探索出来，这个公式就能以你的名字命名了。相传，著名数学家陈景润的老师沈元先生在课堂上说：哥德巴赫猜想是数学王冠上的明珠，我做了一个梦，梦见我们中的某位同学证明了哥德巴赫猜想。说者有心，听者也有心，陈景润心中萌发证明哥德巴赫猜想的理想了。虽然学生一时还不能得出若向量 $a \perp b$，则 $(a+b)^2 = a^2 + b^2$，但是只要教学能激发学生的行为参与、情感参与、认知参与，变苦学为乐学，那么教学就是成功的。这样的教学就是发展性的教学。

## 8.8 从多种角度看线性相关系数

在科学研究中，不但要了解一个变量的情况，更要进一步了解一个变量与另一个变量之间的关系。变量之间的常见关系有两种：一是确定性函数关系，变量之间的关系可以用函数表示；二是非确定性相关关系，变量之间有一定的关系，但不能完全用函数表达，变量间只存在统计规律。相关和回归是研究变量间线性关系的重要方法，但两者研究的角度不同。回归是研究变量间的因果关系的，力图把非确定性相关关系化归为确定的函数关系，达到通过自变量的已知值来预测因变量的未知值的目的。但同时也产生这样一个问题，预测效果的好坏该如何评判？相关系数反映了预测结果的好坏，反映了回归直线拟合的好坏。在现行教材中，"线性回归方程"是教材的正文，"相关系数"是作为介绍性材料给出的。教材没有很好地揭示两者的内在联系。由于两者间密切的内在联系，从多种角度看线性相关系数，能够促进对这些内容的理解。

### 8.8.1 从多种角度看线性相关系数

线性相关系数有多种意义，分别从误差、几何直观、协方差、向量、柯西不等式的角度解析，以达到概念性理解的目的。

1. 误差的角度

在不知道自变量 $x$ 和因变量 $y$ 有关系时，$y_i$ 的最佳估计是均值 $\bar{y}$，用 $\bar{y}$ 预测每个 $y_i$ 值时产生的误差是 $y_i - \bar{y}$，为避免正负值相抵消，要把每个误差平方，预测 $y$ 的总误差是 $\sum_{i=1}^{n}(y_i - \bar{y})^2$；在知道自变量 $x$ 和因变量 $y$ 有关系时，用线性回归方程 $\hat{y} = a + bx$ 来预测每个 $y_i$ 值，这时产生的误差是 $y_i - \hat{y}_i$，以自变量 $x$ 预测因变量 $y$ 时的总误差是 $\sum_{i=1}^{n}(y_i - \bar{y})^2$。回归直线对预测的改善程度是 $\sum_{i=1}^{n}(y_i - \bar{y})^2 -$

$\sum_{i=1}^{n}(y_i-\hat{y}_i)^2$。

统计学家定义减少误差比例公式是

$$\frac{消减误差}{全部误差}=\frac{\sum_{i=1}^{n}(y_i-\overline{y})^2-\sum_{i=1}^{n}(y_i-\hat{y}_i)^2}{\sum_{i=1}^{n}(y_i-\overline{y})^2}=\frac{\sum_{i=1}^{n}(\hat{y}_i-\overline{y})^2}{\sum_{i=1}^{n}(y_i-\overline{y})^2}=\frac{b^2\sum_{i=1}^{n}(x_i-\overline{x})^2}{\sum_{i=1}^{n}(y_i-\overline{y})^2}$$

$$=\left(\frac{\sum_{i=1}^{n}(x_i-\overline{x})(y_i-\overline{y})}{\sqrt{\sum_{i=1}^{n}(x_i-\overline{x})\cdot\sum_{i=1}^{n}(y_i-\overline{y}_i)^2}}\right)^2 \quad (r为线性相关系数)$$

$$\left(\text{推导中用到的关系有}\right.$$
$$\left.\sum_{i=1}^{n}(y_i-\overline{y})^2=\sum_{i=1}^{n}(y_i-\hat{y}_i)^2+\sum_{i=1}^{n}(\hat{y}_i-\overline{y})^2, \overline{y}=b\overline{x}+a, b=\frac{\sum_{i=1}^{n}(x_i-\overline{x})(y_i-\overline{y})}{\sum_{i=1}^{n}(x_i-\overline{x})^2}\right)。$$

可见，$r^2$ 的意义是以线性回归方程作为预测工具时所能减少的误差比例，反映了在某一个量的变化中有多少是由另一个量的变化所决定的。$r^2$ 越大，线性回归方程的预测能力越强，变量间的相互关系越密切。如 $r^2=0.75$ 表示当知道 $x$ 和 $y$ 有线性相关关系后，可以改善预测程度的 75%，或可以用 $x$ 解释 $y$ 的 75% 的误差。

**2. 几何直观的角度**

如果 $y_i$ 与 $\hat{y}_i(i=1,2,\cdots,n)$ 的差异越小，则各观测点就越接近回归直线，$\sum_{i=1}^{n}(y_i-\hat{y}_i)^2$ 就越小，当 $\sum_{i=1}^{n}(y_i-\hat{y}_i)^2$ 为零时，$\sum_{i=1}^{n}(y_i-\overline{y})^2$ 和 $b^2\sum_{i=1}^{n}(x_i-\overline{x})^2$ 相等，各观测点全部落在直线上，这时 $x$ 和 $y$ 完全线性相关。由 $\sum_{i=1}^{n}(y_i-\overline{y})^2=\sum_{i=1}^{n}(y_i-\hat{y}_i)^2+\sum_{i=1}^{n}(\hat{y}_i-\overline{y})^2$ 知，$\sum_{i=1}^{n}(y_i-\hat{y}_i)^2$ 越小时，$\sum_{i=1}^{n}(y_i-\overline{y})^2$ 和 $b^2\sum_{i=1}^{n}(x_i-\overline{x})^2$ 也就越接近。$\sum_{i=1}^{n}(\hat{y}_i-\overline{y})^2=\sum_{i=1}^{n}[(a+bx_i)-(a+b\overline{x})]^2=b^2\sum_{i=1}^{n}(x_i-\overline{x})^2$ 反映了 $\hat{y}_1,\hat{y}_2,\cdots,\hat{y}_n$ 的离散程度，$\hat{y}_1,\hat{y}_2,\cdots,\hat{y}_n$ 的离散性源于 $x_1,x_2,\cdots,x_n$ 的离散性，是通过 $x$ 对 $y$ 的线性相关性引起

的。$\sum_{i=1}^{n}(y_i-\overline{y})^2$ 反映了在不知 $x$ 对 $y$ 的线性相关性时，$y_1, y_2, \cdots, y_n$ 这 $n$ 个数据的偏差平方和，描述了这 $n$ 个数据的离散程度。因此，$b^2\sum_{i=1}^{n}(x_i-\overline{x})^2$ 和 $\sum_{i=1}^{n}(y_i-\overline{y})^2$ 之比值的大小可以代表 $x$ 和 $y$ 之间相关的密切程度。比值越大，则 $x$ 和 $y$ 之间的相关关系也就越密切。

3. 协方差的角度

判断两个变量间是否存在线性关系时，可以先作出有 $n$ 对数据 $(x_i, y_i)$ 的散点图，并以 $(\overline{x}, \overline{y})$ 为新坐标系的原点，建立新的坐标系。可以想象如果变量间存在线性相关关系，则观测点不会平均分布在四个象限，而只会集中在第一、三象限或第二、四象限。线性相关程度越强，这种分布趋势越明显。从数量上考虑，如果某个观测点落在新坐标系的第一、三象限，则乘积 $(x_i-\overline{x})(y_i-\overline{y})>0$；如果某个观测点落在新坐标的第二、四象限，则乘积 $(x_i-\overline{x})(y_i-\overline{y})<0$。从整体上考虑，$\sum_{i=1}^{n}(x-x_i)(y-y_i)$ 可以作为线性相关程度的标志。当 $\sum_{i=1}^{n}(x-x_i)(y-y_i)=0$ 时，则表示观测点均匀分散在四个象限，即变量间不存在线性相关关系；当 $\sum_{i=1}^{n}(x-x_i)\cdot(y-y_i)\neq 0$ 时，则表示变量间存在线性相关关系。其绝对值越大，则表示线性相关程度越强。协方差 $\text{Cov}(x,y)=\dfrac{\sum_{i=1}^{n}(x_i-\overline{x})(y_i-\overline{y})}{n}$ 则表示 $x, y$ 两变量的观测量相对其各自均值所造成的共同平均偏差。虽然协方差的数量可以作为变量间线性相关程度的度量，但由于它的数值与单位有关，不同单位的变量还无法比较。为此，把变量标准化，然后再求其乘积的平均。这样 $\text{Cov}(x',y')=\dfrac{\sum_{i=1}^{n}\left(\dfrac{x_i-\overline{x}}{S_x}\right)\left(\dfrac{y_i-\overline{y}}{S_y}\right)}{n}=r$

（其中 $S_x^2=\dfrac{1}{n}\sum_{i=1}^{n}(x_i-\overline{x})^2$，$S_y^2=\dfrac{1}{n}\sum_{i=1}^{n}(y_i-\overline{y})^2$）。

可见，相关系数就是标准化了的随机变量的协方差。协方差反映了两个随机变量之间的"离散"程度，相关系数也就反映两者之间的"离散"程度，即线性相关程度。

4. 向量的角度

设在 $n$ 维向量空间中有点 $A(x_1,x_2,\cdots,x_n)$，$B(y_1,y_2,\cdots,y_n)$，$A_0(\bar{x},\bar{x},\cdots,\bar{x})$，$B_0(\bar{y},\bar{y},\cdots,\bar{y})$，有向量 $\boldsymbol{\alpha}=\overrightarrow{A_0A}=(x_1-\bar{x},x_2-\bar{x},\cdots,x_n-\bar{x})$，$\boldsymbol{\beta}=\overrightarrow{B_0B}=(y_1-\bar{y},\cdots,y_n-\bar{y})$，由

$$\boldsymbol{\alpha}\cdot\boldsymbol{\beta}=|\boldsymbol{\alpha}||\boldsymbol{\beta}|\cos\theta，\cos\theta=\frac{\boldsymbol{\alpha}\cdot\boldsymbol{\beta}}{|\boldsymbol{\alpha}||\boldsymbol{\beta}|}=\frac{\sum_{i=1}^{n}(x_i-\bar{x})(y_i-\bar{y})}{\sqrt{\sum_{i=1}^{n}(x_i-\bar{x})^2\cdot\sum_{i=1}^{n}(y_i-\bar{y})^2}}=r$$

可见线性相关系数可以看作两向量夹角的余弦。当 $|\cos\theta|=1$，即 $r=1$ 时，两向量共线，由共线向量基本定理有 $\boldsymbol{\beta}=k\boldsymbol{\alpha}$，即 $y-\bar{y}=k(x-\bar{x})$，点 $(x_i,y_i)(i=1,2,\cdots,n)$ 均在直线 $y-\bar{y}=k(x-\bar{x})$ 上，变量 $x$ 和变量 $y$ 完全线性相关；当 $|\cos\theta|\to 1$，即 $r\to 1$ 时，两向量的线性相关性越强，$\dfrac{y_i-\bar{y}}{x_i-\bar{x}}\to k$，点 $(x_i,y_i)(i=1,2,\cdots,n)$ 几乎均在直线 $y-\bar{y}=k(x-\bar{x})$ 附近，变量 $x$ 和变量 $y$ 线性相关性越强；当 $|\cos\theta|\to 0$，即 $r\to 0$ 时，两向量线性相关性越弱，几乎找不到这样的 $k$，使得点 $(x_i,y_i)$ $(i=1,2,\cdots,n)$ 均在直线 $y-\bar{y}=k(x-\bar{x})$ 附近，变量 $x$ 和变量 $y$ 线性相关性也越弱。

5. 柯西不等式的角度

由 $|\cos\theta|\leqslant 1$，有 $\left|\dfrac{\sum_{i=1}^{n}(x_i-\bar{x})(y_i-\bar{y})}{\sqrt{\sum_{i=1}^{n}(x_i-\bar{x})^2\cdot\sum_{i=1}^{n}(y_i-\bar{y})^2}}\right|\leqslant 1$，即有柯西不等式

$$\sum_{i=1}^{n}(x_i-\bar{x})^2\cdot\sum_{i=1}^{n}(y_i-\bar{y})^2\geqslant\left[\sum_{i=1}^{n}(x_i-\bar{x})(y_i-\bar{y})\right]^2。$$

由于柯西式不等式是两向量夹角余弦 $|\cos\theta|\leqslant 1$ 的代数表达，因此，上述从向量的角度解释线性相关系数的论述也适合从柯西不等式的角度解释线性相关系数。

### 8.8.2 小结

从误差的角度解析线性相关系数，看到了它的实际意义；从几何直观角度解析线性相关系数，看到了线性回归方程在预测时的准确程度；从协方差角度解析线性相关系数，看到了线性相关系数与方差、协方差的联系。从上述三种角度均可看到人们在定义线性相关系数时的一些本原性思考及其定义的合理性，可谓有

思想有见解,条条道路均"曲径通幽"。可以比较、借鉴它们以开阔视野。从向量和柯西不等式的角度解析线性相关系数,我们看到了随机性数学与确定性数学之间并不存在不可逾越的鸿沟,也有连通之桥,可以相互渗透。

## 8.9 从测量的角度认识线性相关系数

《普通高中数学课程标准(实验)》指出,统计教学必须通过案例来进行。教学中应通过对一些典型案例的处理,使学生经历较为系统的数据处理全过程,并在此过程中学习一些数据处理的方法,以及运用所学知识、方法解决实际问题。这其实是一个统计建模的过程。统计建模是利用各种统计分析方法,对批量数据建立统计模型并探索处理的过程,用于揭示数据背后的因素,解释社会经济现象,或对经济和社会发展作出预测或判断。既然是建模,那就存在拟合好坏的问题,检验拟合好坏是一个不可缺少的步骤。课程标准还特别以线性回归方程的学习为例,阐述了"要让学生经历较为系统的数据处理全过程"的理念。由于各种原因,笔者认为基于课程标准的教科书并没有很好地体现这样一种思想。编写教材是一项难度较大的工作,需要我们的共同努力,需要教育工作者提出建设性的意见。基于这种认识,如果能从测量误差的角度认识线性相关系数,便可以将线性回归方程这节教材编写得更完美,更好地体现课程标准的理念。

### 8.9.1 问题

教科书指出,在尚未断定两个变量之间是否具有线性相关关系的前提下,应先进行相关性检验,在确认其具有线性相关关系之后,再求其回归直线。当探知两个变量之间具有线性相关关系之后,再求其回归直线,的确是有的放矢之举,但求得的回归直线的解释力度如何,教科书并没有进一步说明。笔者认为这是一点小瑕疵。对各种建模而言,其紧要处在于所建立的模型对事物间关系的解释力度如何,如果这种模型还能作出较为精确的预测,那就是一个较好的模型了。一般专业的统计书籍是用 $F$ 检验来说明配置回归直线的意义的,对于中学生而言,这种处理不能直接植入,但可以找到一种替代性的做法。

### 8.9.2 解决

建模的主要目标是预测或解释各种现象的变化。而预测或解释时难免会有误差。两个变量之间的关系愈强,所能减少的预测误差就愈多。换言之,所消减的误差有多少,可以反映两个量之间的强弱程度。

比如现在不知道 $x$ 的值,我们在预测每个 $y_i$ 值时,其最佳估计是 $\bar{y}$,误差是

$y_i - \overline{y}$，为了避免正负值相抵消，取其平方，全部误差就是 $\sum_{i=1}^{n}(y_i - \overline{y})^2$；现在知道了 $x$ 值，并利用线性回归方程来预测每个 $y_i$ 的值，这样预测的误差是 $y_i - \hat{y}$，因而消减的误差是 $(y_i - \overline{y}) - (y_i - \hat{y}_i) = \hat{y}_i - \overline{y}$，则以 $x$ 预测 $y$ 时，所能消减的误差就是 $\sum_{i=1}^{n}(\hat{y}_i - \overline{y})^2$。

消减误差比例就是 $\dfrac{\sum_{i=1}^{n}(\hat{y}_i - \overline{y})^2}{\sum_{i=1}^{n}(y_i - \overline{y})^2}$，这个值越大，表示以 $x$ 预测 $y$ 时，能够减少的误差所占的比例越大，也即 $x$ 与 $y$ 的关系越强，则模型的解释或预测能力越强。

若记 $\boldsymbol{\alpha} = (y_1 - \overline{y}, y_2 - \overline{y}, \cdots, y_n - \overline{y})$，$\boldsymbol{\beta} = (y_1 - \hat{y}_1, y_2 - \hat{y}_1, \cdots, y_n - \hat{y}_n)$，$\boldsymbol{\gamma} = (\hat{y}_1 - \overline{y}, \hat{y}_2 - \overline{y}, \cdots, \hat{y}_n - \overline{y})$，易证 $\boldsymbol{\alpha} \cdot \boldsymbol{\beta} = 0$，故 $\sum_{i=1}^{n}(y_i - \overline{y})^2 = \sum_{i=1}^{n}(y_i - \hat{y}_i)^2 + \sum_{i=1}^{n}(\hat{y}_i - \overline{y})^2$，这样，消减误差比例 $= \dfrac{\sum_{i=1}^{n}(\hat{y}_i - \overline{y})^2}{\sum_{i=1}^{n}(y_i - \overline{y})^2}$，由回归直线方程 $\hat{y} = a + bx$ 及 $\overline{y} = a + b\overline{x}$，化简

$\sum_{i=1}^{n}(\hat{y}_i - \overline{y})^2 = b^2 \sum_{i=1}^{n}(x_i - \overline{x})^2$，又 $b = \dfrac{\sum_{i=1}^{n}(x_i - \overline{x})(y_i - \overline{y})}{\sum_{i=1}^{n}(x_i - \overline{x})^2}$，这样，消减误差比例

$= \dfrac{\left[\sum_{i=1}^{n}(x_i - \overline{x})(y_i - \overline{y})\right]^2}{\sum_{i=1}^{n}(x_i - \overline{x})^2 \cdot \sum_{i=1}^{n}(y_i - \overline{y})^2}$，而这正好是线性相关系数 $r = \dfrac{\sum_{i=1}^{n}(x_i - \overline{x})(y_i - \overline{y})}{\sqrt{\sum_{i=1}^{n}(x_i - \overline{x})^2 \cdot \sum_{i=1}^{n}(y_i - \overline{y})^2}}$

的平方，即消减误差比例 $= r^2$。

统计就是要撬开数据的嘴巴，数字也会说话了！这样，我们可以从直观上判断模型拟合的优劣了。例如，当 $r^2 = 0.75$，表示当知道 $x$ 和 $y$ 有线性相关关系后，可以用 $x$ 解释 $y$ 的 75% 的误差；如果 $r^2 = 1$，表示 $x$ 和 $y$ 全相关，是一种因果函数关系；如果 $r^2 = 0$，表示 $x$ 和 $y$ 不相关。

### 8.9.3 应用

上述数学上的认识如何转化为教学上的认识,用之于教学实践呢?

首先,正如课程标准强调的,要强调统计建模的完整性,得到一个模型后,还要引导学生思考检验模型拟合的优劣,可以引导学生思考这样的问题。

其次,要引导学生从测量的角度看模型拟合优劣的问题。在中学物理中,开篇就谈到测量误差的问题,虽然心理、教育、社会测量不同于物理测量,但在追求准确性上,它们有共同的诉求和相通的方式。这就要求教师能稍稍讲点"题外话",搭建起学科间的联系,把物理测量的做法迁移到其他测量方式上。我们的教学用了大量的时间在演算习题、做试卷,这其实是有悖于教育之道的。因此,教师稍稍讲点"题外话"不能算逾矩。

另外从测量的角度理解最小二乘法解决了师范生的困惑。笔者在和师范生研读教材时,师范生指出,为何要在直线 $y=bx+a$ 上取与 $(x_i,y_i)$ 横坐标点相同的点 $(x_i,bx_i+a)$,并且用这两者之间的距离来刻画点 $(x_i,y_i)$ 到直线 $y=bx+a$ 的远近,为何不用点 $(x_i,y_i)$ 到直线 $y=bx+a$ 距离来刻画?要解释清楚其中的理据,恐怕要大费周折,但从测量误差的角度来解释,就自然得多。

最后,引导学生对比模型的实际效果与数据表达的效果,进一步理解统计学的精神"撬开数据的嘴巴"这样一种理性追求。

也可采取一种技术性的做法,在教材正文的旁白处或阅读材料处,稍着一点笔墨,要言不烦,介绍一下相关系数平方的意义以及拟合效果优劣的判度标准,不一定要求学生掌握,但要求学生有所了解。

教育是一个慢过程,需要回味。其实这种做法正是回应学生困惑之举。如果教科书能融入一点测量的观点,那么学生习作《对回归方程拟合效果检验的两点释疑》(即文后李悦明等的文献)中的那些困惑皆不是困惑了。

## 8.10 用生活事例理解概率统计的一些原理

概率论是研究随机现象的学问,统计学注重的是数据的收集、整理、分析,生活中处处都有概率统计的影子。处处留心皆学问。下面将选取生活中的一些现象,阐述其蕴含的概率统计道理,并将其应用到实际课堂教学中去,使课堂充满浓厚的生活味。

### 8.10.1 生活中的随机现象与概率的意义

"随机事件的概率"的课程标准要求是:教师应通过日常生活中的大量实例,鼓励学生动手试验,正确理解随机事件发生的不确定性及其频率的稳定性,并尝试澄清日常生活中的一些错误认识。

自然界和人类生活中存在着两种现象：确定性现象和随机性现象。有些俗语如"瓜熟蒂落""水到渠成""打草惊蛇""叶落归根"等这些说的都是自然界中一些必然会发生的事，它们的结果是确定的。但是有些事情，可能发生也可能不发生，也即由条件无法预知结果，称为随机现象。如"塞翁失马，焉知福祸"揭示了福祸的不确定性和随机性。

例如，从古至今，文件的保密性很重要。如果泄密，那么可能会导致战役的失败、经济上的重大损失，甚至会导致国家的灭亡。为了保证安全，保密文件的传送经常用"密文"的方式进行。后来有人使用 26 个字母分别对应 1~26 个自然数或其他代码等方法传送密文，只要传送一方和接受一方均知道这个对应表即可。用我们掌握的概率知识，就可以破解这个密码。经过研究，人们发现，英语书面语言中的字母以基本固定的频率出现。不同字母出现的频率不同，这是英语书面语言的一个重要特征。在通常的文章中，字母"e"平均出现的比例占所有字母的 12% 左右，"t"占 9.7% 左右，而"j"的出现远小于 1%。如果掌握了这个规律，再用上面的方法加密，通过对用密码写的密文中字母的频率的分析，就比较容易破译出密文。

我们发现每个字母出现的频率最终都趋于一个稳定的常数，这说明随机现象具有两面性：随机性和规律性。数学研究的随机现象的特点就在于概率的稳定性，其中所蕴含的随机思想正是概率与统计思想的基础。

### 8.10.2　生活中的小概率原理

近年来，彩票行业发展迅速，尤其福利彩票巨奖频现，无疑让福彩业备受关注，但是并非人人都有这样的好运气。有人计算过，中双色球一等奖的概率为 $5.64\times10^{-8}$，二等奖的概率为 $8.464\times10^{-7}$，三等奖的概率为 $9.1417\times10^{-6}$，可见，中一等奖的概率几乎接近于零。像彩票中奖、汽车抛锚、地震、海啸等都是我们所说的典型的小概率事件，意指发生可能性很小的事件。

生活中有很多事情发生的概率很小，有谚语说"常在河边走，哪有不湿鞋""天有不测风云，人有旦夕祸福""天网恢恢，疏而不漏""瞎猫也能碰上死耗子"，这些事情似乎不可能发生，但"不怕一万，就怕万一"，这些俗语都说明了概率再小的事件在长期的重复中都有可能或必然发生。

现在用概率的知识去证明这个原理，假设一个小概率事件的发生概率为 $p$，设 $A_k(k=1,2,3,\cdots)$ 表示第 $k$ 次 $A$ 发生，则前 $n$ 次试验中 $A$ 至少发生一次的概率为 $P\left(\bigcup_{i=1}^{n}A_i\right)=1-P\left(\bigcup_{i=1}^{n}\overline{A_i}\right)=1-(1-p)^n$，由于 $0\leqslant p\leqslant 0.05$，所以当试验次数达到无穷大时，事件 $A$ 的概率越来越趋向于 1，而成为必然事件。也就是说不管发生概率多么小的事件，在多次试验中必然会发生。

人们不会因为彩票中奖率低而停止购买彩票。有些小概率事件虽然发生的概率很小，有的概率几乎接近于 0，比如彩票的中奖率，但是人们却情愿坚信它有朝一日总会发生。

要防止危险的小概率事件的发生，就是在祸患发生之前就要做好预防，不能因为其发生的概率小就以为它不会发生，俗话说"防微杜渐"讲的就是这个道理。像地质灾害等灾难发生的概率虽极其微小，但是也要做到防患于未然，才能将其所带来的伤害降到最低。同时也要认识到当事件大量的重复时，小概率事件必会发生。所以也不应该认为一件事情发生的概率极其微小，就认为它不可能发生，而拒绝去做它，这样也会错失很多机会。

从生活中常见的一些事件中学习小概率原理，最重要的既要认识到小概率事件在一次试验中不可能发生，又要认识到在多次重复试验下，小概率事件必然会发生。在教学中通过生活中的常见现象，学生能够更好地学习小概率事件及其原理，同时在学习之后还能将这些原理运用于生活，达到学以致用的目的。

### 8.10.3 生活中的抽样调查

生活中我们在做菜时，尝一口菜就知道整锅菜的咸淡，这就是统计学中的抽样调查，在学习抽样调查时，在教学中可以先设置这样一个案例。

**案例** 一个小孩，他的爸爸让他到商店买一盒火柴，并嘱咐他，试一试火柴是否擦得着。小孩买了一盒火柴一边往家里走，一边一根接着一根地擦。回到家里他高兴地告诉他的爸爸：试过了，每一根都擦着了！你认为这个故事中的小孩试火柴擦得着的方法蕴含了什么统计学知识？这样做合适吗？为什么？如果是你，你会怎么做？

这也是生活中常见的一个问题，设计这个案例的意图是：有时候全面调查不能很好地解决问题，这时候就需要抽样调查，就是由部分推断总体。

通过这个案例知晓了什么是抽样调查，生活中我们常说的"一叶知秋""管中窥豹""见微知著"反映的也是这个原理，比喻小中见大，用数学语言就是可以通过总体中的一个部分来推断这个整体所具有的特征，在案例中，爸爸让小孩试一试火柴能否擦得着，可以选取其中的一根或两根甚至更多来检验整包火柴的质量。但是究竟抽一根还是两根或者更多呢？这就引出了后续我们所要学习的内容即如何进行抽样调查，怎样选取样本等一系列问题。所以这个案例的设置既从生活中的一个小现象道出了抽样调查的含义，又引起了学生对后面所要学习的内容的思考。

### 8.10.4 生活中的数学期望

数学期望是随机变量最常用的数字特征，在概率论与数理统计中占有重要地位。一般教师在讲授这一概念时，先由一个简单例子直接给出离散型随机变量数学期望的定义。这种授课方式存在很大的问题，一是学生对其概念只停留在公式的表面形式，对其意义理解不够。从简单的生活现象出发，从生活现象中发掘数学期望的概念及其意义，然后自然地导出数学期望的计算公式。

我们知道概率最早起源于赌博问题。在教学一开始，我们不妨引出一个赌博的例子：有这样两个赌徒，他俩下赌金之后，约定谁先赢满 5 局，谁就可以获得全部赌金。赌了半天，$A$ 赢了 4 局，$B$ 赢了 3 局，无奈天色已晚，他们不想再赌下去了，那么这个钱应该如何分？

教师抛出这个问题后，让学生进行讨论。运用概率论的知识，$A=\frac{3}{4}$, $B=\frac{1}{4}$。该分法不仅考虑了已经比赛的结果，还包括了对再比赛下去的一种"期望"，数学期望由此而来。

数学期望的加权平均和普通的平均值有什么区别呢？它是建立在随机事件发生基础之上而得到的平均值，它刻画了随机变量的某些性质。例如，对某一射手进行技术评定时，经常考察的就是射击的环数的平均值；检查一批棉花的质量时，我们关心的是棉花纤维的平均长度；考察某种大批量生产的元件的寿命时，我们往往只需要知道元件的平均寿命等。

由历史上的赌博问题引出数学期望这个概念，再将数学期望知识应用于生活实例当中去，体现了数学期望引出的意义，就是现实生活中"平均值"的推广，更重要的是将这种平均、公正的思想运用于社会生产实践当中，真正体现数学期望为生活服务的价值。

### 8.10.5 生活中的独立性与互斥

概率论中事件的独立性是指两个事件没有关系，我们的生活中处处蕴含着这种独立思想。

一般教师在教授这个知识点时会让学生直接记住它的等式 $P(AB)=P(A)\cdot P(B)$，学生很难理解独立性的真实意义，更有甚者，直接将概率中的独立性与事件互不相容画等号。而两事件互斥是指事件 $A$ 与事件 $B$ 在任何一次试验中不会同时发生，它与事件的独立性有着本质区别。用数学语言来说，$A$ 发生与否对 $B$ 是否发生不存在任何影响，由条件概率 $P(A|B)=P(A|\bar{B})$ 可以推得独立性的定义。

### 1. 生活中的独立性

教师在讲解概率中的独立性时，可以结合日常生活中一些常见的现象来阐释其原理。如"风马牛不相及"，便是独立的；"各行其是"，也是独立的。也可通过生活中常见的事例进行教学。

**例** 生男孩还是生女孩？

一对夫妻已经生了三个女孩，他们想第四个孩子一定是男孩，他们的想法对吗？这是生活中常见的现象，一般人以为既然前面三个孩子都是女孩，那么第四个是男孩的概率大一些。由于每次生男孩与生女孩都是独立的，所以每次生女孩和生男孩的概率都是固定的即 $\frac{1}{2}$。这是一个简单的例子，很多人都有错误的观念，认为每次生孩子是有关联的，其实不然。

### 2. 生活中的互斥

生活中我们经常听到这样一句话"鱼与熊掌不可兼得"，它表示我们不能同一次得到两种东西，必须学会舍弃。人生的十字路口也是一样，我们必须学会选择，你选择了走一条大道，就得舍弃羊肠小道。这些生活中的现象便是蕴含着互斥的原理。

教学时可以选取生活中比较有趣的事情，既能提高学生的兴趣，又能体现丰富的数学思想，下面可以看一则幽默故事：一个非常吝啬的人甲在自家草坪上剪草，其邻居过来问他："周末上午你打羽毛球吗？"甲生怕邻居借他的羽毛球打，忙说："打、打，一整个上午都打。"这时邻居又说："那你肯定不用剪草机了。"看完后大家肯定要想甲这次吝啬不成了。这个故事就可用概率中的互斥事件来解释了。

从生活实例去解释数学原理，使原本难以理解的概念变得通俗易懂。单单从概念和公式去把握独立性和互斥，许多学生可能会混淆两者，不能深入理解其内在含义。

在生活中还有很多现象都蕴含着独立性、互斥的思想，教师将这些现象作一归纳，将其中所蕴含的独立性、互斥原理提出来，体现了生活中处处蕴含着概率论的知识。

"数学知识来源于生活，又作用于生活"，我们周围的许多事情，看似简单，实则包含不少数学中的原理，尤其是概率统计，它已经渗透到我们的生活的方方面面，应用也十分广泛，这就要求我们善于观察，勤于思考。作为教师，应当要留心生活中的数学原理，在教学中，用生活实例去阐释数学原理，不仅使教学内容变得通俗易懂，更重要的是体现了数学学习的意义和价值。

# 第 9 章 统 计

## 9.1 作为中小学教育任务的统计

现实中，经验给人类带来了不可否认的好处，但只凭经验办事还是容易犯错误，因此人们需要一些增强经验说服力的方法，在经验中发现规律，才能对此作出合适的推断，促进社会的发展，从这一意义上讲，统计发挥着重要的作用。下面按照"目的—知识—方法"的结构剖析作为中小学教育任务的统计。

### 9.1.1 统计的目的：根据样本探测总体的情况

统计学是研究如何收集、整理、分析数据，以达到推断所测对象本质的科学。统计学起源于社会经济问题的研究，有 2000 多年的历史，分为描述性统计和推断性统计。描述性统计处理的是变量，推断性统计处理的是随机变量。

统计学最初偏重于涉及国运大势的记录、比较分析，侧重于事物性质的解释，而不注重数量对比和数量计算。随着经济的发展，对事物数量的计算和分析显得越来越重要，运用数字及各种测量尺度将社会经济现象数量化，成为统计学起源的重要特征。由于平均数是由总体到达个体的一种重要手段，故以平均数为基础进行推算成为统计学的一种重要手法。

统计学是一系列的思想和技术，要求人们有效地收集数据，并发现数据所表示的意义。皮尔逊在曲线拟合的过程中发现并开创了大样本数据的方法，这是许多统计方法的基础。虽然统计学家希望数据越多越好，把不确定性尽可能减少，但事实上不可能总得到大样本。戈塞特在 1908 年发表了关于 $t$ 分布的论文，创立了用小样本代替大样本的方法。费希尔在这方面也做出过重要贡献。

把古典概率论引进统计学，把统计学建立在概率论基础之上，统计学进入了一个新的发展阶段。由于计算机技术的发展，统计学的研究范式也发生了根本变化，现代统计学数据挖掘产生了。强调先有设计再通过数据验证设计的合理性，这是传统统计学的特点。大数据分析强调数据驱动分析，模型要具有可行性。

作为教育任务的统计其目的是，让学生通过实际问题情境，较为系统地经历数据收集和处理的全过程，学会基于数据，使用数据分析技术处理数据，作出较为合理的决策，并能体会统计思维与确定性思维的差异和联系。

## 9.1.2 统计的知识：一种作预测和决策的建模方法

统计是通过收集、整理和分析数据来估计、判断和预测事件整体的形势的一种数学方法。作为中小学教育任务的统计在教学时要充分考虑到中小学生的思维发展以及对未来生活的影响，突出统计的基本方法、核心思想的重要性和必要性。知识间的结构关系如图 9.1 所示。

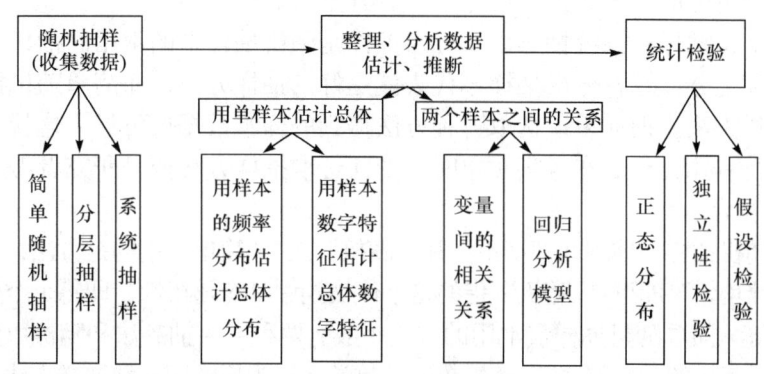

图 9.1　统计知识结构

**1. 收集数据的方法**

随机抽样、试验设计是获取数据的两种方式。在实践生产中，研究者所要考察对象的数量往往很大，加之实际操作过程中的众多客观因素的影响，很多考察都带有破坏性，因此全面调查不现实，并且很多考察是不可能实施全面调查的。基于这种情况，从所要考察的所有对象中选取部分对象作为代表进行深入具体的剖析研究便是统计学中的随机抽样。随机，即任意自然的选择；抽样，即从整体中选择部分进行分析研究。

随机抽样，即收集数据阶段，它是统计中最重要的也是最关键的第一步。总体，即需要统计的所有内容，故而统计内容的多少便决定了总体的大小。总体数量小的可以直接统计，如统计本班男女同学的人数比例；总体数量大的是无法直接统计的，这时便选取其中具有代表性的部分来代表总体，即用样本来估计推断总体。样本，就是取之于总体的一部分，样本是否合适是收集数据的关键，即样本要具有代表性，统计才能进行下一步，否则视为"方便样本"；这里的代表性通俗来讲，便指"搅拌均匀"，即使得总体中的每一个个体被抽中的机会是相等的。而如何做到"搅拌均匀"便是统计学需要研究解决的问题，这也取决于统计者对总体是否有一个较好的整体了解。然而样本的代表性其实是一个较难确定的概念，它的界限和要求至今没有一个明确的定义，在实际操作中也是一个很难把控的重要因素，一般认为，抽取的样本含有与总体基本相同的信息便是具有"代表性"，也可称之为"高质量"的样本数据。随机抽样，从字面意思来看，即从总体中随机地抽取样本的方法。而个体的含义，即总体里面的每一个独立存在的元素，任何个体均可以作为样本选取的参考因素。作为中小学教育任务的统计，要给学生强调总体、样本和个体之间的关系以及随机抽样是如何将这三者作用在一起的，更要突出样本的"代表性"含义，充分理解随机抽样中的"随机"含义，要思考生活中随处可见的广告数据的可靠性，看其是否真的可靠。

简单随机抽样、系统抽样以及分层抽样是随机抽样中的常用的抽样方法。它们没有好坏之分，选择分层抽样不代表就是好的抽样方法，而简单随机抽样就是不好的抽样方法。但如果说选取哪种方法得到的样本数据更可靠，这就应该视具体情况进行具体分析。在考察对象时，如何选取抽样方法便是研究者需要慎重考虑的首要事情。

简单随机抽样，体现在"简单"和"随机"上。"简单"指的是方法，只需要将总体"搅拌均匀"即可；"随机"指的是个体被抽中具有随机性，即每个个体被抽中的机会均等。简单随机抽样最常用的方法一般有两种——抽签法和随机数法。抽签法，也就是俗称的"抓阄法"。随机数法是数学上较为规整的一种抽样方法，是直接可以利用随机数表、随机数骰子或者计算机产生的随机数进行抽样的一种方法。

系统抽样，"系统"也即"体系"，这种抽样方法看似随机，实则规律——随机是指个体随机，规律是指抽样方法规律。简单随机抽样和系统抽样抽取出来的样本结构与总体结构都基本相同，至于到底该选取哪种方法，还是取决于问题本身或解决问题的方便性。

分层抽样，"分层"即"分类""分段"。分层抽样方法不同于上面两种方法，针对的是个体差异较明显的总体。现实中，由于环境等客观条件的限制，如果大部分调查对象都表现出差异明显的趋势，为了得到高质量的样本，选择分层抽样方法是比较好的。

这三种抽样方法各有千秋，无所谓好坏之分，但有恰切之别。简单随机抽样中的抽签法的确简单易行，当总体容量较小时，采用这种方法既简单又方便，但当总体容量较大时，就会出现"搅拌不均"的现象，导致样本的代表性较差；随机数法不需要"搅拌均匀"，对于数据量大的总体是较合适的；当样本有明显的层次性差别时宜选用分层抽样方法。为了提高结果的可靠性，抽样方法可综合使用，并非仅用一种或者两种。抽样方法彼此之间并非完全独立，综合使用方能提高样本的代表性。

2. 数据整理和处理

用单样本估计总体  通过抽样方法选取出样本，这是统计中收集数据的第一步。选取样本的目的是通过分析样本数据的性质来推测对象的总体性质。由于收集的样本初始数据多而杂乱，人们往往无法直接从数据中获得有价值的信息，因此，将样本数据转化为图表等形式来帮助统计者分析数据就显得非常重要。这是从形的角度来分析数据，还可以从数字特征(平均数、极差、方差)的角度来分析数据。

1) 形的角度：用样本的频率分布估计总体分布

(i) 频率分布表和频率分布图(直方图、折线图)。

图表能改变数据的构成形式，提供解释的新方式，有助于人们提取信息、传递信息。频率分布表和频率分布图是常用的形式，这两种形式是数据呈现的两种不同形式。在实际生产生活中，图形比表格更容易被人们采纳，如工厂生产零件的质量控制图等，这是由图形的直观性和简洁性决定的，人们总是更愿意接受简洁而清晰的图形，而不是一堆杂乱无章的数字。

频率分布表是以数字呈现的表格形式，在制作频率分布表时，实际上已经在做整理、计算数据的统计工作了，对数据的分类呈现大致有了了解，这也为之后信息的提取做了较好的准备。但是，表格中的数据是绝对数据，没有与抽取的总数作比较，不易看出数据的变化趋势。频率是概率的经验表现形式。纵轴表示的意义是频率/组距，直方图的面积是频率，用面积表示频率、概率是非常直观、形象、容易理解的。用频率分布图来进一步说明频率分布表中数据的具体含义，弥补表格不易看出来的数据变化趋势，一图胜千言。对于总体中个体数量较多的统计频率分布图，当组数增加，组距减小，图形密集且规律性强，这也就得到了频率分布折线图。容易理解，样本容量越大就越容易使频率分布折线图接近一条光滑曲线，统计学中称这条光滑曲线为总体密度曲线，它能给统计研究者提供更加精细的信息。但同时总体密度曲线的表现形式也是各不相同。尽管总体密度曲线确实客观存在，但是在进行统计的时候，它却很难被准确地描述出来。

(ii) 保留原始数据的茎叶图。

茎叶图是表达数据的另一个常用的形式。茎叶图，顾名思义，形如大树由中间枝干生长出来的叶子模样的图形，可以看成是由数字组成的一幅图。它实则是补充了频率分布图的缺陷，保留了统计的初始数据，体现了数字的张力，增强了数据的说服力，还展现出数据的分布情况。当样本容量较小时，选择茎叶图表示数据的效果较好，还可以边记录数据边作出图形，在中小学里，一般统计调查的样本容量较小，采用茎叶图操作既简单又省时，其方便性不言而喻；但是样本数据较多时，选择茎叶图显然是不合适了，而且还掩盖了它本身的优势。

2) 数的角度：用样本的数字特征估计总体的数字特征

图形直观，数字定量精确。为了能得到更准确的推断和决策，统计中需要通过分析样本的数字特征来进一步估计总体的表现情况。

(i) 衡量集中趋势的数字特征：众数、中位数、平均数。

众数是出现的频率最高的数,从频率分布图上可以直观得到众数;中位数是处于一组数据中间位置的数,即它将数据分成两部分,呈左右对称分布。从频率分布图上来看,中位数左边和右边的直方图的面积相等;平均数反映的是平均水平,相比于众数和中位数,平均数受每一个数据变化的影响,这也是它不同于其他数字特征的性质,从这一层意义上来讲,平均数较众数和中位数更能反映出数据的整体性质。因此,众数、中位数和平均数是从不同维度刻画样本数据的,它们每一个都可以成为数据分析的"中心点",这应该在具体情况中具体分析。

(ii) 衡量离散趋势的数字:标准差和方差。

标准差和方差这两个数字特征主要体现的就是数据的整体离散程度。其中,标准差常用于实际生活中,而方差多用在数学上。标准差和方差很明显的一个优势是可以清楚地看到数据在不同区间上的分布情况,即可以判断出数据在哪一段分布集中以及整体分布的离散情况。标准差的概念理解是从几何中两点间的距离来刻画的,这直观上可以帮助学生理解标准差和方差。数据的极端值会对离散程度造成较大影响,而极端数据的产生很可能由偶然因素造成,它并不能反映出事物的真实情况,这时的极端值会影响整个统计的判断,统计者一般采取"去掉一个最高分和去掉一个最低分"的统计策略来减少误差性。

样本的数字特征进一步说明了频率分布图中的信息,通过数字刻画频率分布图的直观性更具有说服力,优势基于此则更加突出。

用样本呈现出来的信息来估计总体的趋势,是统计常用的手段,也是长期实践以来被人们所接受的方式。在统计中,可以将样本的频率分布和数字特征综合使用,其中频率分布可以用来观察其走势,而数字特征可以用来作推理判断。作为中小学教育任务的统计,要求学生有整理、分析数据的能力和看懂图并用图传达信息的能力。

3. 统计建模:两个样本之间的关系

1) 变量间的相关关系

不仅要研究单个变量的分布、期望、方差,更要研究两个变量之间的关系。两个变量之间的关系是确定性的,那就是函数关系;两个变量之间有关系,但不是确定性的函数关系,那就是相关关系。首先可以通过画散点图的方式大致确定两变量间的关系,其中以线性关系最为简单。如果两变量呈正相关,则两者是同步促进关系;如果两者呈负相关,则两者是异步不协调关系。

2) 回归分析模型

回归分析是对具有相关关系(非确定性关系)的两个变量进行分析的一种常用方法。进行回归分析的步骤是:画散点图—求回归直线方程—预测—检验。

将样本数据呈现在直角坐标系中,可得到一些离散点的分布情况。如果这些点散布在某一条直线的附近，便可利用线性回归模型对其进行分析进而预估总体趋势；如果样本点并没有分布在某个带状区域，那两个变量就没有呈现线性相关关系，也就不能直接利用线性回归模型来刻画两个变量之间的关系。有时，这些点虽不是线性相关的，但也有可能存在相关关系，如大致分布在一个圆周上。但这不是我们要讨论的线性相关关系。

线性回归模型 $y=bx+a+e$ 中，$y$ 值(预报变量)是由 $x$ 值(解释变量)和 $e$ 值(随机因素)共同确定的，这有别于数学中的函数关系，这是因为数学中的函数关系是一种确定性关系，而线性回归模型中的两个变量之间本身就是一种不确定的关系。线性回归模型的完整表达式为 $\begin{cases} y=bx+a+e, \\ E(e)=0, D(e)=\delta^2, \end{cases}$ 即随机因素 $e$ 是引起预报值 $\hat{y}$ 和真实值 $y$ 之间存在误差的原因，而产生随机误差 $e$ 主要是由客观因素(如环境因素、工具缺陷等)和主观因素(如个人偏好、测量方法等)造成的，甚至于有的因素是无法避免的。正是因为随机误差 $e$ 既无法避免也无法观测，基于这样的性质，它可以衡量线性回归模型的拟合效果，作残差图($\hat{e}=y-\hat{y}$ 表示残差)，通过残差图可以发现数据中的可疑数据，避免人为错误，提高预报精确度。

在线性回归模型中，相关系数 $r$ 的大小可以衡量两个变量间的线性关系的强弱，也就是说，在含有一个解释变量的线性回归模型中，$R^2=1-\dfrac{\sum\limits_{i=1}^{n}(y_i-\hat{y}_i)^2}{\sum\limits_{i=1}^{n}(y_i-\overline{y})^2}$

($R^2$ 等于相关系数 $r$ 的平方)也可以衡量模型的拟合效果，它是统计里面选择模型常用的指标之一，在实际应用中应尽量选择 $R^2$ 大的回归模型。

因此，线性回归模型的预报值受众多因素影响，故在选择该模型时应该注意模型适用的研究对象和范围等，即使拟合效果再好的回归模型，但它终究是用来对数据进行预估的，所以不能期望其预报值可以代替其精确值。在实际生活中，往往大多数统计模型并非都是线性回归模型，可以将非线性关系转化为线性关系来研究。

4. 统计检验

1) 正态分布

正态分布，又名高斯分布、常态分布，其概率密度函数曲线呈钟形，因此又被称为钟形曲线。正态分布有极其广泛的实际应用背景，生产与科学实验中很多随机变量的概率分布都可以近似地用正态分布来描述。例如，同一种生物体的身长、体重等指标；测量同一物体的误差；弹着点沿某一方向的偏差；理想气体分子的速度分量等。一般说来，如果一个量是由许多微小的独立随机因素影响的结果，那么就可以认为这个量是正态分布的。有些变量虽服从偏态分布，但经数据转换后的新变量可服从正态或近似正态分布，可按正态分布规律处理。

用高尔顿钉板可对正态钟形曲线进行模拟。

正态分布是许多统计方法的理论基础。$u$ 检验、方差分析、相关分析和回归分析等多种统计方法均要求分析的指标服从正态分布。许多统计方法虽然不要求分析指标服从正态分布，但相应的统计量在大样本时近似于正态分布，因而基于大样本的统计推断方法也是以正态分布为理论基础的。

从理论上看，正态分布具有很多良好的性质，许多概率分布可以用它来近似。$t$ 分布、二项分布、泊松分布的极限为正态分布，在一定条件下，可以按正态分布原理来处理。卡方分布、$t$ 分布、$F$ 分布是在正态分布的基础上导出来的。

通过中心化、单位化，一般正态分布可化为标准正态分布。

2) 独立性检验基本思想

判断两类变量之间是否有关系，通常有两种方法：利用等高条形图，直接进行直观上的观察判断；利用独立性检验方法，通过计算分析其到底是否有关系。独立性检验研究的是两个分类变量(指分属不同类别的两个变量)之间是否有关系，如吸烟与患肺癌是否有关系，宗教信仰与国籍是否有关系等。通过统计列出两个分类变量的频数表，称为列联表(如表 9.1 的 $2 \times 2$ 列联表)。

表 9.1　变量 $X$ 和变量 $Y$ 的列联表

|  | $y_1$ | $y_2$ | 总计 |
|---|---|---|---|
| $x_1$ | a | b | a+b |
| $x_2$ | c | d | c+d |
| 总计 | a+c | b+d | a+b+c+d |

$$K^2 = \frac{n(ad-bc)^2}{(a+b)(c+d)(a+c)(b+d)},$$

其中 $n = a+b+c+d$ 为样本容量，利用随机变量 $K^2$ 计算 $P(K^2 > k_0)$，判断统计推断是否成立。列联表类似于频率分布表，完全用数据说话，体现了数据的张力。

独立性检验问题情景有多种数学等价刻画。李勇给出了四种等价刻画(李勇等，2018)。如记 $A$ 为吸烟者全体，$B$ 为患病者全体。如果 $A$ 与 $B$ 无关，那么吸烟且患病者在全体所占的比例与不吸烟且患病的比例是一样的。数学刻画不需要任何统计知识，但需要利用普查，而普查有时不太可能。

如果把变量视作随机变量，上述比例式就成了条件概率。吸烟与否对是否患病没有影响。由此条件概率出发，经过推导得到两个事件相互独立的刻画。这些概率上的刻画还是理论的,实际计算时,可以用频率$K^2$来代替概率进行计算。独立性刻画可以用来解释两个变量之间有关系或是没有关系的含义。

统计量$K^2$呈卡方分布,小概率事件发生时,就不能再认为两者是独立的,而认为两者是相关的。

3) 假设检验基本思想

假设检验是利用样本提供的信息来检验假设应肯定还是应否定的一类统计问题,同独立性检验一样,假设检验是从另一个角度来判断其假设是成立还是不成立的,同样利用了实际推断原理。假设检验问题包含参数的假设检验问题和非参数的假设检验问题。

假设检验的基本步骤是:提出原假设($H_0$)—建立检验统计量—确定$H_0$的拒绝域。假设检验的基本思想也就是对原假设$H_0$作出肯定或否定的判断,也就是判断在一个小概率(如$\alpha=0.05$)范围内,原假设$H_0$是发生还是不发生,那么$\alpha$也就成为判断该假设的根据。$\alpha$称为显著性水平,顾名思义,就是在原假设成立的先决条件下,某一统计量出现的概率若小于$\alpha$,就不能容忍原假设成立了,原假设成立的合理性不充分了。如果希望从样本观测值提供的信息对某一陈述取得强有力的支持,那么就把这一陈述的否定作为原假设,而把陈述本身作为备择假设。原假设受到"保护",没有强有力的证据是不能随便否定原假设的。否证容易,证实难。

依据假设检验方法做出的决策不一定都正确。如果零假设是正确的,由样本的随机性,而做出了拒绝零假设的决策,则出现了弃真错误,犯错误的概率就是显著性水平$\alpha$。如果零假设不正确,同样由于样本的随机性,而做出了接受零假设的决策,则出现了采伪错误。

"统计显著"与真实意义上的"显著"存在差别,要结合实际情况判断"统计显著"的意义,不可草率地将统计模型的显著等同于模型成立。

### 9.1.3 统计的方法:以数据具有概率规律性为前提,通过估计和假设检验进行统计推断

并非事事都需要统计,也并非事事都可以统计。很多事物很难收集它的数据,甚或是收集不到数据。故而,统计那些有意义、有价值、可推动某方面发展的事件才是统计真正的价值体现。统计的方法最关键的是数据收集阶段,抽样调查、试验设计是收集数据的主要方式。用样本估计总体是统计的核心思想,以小见大,以局部估计整体,故而样本的可靠性是决定统计的关键。频率是架构在统计和概率之间的桥梁,通过分析样本的频率来估计总体的频率,这是统计中规律的体现,也是从实际需要中找出规律的方法,然后再通过概率计算分析,统计结果才会更令

人信服，人们才会将此作为判断的依据，从而做出决策。统计正是这样将实际问题转化为数学模型，通过演绎分析将实际问题转化为简洁清晰的数据呈现形式，从而可以更准确地认识和把握宏观现象。与数学相比，统计学不是一门纯粹的演绎学科，它既是艺术，也是科学，既涉及个人判断，也涉及仔细的逻辑推导。用统计解决实际问题，应关注哪种统计方法更好，可以从理论和模拟两个角度比较估计方法的优劣。

现代计算机计算能力一直在迅猛发展，理解统计思想、设计数据处理的方法、探究事物的统计规律才是关键。故统计的学习不是在学习计算，而是要体会用样本特征估计总体的思想，意识到统计结果的随机性以及统计推断的可误性，学习统计思维。正如史宁中提到的"数据分析观念"的三个方面：第一，了解在现实生活中存在着许多问题应当先做调查研究，收集数据，通过分析作出判断，体会数据中蕴含着的信息；第二，了解对于同样的数据可以用多种分析的方法，需要根据问题的背景选择合适的方法；第三，通过数据分析体验随机性。这里，数据的随机性主要有两层含义：一方面，对于同样的事情，每次收集到的数据可能会不同；另一方面，只要有足够的数据就可能从中发现规律。统计学研究揭示的是事物之间的关系，而不是解释事物本身。当把统计学运用到具体领域中时，还需要注意数字背后意义的追寻。

另外，现代计算机的发展、大数据的兴起，对统计学产生了深刻的影响。

## 9.2　微言要义之抽样方法

数学家华罗庚指出，要真正打好基础，有两个必经的过程，即'由薄到厚'和'由厚到薄'的过程，'由薄到厚'是学习、接受的过程，'由厚到薄'是消化、提炼的过程。"把书读厚"是"把书读薄"的前提，在教学中，中学数学教师应在自身已经理解数学的基础上，引导学生通过理性思考深入挖掘数学知识本质、知识背后蕴含的思想以及知识之间的内在联系，把书读厚，而不能只停留在对知识的逻辑意义的认可上。教师的教学能力，首先体现在对教学内容的把握上，若教师自身不具备"理解数学"的能力，教学过程必然表面化，无法对知识进行深入剖析、展开，那么数学家华罗庚提出的两个必经过程都不可能会发生。章建跃提出"理解数学是教好数学的前提"，指出了"理解数学"的重要性。

在中学所要教学的概率与统计中，"利用样本估计总体"是统计的核心思想，样本的代表性取决于所采取的抽样方法。中学阶段主要学习了三种抽样方法：简单随机抽样、系统抽样和分层抽样，下面是对这三种抽样方法的一个深入研究。

### 9.2.1 简单随机抽样

简单随机抽样方法是一种最容易理解、最简单的抽样方法，没有复杂的抽样程序，在抽样总体组成的集合确定的情况下，可直接抽取样本，如人们在日常生活中买水果时，想知道水果是否好吃，会选择从所有的水果中随机挑出一个，尝一尝来进行判断，这是一种非常自然的想法。简单随机抽样体现了"利用样本估计总体"最朴素的思想——样本来源于总体，若要获得所需样本，最简单的方法便是从总体中直接进行抽样。

当各个单元在总体中的地位相同时，各单元被抽到的机会相同是样本具有较好代表性的前提。简单随机抽样的定义为：一般地，设一个总体含有 $N$ 个单元，从中逐个不放回地抽取 $n$ 个单元作为样本，如果每次抽取时总体内的各个单元被抽到的机会都相等，就把这种抽样方法称为简单随机抽样。在简单随机抽样中，可用条件概率的知识来解释每个单元被抽到的概率是相等的。

条件概率的定义：由 $P(B|A)=\dfrac{P(AB)}{P(A)}$ 得到概率乘法公式 $P(AB)=P(A)\cdot P(B|A)$。设在整个简单随机抽样过程中，单元 $a$ 被抽到为"事件 $A$"，单元 $a$ 第 $i$ 次被抽到为"事件 $A_i(i=1,2,\cdots,n)$"，在整个抽样过程中，一共抽取 $n$ 次，单元 $a$ 可能在这 $n$ 次中的任何一次被抽中，则 $A=A_1\cup \overline{A_1}A_2\cup \overline{A_1}\,\overline{A_2}A_3\cup\cdots\cup \overline{A_1}\,\overline{A_2}\,\overline{A_3}\cdots A_n$，且 $A_1,\overline{A_1}A_2,\overline{A_1}\,\overline{A_2}A_3,\cdots,\overline{A_1}\,\overline{A_2}\,\overline{A_3}\cdots A_n$ 彼此互斥。

在第 1 次抽取时，从 $N$ 个单元中任取一个，取到单元 $a$ 的概率 $P(A_1)=\dfrac{1}{N}$。

在第 2 次抽取时剩余 $N-1$ 个单元，所以"在单元 $a$ 第 1 次未被抽到"的条件下，单元 $a$ 第 2 次被抽到的概率为 $P(A_2|\overline{A_1})=\dfrac{1}{N-1}$，所以事件 $\overline{A_1}A_2$ "单元 $a$ 第 1 次未被抽到，第 2 次被抽到"发生的概率为

$$P(\overline{A_1}A_2)=P(\overline{A_1})P(A_2|\overline{A_1})=\dfrac{N-1}{N}\cdot\dfrac{1}{N-1}=\dfrac{1}{N}。$$

同理

$$P(\overline{A_1}\,\overline{A_2}A_3)=P(\overline{A_1})P(\overline{A_2}|\overline{A_1})P(A_3|\overline{A_1}\,\overline{A_2})=\dfrac{N-1}{N}\cdot\dfrac{N-2}{N-1}\cdot\dfrac{1}{N-2}=\dfrac{1}{N},\cdots,$$

$$P(\overline{A_1}\,\overline{A_2}\,\overline{A_3}\cdots A_n)=P(\overline{A_1})P(\overline{A_2}|\overline{A_1})P(\overline{A_3}|\overline{A_1}\,\overline{A_2})\cdots P(A_n|\overline{A_1}\,\overline{A_2}\,\overline{A_3}\cdots \overline{A_{n-1}})$$

$$=\dfrac{N-1}{N}\cdot\dfrac{N-2}{N-1}\cdot\dfrac{N-3}{N-2}\cdots\dfrac{1}{2}\cdot 1=\dfrac{1}{N}。$$

所以，由互斥事件的概率加法公式，可得事件 $A$ 的概率为

$$P(A)=P(A_1)+P(\overline{A_1}A_2)+P(\overline{A_1}\,\overline{A_2}A_3)+\cdots+P(\overline{A_1}\,\overline{A_2}\,\overline{A_3}\cdots \overline{A_{n-1}}A_n)=\dfrac{n}{N}。$$

因为单元 $a$ 是任意的，所以在简单随机抽样中，总体中任何一个单元被抽中的概率都相等，此概率为 $\dfrac{n}{N}$。

简单随机抽样的本质是一种随机现象，是系统抽样和分层抽样的基础。事实上，系统抽样和分层抽样都可看作是在进行简单随机抽样前多了一些不影响单元等概率性的前期处理工作：系统抽样是在进行简单随机抽样前，根据初始单元和抽样间距将总体分为若干个地位相同的群；分层抽样是在进行简单随机抽样之前，按相关标志值将总体划分为若干个层。简单随机抽样的随机性是系统抽样、分层抽样随机性的前提，它给人们提供了一个讨论概率抽样方法的出发点。

### 9.2.2 系统抽样

系统抽样也称机械抽样(或等距抽样)，即在随机抽取起始单元后，按照等间隔的距离抽取随后的样本单元。中学所学的系统抽样方法为直线等距抽样，其抽样步骤一般为：把总体 $N$ 个单元排成一条直线，当 $\dfrac{N}{n}$（$n$ 是样本容量）是整数时，取 $k=\dfrac{N}{n}$ 为抽样间距，把总体分为 $n$ 段，每段 $k$ 个单元，在第 1 段中随机抽取一个单元作为起点，假设为第 $l$ 个单元，而后每隔 $k$ 个单元抽出一个样本单元，即 $l+k, l+2k, \cdots$，直到获取整个样本；当 $\dfrac{N}{n}$ 不是整数时，不妨设 $N$ 除以 $n$ 的商为 $k$，余数为 $r$，需先用简单随机抽样方法从总体中剔除 $r$ 个单元，再将剩余的 $N-r$ 个单元分为 $n$ 段，按照系统抽样的规则抽出 $n$ 个单元作为样本。与简单随机抽样相比，系统抽样只需在第 1 段随机抽取起始单元，在总体单元个数较多时，更加简便易行，降低了简单随机抽样抽签的成本。

当 $\dfrac{N}{n}$ 是整数时，可直接将总体按抽样间距 $k=\dfrac{N}{n}$ 分为 $n$ 段，设第 $i$ 段的第 $j$ 个单元为 $a_{ij}$，其中 $i=1,2,3,\cdots,n, j=1,2,3,\cdots,k$，根据系统抽样的规则，要在第 1 段用简单随机抽样方法抽取一个起始单元，第 1 段包括 $k$ 个单元，由简单随机抽样的等概率性，可知 $a_{ij}$ 被抽到的概率为 $\dfrac{1}{k}$，即 $P(a_{ij})=\dfrac{1}{k}=\dfrac{n}{N}$。在系统抽样中，"$a_{ij}$ 被抽中"发生当且仅当"$a_{ij}$ 被抽中"，因此 $P(a_{ij})=\dfrac{n}{N}$，即任意一个单元被抽中的概率都相等。

当 $\dfrac{N}{n}$ 不是整数时，设"在总体 $N$ 个单元中，单元 $a$ 被抽到"为事件 $A$，需先用简单随机抽样方法从总体中剔除 $r$ 个单元，设"单元 $a$ 被剔除"为事件 $M$，

$P(M) = \dfrac{r}{N}$,则未被剔除的概率为 $P(\overline{M}) = 1 - \dfrac{r}{N} = \dfrac{N-r}{N}$。在剩下的 $N-r$ 个单元中按照系统抽样的规则抽出 $n$ 个单元作为样本,设"在未被剔除的条件下,单元 $a$ 被抽到"为事件 $N$,由前述可知,$\dfrac{N-r}{n}$ 是整数时,任意单元 $a$ 被抽到的概率都为 $\dfrac{n}{N-r}$,即 $P(N) = \dfrac{n}{N-r}$,则根据概率乘法公式,"在总体 $N$ 个单元中,单元 $a$ 被抽到"的概率 $P(A) = P(\overline{M}N) = \dfrac{N-r}{N} \cdot \dfrac{n}{N-r} = \dfrac{n}{N}$ 符合等概率性。

在《词典》里,"系统"指由若干相互联系、相互作用的要素所组成的、具有一定结构和功能的有机整体。在系统抽样中,起始单元确定了,再根据已经确定的抽样间距,便能得到其余的样本单元,整个样本也就确定了。这里的样本便可看作由起始单元和抽样间距确定的一个有机整体——"系统",其结构表现为各单元在总体排列上的间距一定。这就像等差数列一样,首项(起点)定了,公差(间隔)定了,整个数列也就确定了。由于样本的结构一定,在系统抽样中,当总体单元排列顺序确定时,一些单元不可能同时出现在样本中,即排除了不符合结构的样本组合。因此,与简单随机抽样相比,系统抽样抽取样本的方式虽然更加简便,且符合等概率性,但是其样本的多样性减弱了。采用系统抽样方法从总体中抽取样本,系统抽样的精度(样本的多样性,代表总体的程度)与总体单元的排列顺序密切相关。

### 9.2.3 分层抽样

若总体是由差异比较大的几部分单元组成的,采用系统抽样或随机抽样都有可能产生分布不均的样本,这时,需要人为地将总体分层,再按比例对每一层进行随机抽样,即采用分层抽样。中学数学介绍的是按比例分层抽样,其步骤为:① 利用辅助信息,将总体 $N$ 个单元分为"不重不漏的" $m$ 个层;② 按照各层单元数占总体单元数的比例分配每一层的样本容量,样本总量为 $n$;③ 采用简单随机抽样方法或系统抽样方法,从各层独立地抽取相应样本容量的单元;④ 将各层取出的单元合在一起作为样本。当各部分差异明显时,采用分层抽样方法能得到与总体结构相近的样本,其样本的代表性要高于简单随机抽样和系统抽样。

按一定标准将总体分为 $m$ 层,设第 $i$ 层对应的单元数为 $x_i$,根据抽样规则,第 $i$ 层应抽取的样本容量为 $\dfrac{x_i n}{N}$。确定了样本容量之后,需在第 $i$ 层进行简单随机抽样或系统抽样,设"在第 $i$ 层中的单元 $a$ 被抽中"为事件 $A$,由前述可知,简单随机抽样和系统抽样都为等概率抽样,且在第 $i$ 层中,总单元数为 $x_i$,要抽取的相应样本量为 $\dfrac{x_i n}{N}$,则 $P(A) = \dfrac{1}{x_i} \cdot \dfrac{x_i n}{N} = \dfrac{n}{N}$,由 $a$ 的任意性可知,按比例分层抽样也是等概率抽样。

在分层抽样中，总体中差异明显的每一部分都会在样本中占有相应比例的单元数，保证了样本在总体中的分布是相对均匀的，层样本(各层所获的那部分样本)相对于所在层的代表性决定了最终样本的代表性。因此，就分层抽样而言，如何提高层样本的代表性是关键，这就要回归到简单随机抽样的特点。在简单随机抽样中，各单元之间的差异越小，即总体在标志值上的方差越小，各种可能的样本组合之间的差异也会小，随机抽取的样本在估计值上相对于总体的偏差会越小。反之，总体在标志值上的方差越大，各种可能的样本组合之间的差异也会越大，随机抽取的样本代表性差的可能性越高。因此，在分层抽样中，为了提高分层样本的代表性，应尽可能地利用辅助信息，扩大层间方差，从而降低层内方差，提高估计的精度。

### 9.2.4 教学建议

1. 挖掘随机抽样的思想

合理的数学知识背后需要有思想的支撑，同样地，学生在学习数学知识时，也需要相应的数学思想作为支撑，站在思想的角度看待知识，认清知识"来自何方"。三种抽样方法都属于随机抽样，掌握随机抽样的思想，为学生深层次地理解知识奠定基础。

首先，抽样的目的是用样本估计总体，抽样方法往往只有"好与差之分"，而不是"对与错之分"，评价抽样方法的优劣应该以样本的代表性为标准；其次，样本的代表性，要从抽样规则来看，而不能以某一次的抽样结果是否与总体一致而论，在随机抽样中，样本的产生是随机的，合理的抽样规则也可能产生歪曲的抽样结果，这里所提到的"样本的代表性"，是根据抽样规则进行理性分析后得出的理论结果；最后，为了使样本具有代表性，抽样规则应客观、公正，保证总体中每个单元被抽中的概率相等，不能人为地安排某些单元有更大的可能性被抽中，这样的抽样结果是不客观的，这样的总体是不均匀的。

2. 把握知识的要点

在三种抽样方法中，何为"简单"、何为"系统"、何为"分层"，是需要把握的要点，要点往往是认识知识本质的关键所在。"简单"说明了简单随机抽样在三种抽样方法中的基础地位，"系统"指向系统抽样所得的样本是一个具有一定结构的有机整体，"分层"表明所得样本的结构与总体一致，在总体中的分布是相对均匀的。这些要点揭示了三种抽样方法的不同之处以及各自的特点，认识了要点之后，还有助于对三种抽样方法的精度进行进一步的分析、比较，明确影响样本代表性的因素。

3. 与概率知识相结合进行教学

统计与概率关系密切，对抽样方法的等概率性进行理性分析需要用到概率知识。严谨、理性是数学学科的特点，由于抽样方法与实际生活关系密切，看似简单、容易理解，教师教学时容易经验至上，忽视对这部分知识进行理性分析，这样的做法不利于培养学生的理性精神，这样的教学是不够深入的。借助概率知识，通过逻辑分析和运算过程，让三种抽样方法的"等概率性"变得有理有据，促进学生进一步体会抽样方法的科学、合理之处。

## 9.3　从三种角度比较简单随机抽样

数学育人的载体是数学知识，教好数学是落实数学核心素养的关键，而教好数学的前提则是真正理解数学。数学教学要善于深入浅出，作为教师，只有深入其中把书读厚，理解知识本质和来龙去脉，才能浅说其理把书讲薄，提纲挈领地切中知识重难点。然而，许多教师只热衷解题技巧的讨论，在数学内容理解上不下功夫，只停留在对知识的逻辑意义上的理解，造成教学上的偏颇和学生素质发展上的欠缺。要给学生一杯水，教师必须要有一桶水，教师的立身之本——教学能力应首先体现在对教学内容的深度理解上，善于对知识进行反思，对知识进行深入剖析、展开：了解知识的源头、考虑定义规定的合理性、概念的特征和运用范围，挖掘数学内容背后所蕴含的数学思想，发挥数学的内在力量，以提高数学素养、发展思维能力、培育理性精神。

简单随机抽样是中学所学习的概率统计知识的入门课，是统计抽样中一种最基本的抽样方法，从理论而言，这种抽样是最简单、最完善的，因此它是抽样理论和其他抽样方法的基础。其定义为：一般地，设一个总体含有 $N$ 个单元，从中逐个不放回地抽取 $n$ 个单元作为样本 $(n \leqslant N)$，如果每次抽取时总体内的各个单元被抽到的机会都相等，就把这种抽样方法称为简单随机抽样。简单随机抽样的特点是：总体个数 $N$ 有限；样本从总体中逐个抽取得到；是一种不放回抽样。关于简单随机抽样，尽管我们已经进行过系统的学习，能够熟记定义并且利用定义去解决问题，但却很少有人对这些特点产生疑问。例如：为什么抽取的总体个数是有限的，如果总体的个数无限会怎样；为什么要逐个抽取，同时抽取也就是一把抓的情形怎么分析；为什么要不放回，放回又会是什么情形。面对这些问题，教材中的介绍比较笼统、简单、着墨颇少，教师们或从未留意思考，或服从于数学概念权威，将其理解为一种规定，在教学中一带而过。

### 9.3.1 总体有限与总体无限

按照简单随机抽样的定义，在抽样的实施过程中，无论采取抽签法或利用随机数表进行抽样，都有一个前提，即确定总体范围，要求总体中的每个个体都有一个号码，这意味着必须有包含总体所有单位的完整名单作为抽样框，再根据一定的抽样规则从总单元数为 $N$ 的总体中抽取容量为 $n$ 的样本，按照单元号码将其入样。事实上，抽样总体中的各个单元都是明确已知的，总单元数是有限的，这里假定为 $N$。

当总体中的单元数 $N$ 很大时(可近似看作无限)，这种包含所有单元的完整抽样框往往没有现成可用的，而编制构造这样的抽样框不容易，要么很费时费力，要么根本做不到。因此，就抽样的具体实施过程而言，简单随机抽样只适用于总体单位数量有限且不是太大的情况，当总体无限时，编号工作繁重，这也是简单随机抽样的一个局限。因此，总体数量有限，更多的是从实际操作中的编号工作来规定的。抽样本身是一种具体可感的经验性工作，考虑总体无限就是上升到理论层面了。

### 9.3.2 逐个抽取与一次抽取

对于一个确定的容量有限的总体，从总体中抽取样本有许多种形式，从而构成不同的抽样方法。样本中的 $n$ 个单元可以从总体中逐个抽取，也可以一次抽取，前者称为逐个抽取法，后者称为全样本抽取法。

实际上，对于不放回的简单随机抽样，在"搅拌均匀"的前提下，逐个抽取多次和一次抽取多个只是在抽样过程和形式上有所不同，结果是完全等价的。简单随机抽样是等概率抽样，它包含两层意思：每次从总体中抽取一个单元时，各个单元被抽取的概率相等；在整个抽样过程中，各个单元被抽取的概率也相等，从而保证了这种抽样方法的客观性与公平性。循着"等可能性"这条思路，我们来验证逐个抽取 $n$ 次与一次抽取 $n$ 个这两种方式的等价性。如用抽签法在单元数为 $N$ 的总体中，抽取样本容量为 $n$ 的样本，首先做 $N$ 个签，依次编上 1 至 $N$ 的号码，并均匀混合。如果采用逐个抽取的形式，则在 $N$ 个签中，随机抽取一个签，不放回，再在剩下的 $N-1$ 个签中随机地抽取一个签，也不放回；继续上述步骤，每次都在尚未入样的标签中随机地抽取一个且不放回，直至抽足 $n$ 个签为止。此情况下，由于标签"搅拌均匀"，因此每次从总体中抽取一个签时，各个签被抽取的概率相等，保证了每次抽签的公平性，如第一次各个签被抽取的概率均为 $\frac{1}{N}$，由于不放回抽样，第二次各个签被抽取的概率均为 $\frac{1}{N-1}$，依次类推，第 $n$ 次各个签被抽取的概率均为 $\dfrac{1}{N-(n-1)}$。在整个抽样过程中，每个签被抽取的概率也是相等的，保证了整个抽样的公平性。例如，对总体中的任意一个单元 $a$，假定"在整个抽样过程中，单元 $a$ 被抽中"为事件 $A$，记"个体 $a$ 在第 $i$ 次被抽中"为事件 $A_i(i=1,2,\cdots,n)$，则 $A=A_1\cup\overline{A_1}A_2\cup\overline{A_1}\,\overline{A_2}A_3\cup\cdots\cup\overline{A_1}\,\overline{A_2}\,\overline{A_3}\cdots A_n$，且事件 $A_1,\overline{A_1}A_2$，$\overline{A_1}\,\overline{A_2}A_3,\cdots,\overline{A_1}\,\overline{A_2}\,\overline{A_3}\cdots A_n$ 彼此互斥。经分析，不难得出上述各个事件的概率依次为 $P(A_1)=\dfrac{1}{N}$，$P(\overline{A_1}A_2)=\dfrac{N-1}{N}\cdot\dfrac{1}{N-1}=\dfrac{1}{N}$，$P(\overline{A_1}\,\overline{A_2}A_3)=\dfrac{N-1}{N}\cdot\dfrac{N-2}{N-1}\cdot\dfrac{1}{N-2}=\dfrac{1}{N}$，$\cdots$，$=P(\overline{A_1}\,\overline{A_2}\,\overline{A_3}\cdots A_n)=\dfrac{N-1}{N}\cdot\dfrac{N-2}{N-1}\cdot\dfrac{N-3}{N-2}\cdots\dfrac{1}{2}\cdot 1=\dfrac{1}{N}$，根据互斥事件概率的加法公式，得

$$P(A)=P(A_1)+P(\overline{A_1}A_2)+P(\overline{A_1}\,\overline{A_2}A_3)+\cdots+P(\overline{A_1}\,\overline{A_2}\,\overline{A_3}\cdots\overline{A}_{n-1}A_n)=\dfrac{n}{N},$$

即在整个抽样过程中，各个单元被抽取入样的可能性是相同的，均为 $\dfrac{n}{N}$。如果采用一次抽取的方式，只需一次同时抽取其中 $n$ 个签，则这 $n$ 个签上的号码即为入样的单元号码。此情况下，由于抽样过程是一次进行的，因此简单随机抽样"等可能性"的两层含义合二为一：在一次抽取 $n$ 个单元的过程中，各个单元被抽取的概率相等。因为标签是"搅拌均匀"的，各个签被抽取的概率是相等的，可以从古典概型的角度解释这种"等可能性"，从总体 $N$ 个签中一次抽取 $n$ 个签，所有可能的结果有 $C_N^n$ 种(基本事件总数)，其中，"单元 $a$ 被抽中"这个事件 $A$ 所包含的结果有 $C_{N-1}^{n-1}$ 种(事件 $A$ 所包含的事件总数)，因此单元 $a$ 被抽中的概率

$$P(A)=\dfrac{C_{N-1}^{n-1}}{C_N^n}=\dfrac{\dfrac{(N-1)!}{(n-1)!(N-n)!}}{\dfrac{N!}{n!(N-n)!}}=\dfrac{(N-1)!n!}{N!(n-1)!}=\dfrac{n}{N},$$

只要"搅拌均匀"就能保证一把抓式抽签的公平性。

既然在"搅拌均匀"的情况下，逐个抽取和一次抽取结果是等价的，为什么简单随机抽样的定义选用了逐个抽取的方式呢？从理论分析上看，逐个抽取和一次抽取的结果是等价的，都满足简单随机抽样"等可能性"的要求。但是，对于有现实意义的实际操作而言，会因为其他原因有所区别。由于一次抽取事实上属于全样本抽样，在实际应用中，当总体 $N$ 较大(此时 $n$ 也可能较大)时，一把抓式抽取是不太方便的，甚至不可行。更重要的是，"搅拌均匀"这一前提很难达到，如果样本的随机程度不够，一次性抽取多个很可能导致结果过于偏向于某个极端，样本数据对总体分布特征的估计效果极差，直接导致研究信度与效度偏低。关于

不可一次性抽取，这是教科书对于学生学习阶段的要求，更多是从实际操作层面来规定的。

### 9.3.3 放回抽样与不放回抽样

在逐个抽取样本的过程中，每次被抽中的单元，即入样单元可以不放回到总体中去，也可以放回总体中去，前者称为不放回抽样，后者称为放回抽样。

在不放回抽样中，一个单元至多只能被抽到一次，不可能重复被抽到，也称为不重复抽样。在此情况下，每抽取一个单元之后，总体结构会发生改变，因此不同次的抽取试验是不独立的，下一次的抽取会受到上一次抽取结果的影响，因此在处理问题时常常采用条件概率。例如，在上述逐个不放回抽样中，从单元数为 $N$ 的总体中抽取样本容量为 $n$ 的样本，事件 $A_i$ "个体 $a$ 在第 $i$ 次被抽中"是一个条件概率，其实 $A_i$ 表示的是"个体 $a$ 在前 $i-1$ 次都未被抽中，在第 $i$ 次被抽中"。$A_i$ 发生的前提条件是"个体 $a$ 在前 $i-1$ 次都未被抽中"，设其为事件 $B_{i-1}$，则 $B_{i-1} = \overline{A_1}\,\overline{A_2}\,\overline{A_3}\cdots\overline{A_{i-1}}$，根据条件概率公式，事件 $A_i$ 发生的概率为 $P(A_iB_{i-1}) = P(A_i|B_{i-1}) \cdot P(B_{i-1})$，由于在第 $i$ 次抽样中所剩总体数量为 $N-(i-1)$，因此 $P(A_i|B_{i-1}) = \dfrac{1}{N-(i-1)}$，其中事件 $B_{i-1}$ 发生的概率为

$$P(B_{i-1}) = P(\overline{A_1}\,\overline{A_2}\,\overline{A_3}\cdots\overline{A_{i-1}}) = \frac{N-1}{N} \cdot \frac{N-2}{N-1} \cdot \frac{N-3}{N-2} \cdots \frac{N-(i-1)}{N-(i-2)},$$

因此

$$P(A_i|B_{i-1}) = \left[\frac{N-1}{N} \cdot \frac{N-2}{N-1} \cdot \frac{N-3}{N-2} \cdots \frac{N-(i-1)}{N-(i-2)}\right] \cdot \frac{1}{N-(i-1)} = \frac{1}{N}.$$

而在放回抽样中，一个单元有可能被抽到多次，也称为重复抽样，在某些特殊场合，抽样必须考虑放回。例如对野生动物的调查、对城市中车辆和行人的调查都可能重复抽中某个单元，具有此类特性。由于抽样是放回的，每次抽样时总体的结构都保持不变，因此不同次的抽样是相互独立的，相当于从总体中重新抽取，这就使得对放回抽样的数学处理要相对简单得多。例如，在逐个放回抽样中，从单元数为 $N$ 的总体中抽取样本容量为 $n$ 的样本，由于每次抽样结果都不受上一次抽样结果的影响，个体 $a$ 每次被抽中的概率是一样的，均为 $\dfrac{n}{N}$。由于放回抽样可能会重复抽取某一单元，因此"个体 $a$ 被抽取 $k$ 次"这一事件的概率为 $P = C_n^k \left(\dfrac{n}{N}\right)^k \left(\dfrac{N-n}{N}\right)^{n-k}$，即二项分布中事件 $A$ 在 $n$ 次独立重复试验发生 $k$ 次的情况。

抽样调查的目的是用样本的特征来估计总体的特征，如果样本代表性强，提

供的有效信息越多，对总体的估计也就越准确。如果采用放回抽样的方式，直观上容易得知，由于放回抽样有可能重复抽到同一单元，甚至会出现每次取出的单元都是同一个的情况(虽然概率很低，但仍可能出现)，对同一单元的重复观测不能提供额外有效的信息，其观测数据不具有整体的代表性，对于总体分布特征的估计效果极差。统计学中也已经证明，在相同样本量的情况下，放回抽样比不放回抽样提供的有效信息少，效率偏低。

那么，如何避免随机抽样产生的重复单元以提高抽样调查效率呢？一个简单的方法就是将抽样过程修改成每次抽取后不放回地从总体中依次任意取出 $n$ 个单元，然后将这些单元作为样本。这也正是教材中对简单随机抽样的定义，是从抽样效率的角度考虑的。

用生活事实——尝汤，可以对"逐个抽取"与"一次抽取"，"有放回抽取"与"不放回抽取"获得直观认识，无论是取一勺，还是取一口，汤的浓度是不变的，故每个个体被抽到的机会是一样的；无论是尝汤后不放回锅里，还是放回锅里，均不影响汤的浓度，故每个个体被抽到的机会还是一样的。

### 9.3.4 教学回归

简单随机抽样看似"简单"的背后蕴含着"不简单"的原理，教学中要学会对教材进行"补遗"加工。限于篇幅，教材有时会略去数学定义合理性的说明，而对于简单随机抽样概念的教学，许多教师只知其然而非深究其理，造成学生对数学内容理解的肤浅和片面。这里对比介绍总体有限与总体无限、逐个抽取与一次抽取、放回抽样与不放回抽样的情况，就是针对定义中限定性词语进行补充说明，何以这样规定，这样规定的意义和用途有哪些？通过"补遗"教学深化学生对抽样规则的合理性理解，强化学生对教材反映的统计学知识技能和随机性思想的学习，是教师落实"用教材教"理念的具体体现。只有掌握了简单随机抽样的来龙去脉，才能使具有初中知识背景的高中学生感受从放回抽样到不放回抽样，乃至今后频率到概率的知识发展过程，得到统计学思维模式的熏陶，更有效地提升他们的数学素养。

统计分析的样本主要是概率样本，可以依据调查结果，计算估计量误差，从而得到对总体目标量进行推断的可靠程度，即研究的信度。简单随机抽样作为众多概率抽样中最简单、最基本的方式，是其他概率抽样的基础，对它进行充分、深刻地理解也有利于对分层抽样和系统抽样的学习，是十分有意义的。

## 9.4 线性回归方程的多角度推导

表征是指信息在心理活动中的表现和记载的方式。数学表征是指数学学习对象的信息在心理活动中的表现和记载的方式。数学学习对象多元表征是指数学学习对象的多种表征形式。这是认知心理学的观点。其实，数学家也表述过类似的观点。希尔伯特曾说，数学科学是一个不可分割的有机整体，它的生命力在于各个部分之间的联系。的确，数学最为迷人之处是不同分支之间的许多相互影响，预想不到的联系，有时会奇迹般展现在你面前。数学像一棵榕树，枝丫纵横，彼此却也并非"老死不相往来"。从不同的角度对同一数学对象进行多元表征，可以使数学学习对象多角度地具体化，可以使数学问题解决变得更加容易，加深我们对同一数学对象的认识。数学对象的多元表征能具体形象地凸显一个数学学习对象的多元属性，能强化数学学习对象复杂性的一面，同时也可能淡化了其复杂性的另一面，有助于学生对不同表征的认知联结。如，从初等代数、分析、线性代数和统计的角度推导线性回归方程这种做法有双重意义：在数学上，沟通了数学各分支之间的联系，更新了知识和观念；在数学学习认知心理上，加深理解了多元表征的功能，各种表征的功能可以互补，可以从不同角度限制解释和建构深度理解。案例是认知的一个固着点，下面以线性回归方程的多角度推导表征为例，阐述多元表征这种认知学习方法对数学教学的意义。

### 9.4.1 案例

在许多实际问题中，两个变量 $x, y$ 往往是线性相关的，也就是具有 $y = ax + b$ 的形式。而为了确定 $a, b$ 的值，往往需要通过试验。而试验得到的数据又不一定精确地位于一条直线上。假设试验得到的 $(x, y)$ 的数据有 $n$ 组：$(x_1, y_1), \cdots, (x_n, y_n)$。一般来说，以下 $n$ 个等式 $y_i = ax_i + b (i = 1, 2, \cdots, n)$ 不可能全被满足。我们应该找一条直线使得试验数据与直线上的点的误差总和达到最小。由于误差 $d_i$ 可正可负，因此要用偏差的绝对值之和 $|d_1| + |d_2| + \cdots + |d_n|$ 来衡量偏差的总和。由于绝对值在数学处理上有许多不便，因此常常用误差的平方和 $M = d_1^2 + d_2^2 + \cdots + d_n^2 = \sum_{i=1}^{n} \left[ y_i - (ax_i + b) \right]^2$ 来代替。因此要求通过确定 $M$ 的最小值来确定 $a, b$ 的值。

### 9.4.2 推导表征

1. 初等代数的推导：易表征，可接受性强

此法取自人教社普通高中课程标准实验教科书《数学(必修 3)》。我们先引述，

然后评析此法的优劣。

$$M = \sum_{i=1}^{n}\left[y_i - (ax_i + b)\right]^2 = \sum_{i=1}^{n} y_i^2 + a^2 \sum_{i=1}^{n} x_i^2 + nb^2 - 2a\sum_{i=1}^{n} x_i y_i - 2b\sum_{i=1}^{n} y_i + 2ab\sum_{i=1}^{n} x_i$$

$$= n\left[b - (\bar{y} - a\bar{x})\right]^2 + \sum_{i=1}^{n}(x_i - \bar{x})^2 \left[a - \frac{\sum_{i=1}^{n}(x_i - \bar{x})(y_i - \bar{y})}{\sum_{i=1}^{n}(x_i - \bar{x})^2}\right]^2 - \frac{\left[\sum_{i=1}^{n}(x_i - \bar{x})(y_i - \bar{y})\right]^2}{\sum_{i=1}^{n}(x_i - \bar{x})^2}$$

$$+ \sum_{i=1}^{n}(y_i - \bar{y})^2 。$$

在推导过程中用到公式

$$\sum_{i=1}^{n}(x_i - \bar{x})^2 = \sum_{i=1}^{n} x_i^2 - \bar{x}, \quad \sum_{i=1}^{n}(x_i - \bar{x})(y_i - \bar{y}) = \sum_{i=1}^{n} x_i y_i - n\bar{x}\bar{y} 。$$

当 $a = \dfrac{\sum_{i=1}^{n}(x_i - \bar{x})(y_i - \bar{y})}{\sum_{i=1}^{n}(x_i - \bar{x})^2}$，$b = \bar{y} - a\bar{x}$ 时，误差的平方差取最小值。

虽然整个过程显得有点烦琐，但思路是清晰的，先对 $a$ 配方，再对 $b$ 配方，即可用配方法这一基本方法求得当 $a,b$ 取何值时，才能使误差最小，从而使直线的经验方程是其真实方程的最佳拟合。

2. 分析的推导：多元表征的限制、解释之一

求解目标就是寻找经验公式 $y = ax + b$ 中的 $a,b$，从而使得上述的 $M$ 为最小。如果把 $M$ 看成与自变量 $a$ 和 $b$ 对应的因变量，那么问题就可以归结为求函数 $M = M(a,b)$ 相对应的因变量，因此问题就可归结为求函数 $M = M(a,b)$ 在哪些点处取得最小值。于是可通过求方程组

$$\begin{cases} M'_a(a,b) = 0, \\ M'_b(a,b) = 0 \end{cases}$$

来解决，即令

$$\begin{cases} \dfrac{\partial M}{\partial a} = -2\sum_{i=1}^{n} x_i \left[y_i - (ax_i + b)\right] = 0, & (9.1) \\ \dfrac{\partial M}{\partial b} = -2\sum_{i=1}^{n}\left[y_i - (ax_i + b)\right] = 0, & (9.2) \end{cases}$$

解出

$$a=\frac{\sum_{i=1}^{n}(x_i-\bar{x})(y_i-\bar{y})}{\sum_{i=1}^{n}(x_i-\bar{x})^2}, \quad b=\bar{y}-a\bar{x}。$$

　　用分析的方法处理最小二乘法,需要学生学习了二元函数取极值的必要条件。这对中学生来说,就是"超纲内容"了。不过也有一种退而求其次的做法,就是先把 $b$ 看作常数,然后把 $M=M(a,b)$ 看作是关于 $a$ 的函数,利用函数在 $a$ 点处取极值的必要条件,得到方程(9.1),然后再把 $a$ 看作常数,把 $M=M(a,b)$ 看作是关于 $b$ 的函数,利用函数在 $b$ 点取极值的必要条件,得到方程(9.2)。按这样变通的方法,虽然也能把问题转化为学生熟悉的一元函数的极值问题,但这种方法暗含了求偏导数的做法,离学生的实际还是远了些。

　　3. 线性代数的推导:多元表征的限制、解释之二

记 $\boldsymbol{Y}=\begin{pmatrix}y_1\\y_2\\\vdots\\y_n\end{pmatrix}$, $\boldsymbol{A}=\begin{pmatrix}x_1 & 1\\x_2 & 1\\\vdots & \vdots\\x_n & 1\end{pmatrix}$, $\boldsymbol{X}=\begin{pmatrix}a\\b\end{pmatrix}$,则

$$M=\sum_{i=1}^{n}\left[y_i-(ax_i+b)\right]^2=(\boldsymbol{Y}-\boldsymbol{AX})^{\mathrm{T}}(\boldsymbol{Y}-\boldsymbol{AX})=(\boldsymbol{Y}-\boldsymbol{AX},\boldsymbol{Y}-\boldsymbol{AX})=|\boldsymbol{Y}-\boldsymbol{AX}|^2。$$

于是求解目标用线性代数的语言表述为寻找向量 $\boldsymbol{X}$,使 $|\boldsymbol{Y}-\boldsymbol{AX}|$ 达到最小。设 $\boldsymbol{A}$ 的列向量为 $\boldsymbol{\alpha}_1,\boldsymbol{\alpha}_2$,则 $\boldsymbol{AX}=a\boldsymbol{\alpha}_1+b\boldsymbol{\alpha}_2$,$\boldsymbol{\alpha}_1,\boldsymbol{\alpha}_2$ 可以形成一个"平面"$L(\boldsymbol{\alpha}_1,\boldsymbol{\alpha}_2)$,$\boldsymbol{AX}$ 是此平面内的一个向量,欲使 $|\boldsymbol{Y}-\boldsymbol{AX}|$ 达到最小,只要在此"平面"内找到一个向量 $\boldsymbol{AX}$,当 $(\boldsymbol{Y}-\boldsymbol{AX})\perp L(\boldsymbol{\alpha}_1,\boldsymbol{\alpha}_2)$ 时,即可使 $|\boldsymbol{Y}-\boldsymbol{AX}|$ 达到最小值。由 $(\boldsymbol{Y}-\boldsymbol{AX})\perp L(\boldsymbol{\alpha}_1,\boldsymbol{\alpha}_2)$ 有 $(\boldsymbol{Y}-\boldsymbol{AX})\perp\boldsymbol{\alpha}_1$,即是 $\begin{pmatrix}y_1-ax_1-b\\y_2-ax_2-b\\\vdots\\y_n-ax_n-b\end{pmatrix}\begin{pmatrix}x_1\\x_2\\\vdots\\x_n\end{pmatrix}=0$,也即 $\sum_{i=1}^{n}\left[y_i-(ax_i+b)\right]\cdot x_i=0$;由 $(\boldsymbol{Y}-\boldsymbol{AX})\perp L(\boldsymbol{\alpha}_1,\boldsymbol{\alpha}_2)$ 也有 $(\boldsymbol{Y}-\boldsymbol{AX})\perp\boldsymbol{\alpha}_2$,即

$$\begin{pmatrix} y_1-ax_1-b \\ y_2-ax_2-b \\ \vdots \\ y_n-ax_n-b \end{pmatrix}\begin{pmatrix} 1 \\ 1 \\ \vdots \\ 1 \end{pmatrix}=0，也即 \sum_{i=1}^{n}\left[y_i-(ax_i+b)\right]=0。从而解得 a=\dfrac{\sum_{i=1}^{n}(x_i-\overline{x})(y_i-\overline{y})}{\sum_{i=1}^{n}(x_i-\overline{x})^2}，$$
$b=\overline{y}-a\overline{x}$。

虽然向量、行列式、矩阵等现代数学的内容逐步渗透到了中学数学中，但处理多维向量，并且两个线性无关向量的线性组合可以形成"平面"，矩阵是由向量组成的，这些做法和观点离中学生的实际还是太远了，不好挖掘其教育价值，使之成为课堂教学中的学生可以接受的任务。

### 9.4.3 推导表征评析

1. 从数学的角度评析

虽然可以从不同的角度用不同的方法来确定线性回归方程的系数，但是各种方法作为同一种现象的描述法其实是不等价的，在教育上的意义也不尽相同。配方法是一种基本的代数运算方法，正定二次型的判定原理也和此法类似；极值法是一种微积分的方法，体现的是运动变化的思想；线性代数的推导法体现了向量、空间是描述代数结构的有力工具，在推导过程中体现了一种直观背景"点到平面的距离"；概率统计的推导法和上述推导法的原理不一样，其使用的是最小一乘法，而不是最小二乘法。方差和期望都是重要的统计特征量，用期望确定线性回归方程的系数，也是值得尝试的方法。

以上几种方法以配方法最为基本，极值法操作起来最为简捷，线性代数的推导法的背景最为直观，概率统计推导法的原理最为独特。教材以配方法确定线性回归方程的系数是合适的。为了开阔学生的视野，打通随机性数学与确定性数学之间的联系，介绍用期望推导线性回归方程也是合适的。学生们进入大学后，还会接触到最小二乘法，从而形成了对如何确定线性回归方程的一个完整的认知。经过这样的分析后，就可以知道在不同的学段应有不同的学习任务，不能随便逾越，这正是心智发展阶段性的要求。这一教育见解是基于对内容的深刻分析产生的。

2. 从数学认知学习心理的角度评析

数学学习对象绝大多数是模式、模型。这些模式、模型是不同的数学家秉持不同的认识视角而建构成的，从而在模式、模型的学习中可以间接地学到不同的数学思想和方法。从多元表征的视角看，模型、模式实质是各种表征形式，人们不仅要研究和学习各种模式，更重要的是要打通各种模式的内在联系，须知各种模式在描述、解释或建构更抽象的模式时并不是等效的，对心智的要求也不一样，不同的人可能偏好不同的表征。这样在教学时，为了能面向每一位学生，教师应准备多样化的素材。这是多元表征学习的一个内在要求。事实上，自20世纪90年代末以来，多元表征学习数学成了美国学校数学教育的原则和标准之一。随着信息技术融入数学教育中，用多元表征学习数学成了国际数学教育心理研究的一个主题，用多元表征学习数学是一种重要的学习数学的理念和策略。在上述多元推导表征过程中，学生不单是学到了知识这样一种认知结果，更是在和具有不同认知结构、不同观点的数学家进行对话、协商。只有在这样一个双向互动的交流中，个人的认知结构才能结点成网，得到优化，建构深度理解，才能体会到模式、模型的重复性、隐蔽性和规律性，才能在多种途径的选择下提高解决问题、解释数学现象的能力。

#### 9.4.4 多视角看问题

由于数学学习对象的复杂性，单一的表征往往难以充分揭示数学对象的本质，多元表征能够整合每种表征的特征与功能，发挥最大效益，这对教学有重要启示。如，从知识教学的角度来说，知道函数有三种表示法就可以了，但教学不能就此止步。多元表征学习理论认为，要知道这些表征的功能何在，有何优点和不足，各种表征间应如何转化等。不同的表征在信息表示上并不一定等效，在认知结构的培养上也不一定等效。文字、符号等表征有助于逻辑思维、理性思辨的培养；实物模型、图形等表征有助于形象思维、直觉思维等非逻辑思维、创新思维的培养。为了培养一个完整的人，各种表征都具有内在的教育价值。

## 9.5 用期望推导线性回归方程

#### 9.5.1 本质：寻找统计关系中的函数关系

变量之间的关系可以分为函数关系和统计关系。函数关系是一种确定性关系，比较容易分析和测量。有时，变量之间的关系往往不那么简单。当变量 $x$ 取一个值 $x_i$ 时，与 $x$ 对应的变量 $y$ 的值 $y_i$ 可能有几个，即一对多。这样，变量 $y$ 就不能由另一个变量 $x$ 唯一确定，这种关系称为统计关系。这时，$x$ 和 $y$ 之间虽然没有函数关系，但是由于对确定的 $x=x_i$ 而言，$y_i$ 的均值 $E(y_i)$ 是确定的，因此 $x$ 和 $E(y)$ 之间就形成了确定的函数关系。回归就是研究这类相关关系中的因果关系的，即把变量的统计关系转化为函数关系。当因变量 $y$ 的均值与自变量 $x$ 呈线性关系时，称作线性回归方程，它的表达式为 $E(y)=\alpha+\beta x$。

相关关系可以用散布图表示。每一个散布点都是真实 $(x_i, y_i)$ 的观测值。把散布图中的各点$(x_i, E(y_i))$连接起来,若得到一条直线,则这条直线称作回归直线。每一个真实$y_i$与回归直线的关系是$y_i=\alpha+\beta x_i+e_i$。$y_i$是随机变量,$e_i$是随机误差,由于$e_i$的值是非固定的,从而使$x$和$y$呈现非确定的关系。

上面所谈变量$x$和变量$y$之间存在线性回归关系,这是对总体而言的。如果并不知道总体,也就无法知道回归直线中的$\alpha,\beta$。因此,我们的任务是从总体中抽取一个样本,通过一定的方法由样本值估计出$\alpha,\beta$的拟合值$a,b$,从而使方程$\hat{y}=a+bx$是总体的回归方程$E(y)=\alpha+\beta x$的最佳拟合。

从方差的角度推导线性回归方程,思路自然直观,但计算量大。统计学家陈希孺院士曾说,统计学发展的历史可以看作是平均这个观念向纵、横两方向发展的历史。期望就是平均,期望是比方差更为基本的概念(因为方差是用期望来定义的),那么从期望的角度也可以推导线性回归方程。

### 9.5.2 推导:核心概念期望的灵活运用

由于$x$和$y$之间是非确定性的相关关系,因此,对于$x$的每一个值$x_i$而言,$y_i$是随机变量的值。因为$y_i$与$x_i$有关系:$y_i=\alpha+\beta x_i+e_i(i=1,2,\cdots,n,\cdots)$,所以现在我们把这关系统一成$y=\alpha+\beta x+\varepsilon$,这样$x,y,\varepsilon$是随机变量,$x_i,y_i,e_i(i=1,2,\cdots,n,\cdots)$就分别是它们的取值。在一元线性回归模型中,设

$$y = \alpha + \beta x + \varepsilon, \tag{9.3}$$

其中$\beta$和$\alpha$是表明一元线性回归模型的总体参数,是未知常数;$\varepsilon$是随机误差,表示许多没有考虑到的因素的综合影响,可以认为$E(\varepsilon)=0$。对(9.3)式两边取期望:

$$E(y) = E(\alpha + \beta x + \varepsilon) = \beta E(x) + E(\alpha) + E(\varepsilon),$$

化简,即

$$E(y) = \beta E(x) + \alpha, \tag{9.4}$$

也即

$$\alpha = E(y) - \beta E(x)。 \tag{9.5}$$

在(9.3)式两边同时乘以随机变量$x$,即

$$xy = \alpha x + \beta x^2 + \varepsilon x。 \tag{9.6}$$

对(9.6)式两边再取期望,$E(xy) = E(\alpha x + \beta x^2 + \varepsilon x)$,化简,即

$$E(xy) = \alpha E(x) + \beta E(x^2) + E(\varepsilon x),$$

假定$E(\varepsilon x)=0$(为了得到最好的估计,$\varepsilon$应尽可能小),又$x$是有界的,故可假定$E(\varepsilon x)=0$,有

$$E(xy) = \alpha E(x) + \beta E(x^2)。 \tag{9.7}$$

把(9.5)式代入(9.7)式，有 $E(xy) = \beta E(x^2) + E(x)\left[E(y) - \beta E(x)\right]$，整理得

$$\beta\left[E(x^2) - E^2(x)\right] = E(xy) - E(x)E(y)，\quad \beta = \frac{E(xy) - E(x)E(y)}{E(x^2) - E^2(x)}。 \tag{9.8}$$

当用 $n$ 个点对 $(x_i, y_i)$ 拟合直线时，

$$E(xy) \approx \frac{\sum_{i=1}^{n} x_i y_i}{n}，\quad E(x)E(y) \approx \frac{\sum_{i=1}^{n} x_i \sum_{i=1}^{n} y_i}{n^2}，\quad E(x^2) - E^2(x) \approx \frac{\sum_{i=1}^{n} x_i^2}{n} - \left(\frac{\sum_{i=1}^{n} x_i}{n}\right)^2，$$

把上述结果代入(9.8)式得

$$b = \hat{\beta} = \frac{n\sum_{i=1}^{n} x_i y_i - \left(\sum_{i=1}^{n} x_i\right)\left(\sum_{i=1}^{n} y_i\right)}{n\sum_{i=1}^{n} x_i^2 - \left(\sum_{i=1}^{n} x_i\right)^2} = \frac{\sum_{i=1}^{n} x_i y_i - n\overline{xy}}{\sum_{i=1}^{n} x_i^2 - n\overline{x}^2}， \tag{9.9}$$

$a = \hat{\alpha} = E(y) - \beta E(x)$，(9.5)式即 $a = \hat{\alpha} = \overline{y} - \beta \overline{x}$。所以 $y = a + bx$ 是总体回归方程 $E(y) = \alpha + \beta x$ 的最佳拟合。这和配方法得出的结果一致，但推导过程中的运算量小些。

### 9.5.3 拟合：直线经验方程的运用，使之能进入课堂教学

在回归分析的模型中，自变量 $x$ 不是随机变量，如果把自变量看成随机变量，讨论起来有点复杂，不一定适用于中学课堂教学。能否找到一种初等化的方法，使之进入课堂教学呢？借鉴用多个点拟合直线经验方程的做法，对比这两种方法，用期望推导线性回归方程的做法可以经初等化之后进入课堂教学中。具体做法如下。

根据直线经验公式的拟合原理，可设直线的回归方程为 $y_i = a + bx_i$，$(i = 1, 2, \cdots, n, \cdots)$。对此式两边从 1 到 $n$ 求和，有 $\sum_{i=1}^{n} y_i = \sum_{i=1}^{n}(a + bx_i)$，解出 $a = \dfrac{\sum_{i=1}^{n} y_i - b\sum_{i=1}^{n} x_i}{n}$。用 $x_i$ 乘以 $y_i = a + bx_i$ 的两边有 $x_i y_i = ax_i + bx_i^2$，对此式两边从 1 到 $n$ 求和有 $\sum_{i=1}^{n} x_i y_i = a\sum_{i=1}^{n} x_i + b\sum_{i=1}^{n} x_i^2$，把 $a$ 代入有

$$\sum_{i=1}^{n}x_iy_i=\left(\frac{\sum_{i=1}^{n}y_i-b\sum_{i=1}^{n}x_i}{n}\right)\cdot\sum_{i=1}^{n}x_i+b\sum_{i=1}^{n}x_i^{\ 2},$$

化简得 $b=\dfrac{\sum_{i=1}^{n}x_iy_i-\dfrac{1}{n}\sum_{i=1}^{n}y_i\sum_{i=1}^{n}x_i}{\sum_{i=1}^{n}x_i^{\ 2}-\dfrac{\left(\sum_{i=1}^{n}x_i\right)^2}{n}}$。

此法可以在课堂教学中运用。用多个点拟合直线经验方法的做法可以作为一种数学建模的方法在教学中引入。然后基于此法，推导线性回归方程也相当于建立一种数学模型。此法打通了确定性数学中使用的方法与不确定性数学中使用的方法之间的内在关联，同时也找到了高等数学方法初等化的路径。

### 9.5.4 评析：其实是最小一乘法的运用

用最小二乘法确定 $\alpha,\beta$ 的估计值 $a,b$，是使误差的平方和最小，实质是使随机误差的方差 $D(\varepsilon)=0$ 最小。由误差理论，随机误差 $\varepsilon$ 的期望 $E(\varepsilon)=0$，用期望确定 $\alpha,\beta$ 的估计值 $a,b$，实质是最小一乘法的运用。最小一乘法只要求各实测点到回归直线的纵向距离的绝对值之和为最小。它不要求随机误差服从正态分布，"稳健性"比最小二乘法好。在数据随机误差不服从正态分布时，本法的统计性能优于最小二乘法。用期望有利于揭示概率和统计的内在联系，从而有利于树立统计观念。人教社教材用配方法导出了 $a,b$ 的值，思路很简单，但过程较繁，使用的是勒让德的最小二乘法。方差和期望都是重要的统计特征量，用期望推导 $a,b$ 值的方法，可以作为课本方法的补充；同时也凸显了期望这一核心概念在统计中的作用。高等数学的概念、方法有时不一定能适用于中学数学课堂教学，如何初等化之后使之进入中学数学课堂教学，也是值得研究的一个课题。

## 9.6 以向量为载体促进对统计概念的理解

概率、统计是中学数学教学研究中相对薄弱的一部分，要加强对这方面的研究。以向量坐标为载体，促进对统计相关知识的理解，打通了随机性数学与确定性数学之间的内在关联，在学习心理及教学上具有重要意义。下面通过一个"小切口"探讨这个大问题。

### 9.6.1 理解

在平面直角坐标系中，设向量

$$a = xi + yj, \tag{9.10}$$

其中 $x, y$ 可以理解成向量 $a$ 分别在 $x$ 轴、$y$ 轴上的投影。这种理解带有鲜明的物理色彩，相当于力、速度等物理的正交分解。从这点出发，充分利用向量 $i, j$ 正交的特点，可以获得另外的见解。

分别用向量 $i, j$ 乘以(9.10)式，得到 $ai = xi \cdot i + yj \cdot i$，$aj = xi \cdot j + yj \cdot j$，化简得 $x = a \cdot i$，$y = a \cdot j$。两个向量夹角的余弦就是相关系数，故 $x = |a| \cdot |i| \cos \alpha = |a| r_x$，$y = |a| |j| \cos \beta = |\alpha| r_y$。如果向量 $a$ 是单位向量，或者把向量 $a$ 单位化，就有 $\begin{cases} x = r_x, \\ y = r_y, \end{cases}$ 这表明，向量的坐标表示此向量与坐标轴所在向量的相关程度，$|r_x|$ 越大，就表示此向量与 $x$ 轴正向的夹角越小；$|r_y|$ 越大，就表示此向量与 $y$ 轴正向的夹角越小。

由于向量 $i, j$ 正交，也即它们相互独立，把它们视作随机变量，就有 $D(a) = D(xi) + D(yj)$，$D(a) = x^2 D(i) + y^2 D(j)$，由于 $i, j$ 是标准化随机变量，故它们的方差都为 1，这样，$D(a) = x^2 + y^2$，表示向量所代表的点偏移中心(坐标原点)的远近程度。

综上，从向量坐标的角度理解统计概念，我们获得了两种意义：

(1) 经过单位化之后，向量的坐标其实就是线性相关系数，即若 $|a| = 1$，则 $(x, y) = (r_x, r_y)$。

(2) 经过单位化之后，向量的坐标的平方和为 1，即若 $|a| = 1$，则

$$x^2 + y^2 = r_x^2 + r_y^2 = 1。$$

从(2)出发，我们可以获得一个见解：两个变量相关独立，它们必不相关，必不存在线性关系，但不是说它们不存在其他关系。

对任意两个向量 $\alpha = (x_1, y_1), \beta = (x_2, y_2)$，$\cos \theta = \dfrac{\alpha \cdot \beta}{|\alpha| |\beta|} = \dfrac{x_1 y_1 + x_2 y_2}{\sqrt{x_1^2 + y_1^2} \sqrt{x_2^2 + y_2^2}} = r$，得到线性相关系数 $|r| \leq 1$，从而有 $(x_1^2 + y_1^2)(x_2^2 + y_2^2) \geq (x_1 y_1 + x_2 y_2)^2$。也就是说柯西不等式其实就是相关系数有界性的表现。这样我们得到结论(3)。

(3) 若把向量 $\alpha = (x_1, y_1), \beta = (x_2, y_2)$ 视为随机向量，它们的相关系数为 $r$，则 $|r| \leq 1$，即 $(x_1^2 + y_1^2)(x_2^2 + y_2^2) \geq (x_1 y_1 + x_2 y_2)^2$。

线性回归方程是高中统计中的重要章节，也可以从向量坐标意义得到进一步

的认识。函数关系是一种因果关系，通过自变量能预测和控制因变量的变化。然而，两个变量之间的关系更多的是一种相关关系，而不是一种确定性的函数关系，且能通过线性回归的方法把相关关系转化为确定性的函数问题。这时，还会引发一个问题——这种回归方法的可靠性该如何检测？

对变量 $y$ 进行了 $n$ 次检测。当不知道 $y$ 与自变量 $x$ 有关系时，对真实值的估计最好用平均值，就是"多次测量取平均值"，因为这时所产生的误差最小，这时，自然地形成了一个 $n$ 维向量 $\boldsymbol{\alpha}=(y_1-\bar{y},y_2-\bar{y},\cdots,y_n-\bar{y})$；当知道 $y$ 与自变量 $x$ 有关系时，就会采用回归直线所确定的 $\hat{y}$ 来估计真实值而不会用平均值来估计真实值，这时，自然地形成一个 $n$ 维向量 $\boldsymbol{\beta}=(y_1-\hat{y}_1,y_2-\hat{y}_2,\cdots,y_n-\hat{y}_n)$。前后两次对真实值的估计是有区别的，这时，自然地形成一个 $n$ 维向量 $\boldsymbol{\gamma}=(\hat{y}_1-\bar{y},\hat{y}_2-\bar{y},\cdots,\hat{y}_n-\bar{y})$。注意到 $\boldsymbol{\alpha}=\boldsymbol{\beta}+\boldsymbol{\gamma}$，可以证明 $\boldsymbol{\beta}$，$\boldsymbol{\gamma}$ 的数量积为零，且两者相互独立。这时，由勾股定理就有 $\sum_{i=1}^{n}(y_i-\bar{y})^2=\sum_{i=1}^{n}(y_i-\hat{y}_i)^2+\sum_{i=1}^{n}(\hat{y}_i-\bar{y})^2$，即

$$D(\boldsymbol{\alpha})=D(\boldsymbol{\beta})+D(\boldsymbol{\gamma})。 \tag{9.11}$$

测量值与真实值的误差总是一定的，即(9.11)式的左端是一个定值 $D(\boldsymbol{\alpha})$；回归直线的估计越好，表明单纯用测量值的平均值来估计真实值，不如根据由自变量确定的因变量的平均值来估计真实值更好，这就说明越有必要引入自变量，$D(\boldsymbol{\gamma})$ 就应越大，$D(\boldsymbol{\gamma})$ 越大就表明作为真实值的代表 $\hat{y}$ 比 $\bar{y}$ 更好；此时 $D(\boldsymbol{\beta})$ 就应越小，这说明即使假定 $y$ 与 $x$ 有关系之后，用 $\hat{y}$ 来估计 $y$ 还是有误差，这个误差由其他因素引起，称为未被解释的误差或不明原因引起的误差。这个误差当然是越小越好，极端情况是零，这时说明把握了自变量就能把握因变量，就成了一种确定性的关系了。根据 $D(\boldsymbol{\beta})$ 最小而求出相关系数的方法称为最小二乘法。有的同学对教材中的表述"可以用 $\sum_{i=1}^{n}[y_i-(bx_i+a)]$ 表示各点到直线 $y=bx+a$ 的'整体距离'"耿耿于怀，认为这不符合点到直线的距离的定义，用向量方差的观点就能扫除上述疑惑。衡量回归方程拟合好坏的标准是采用回归直线之后，误差的改进程度，改进程度越高，拟合效果就越好，根据这一朴素想法，就可以用 $\dfrac{D(\boldsymbol{\gamma})}{D(\boldsymbol{\alpha})}$ 来衡量回归直线拟合的好坏程度，这恰好等于 $\cos^2\langle\boldsymbol{\alpha},\boldsymbol{\gamma}\rangle=r^2$。

### 9.6.2 讨论

为了促进理解需要增加相关认知负荷。根据认知负荷理论，人在处理信息，促进认知结构建立的过程中，会产生三种认知负荷：内部认知负荷、外部认知负荷和相关认知负荷。内部认知负荷是学习者已有的知识基础与所要学习的材料之

间的相互作用,教师不能对它直接产生影响。教师若要对学生的认知加工过程产生影响,就要努力减少由教学设计不当而产生的外部认知负荷,增加与促进认知结构构建和认知结构自动化相关的负荷。基于这种理论,教师作为学生认知的促进者、帮助者就需要努力提供多种素材,从多种角度增加相关认知负荷。这里可以采取的措施是"以旧促新",用新观点来理解旧知识,从而促进对新知识的理解。也就是说,把新知识装载到旧知识的认知框架之中,利用旧知识所形成的认知结构带动新知识到一个新的结构之中。以上述实例为例,向量的坐标表达式的物理意义、向量模的意义、柯西不等式及误差都是认知结构中已有的图式,用统计的思想、观点和方法重新透视这些已有的认知图式,重新认识这些似乎是熟知的旧知识,获得了不一样的见解,从而把统计的思想、观点和方法运载到一个新的认知结构之中,形成了一个新的认知结构。

增加关联认知负荷促进了对知识的融会贯通。认知关联起来有助于图式的构建。图式的构建,使得工作记忆尽管处理的元素数量有限,但是在处理的信息量上没有明显限制。图式构建能降低工作记忆的负荷。以上面的例子来说明,在获得向量坐标的统计学意义时,用到向量正交的手法,这样一种手法在不同的知识网络中存在,关联起来自成一个图式,可以变分散为集中,自然降低了认知负荷,促进了对知识的融会贯通。正交的手法可以用于正弦定理的证明、高等数学傅里叶级数的学习中,正是由于有了一组正交系,充分利用正交的性质,可以确定傅里叶级数中每一项的系数,使我们对系数的认识更深了一步。我们还把方差与模、误差、勾股定理、线性相关系数与柯西不等式、拟合标准等关联起来,构建了新的知识网络,促进了对知识的融会贯通,形成了新的认知图式,发展了认识,降低了与统计相关问题的工作记忆的负荷。

结构化教学的要义之一是增加关联认知负荷。认知负荷理论认为应提供中央执行官能,删除不必要的随机变化,从而促进长时记忆的改变。为此应增加关联认知负荷,提供结构化的教学。结构化的教学能保持思想方法的前后一致性,其以基本概念及由内容所反映的数学思想和方法为认知的固着点,形成认知图式,使之具有自我增长的功能,能把散布在不同内容体系中的知识串联起来,形成新认识、新见解。这样,知识进入了长时记忆之中,持久意义上的学习发生了,教学的功能也就彰显出来了。

# 参 考 文 献

鲍建生, 周超. 2009. 数学学习的心理基础与过程[M]. 上海: 上海教育出版社.
曹广福, 叶瑞芬. 2009. 例论非数学专业学生同样需要数学思想[J]. 数学教育学报, (3): 1-3.
陈希孺. 2002. 数理统计学简史[M]. 长沙: 湖南教育出版社.
陈云奔. 2009. 基础教育教学改革中的四种异化[J]. 教育学报, (1): 66-68, 112.
方亚斌. 2013. 怎样认识新课标中的基本不等式[J]. 数学通报, (2): 32-38.
弗赖登塔尔. 1995. 作为教育任务的数学[M]. 陈昌平, 等译. 上海: 上海教育出版社.
郭元祥. 2009. 知识的教育学立场[J]. 教育研究与实验, (5): 1-6.
何小亚. 2017. 高中概率模型学与教中的问题和对策[J]. 数学教育学报, (1): 37-40.
胡浩. 2017. 中西合璧妙 生长是本质: 再谈"柯西不等式"的教学设计[J]. 数学通讯, (10): 20-21, 66.
黄光. 2005. 阿贝尔公式的应用[J]. 福建中学数学, (1): 20-22.
汲会会. 2014. HPM 视角下坐标系的教学研究[D]. 华中师范大学硕士学位论文.
江民杰. 2008. 圆锥曲线焦点弦与相应准线的关系[J]. 中学数学(高中版), (11): 33-34.
姜坤崇. 2004. 由圆生成三种圆锥曲线[J]. 数学通报, (3): 39.
匡继昌. 2004. 常用不等式[M]. 济南: 山东科学技术出版社.
李启超. 2017. 等差数列和等比数列的另类刻画[J]. 数学通报, (8): 59-60.
李晟. 2005. 一道高中竞赛题的探讨与推广[J]. 数学教学, (4): 37-38.
李世臣, 谢本静. 2012. 圆锥曲线准圆的一个性质及推广[J]. 数学通讯, (Z2): 64-66.
李素波. 2015. 随机抽样方法的公平性, 你懂了吗? [J]. 数学通讯, (Z2): 64-66.
李勇. 2018. 统计学中总体和个体概念呈现方式的探讨[J]. 数学通报, (6): 11-13.
李勇, 杨平, 王雁. 2018. 独立性检验问题情景的数学等价刻画[J]. 数学通报, (3): 16-17.
李悦明, 胡晓霞. 2014. 对回归方程拟合效果检验的两点释疑[J]. 中小学数学: 高中版, (3): 44-45.
梁绍君. 2006. "算术平均数"概念的四个理解水平及测试结果[J]. 数学教育学报, (3): 35-37.
梁懿涛. 2013. 试论高考数列试题中的分形数列问题[J]. 中学数学研究, (11): 37-39.
林崇德. 2009. 基础教育改革心理学研究 30 年[J]. 教育研究, (4): 61-66.
林仁明. 2007. 由圆锥曲线的焦点探究其准线的两种方法[J]. 数学通报, (4): 43-44.
卢淑华. 2016. 社会统计学[M]. 4 版. 北京: 北京大学出版社.
潘庆玉. 2009. 认知工具: "富有想象力"的教育策略和方法[J]. 教育研究, (8): 63-68.
裴光亚. 2013. 数学教师的专业发展: 在书房与教室间穿行的教研人生[M]. 西安: 陕西师范大学出版总社有限公司.
彭世金. 2011. 圆锥曲线与圆相关的一个性质[J]. 中学数学杂志, (9): 26-27.
齐民友. 2007. 三角函数 向量 复数[J]. 数学通报, (10): 1-7.
钱昌本. 2004. 解题之道——高等数学范例剖析240题[M]. 西安: 西安交通大学出版社.
宋广志, 邢友宝. 2010. 抛物线的另一"顶点"与"焦点"[J]. 数学通讯, (20): 24-25.

苏立志. 2008. 准圆与准线的一种关联[J]. 数学通讯, (22): 33.
孙东升. 2011. 极点和极线知识背景下解析几何问题的解法探讨[J]. 高中数学教与学, (7): 14-17.
涂荣豹. 2004. "教与数学对应"原理的实践——对"函数单调性"教学设计的思考[J]. 数学教育学报, (4): 5-9.
汪晓勤. 2013. 椭圆方程之旅[J]. 数学通报, (4): 52-56.
汪晓勤. 2014. "奇、偶函数"考源[J]. 数学通报, 53(3): 1-4.
王丽霞, 杨静. 2006. 人类对于随机性认识的四个阶段[J]. 自然辩证法通讯, (3): 62-66, 111.
王嵘. 2010. 概率的定义：历史和教学[J]. 中国数学教育, (Z2): 23-25.
王文彬. 2015. 极点、极线与圆锥曲线试题的命制[J]. 数学通讯, (4): 62-66.
肖振纲. 1994. 二类有趣的组合恒等式[J]. 数学通讯, (1): 17-19.
谢和平, 张永平. 1989. 自仿射分形几何[J]. 自然杂志, (9): 650-655.
徐章韬. 2013. 面向教学的数学知识——基于数学发生发展的视角[M]. 北京: 科学出版社.
喻平. 2017. 数学核心素养评价的一个框架[J]. 数学教育学报, (2): 19-23.
袁泉润. 2014. "重要"不等式为何改为"基本"不等式——基本不等式的教学设计及反思[J]. 数学通讯, (9): 18-20.
约翰·塔巴克. 2007. 概率论和统计学: 不明确的科学[M]. 杨静译, 胡作玄校. 北京: 商务印书馆.
臧殿高. 2009. 圆锥曲线的统一性质漫谈[J]. 数学通报, (8): 49-51.
曾晓阳. 2014. 巧构常数列解决两类重要的数列求和问题[J]. 中学数学教学, (2): 50-51, 62.
张奠宙. 2006. 数学思想是自然而平和的[J]. 人民教育, (10): 28-29.
张奠宙. 2009. 在坚实的基础上谋求创新发展——数学教育60年回顾[J]. 数学教学, (10): 1-2.
张宏. 2009. 利用切线方程证明不等式[J]. 中等数学, (4): 6-12.
张景中. 2007. 把高等数学变得更容易[J]. 高等数学研究, (6): 2-7.
张景中. 2010. 直来直去的微积分[M]. 北京: 科学出版社.
张筑生. 1991. 让解题的思路来得自然[J]. 中等数学, (6): 13-15.
章建跃. 2017. 章建跃数学教育随想录[M]. 杭州: 浙江教育出版社.
章建跃, 王嵘. 2015. 中国数学教科书使用变式素材的途径和方法[J]. 数学通报, (10): 1-8.
章士藻, 左铨如. 1988. 解析几何解疑[M]. 北京: 北京师范大学出版社.
赵小平. 2011. 高中概率统计教学中的几组概念辨析[J]. 数学教学, (3): 51, 1-4.
赵瑶瑶. 2007. 复数的历史与教学[D]. 华东师范大学硕士学位论文.
朱丰澄, 费逸. 2014. 椭圆的辅助圆在作椭圆切线的应用[J]. 数学通讯, (9): 40, 59.